rowohlt

Stefan Aust

DER LOCKVOGEL

Die tödliche Geschichte
eines V-Mannes
zwischen Verfassungsschutz
und Terrorismus

Rowohlt

1. Auflage September 2002
Copyright © 2002 by Rowohlt Verlag GmbH,
Reinbek bei Hamburg
Alle Rechte vorbehalten
Umschlaggestaltung Ott + Stein, Berlin
Satz aus der Life PostScript PageMaker bei
Pinkuin Satz und Datentechnik, Berlin
Druck und Bindung Clausen & Bosse, Leck
Printed in Germany
ISBN 3 498 00063 2

INHALT

VORBEMERKUNG

Es gibt Fälle im Leben eines Journalisten, die einen nie wieder loslassen. So erging es mir mit dem Mord an Ulrich Schmücker. In der Nacht vom 4. auf den 5. Juni 1974 war der zweiundzwanzigjährige Student im Berliner Grunewald sterbend aufgefunden worden. Ein «Kommando Schwarzer Juni» übernahm tags darauf die Verantwortung für den Mord. Schmücker sei als Verräter hingerichtet worden. Der Fall beschäftigte sechzehn Jahre lang die Gerichte und über mehrere Monate einen parlamentarischen Untersuchungsausschuß.

1975, ein Jahr nach der Tat, stieß ich auf Unterlagen, die eine Verwicklung des Berliner Verfassungsschutzes in den Schmücker-Mord nahelegten. Ich machte damals einen Beitrag für die ARD-Sendung «Panorama» über den Fall und später noch einen und noch einen, schrieb einige Artikel über den Prozeß und schließlich ein Buch, das 1980 unter dem Titel «Kennwort Hundert Blumen» in einer kleinen Auflage im Konkret Literatur Verlag erschien.

Auch danach habe ich den Mordfall Schmücker nie aus den Augen verloren, denn er ist wirklich außergewöhnlich. Ein bundesdeutscher Geheimdienstskandal ohnegleichen, ein Justizkrimi und eine menschliche Tragödie. Die Geschichte eines Jungen, der sich zwischen die Fronten von Geheimdienst und Terrorismus treiben ließ. Der vom Verfassungsschutz skrupellos als Lockvogel benutzt wurde, um an Terroristen heranzukommen. Der seine Seele verkaufte und bei dem Versuch, sie zurückzubekommen, sterben mußte.

Es ist aber auch die Geschichte von fünf Berliner Strafverteidigern, die sechzehn Jahre lang gegen ein Komplott von Geheimdienst, Staatsanwaltschaft, Polizei und Justiz kämpften – und am Ende gewannen. Was sich in vier verschiedenen Sälen des Kriminalgerichts Moabit abspielte, vor vier verschiedenen Strafkammern und vor immer weniger Publikum, ist der wohl abenteuerlichste Fall von Manipulation des Rechtsstaates, der in der Bundesrepublik Deutschland je bekannt wurde.

«So einen Prozeß», sagte mir Rechtsanwalt Rainer Elfferding nach Ende des Verfahrens, «hat es, glaube ich, noch nie gegeben. Ob es ihn nochmal geben wird, bezweifle ich. Das Besondere ist, daß es einmal gelungen ist, wenn auch über lange Jahre hinweg, hinter die Kulissen zu gucken. Es wurde kein schmutziger Trick ausgelassen seitens der Strafverfolgungsbehörden, um das Verfahren so durchzuführen, wie man es in den Köpfen hatte.» Und sein Kollege Harald Remé ergänzte: «Es ist der Eindruck entstanden, daß der Verfassungsschutz für die Strafverfolger die Drecksarbeit gemacht hat, all das, was die Strafverfolgungsbehörden rechtlich nicht haben machen können.» Philipp Heinisch, der Verteidiger der Hauptangeklagten, meinte: «In diesem 16 Jahre dauernden Prozeß haben deutsche Behörden komplottartig (bis hin zum Meineid) die Wahrheit vertuscht, Akten präpariert und Zeugen manipuliert – und willig sind ihnen viele befaßte Richter darin gefolgt. Nur einigen wenigen Richtern ist zu verdanken, daß diese Machenschaften schlußendlich doch nicht zur Verurteilung meiner ehemaligen Mandantin Ilse Schwipper [geborene Hennekke, geschiedene Bongartz, geschiedene Sandt] geführt haben, die andernfalls noch heute in Haft säße.»

Am Ende ging die Strategie der Behörden nicht auf. Stück für Stück kam die Wahrheit ans Licht. Das Verfahren wurde ohne Urteil eingestellt. Deshalb sind die Angeklagten nach Recht und Gesetz unschuldig. Bis auf einen, den Zeugen der Anklage, der im ersten Schmücker-Prozeß zu einer milden Strafe verurteilt wurde und das Urteil annahm.

Der Fall Schmücker ist auch deshalb so bedeutsam, weil er auf exemplarische Weise zeigt, wie schmal der Grat ist, auf dem

V-Leute und ihre Führungsbeamten aus den Verfassungsschutzämtern balancieren. Ein V-Mann hat nie Distanz zu der Szene, aus der er konspirativ berichten soll. Er muß bis zu einem gewissen Grad mitmachen, kann also leicht in die Straftaten, über die er informieren soll, verwickelt werden. Nicht selten sind V-Männer wirklich Teil der Szene, in der sie sich bewegen, und liefern nur wenig verläßliche Informationen. Und sie schweben ständig in Gefahr, enttarnt zu werden. Im Fall Schmücker sind alle Varianten des V-Mannes zu studieren: Da ist Schmücker selbst, der mal Agent sein wollte und dann wieder Terrorist. Der seinen Weg zwischen den Fronten mit dem Leben bezahlte.

Da ist Volker von Weingraber, der in den Mordplan weitgehend eingeweiht war und dem Verfassungsschutz laufend darüber berichtete, der die mutmaßliche Tatwaffe entgegennahm und an den Verfassungsschutz übergab. Jahre später durfte er, mit falschem Namen und reichlich Geld ausgestattet, im Ausland untertauchen. Er sieht sich nicht als Verräter oder Spitzel. «Ich habe immer auf der Seite des Staates gestanden», sagt er heute. Im Frühsommer 2002 habe ich ihn kennengelernt und mir seine Version der Geschichte erzählen lassen – bei gutem Chianti Riserva, den er auf seinem vom Verfassungsschutz-Geld erworbenen Weingut in der Toskana herstellt.

Und da ist schließlich Christian Hain, ein Freund der Hauptangeklagten, den der Verfassungsschutz als Spitzel anheuerte, um die Verteidigung auszuspionieren. Ihn hatte ich schon im Prozeßverlauf kennengelernt – und fand jetzt in den Akten Berichte über meine Treffen mit den Angeklagten.

Als ich 1980 das erste Buch über den Schmücker-Mord schrieb, konnte ich natürlich nicht wissen, was später noch alles ans Tageslicht kommen sollte, manches allenfalls ahnen. Damals war vor allem unbekannt und undenkbar, daß auch Weingraber für den Verfassungsschutz arbeitete. Schließlich hatte er nach Aussagen des Kronzeugen die Tatwaffe entgegengenommen und beiseite geschafft. Daß dieses zentrale Beweisstück nicht dem Gericht übergeben wurde, sondern statt dessen in einem Tresor des Verfassungsschutzes lag – das konnte sich einfach niemand vorstellen.

Die Entscheidung, eine neue, wesentlich umfangreichere Version des Schmücker-Buches herauszubringen, traf ich schon 1991, als das Verfahren eingestellt wurde. Irgendwie war für mich der Fall Schmücker noch nicht abgeschlossen. Auch hatte ich mit den Behörden noch eine Rechnung offen. Denn damals hatte man mir Unterlagen über den von den Verteidigern – und nicht nur ihnen – ebenfalls als V-Mann verdächtigten Kronzeugen Jürgen Bodeux zugespielt. Unter die zweifelsfrei echten Aktenstücke hatte man ein paar gefälschte gemogelt, die beweisen sollten, daß Bodeux V-Mann war. Wären diese Unterlagen als «echte» veröffentlicht worden, hätte die spätere Aufdeckung des Umstands, daß es sich in Wahrheit um Fälschungen handelte, den Verdacht, Bodeux könne Informant des Verfassungsschutzes sein, gleich mit vom Tisch gewischt. Vor allem aber wollte man davon ablenken, daß jemand anderes, der in den Fall verwickelt war, als V-Mann für den Verfassungsschutz arbeitete. Ich war mißtrauisch und legte die Papiere dem Bundesinnenministerium zur Prüfung vor, bekam keine Antwort und veröffentlichte sie unter dem Vorbehalt, daß es Fälschungen sein könnten, mit dem Zusatz: «... dann muß es eine Abteilung ‹Desinformation› in einem der Ämter geben, mit der Zielsetzung, Journalisten durch gezielte Falschinformationen aufs Glatteis zu führen.» Ich wußte damals nicht, wie recht ich hatte.

Im Fall Schmücker wurde mit allen Maßnahmen gearbeitet, die einem Geheimdienst zur Verfügung stehen – um sich selbst zu schützen. Denn die Mitschuld des Verfassungsschutzes am Tode Ulrich Schmückers, die am Anfang nur ein begründeter Verdacht war, stellte sich später immer deutlicher heraus.

Nur selten läßt sich ein solcher Fall so genau rekonstruieren. Vier Gerichtsverfahren und ein Untersuchungsausschuß haben allerhand Material zutage gefördert, das einen tiefen Einblick in

10

die Praxis eines bundesdeutschen Geheimdienstes ermöglicht. Das ist nach den zahlreichen Berichten der letzten Jahre über die Tätigkeit der ostdeutschen Kollegen vom Ministerium für Staatssicherheit durchaus an der Zeit.

Zudem ist die aktuelle Debatte über V-Leute im rechtsextremistischen Bereich ein weiterer Anlaß, sich die praktische Arbeit der Geheimen an einem konkreten Beispiel anzusehen. Der Fall Schmücker zeigt geradezu bilderbuchhaft, wie gefährlich das Spiel mit den Spitzeln ist und wie leicht Operationen außer Kontrolle geraten können. Wie dann sämtliche Sicherungen durchbrennen und alles, aber auch alles getan wird, um die Wahrheit zu vertuschen.

Und das letzte Geheimnis im Fall Schmücker, es wird wohl für immer ungelöst bleiben: Standen die Verfassungsschützer daneben, als Schmücker ermordet wurde? Viele Indizien sprechen dafür. Beweise gibt es nicht. Denn: So mutig die Einstellung des Verfahrens war, sie hat auch den Verfassungsschutz davor bewahrt, daß alles ans Licht kam.

So ist auch dieses Buch nicht die vollständige Geschichte des Mordfalls Ulrich Schmücker. Nur eine Annäherung an das, was in der Nacht vom 4. auf den 5. Juni 1974 im Berliner Grunewald geschah, an die Ereignisse davor und danach.

TOD IM GRUNEWALD

Es war eine kühle Frühsommernacht. Die Nacht vom 4. auf den 5. Juni 1974. Das Thermometer zeigte knapp 10 Grad Celsius. Ein leichter Wind wehte von West-Nordwest. Der Himmel war sternenklar.

Um 20.24 Uhr begann sich der Schatten der Erde langsam über den Vollmond zu schieben. Um 23.17 Uhr hatte die partielle Mondfinsternis ihren Höhepunkt erreicht. Der Erdschatten verdunkelte 83 Prozent des Mondes.

Die Wachpolizisten Walter Sommer und Hans-Joachim Lange vom Revier 166 der Westberliner Polizei waren auf Streifengang am Rande des Grunewaldes. Als sie an der Ecke Elvirasteig/Klopstockstraße anlangten, schaute Walter Sommer auf seine Armbanduhr. Es war genau zwanzig Minuten vor Mitternacht. Die Polizeibeamten sahen zu, wie der halbrunde Erdschatten den Mond langsam wieder freigab.

Die Straßen waren menschenleer. Kein Fahrzeug störte die nächtliche Ruhe. Plötzlich hörten die beiden Beamten einen Schuß. Er kam aus nördlicher Richtung, dort wo der Südzipfel der Krummen Lanke liegt. «Da ist eben geschossen worden», sagte Walter Sommer zu seinem Kollegen. Er hatte den Eindruck, daß es ein scharfer Schuß aus einer Pistole von weniger als 9 Millimeter Kaliber gewesen war. Seit seiner Schießausbildung bei der Polizei wußte Walter Sommer scharfe Munition von Übungsmunition und Schüsse aus großkalibrigen von Schüssen aus kleinkalibrigen Pistolen zu unterscheiden.

Ruhig setzten die beiden Polizeibeamten ihre Streife fort. Schüsse waren in dieser Gegend keine Seltenheit. Die amerikanische Armee machte häufig Nachtübungen im Grunewald.

12

In derselben Nacht wachte die Hausfrau Christel Voigtmann in ihrer Wohnung am Elvirasteig durch einen Knall auf. Es war kurz vor Mitternacht. Ihre Nachbarin, die Sozialrichterin Brigitte Chomse, hörte in der Stunde vor Mitternacht ebenfalls einen Knall. Sie war aber nicht sicher, ob es sich um einen Schuß handelte. Und der Freizeitangler Schönau, der in jener Nacht an der Südspitze der Krummen Lanke nach Aalen fischte, hatte schon eine Stunde vorher ein schußähnliches Geräusch wahrgenommen.

Von diesen vier Schußzeugen wurde später im Prozeß nur die Aussage des Anglers als glaubwürdig gewertet. Seine Angaben über den Zeitpunkt des Schusses deckten sich mit der Theorie der Staatsanwaltschaft.

Den übrigen Anwohnern am Elvirasteig fiel in dieser Nacht nichts Verdächtiges auf. Auch fünfzehn amerikanische Soldaten, die auf dem Parkplatz zwischen Krummer Lanke und Fischerhüttenweg das Kommandozelt für eine Nachtübung besetzt hielten, hörten nichts.

Gegen 24 Uhr traten vier Gruppen mit je zwölf US-Soldaten auf verschiedenen Wegen den Rückmarsch von ihrer Nachtübung an. Aus Richtung Heerstraße durchquerten sie ein Stück des Grunewalds, um sich auf dem Parkplatz an der Krummen Lanke zu treffen. Die Soldaten trugen weder Waffen noch Munition bei sich.

Während ihres Marsches spalteten sich die Gruppen weiter auf. Sergeant Blue schlug zusammen mit einem anderen GI einen Weg parallel zum Ufer der Krummen Lanke ein. Als sie die Hälfte der Strecke zwischen der Südspitze des Sees und dem Parkplatz zurückgelegt hatten, hörten sie ein leises Röcheln. Es war genau zwanzig Minuten nach Mitternacht. Die Soldaten gingen dem Geräusch nach und stießen in einer Schonung am Rande des Waldweges auf einen jungen Mann. Er lag ausgestreckt auf dem Rücken und hatte ein Loch in der Stirn, aus dem langsam Blut floß, das im sandigen Waldboden versickerte.

Die Soldaten rannten zum Parkplatz und verständigten den Übungsleiter. Ein Sanitätswagen, der dort stationiert war, wurde in Bewegung gesetzt. Über die Notrufsäule am Elvirasteig, Ecke Fischerhüttenweg, rief jemand die Polizei.

Als die Sanitäter nach wenigen Minuten die Fundstelle erreicht hatten, gab der junge Mann noch Lebenszeichen von sich. Die Soldaten legten einen Verband über Kinn und Vorderkopf an.

Um 0.30 Uhr traf der Funkstreifenwagen Ida 46 mit den Polizeiobermeistern Langhafel und Eisfelder ein. Der junge Mann gab kaum noch Lebenszeichen von sich. Acht bis zehn US-Soldaten standen neben dem Sterbenden. Drei Meter weiter parkte der Sanitätswagen. Der lockere Sandboden war aufgewühlt von den Rädern des schweren Armeefahrzeuges.

Zwanzig Minuten später kam der Rettungswagen der Feuerwehr, doch war nur noch der Tod des jungen Mannes festzustellen. «Somit», hieß es später im Polizeibericht, «wurden keine Rettungsmaßnahmen erforderlich.»

Um 1.25 Uhr erschien die Kriminalpolizei. Die Beamten gaben zu Protokoll:

«Der Leichnam befand sich auf einem ca. drei bis vier Meter breiten Sandweg, der an dieser Stelle parallel zur Krummen Lanke verläuft. Rechts vom Weg befindet sich die Krumme Lanke, während sich links vom Weg eine Art Schonung befindet, die vom Weg durch einen Zaun abgegrenzt wird.

Der Tote lag in Rückenlage an bzw. mit dem Kopf unter diesem Zaun, und zwar in ausgestreckter Haltung. Die Augen waren etwa zur Hälfte geöffnet, der Mund stand offen. Unter dem Hinterkopf hatte sich eine ca. zwei-faustgroße Blutlache gebildet. Nach Entfernung der leicht um den Kopf gelegten Binde wurde auf der rechten Stirnseite ein Einschuß sichtbar. Beim näheren Betrachten des Kopfes wurden in der Blutlache unter dem Kopf Teile der Gehirnmasse sichtbar.

Der Tote war bekleidet mit einer braunen Wildlederjacke, grünen Cordjeans, braun-weiß gemustertem Polohemd, Unter-

14

hemd und -hose, gelben Socken sowie halbhohen, mit Fransen versehenen Wildlederschuhen.

Der Tote trägt einen spärlichen und rötlichen Kinn- und Oberlippenbart. In der linken Gesäßtasche befand sich ein Bundespersonalausweis auf den Namen Ulrich Schmücker – weiteres bekannt.»

Die Kriminalbeamten informierten über Funk die Mordkommission, den Erkennungsdienst, eine Hundeführerstaffel und Bereitschaftspolizei, die eine «Lichtgiraffe» herbeischaffen sollte. Anschließend befragten sie die US-Soldaten, acht bis zehn Mann, die immer noch um die Leiche herumstanden. Die beiden Soldaten, die den Sterbenden gefunden hatten, waren nicht dabei. Sie waren damit beschäftigt, einen Bericht über den Vorfall zu schreiben. Dem Gericht wurde dieses Protokoll nie vorgelegt.

Im ersten Schmücker-Prozeß 1976 fragte das Gericht über den Berliner Justizsenator bei der amerikanischen Militärmission an, ob es Unterlagen über das Manöver gebe. Die Antwort des Rechtsberaters der amerikanischen Besatzungsmacht: Nach Auskunft der Militärbehörden seien über die fragliche Zeit keine schriftlichen Unterlagen mehr vorhanden.

Diese Antwort war falsch. 1979 wandte ich mich selbst an die amerikanische Militärmission in Berlin. Ich berief mich auf die «Freedom of Information Act», ein Gesetz, das amerikanische Dienststellen verpflichtet – unter bestimmten Bedingungen –, offizielle Unterlagen herauszugeben. Daraufhin erhielt ich zwei Dokumente: die Kopie eines Berichts aus dem «Emergency Operations Center Duty Journal» über das Auffinden des sterbenden jungen Mannes und einen Auszug aus dem Tagebuch der Militärpolizei. Sie enthielten Hinweise auf einen merkwürdigen Vorgang. Dort stand nämlich: «Prior to the arrival of the German police, an unknown representative of the German press (BILD) took several pictures of personnel at the scene.»

Dies war völlig neu. Mehr noch: Alle Polizeibeamten, die in

jener Nacht am Tatort waren, hatten im Prozeß zum Teil unter Eid ausgesagt, es seien keine Reporter und keine anderen Zivilpersonen dort gewesen. Wer der angebliche BILD-Fotograf war, wurde nie untersucht.

Gegen 3.15 Uhr übernahm die Mordkommission den Fall. Sie fand in den Taschen des Toten eine angebrochene Packung Roth-Händle, eine Schachtel Streichhölzer, ein Feuerzeug, einen Rhombus Salino, ein Eukalyptus, vierzehn andere Bonbons, zwei Zehnmarkscheine und 2,51 Mark Kleingeld, ein Taschentuch, einen abgebrochenen Kamm, ein Papiertaschentuch, einen Sicherheitsschlüssel, zwei Kugelschreiber, einige Papiere und Notizen. Neben den Füßen des Toten lagen eine Zeitschrift, eine nickelfarbene Brille, ein Umschlag mit Ansichtskarten, Reklamebogen und Briefmarken.

Ein Brief, den die US-Soldaten laut ihrer späteren Zeugenaussage auf der Leiche gesehen haben wollen, tauchte in der Asservatenliste nicht auf. Dieser Brief hat offenbar tatsächlich existiert. In seiner Vernehmung vor Gericht, am 25. Mai 1978, sagte der Polizeiobermeister Langhafel unter Eid aus: «Ich wurde von US-Soldaten über einen Polizeimelder an der Krummen Lanke zum Tatort gerufen. Die Meldung kam nach Mitternacht. Bei Schmücker fand ich dessen Personalausweis in einer Brieftasche im Jackett. Ich habe bei ihm außerdem ein Briefkuvert mit einer Briefmarke gefunden. In dem Kuvert war ein eine Seite langer handgeschriebener Brief.» Langhafel sagte weiter, er habe diesen Brief dem Kriminalkommissar vom Dienst Müller gegeben. Der aber konnte sich nicht erinnern. Der Brief blieb spurlos verschwunden.

Nach dem Abtransport der Leiche untersuchten fünf Polizeibeamte den Tatort in einem Umkreis von hundert Metern nach Spuren. Vergeblich durchharkten sie den knöcheltiefen Sand, um die Patronenhülse der tödlichen Kugel zu finden. Am Nachmittag des 5. Juni versuchten es vier Bereitschaftspolizisten noch einmal.

16

Zwanzig Meter um den Tatort herum trugen sie den Boden je nach dessen Beschaffenheit zehn bis dreißig Zentimeter tief ab und warfen die Erde auf ein engmaschiges Sieb. Wieder blieben die Bemühungen ohne Erfolg.

Am selben Nachmittag durchsuchten Kriminalhauptkommissar Ribbeck und Kriminalhauptmeister Schmidt eine Wohnung in der Lahnstraße 82 in Berlin-Kreuzberg. Hier, so hatten die Nachforschungen der Kripo ergeben, hatte Ulrich Schmücker unter dem Namen Bernd Laurisch gewohnt. Eine Spurensicherung wurde entgegen sonstiger kriminalpolizeilicher Gewohnheit nicht durchgeführt. So blieb unbekannt, welche Personen in Schmückers Wohnung Fingerabdrücke hinterlassen hatten.

Um 19.24 Uhr schickte das Polizeipräsidium Berlin ein Fernschreiben an alle Landeskriminalämter und an das Bundeskriminalamt in Wiesbaden:

«Betr.: Mordsache Schmücker.

Am 5. 6. – 0.20 Uhr wurde der Student Schmücker, Vorname Ulrich, 4. 8. 1951 Hagen geb., in Berlin-Zehlendorf, Nähe der Krummen Lanke im Grunewald Im Jagen 44, mit einem Einschuß in der rechten Stirn von übenden US-Soldaten schwerverletzt aufgefunden. Er verstarb am Ort. Fremdverschulden ist offensichtlich. Schmücker war ab etwa Mitte April 1972 Mitglied einer kriminellen Vereinigung, Untergruppierung der ‹Bewegung 2. Juni›, die Sprengstoffanschläge und Banküberfälle verübt hat. Seine Festnahme erfolgte am 7. 5. 1972 in Bad Neuenahr-Ahrweiler. Hinsichtlich der von ihm begangenen Straftaten war Schmücker geständig. Er wurde am 7. 2. 1973 vom Landgericht Berlin zu einer Freiheitsstrafe von 30 Monaten verurteilt. Der zunächst ergangene Haftverschonungsbeschluß wurde später aufgehoben, da Schmücker unbekannten Aufenthalts war. Nach Sachlage kann nicht ausgeschlossen werden, daß Schmücker aufgrund seines Verhaltens von Gesinnungsgenossen liquidiert worden ist.»

Dann folgte eine Liste mit fünfzehn «Kontaktpersonen», über deren Aufenthalt und deren Verbindungen zu Schmücker die Berliner Polizei von den angeschriebenen Dienststellen Auskunft erbat. Unter den genannten Personen waren: Ilse Bongartz, geborene Hennecke, aus Wolfsburg, Götz Tilgener, Berlin, Wolfgang W., Wolfsburg, und Wolfgang S., Wolfsburg.

Am Abend des 5. Juni trat der Leiter der Staatsschutz-Abteilung der Berliner Polizei, Manfred Kittlaus, vor die Fernsehkameras. In der Berliner «Abendschau» bat er die Bevölkerung um Mithilfe bei der Fahndung: «Wer kann uns Angaben machen über den Umgang des Toten, des Ulrich Schmücker, in der letzten Zeit, insbesondere vor der Tat?»

Beim Berliner Landesamt für Verfassungsschutz war Schmückers Umgang zu dieser Zeit längst bekannt und wurde streng geheimgehalten.

ULRICH SCHMÜCKER

Ulrich Schmücker wurde zweiundzwanzig Jahre und zehn Monate alt. Er war das einzige Kind aus der späten Ehe einer Kriegerwitwe und eines Witwers. Als er am 4. August 1951 in Hagen geboren wurde, war seine Mutter siebenunddreißig und sein Vater einundfünfzig. Der Vater, von Beruf Sportlehrer, versuchte aus dem schmalen Jungen einen «ganzen Kerl» zu machen. Einem Journalisten sagte er später: «Zwischen lateinischen Vokabeln und den Hausaufgaben in Mathematik habe ich ihn kräftig rangenommen. Kniebeugen, Liegestützen, Trimm-dich-Pfad, Schwimmen, Ski und Tennis.»

Und Ulrich Schmücker gab sich alle Mühe, den Ansprüchen seines Vaters gerecht zu werden. Seine Mutter: «Er war eine wilde Hummel. Manchmal beängstigend forsch. Wir waren mal mit ihm an der Nordsee, da ist er aus fünf Meter Höhe in eine Schleuse gesprungen. Solche Sachen machte er. Das war beängstigend. Dann blieb mir fast das Herz stehen.» Ulli – oder «Pullewitsch», wie ihn seine Eltern nannten – nahm im Urlaub an Skirennen und Schwimmwettkämpfen teil. Bei einer Schwimmprüfung in der Schule strengte er sich so an, daß er anschließend in der Umkleidekabine zusammenbrach.

In Castrop-Rauxel, wohin die Familie gezogen war, besuchte Ulrich Schmücker das Adalbert-Stifter-Gymnasium. Er zeigte Begabung für Sprachen, für geisteswissenschaftliche Fächer und für Musik. Als der Vater pensioniert wurde, zog die Familie erneut um, nach Bad Neuenahr-Ahrweiler. Ulli war auch hier ein guter Schüler, hatte aber anfangs nur wenig Kontakt zu seinen Klassenkameraden. Das rauhe Klima zwischen Lehrern und Schülern machte ihm zu schaffen. Als Lehrerssohn hatte er sich an seiner vorherigen Schule möglichst unauffällig verhalten – der Vater hätte jede Aufmüpfigkeit sofort mitgeteilt bekommen. An der neuen Schule gewöhnte er sich langsam einen freieren Ton den Lehrern gegenüber an. Er fand Freunde, die im Begriff waren, sich zu politisieren.

Vor allem fühlte er sich zu der Familie eines seiner Klassenkameraden hingezogen. Dieser hatte neun Geschwister und einen Vater, der als Kommunist Jahre im Konzentrationslager zugebracht hatte. Das alles war neu für Ulli. Zu Hause hatte es wenig Gespräche über Politik gegeben. «Mein Mann», sagte seine Mutter, «war überhaupt nicht politisch interessiert. Und ich muß ehrlich sagen, ich habe unter Adolf Hitler gelebt und war auch Parteigenossin und habe das damals sehr schön gefunden mit dem Arbeitsdienst und so. Das war für mich eine herrliche Welt, weil ich als Einzelkind aufgewachsen war. Plötzlich in eine schöne Gemeinschaft zu kommen, wo immer gesungen wird und wo man auch noch was lernen kann. Das hat Ulli natürlich nicht verstanden, daß ich diese Zeit für gut befunden habe.»

Mehr noch als für Politik interessierte sich Ulrich Schmücker damals für Popmusik. Auf seiner Gitarre spielte er Songs der Rolling Stones nach. In den letzten drei Jahren seiner Schulzeit trat er als Gitarrist und Sänger in einer Rockgruppe auf.

Nebenbei engagierte er sich in der Kirche. Er nahm an Wochenendseminaren der evangelischen Schülerarbeit im – katholischen – Land Rheinland-Pfalz teil und beschloß, Pfarrer zu werden. Die Mutter war erstaunt über das Sendungsbewußtsein ihres Sohnes. «Wir sind absolut kein religiöses Haus. In keiner Weise. Ich habe immer gesagt, ‹Mensch, werd doch Arzt, dann kannst du mich wenigstens behandeln. Als Pfarrer kannst du mich nur beerdigen.›»

Durch die kirchlichen Seminare, in denen über soziale Fragen, über Politik, über die Probleme der Dritten Welt diskutiert wurde, verstärkte sich Ullis soziales und politisches Engagement.

«Immer schon hatte er anderen Menschen irgendwie helfen

20

wollen», erinnerte sich seine Mutter. «Das hat er schon als Kind gehabt. Wir wohnten in Castrop-Rauxel in einem Haus, da war unten ein Milchgeschäft. Und dann sagte er zu mir, ich sollte doch mal Frau Kröncke fragen, ob er nicht alten Leuten die Tasche nach Hause tragen dürfte. Er fand das wohl sehr beschwerlich für die alten Leute, wenn sie ihre Taschen oder ihre Milchkannen immer wieder abstellen mußten.

Später in Neuenahr versorgte er eine alte Frau, die eine gelähmte Tochter hatte, mit der sie unter elenden Bedingungen zusammenlebte. Er hat denen immer die Besorgungen gemacht oder Behördengänge erledigt. Und wenn er mal wegfuhr, sagte er zu mir: ‹Könntest du heute Frau Orbschat betreuen?› Dann bin ich immer hochgegangen und habe mich um die gekümmert. Das waren armselige Leute, nein, so was Schreckliches. Daß so ein Junge überhaupt zu denen hinging! Die Tochter mußte immer im Bett liegen. Die hatte Spitzfüße gekriegt durch das lange Liegen. Die Frau konnte auch nicht aus dem Haus.»

Ulrich Schmücker war ein stiller, gefühlvoller Junge. Er hatte eine Gruppe von Freunden um sich, war aber nur der Mittelpunkt, wenn er auf seiner Gitarre spielte und dazu sang. Er war ernst, ernster als die meisten aus seiner Klasse. Wenn er aus der Schule kam, setzte er sich für eine Zeit allein in sein Zimmer und klimperte auf der Gitarre herum. «Ich brauche das», sagte er seiner Mutter.

Manchmal dachte er daran, in eine Wohngemeinschaft zu ziehen, doch als die Eltern ihm alle Freiheiten zusicherten, blieb er zu Hause wohnen. Konflikte gab es höchstens wegen seiner langen Haare.

In der Oberprima erhielt er die Gelegenheit, als Austauschschüler des American Field Service für ein Jahr in den USA zu leben. In der Kleinstadt Osseo im Bundesstaat Minnesota lernte er den Gegensatz zwischen der Wohlstandsfassade und der Realität aus Armut und Rassendiskriminierung kennen. Zusammen mit jungen Amerikanern leistete er in den Slums Sozialarbeit. Der täglich erlebte Rassismus wühlte ihn auf. Er begann, nach Ursachen und Zusammenhängen zu fragen, und suchte die Antworten nicht mehr in der Bibel, sondern bei Marx und Engels und Marcuse. Als er nach einem Jahr aus den USA zurückkehrte, war aus seiner christlichen Nächstenliebe politisches Engagement geworden, der Wille, an der Veränderung der gesellschaftlichen Verhältnisse mitzuwirken.

Der Abschluß, den er in Minnesota gemacht hatte, wurde in der Bundesrepublik nicht anerkannt. Ulli mußte zurück auf seine alte Schule, um das Amerika-Jahr nachzuholen. Er arbeitete hart, las viel, hatte für die oberflächlichen Vergnügungen seiner Klassenkameraden wenig Verständnis. Eine gleichaltrige Freundin, die Perserin Farzaneh, beklagte sich bei seiner Mutter: «Was kann ich nur dagegen tun, daß Ulrich immer so ernst ist? Er will mit mir über das Elend der Welt sprechen, und das deprimiert mich so. Ich will doch tanzen und fröhlich sein.»

Ulrich Schmücker wollte jetzt nicht mehr Pfarrer werden, er wollte politisch arbeiten – nur wie, das wußte er noch nicht. Zu seiner Mutter sagte er: «Ich kann nicht für einen Gott auf die Kanzel gehen, der es zuläßt, daß man nur seiner Hautfarbe wegen geprügelt wird.»

Mit seinen Freunden in Bad Neuenahr führte er lange Gespräche über die Zukunft. Sie beschlossen, gemeinsam nach Berlin zu gehen und an der Freien Universität zu studieren, mit der sie Selbstverwirklichung und Aufbruch assoziierten. Vor allem aber wollten sie der Bundeswehr entgehen. Insgesamt elf aus seiner Klasse wollten sich nach Berlin aufmachen.

Im Frühjahr 1971 bestand Ulrich Schmücker das Abitur mit der Durchschnittsnote «Gut». Kurz darauf fuhr er für zwei Wochen nach Berlin, um sich nach Wohnmöglichkeiten zu erkundigen. Anschließend verbrachte er im Rahmen des deutsch-französischen Jugendaustausches sechs Wochen in Bordeaux. Er wohnte bei französischen Gasteltern, deren Kind mehrfach in Bad Neuenahr zu Besuch gewesen war.

Am 15. Oktober 1971 schrieb er sich an der Freien Universität als Student der Geschichte und Ethnologie ein. Seine Schulfreunde aus Bad Neuenahr waren bereits in Berlin. Zu ihnen hielt Ulli engen Kontakt. In dieser Zeit telefonierte er oft mit seinen Eltern und schrieb ihnen Briefe, in denen er sein neues, unabhängiges Leben schilderte.

Anfangs wohnte er bei einem Jungfilmer zur Untermiete. Im Februar 1972 bezog er dann in Neukölln in der Weisestraße 30 eine Einzimmerwohnung. Von seinen Eltern bekam er eine finanzielle Unterstützung von 200 Mark im Monat. Zusätzlich zahlten sie ihm die Miete sowie die Fahrkarten und Bücher.

Bei seinem ersten, zweiwöchigen Aufenthalt in Berlin hatte Ulrich Schmücker die Dreharbeiten zu dem Lehrlingsfilm «Über unsere Situation» beobachtet. Dabei hatte er Jugendliche aus dem Kreuzberger Jugendzentrum kennengelernt, die ein leerstehendes Fabrikgebäude besetzt hielten. Schmücker erfuhr von ihnen Einzelheiten über Stadtteilarbeit in Kreuzberg, über Mieterinitiativen und Kindergruppen. Er fand solche Aktionen notwendig – aber er selbst wollte vorerst noch nicht mitmachen.

Während des Wintersemesters verlor Schmücker die Lehrlinge aus den Augen. Er engagierte sich in der «Roten Zelle Historiker». Doch die politische Arbeit innerhalb der Universität reichte ihm bald nicht mehr aus. Er wollte an Aktionen außerhalb des studentischen Milieus teilnehmen.

Im Februar 1972 stieß er zur «Schwarzen Hilfe», einer Organisation, die sich vor allem der Betreuung «politischer Häftlinge» widmete. Hier traf er Siegfried und Karin M., die in der Schwedenstraße in Berlin-Wedding wohnten. Genau wie Schmücker war auch das Ehepaar M. mit der eigenen politischen Arbeit nicht zufrieden. Sie nahmen an Stadtteilaktionen teil, aber das war ihnen an politischer Praxis zu wenig.

In langen Diskussionen lernten sie sich näher kennen, bauten das anfangs bestehende Mißtrauen ab. In einem dieser Gespräche kam die Rede auf die RAF, die «Rote Armee Fraktion». Schmükker hatte kurz zuvor die RAF-Schrift «Über den bewaffneten Kampf in West-Europa» gelesen. Auch das Ehepaar M. kannte den Text. Die RAF schien für Schmücker und seine neuen Freunde Ansätze eines gangbaren politischen Weges zu beschreiben.

«Wir wollten», so sagte Schmücker später der Polizei, «in gezielten Aktionen der von der herrschenden Klasse ausgeübten Gewalt revolutionäre Gegengewalt entgegensetzen.»

Als die Berliner Verkehrsgesellschaft, die BVG, ihre Preise erhöhte, schritten Schmücker und seine Freunde zur Tat. Mit Schmückers altem Volkswagen 1200, Kennzeichen AW-N-166, fuhren die drei nach Rudow. Auf den U-Bahn-Stationen verstopften sie die Fahrscheinautomaten mit Metallkitt. Daneben klebten sie Zettel, auf denen gegen die Tariferhöhung, die am nächsten Tag in Kraft treten sollte, protestiert wurde. In dieser Nacht waren sie nicht allein am Werk. Andere Gruppen machten sich ebenfalls an Fahrscheinautomaten zu schaffen und beschädigten sie auf dieselbe Weise.

Die Flugblätter und das Kaltmetall hatten sie von Verena Becker erhalten, jener Verena Becker, die später im Austausch gegen den entführten Berliner CDU-Politiker Peter Lorenz freigelassen wurde.

Ulrich Schmücker wußte, daß Verena Becker Kontakt zur RAF und zur «Bewegung 2. Juni» hatte.

DIE «BEWEGUNG 2. JUNI»

Entstanden war die «Bewegung 2. Juni» aus einer Vielzahl von Gruppen und Grüppchen, die zusammen den Westberliner «Blues» bildeten, eine Subkultur der «antiautoritären» Linken.

Eine später innerhalb des «Prozeßbüro Berlin» erarbeitete Dokumentation definiert die Bewegung so:

«Der ‹Blues› ist ein Synonym für eine antiautoritäre politische Richtung, deren Inhalte und Zielvorstellungen sich kennzeichnen lassen mit Begriffen wie: Auffinden neuer Lebensformen, Entwicklung konkreter Utopien, Solidarität mit allen Unterdrückten, Sensibilität in der Kommunikation untereinander, Phantasie und Spontaneität in der revolutionären Aktion, zugleich direkte und militante Angriffe auf den Klassenfeind und seine den Genossen und der Bevölkerung unmittelbar gegenüberstehenden Repräsentanten: Angehörige der Polizei, der Justiz, des Strafvollzugs, des – vor allem – amerikanischen Militärs, Agenturen des nationalen und internationalen Kapitals.

Die militante Aktion war dabei grundsätzlich nicht nur Konsequenz einer theoretischen Überzeugung und Analyse, nicht nur der Aufklärung dienendes Symbol, sondern stets auch der Versuch, die eigene Ohnmacht zu überwinden, aus der Passivität herauszufinden in den aktiven Angriff, die eigene Aggressivität nicht gegen die Genossen oder sich selbst, sondern – oft wie in zahlreichen Westberliner Straßenschlachten – gezielt gegen die Agenturen des Gegners und, zumindest, die Symbole seiner Macht zu richten, damit der Versuch, sich selbst in der aktiven Handlung weiterzuentwickeln, sich selbst nicht nur mit dem Kopf, sondern auch mit dem Bauch, mit seinen Bedürfnissen und Emotionen in die politische, militante Aktion einzubringen.»

Historisch entsprachen diese Auffassungen am ehesten dem Anarchismus, dem Rätekommunismus, dem Spontaneismus und der antiautoritären Bewegung der sechziger Jahre. Nur selten wurden die Konzepte des «Blues» schriftlich formuliert. Sie waren ständiger Diskussionsstoff und Ausdruck des Lebensgefühls von Leuten, die mit der bürgerlichen Welt radikal gebrochen hatten. Es galt das Motto der frühen Tage: «Macht kaputt, was euch kaputt macht!»

Für die Gruppen des «Blues» bestand die «Rote Armee Fraktion», die sich nach der Baader-Befreiung im Mai 1970 gebildet hatte, aus «Leninisten mit Knarren». Im Gegensatz zur RAF, die die gesamte Bundesrepublik als revolutionäres Tätigkeitsfeld ansah, beschränkten sich die Gruppen des «2. Juni» auf Westberlin.

Im Januar 1975 entstand in der «Bewegung 2. Juni» eine interne Schrift, der man den Titel «Mit dem Rücken zur Wand?» gab. Darin hieß es: «Die ‹Bewegung 2. Juni› wurde in einer Phase von antiimperialistischem Massenkampf geboren. Aus den Haschrebellen und der proletarischen Subkultur formierte sich eine Gruppe, die vor allem die Justizkampagne und militante Aktionen unterstützend vorantrieb. Über die Untergrundzeitung *833* agitierte sie für eine organisierte Massenmilitanz und für Kommandoaktionen. So wurde z. B. während des Einmarsches der US-Armee in Kambodscha noch in derselben Nacht das von Bereitschaftspolizei bewachte Amerikahaus in Westberlin von zwanzig Genossen mit Mollis, Steinen und Stangen angegriffen. Wenige Tage später – aus den Massendemonstrationen heraus – gingen die letzten Scheiben dieses imperialistischen Kulturzentrums zu Bruch. Von den in die Demonstranten hineingetriebenen Polizeipferden wurden zwei abgestochen. Den bewaffneten Bullen gegenüber verteidigten sich die Militanten mit Steinen, Stahlkugeln und aufgeschweißten Eisenplatten.»

Das harte Durchgreifen von Polizei und Justiz beantworteten die militanten Gruppen mit weiterer Eskalation. Der Kampf wurde straffer organisiert und nahm immer mehr konspirative Züge an. Aktionen wurden in dieser Zeit unter den verschiedensten Etiketten durchgeführt. Die «Kommandos» hatten Namen wie «Tupamaros Westberlin» oder «Schwarze Ratten». Die Polizei ging davon aus, daß der an den jeweiligen Aktionen beteiligte Personenkreis weitgehend derselbe war und sich allein die Namen der Kommandounternehmen änderten. Die militanten Aktionen richteten sich besonders gegen Einrichtungen der Polizei, der Justiz und des Strafvollzugs. Waffen waren zumeist Molotowcocktails und andere selbstgebastelte Brand- und Sprengsätze. Nur selten gelangen der Polizei Festnahmen, es wurden lediglich eine Reihe von Ermittlungsverfahren eingeleitet.

Als «Rädelsführer» in Verdacht hatte die Polizei vor allem Ralf Reinders, Georg von Rauch, Thomas Weisbecker, Heinz Brockmann und «Bommi» Baumann. Gar nicht erst gefaßt, aus der Haft entlassen oder – wie Georg von Rauch – geflohen, waren die fünf aus Sicht der Behörden die «Most-Wanted-Persons» der militanten Untergrundszene.

Parallel zu diesen «Kommandos» waren gegen Ende der sechziger Jahre in Westberlin Organisationen entstanden, die sich die Betreuung der «politischen Häftlinge» zur Aufgabe machten. Zu der anarchistisch orientierten «Schwarzen Hilfe» gehörten auch Inge Viett und Verena Becker.

Aus den beiden Bereichen «Blues» und «Schwarze Hilfe» kristallisierte sich ein harter Kern heraus, die spätere «Bewegung 2. Juni». Neben ihr, aber mit einzelnen personellen Verflechtungen, entstand im Frühjahr 1970 die «Rote Armee Fraktion». Beide Gruppierungen hatten sich Konzepten des bewaffneten Kampfes verschrieben. Mit einem wesentlichen Unterschied: Die Gruppen des «2. Juni» sahen sich mit den «Kämpfen des Proletariats» in den Metropolen verbunden, während sich die RAF immer mehr mit den militanten Befreiungsbewegungen der Dritten Welt identifizierte. Für die RAF gehörte schließlich das Proletariat der Industrienationen zu jenem westlichen Machtapparat des Kapitalismus, der die Dritte Welt ausbeutete.

In einem Fernsehinterview 1978 sagte das ehemalige RAF-Mitglied Horst Mahler: «Die RAF verstand sich als antiimperialistische Kampfgruppe, die nicht Teil der Kämpfe hier war, sondern Teil der Kämpfe in der Dritten Welt. Und das erscheint dann hier als Kriegsführung gegen das eigene Volk.»

Die Strategie der «Bewegung 2. Juni» dagegen wurde in dem Papier «Mit dem Rücken zur Wand?» so formuliert: «Die ‹Bewegung 2. Juni› hat zunächst versucht, aus ihrer politischen Geschichte eine politische Perspektive zu machen. Sie hat dann aber erfahren und gelernt, daß eine Guerilla mit aufklärerischem Konzept keine wirkliche Verbindung zum Volk bekommt, wenn sie nicht ein Teil seines Kampfes wird und nicht von den täglich nahen Konflikten der Betroffenen ausgeht und versucht, daraus bewaffnete Gegenmacht zu entfalten. Die Bewegung hat gelernt, daß nicht die linke Szene die revolutionäre Kraft ist, sondern der Massenarbeiter, der Lehrling, die gefangenen Proleten, die rebellierenden Frauen in der Fabrik und im Stadtteil.»

Eher selbstkritisch heißt es in dem Papier weiter: «Über drei Jahre versuchten die Genossen, ein bewaffneter Teil der undogmatischen Berliner Linken zu werden. Das Ziel war: im Rahmen antiimperialistischer Massenkampagnen Einrichtungen vor allem der USA nicht nur symbolisch anzugreifen, sondern größtmöglichen Schaden zu erzielen; und zweitens exemplarische Aktionen in Zusammenarbeit mit undogmatischen Betriebs- und Stadtteilgruppen in den proletarischen Zentren Berlins durchzuführen. Bei Zwangsräumungen, Entlassungen, Mieterhöhungen, Betriebsstillegungen usw. sollte der Haß der Betroffenen in militanten und letztlich bewaffneten Widerstand umgesetzt werden. Obwohl die Berliner Bewegung immer wieder von vielen Genossen solidarisch unterstützt wurde, waren es gerade die Kontaktgenossen zu den Basis- und Betriebsgruppen, die offensiv-bewaffnete Aktionen in Fabrik und Stadtteil passiv verhinderten. Sie sperrten notwendige Informationen zur Intervention, verpennten oder mußten dringend verreisen.

Die wenigen Flugblätter und Erklärungen der bewaffneten Bewegung wurden zum Teil unterdrückt und noch nicht einmal in der linken Presse veröffentlicht. Auf jeden Fall wollten aber auch die Genossen jeden Pressewirbel vermeiden, solange es ihnen nicht gelang, den Widerspruch zwischen Ziel und sichtbarer Praxis zu überwinden. In diesem Zusammenhang ist es leicht zu verstehen, daß hauptsächlich spektakuläre Banküberfälle das Bild über die bewaffnete Bewegung in Berlin bestimmten. Auch bei konsequentem Sparprogramm benötigten die Genossen Geld, um handlungsfähig zu bleiben, aber ein Teil wurde auch an die undogmatische Bewegung abgegeben.»

«High sein, frei sein, Terror muß dabeisein», unter dieses Motto stellten sich die «Kämpfer» der «Bewegung 2. Juni» gern, anfangs jedenfalls. Doch aus der Spaßguerilla wurde schnell blutiger Ernst. Am 10. November 1974, fünf Monate nach dem Mord an Ulrich Schmücker, versuchte ein Kommando des «2. Juni», Berlins obersten Richter Günter von Drenkmann zu entführen. Als der sich wehrte, wurde er erschossen. Am 27. Februar 1975, zwei Monate vor der Wahl zum Berliner Abgeordnetenhaus, entführte die «Bewegung 2. Juni» den Berliner CDU-Vorsitzenden und Spitzenkandidaten Peter Lorenz. Die Entführer verlangten die Freilassung von sechs Inhaftierten: Horst Mahler, Verena Bekker, Gabriele Kröcher-Tiedemann, Ingrid Siepmann, Rolf Heissler und Rolf Pohle. Alle, bis auf Horst Mahler, waren dem Umfeld der «Bewegung 2. Juni» zuzurechnen. Mahler lehnte den Austausch ab. Am 2. März 1975 wurden die Gefangenen nach Aden ausgeflogen. In der Nacht darauf ließen die Entführer Peter Lorenz frei.

Die erfolgreiche Geiselnahme regte später die RAF zur Entführung des Arbeitgeberpräsidenten Hanns Martin Schleyer an. Doch diesmal, im Herbst 1977, blieb die Regierung hart. Schleyer wurde ermordet. Nach dem blutigen «Deutschen Herbst» schlossen sich die übriggebliebenen Mitglieder der «Bewegung 2. Juni», darunter Inge Viett, der RAF an.

EINSTIEG
IN DEN UNTERGRUND

Als Mitte März 1972 im Audimax der Technischen Universität
Berlin eine politische Veranstaltung stattfand, entdeckte Ulrich
Schmücker auf der Empore eine Gruppe Jugendlicher, die Flug-
blätter in den Saal herunterregnen ließ. Die Zettel waren mit den
Worten «Jetzt reicht's» überschrieben. Mit diesen Flugblättern
übernahm die «Bewegung 2. Juni» die Verantwortung für einen
Brandanschlag auf das Landeskriminalamt Berlin in der Gothaer
Straße.

Dieser mißglückte Anschlag war die erste Aktion, mit der die
«Bewegung 2. Juni» an die Öffentlichkeit trat. Sie sollte ein Pro-
test gegen die Erschießung Thomas Weisbeckers durch die Polizei am 2. März 1972 in Augsburg sein. «Tommy» Weisbecker hatte zu einer der Gruppen gehört, aus denen später die «Bewegung
2. Juni» entstand.

Das Flugblatt war zum ersten Mal mit «2. Juni» unterzeich-
net. An diesem Tag war 1967 der Student Benno Ohnesorg von
einem Polizeibeamten erschossen worden.

Schmücker und seine Begleiter, das Ehepaar M., sprachen die
Zettelwerfer an. Eine von ihnen war Inge Viett. Schmücker erwähnte kurz seine eigenen Pläne zum Aufbau einer revolutionären Gruppe, dann verabredeten sie sich für den nächsten Samstag in seiner Wohnung in der Weisestraße 30.

Ulrich Schmücker konnte das Wochenende kaum abwarten.
Am Samstagnachmittag trafen seine Gäste ein: das Ehepaar M.,
Inge Viett, Verena Becker und Harald Sommerfeld. Schmücker
kochte Tee, und dann wurde er in die Struktur der «Bewegung
2. Juni» eingeweiht. Dem Staatsanwalt berichtete er später: «Inge
Viett, Verena und Harald bildeten eine Zelle des ‹2. Juni›, neben

30

ihnen gab es eine Reihe anderer Gruppierungen, die in losem Kontakt zueinander standen. Man sprach über die Grundbegriffe eines Lebens in der Illegalität, über verschiedene Methoden, Ausweise zu fälschen usw. ‹Am besten ist es›, so meinte einer der Anwesenden, ‹jede Gruppe hätte einen Film mit den Dienststempeln der wichtigsten deutschen Großstädte. Dann könnte man jederzeit Pässe und Formulare fälschen.›»

Die Besucher kamen ins Plaudern. Inge Viett deutete an, selbst schon an Sprengstoffanschlägen beteiligt gewesen zu sein. Einzelheiten aber verriet sie nicht. Das war knapp zwei Monate, nachdem der Bootsbauer Erwin Beelitz im Britischen Yachtclub Gatow von einer Bombe zerfetzt worden war. Der Mechaniker Heinz Brockmann, aktives Mitglied der «Bewegung 2. Juni», legte darüber später ein umfassendes Geständnis ab.

Danach hatte Michael, genannt «Bommi», Baumann die Idee, nach den blutigen Auseinandersetzungen im nordirischen Londonderry an mehreren Stellen in Berlin Bomben explodieren zu lassen. Die Anschläge sollten Solidarität mit der kämpfenden IRA, der Irisch Republikanischen Armee, demonstrieren. Baumann baute unter Mithilfe von Peter Knoll und Heinz Brockmann in einer von den Eheleuten M. gemieteten Wohnung einen Sprengkörper. Harald Sommerfeld, Inge Viett, Verena Becker und Willi Räther waren dabei – so sagte Brockmann später bei der Polizei aus. Aus einem Auto-Feuerlöscher, Marke Gloria, und mehrfach verschraubtem und verzinktem Eisenrohr bastelten sie die Bombe und füllten sie mit Sprengstoff aus einer Mischung von Natriumchlorat und Zucker. In das Gemisch führte ein Glühzünder, der über Zündleitungen mit einem elektrischen Wecker und Zusatzbatterien verbunden war.

Dieser Sprengsatz sollte von Harald Sommerfeld, Verena Becker, Inge Viett und Willi Räther an einem möglichst symbolträchtigen Ort deponiert werden. In der Nacht zum 2. Februar 1972 legten sie ihn auf der Terrasse des Britischen Yachtclubs in Berlin-Gatow auf einen Stuhl. Sie stellten den Zeitzünder auf

2.15 Uhr und ließen ein Flugblatt in der Nähe der Bombe zurück. Doch der zweckentfremdete Feuerlöscher detonierte nicht zum vorgesehenen Zeitpunkt.

Gegen 8.15 Uhr kontrollierte der Bootsbauer Erwin Beelitz auf seinem morgendlichen Rundgang den Bootsschuppen und entdeckte den Sprengkörper. Er nahm ihn mit ins Haus und untersuchte ihn. Als er die Bombe in einen Schraubstock klemmen wollte, explodierte sie. Erwin Beelitz wurde dabei so schwer verletzt, daß er kurz darauf starb.

Der Tod des Bootsbauers wurde von den jugendlichen Bombenlegern mit Entsetzen aufgenommen. Sie hatten ein Zeichen gegen das Morden in Nordirland setzen wollen – daß ihre Bombe einen Menschen töten könnte, daran hatten sie nicht gedacht.

Für Bommi Baumann, der den Anschlag initiiert hatte, war dies nach seinen eigenen Angaben Signal zur Umkehr. In einem Interview mit einem Westberliner Untergrund-Filmer sagte er 1973: «Da wird dir plötzlich klar, wofür sterben hier Leute, wie der Bootsbauer Beelitz, der da durch 'ne Bombe irgendwie umkommt. Wofür sterben hier Leute? Für *die* Sache? Du siehst doch, es wird sich eigentlich nicht groß was ändern. Da wird dir plötzlich klar, das ist ziemlicher Wahnsinn. Und du siehst auch die Reaktion deiner Mitkämpfer, die eigentlich nicht mehr besonders gefühlvoll ist auf solche Sachen.»

In diese Welt der Bombenleger, der Stadtguerillas, wollte Ulrich Schmücker eintauchen. Aus seinem frühen moralischen Engagement wurde Militanz.

Langsam wuchs Schmücker in die Untergrundszene hinein. Anfang März besuchte er einen Tutor der Freien Universität, den er bei seinem Ethnologiestudium 1971/72 kennengelernt hatte. Detlef Z. hatte einmal bei einem Gespräch in kleinem Kreis vor einer Lehrveranstaltung Sympathien für die Rebellen in Dhofar und Oman geäußert. Als gegen Ende des Wintersemesters im Institut für Ethnologie Informationspapiere zur Situation am Persischen Golf auslagen, vermutete Schmücker, Detlef Z. habe sie mitgebracht. Später erfuhr er, daß Z. Mitglied des Solidaritätskomitees zur Unterstützung des Kampfes am Persischen Golf war. Von ihm erhoffte sich Schmücker Kontakte zu arabischen Guerilla-Gruppen.

Als Schmücker nach seiner Festnahme 1972 bei der Polizei auspackte, hatte er die größten Bedenken – und die größte Angst –, als das Gespräch auf seine Kontakte zu Arabern kam. «Die folgenden Aussagen», so steht es im Vernehmungsprotokoll, «bitte ich vertraulich zu behandeln und unter Ausschluß der Öffentlichkeit zu verhandeln, da ich im Falle eines Bekanntwerdens dieser Aussagen mit guten Grund um mein Leben fürchte. Zu diesem ganzen Komplex möchte ich nur gesondert und ganz vertraulich Stellung nehmen. Mir ist aus Gesprächen bekannt, daß die Leute, um die es dabei geht, Verräter unter allen Umständen liquidieren; ich bin sicher, daß ich im Falle eines Bekanntwerdens meiner diesbezüglichen Aussagen von ihnen bedroht wäre und mich in Lebensgefahr befände.»

Schmücker gab sich Detlef Z. gegenüber wie ein alter Hase der Stadtguerilla. Er fragte ihn, ob er nicht helfen könne, wenn jemand mal «für eine Weile im Ausland verschwinden» müsse. Detlef Z. glaubte, «da jemanden zu kennen», fügte aber hinzu, daß so etwas nur bei «politischer Übereinstimmung» in Frage käme. Bei zwei oder drei weiteren Treffen führten sie lange politische Gespräche, in denen Schmücker die Notwendigkeit des bewaffneten Kampfes in den Metropolen hervorhob. Dadurch, so hoffte er, gab er sich als «zumindest potentieller Stadtguerilla» zu erkennen.

In den ersten April-Tagen besuchte Z. Schmücker unangemeldet und sagte: «Komm mit. Ich bring dich zu jemandem, der mit dir reden will.» Zwischen 10 und 11 Uhr vormittags brachen die beiden auf und fuhren mit Z.s altem Volkswagen zuerst kreuz und quer durch Kreuzberg. Dann steuerte Z. Dahlem an. In der Archivstraße stoppte er und sagte: «Fahr du jetzt weiter und park bei der U-Bahn-Station Dahlem-Dorf!» Er sprang aus dem Wagen. Schmücker rutschte auf den Fahrersitz hinüber und folgte den Anweisungen. Neben der U-Bahn-Station wartete er eine halbe Stunde im Wagen. Dann tauchte Z. plötzlich wieder auf und gab neue Order. «Geh zum Kiosk gegenüber der U-Bahn-Haltestelle und trink eine Cola. Warte auf jemanden, der auch eine Cola bestellt und eine Packung ‹Kurier› oder – wenn sie die nicht haben – ‹Reval Filter› kauft. Mit dem kannst du über Einzelheiten reden.»

Nachdem Z. wieder verschwunden war, machte sich Schmücker auf den Weg. Er bestellte eine Cola und wartete. Nach wenigen Minuten erschien ein zwanzig bis fünfundzwanzig Jahre alter Mann mit dunkelblondem bis braunem Haar und Bart. Er trug eine dickumrandete Brille, hatte dunkle Cordhosen und eine grüne Militärjacke an. In fließendem Deutsch, aber mit einem starken ausländischen Akzent sprach er Schmücker an. Ein paar Worte über das Wetter, dann tranken sie schweigend ihre Cola aus und verließen den Kiosk.

Während sie in kleinen Nebenstraßen spazierengingen, entwickelte sich ein Gespräch. Ein wenig politische Theorie, dann kam man zur Praxis. Der Araber mit dem hellen Haar erklärte Schmücker, daß jemand, der für vier bis sechs Jahre aus Europa verschwinden wolle, auf Umwegen zum Persischen Golf reisen und dort in Dhofar oder Oman bei Guerilla-Organisationen aktiv werden könne. Falsche Pässe und die Planung der Reise würden 5000 Mark kosten. Besonders «heiße» Leute könnten auch für ein halbes oder ein Jahr im Raum Syrien, Irak und Libanon abtauchen. Preis: 2000 bis 3000 Mark. Organisator sei die PFLP des Dr. Georges Habash, die «Volksfront für die Befreiung Palästinas».

Dann kam das Gespräch auf die innere Sicherheit illegaler Gruppen. «Verräter und enttarnte Spitzel», so bemerkte der Araber nebenbei, «sind natürlich unter allen Umständen zu liquidieren.»

34

Die beiden vereinbarten eine längerfristige Zusammenarbeit. Die «Bewegung 2. Juni» sollte Waffen jeden gewünschten Typs in jeder gewünschten Menge erhalten, auch Sprengstoffe und Zünder. Als Gegenleistung sollten die Leute vom «2. Juni» die Araber mit größeren Geldbeträgen unterstützen.

EINFÜHRUNG IN DEN TERRORISMUS

Am 4. April 1972 blieb Ulrich Schmücker zu Hause und wartete auf Besuch. Zum ersten Mal sollte seine Wohnung nach einer Aktion als Treffpunkt dienen. Was genau geplant war, wußte er nicht. Zwischen 10 und 11 Uhr klingelte Inge Viett an der Wohnungstür. Sie hatte eine schwarze Einkaufstasche aus Kunstleder bei sich. Wenige Minuten später kamen Verena Becker und Harald Sommerfeld. Die drei umarmten sich zur Begrüßung. Schmücker stand etwas ratlos daneben:

«Was ist denn gelaufen?»

«Das wirst du schon früh genug erfahren!»

Dann wurde er zum Einkaufen geschickt. Als Schmücker zurückkehrte, fragte ihn Inge Viett:

«Hast du irgendwelche Straßensperren gesehen?»

«Nein, keine.»

Inge Viett und Verena Becker brachen auf. Sie wollten Freunde in der Strafanstalt Tegel besuchen. Harald Sommerfeld blieb in der Wohnung. Am Nachmittag schickte er Schmücker eine Zeitung holen. Die Schlagzeile der Abendausgabe meldete in dicken Lettern einen Bankraub in Berlin-Britz.

«Habt ihr was damit zu tun?» fragte Schmücker.

Sommerfeld antwortete nicht. Dann sagte er:

«Sieh dir nachher mal die ‹Abendschau› an.»

Gemeinsam saßen die beiden vor dem Fernseher. Der Sprecher meldete den Bankraub in Britz und gab eine Personenbeschreibung der Täter durch, die genau auf Inge Viett, Verena Bekker und Harald Sommerfeld paßte.

«Jetzt weißt du ja Bescheid», sagte Sommerfeld. Dabei packte er die schwarze Einkaufstasche aus. Er faltete eine weiße Plastiktüte auseinander und stapelte größere Mengen gebündelter Banknoten auf den Tisch. Daneben legte er drei Waffen: eine Firebird, Kaliber 9 Millimeter, eine Colt-Automatik-Pistole, 9 Millimeter, und einen Smith & Wesson-Revolver.

Sommerfeld lehnte sich zurück und begann zu erzählen. «Inge hat letzte Nacht einen roten VW geknackt. Damit sind wir gestern morgen rausgefahren nach Britz, wo wir schon letzte Woche eine Bank ausgesucht hatten.»

Schmücker hörte schweigend zu.

«Wir hatten Jacken und Mützen und Halstücher und Sonnenbrillen dabei. Ich trug die Colt-Automatik, Inge den Revolver und Verena die Firebird. Verena und ich sind in der Nähe der Bank ausgestiegen, während Inge langsam weiterfuhr. Dann haben wir im Vorraum der Bank noch etwas gewartet und uns einen Aushang angesehen. Hinter einer alten Frau sind wir dann in den Schalterraum gegangen. Wir hatten uns Tücher vors Gesicht gebunden. Verena richtete ihre Firebird auf die Kunden und Angestellten der Bank, und ich bin auf den Kassierer losgegangen und hab ihm gesagt, er soll keine Faxen machen und schnell das Geld rausgeben.»

Sommerfeld zündete sich eine Zigarette an. Er nahm einen Zug und sagte:

«Ich konnte kaum sehen. Meine Sonnenbrille war ganz beschlagen. Ich hab sie abgenommen und auf den Banktresen gelegt und blöderweise nachher vergessen. Der Kassierer war ganz schön verängstigt, aber er hat mir dann das Geld rübergeschoben. Als ich es gerade in meine weiße Plastiktüte stopfte, kam ein neuer Kunde in den Schalterraum.

Verena drehte sich superschnell zu ihm um und zischte: ‹Geh weg!› Dann schwenkte sie ihre Pistole und wollte ihn dazu bringen, sich zu den anderen Kunden und Angestellten der Bank zu stellen. Aber der Mann reagierte überhaupt nicht. Verena hat ihn zur Seite gestoßen, und wir sind an ihm vorbei aus der Bank gelaufen. Draußen sind wir dann in den VW gesprungen, Inge hat

Gas gegeben und ist durch ein paar Seitenstraßen gefahren. Im Auto haben wir uns die Klamotten runtergerissen und das Geld und die Waffen in die schwarze Ledertasche gepackt. Die Jacken, Halstücher usw. haben wir im Auto gelassen. Verena hat in der Eile noch ihr Reservemagazin in der Jackentasche vergessen. Verena und ich sind dann schnell ausgestiegen und mit der U-Bahn weitergefahren.»

«Und was hat Inge gemacht?»

«Die ist noch ein paar Straßen weitergefahren und hat den Volkswagen irgendwo stehengelassen. Anschließend ist sie zu Fuß weitergegangen – in eine Laubenkolonie. Da hatte sie ein Fahrrad stehen. Sie hat die Tasche mit dem Geld und den Waffen auf den Gepäckträger geklemmt und ist einfach mit dem Rad weitergefahren. Der Weg durch die Laubenkolonie ist für Autos gesperrt. Nachher hat sie das Fahrrad an der U-Bahn-Haltestelle Leinestraße an eine Hauswand gelehnt und ist zu Fuß hierher gekommen.»

Schmücker war tief beeindruckt. Er nahm ein paar Bündel Geldscheine vom Tisch.

«Laß uns mal zählen.»

Sommerfeld hatte nichts dagegen. Sie kamen auf genau 29 450 Mark.

«Wir könnten davon Waffen aus der ‹arabischen Quelle› kaufen», schlug Schmücker vor.

Sommerfeld war einverstanden. Er wollte gleich 40 000 Mark dafür anlegen: die gesamte Beute aus Britz und zusätzliches Geld, das andere Gruppen zur Verfügung hatten.

Noch in derselben Woche traf sich Schmücker mit dem Araber. Sie saßen in Detlef Z.s Volkswagen am Paul-Lincke-Ufer. Schmücker bestellte im Namen des «2. Juni» für 15 000 Mark Handfeuerwaffen, für 15 000 Mark Sprengstoff – «möglichst Dynamit» – und für jeweils 5000 Mark Schnellfeuergewehre und Maschinenpistolen. Der Araber erklärte sich mit dem Handel prinzipiell einverstanden, sagte aber, er könne über einen solchen

Großeinkauf nicht allein entscheiden. Er werde sich wieder melden.

Als Schmücker seinen Freunden das Gespräch schilderte, waren sie gar nicht begeistert. Ihnen erschien die Quelle nicht «cool». Schließlich einigten sie sich darauf, lediglich für 8000 Mark Sprengstoff zu kaufen. Vorher sollte Verena noch eine «Sicherheitskiste» einbauen, das heißt, sie sollte mit einer anderen arabischen Kontaktperson sprechen und Schmückers Quelle «abchecken».

Am Dienstag der darauffolgenden Woche kaufte Schmücker einen Zehnliterkanister und füllte ihn mit Benzin. Gegen Abend traf er sich in der Wohnung des Ehepaares M. mit Harald Sommerfeld, der gerade dabei war, die Zündvorrichtung für eine «Unkraut-Ex-Bombe» zu basteln. Das explosive Gemisch aus Unkrautvernichtungsmittel und Puderzucker hatte er in einen Kochtopf gefüllt und den Deckel mit Kaltmetall festgeklebt.

Noch in der Nacht sollten Schmückers Benzin-Bombe und Sommerfelds Unkraut-Sprengkörper gelegt werden. Es war der 11. April 1972. Die Amerikaner hatten die Bombenangriffe auf Nordvietnam wieder aufgenommen. So wie Schmücker und Sommerfeld wollten auch andere Gruppen der «Bewegung 2. Juni» zurückschlagen.

Schmückers Benzinkanister wurde unter dem Privatwagen eines amerikanischen Offiziers gezündet.

Kurz nach Mitternacht fuhren Schmücker und Sommerfeld in einem geliehenen Morris Mini zum Harnack-Haus, einem amerikanischen Offiziersklub in Berlin-Dahlem. Da die Sprengkraft der Kochtopf-Bombe relativ gering war, sollte sie psychologisch wirkungsvoll auf dem Dachboden des Klubhauses deponiert werden. Sie parkten den Mini in der Nähe des Harnack-Hauses und gingen um das Gebäude herum, um die Örtlichkeit zu erkunden. Die Bombe hatten sie auf dem Rücksitz des Wagens zurückgelassen.

«Da steht ein Gartentor offen», flüsterte Schmücker seinem Begleiter zu.

Doch Sommerfeld war die Sache zu riskant.

«Es ist absolut blödsinnig, auf den Dachboden raufzuklettern, bloß um eine simple Bombe loszuwerden», sagte er leise.

«Dann mach ich es eben», antwortete Schmücker.

Sommerfeld war einverstanden, und sie liefen zurück zum Wagen. Plötzlich tauchte aus der Dunkelheit ein Polizist auf. Mißtrauisch beobachtete er die beiden Gestalten. Schnell schlüpften Schmücker und Sommerfeld in den Wagen. Eine endlose Minute verstrich, bis Schmücker das Fahrzeug in Gang gesetzt hatte. Als der Wagen startete, blickte Schmücker noch einmal kurz in den Rückspiegel. Der Beamte stand immer noch da und beobachtete sie.

Ein paar Minuten lang umkreisten die beiden ihr Ziel. Als die Luft wieder rein war, deponierten sie den Sprengsatz an einem Kellerfenster. Der Zünder war zwischen 3 und 4 Uhr eingestellt. Doch die Bombe explodierte nicht zur beabsichtigten Zeit. Sie explodierte überhaupt nicht.

Am nächsten Morgen schaute Sommerfeld noch einmal nach. Der Kochtopf stand immer noch friedlich auf dem Fenstersims. Daraufhin rief Sommerfeld über 110 die Polizei an. Er wollte verhindern, daß wie im Yachtclub wieder ein Unbeteiligter zu Schaden kam. Aus sicherer Entfernung beobachtete er, wie die Bombe von Spezialisten der Polizei entschärft wurde.

In der folgenden Zeit übernachtete Harald Sommerfeld häufig in Ulrich Schmückers Wohnung. Nach seiner Teilnahme an den Bombenanschlägen galt Schmücker jetzt als Mitglied der «Bewegung 2. Juni». Von seinen Freunden erfuhr er Einzelheiten über ihren Aufbau – Einzelheiten, die er später an die Polizei weitergab.

In seiner Aussage vom 18. Juni 1972 heißt es: «Die ‹Bewegung 2. Juni› besteht aus einer Reihe kleiner Kommandotruppen,

40

jede zwischen drei und neun Personen stark. Jede dieser Gruppen arbeitet weitgehendst selbständig in Bezug auf das Planen und Ausführen von Aktionen und ist in der Beschaffung von Geld, Waffen, Sprengstoff, Ausweisen, Wohnungen, Autos etc. autonom. Hiervon sind nur Fälschermaterialien und zentral gefertigte Spezialwerkzeuge (wie der ‹Schraubenausdreher› für KFZ-Schlösser, eine Erfindung der RAF, die irgendwie zum ‹2. Juni› gelangt war) ausgenommen. Es gibt zwischen drei und fünf Kerngruppen, deren Mitglieder sich größtenteils gegenseitig kennen, und andere Gruppen, von denen jeweils eine Person auch jeweils eine Person aus den anderen Gruppen kennen sollte.»

Schmücker schloß sich der Gruppe um Inge Viett immer fester an. Zwischen dem 20. und dem 25. April traf er sich zum dritten Mal mit dem Araber. Er erwartete ihn an einer Unterführung in der Nähe der Avus-Ausfahrt Hüttenweg und ging anschließend mit ihm im Grunewald spazieren. Schmücker erklärte, daß seine Freunde nun doch nicht so viele Waffen kaufen wollten. Der Araber war einverstanden, denn auch seine Auftraggeber waren skeptisch geworden. Größere Waffenmengen wollten sie erst nach einer Ausbildung der Gruppe in einem ihrer Lager liefern. Die Ausbildung sollte 10 000 Mark pro Person kosten. Schmücker willigte ein. Es wurde vereinbart, daß in Zukunft Verena Becker in die Verhandlungen einbezogen werden sollte.

Kurze Zeit später traf Verena Becker mit einem anderen Araber zusammen. Dabei kam es zum ersten Mal zu festen Absprachen. Für eine «solidarische Gegenleistung» von 5000 Mark sollte die Gruppe Sprengstoff erhalten. Und für die erste Juni-Woche wurde eine Reise zur Ausbildung im Nahen Osten geplant.

Ulrich Schmücker, Verena Becker, Inge Viett und Wolfgang Knupe sollten sich etwa drei Monate lang im südlichen Libanon in die Techniken des Guerillakampfes einweihen lassen. Dafür verlangte die PFLP 40 000 Mark. Mehrere «Geldkisten» sollten den Trip finanzieren. Während der Abwesenheit der anderen wollte Harald Sommerfeld bei der Bundeswehr die Grundausbildung mitmachen und nach zwei bis drei Monaten desertieren. Dabei sollte er mit Hilfe einer anderen «2. Juni»-Gruppe noch schnell ein Waffenlager der Bundeswehr ausräumen und in Berlin untertauchen. Nach der Rückkehr aus dem Nahen Osten wollte die Gruppe dann «politische Gefangene» befreien. Die Pläne wurden immer hochfliegender.

In der letzten April-Woche fuhren Inge Viett, Verena Becker, Harald Sommerfeld, Wolfgang Knupe und Ulrich Schmücker nach Hannover, um dort Banken auszukundschaften, die sich für Überfälle eigneten. Acht bis zehn Banken in verschiedenen Stadtteilen wurden «abgecheckt». Schmücker selbst schaute sich drei oder vier von ihnen genauer an. Getarnt mit einer schwarzen Perücke, Bart und Augenbrauen gefärbt, wechselte er jeweils Deutsche Mark in Devisen um. Seine Freunde ließen sich in den Banken Papier zum Einwickeln von Münzgeld geben.

Schließlich blieben zwei Banken übrig, die später von zwei Gruppen gleichzeitig überfallen werden sollten. Vorsorglich erkundeten sie fünf Fluchtwege und kauften in einem Kaufhaus in der Innenstadt Halstücher und dünne Handschuhe. Sommerfeld, der sich in Hannover gut auskannte, wurde beauftragt, eine konspirative Wohnung anzumieten, in der im Notfall Verletzte versorgt werden konnten.

Vor dem großen Coup in Hannover aber wollte es die Gruppe noch einmal in Berlin versuchen. Für den 9. Mai 1972 plante sie hier einen Banküberfall. Sollte die Beute über 100 000 Mark betragen, wollte man auf den Doppelüberfall in Hannover verzichten.

Am Morgen des 1. Mai, gegen 8 Uhr, kam Detlef Z. in Schmückers Wohnung. «Ein Bekannter will dich sprechen.»

Schmücker sprang in die Kleider und setzte sich zu Z. ins Auto. Am U-Bahnhof Hansaplatz stieg er aus, und Z. fuhr davon.

Schmücker betrat den Bahnhof und ging über den Bahnsteig auf den anderen Ausgang zu. Dabei blickte er sich unauffällig nach dem Araber um, konnte ihn aber nirgends entdecken. Als er in die andere Eingangshalle des Bahnhofs kam, stand der Araber plötzlich vor ihm. Die beiden verließen den Bahnhof und gingen in einer Nebenstraße auf und ab.

«Du mußt heute verreisen», sagte der Araber. «Möglichst in den nächsten zwei Stunden. Du sollst die geplante Sache erledigen.»

Schmücker war überrascht, mit einem so plötzlichen Reisetermin hatte er nicht gerechnet. Er hatte kein Geld und wußte auch nicht, wo seine Freunde steckten.

«Ich weiß nicht», sagte er. «Ich brauche mindestens vier oder fünf Stunden, um das Geld aufzutreiben. Kann aber nicht garantieren, daß es klappt.»

Der Araber nickte: «Fahr dann mit dem Zug Richtung Hannover. Zieh einen schwarzen Anorak an und binde dir ein rotes Tuch um den Hals.»

Von einer Telefonzelle aus rief Schmücker die Bundesbahn-Auskunft an und erkundigte sich nach den Abfahrtszeiten in Richtung Hannover. Er wollte versuchen, einen Zug zwischen 17 und 18 Uhr zu erwischen. Um 16.30 Uhr wollte er den Araber wieder auf dem U-Bahnhof Hansaplatz treffen – auch wenn er das Geld bis dahin nicht aufgetrieben hatte.

Erregt von der Bedeutung seines Auftrages, sprang Schmücker in ein Taxi und fuhr zum Mariannenplatz, wo er Verena Bekker und Inge Viett auf einem Volksfest vermutete. Atemlos lief er durch die Menschenmenge, konnte die Frauen aber nicht entdecken. Er ging in eine Wohnung in der Eisenbahnstraße und stieß dort auf Waltraud S., die zum Sympathisantenkreis der «Bewegung 2. Juni» gehörte. Schmücker fragte sie nach Inge Vietts Adresse, doch die wollte sie ihm nicht verraten.

«Dann hol mir sofort einen von den dreien her. Es ist sehr dringend!»

43

Waltraud fuhr los und kam nach einer halben Stunde mit Sommerfeld zurück. Hastig erklärte Schmücker das Angebot des Arabers. Dann fuhr er mit Sommerfeld in Waltrauds blauem VW 1200 zu einer Kneipe am Kottbusser Tor.

«Warte hier», sagte Sommerfeld, bevor er ausstieg, «ich muß erst mal mit dem Mädchen reden, bevor du mit in die Wohnung kommen kannst.»

Eine Dreiviertelstunde später kam er zurück und führte Schmücker in die Manteuffelstraße 61. Nach einem kurzen Gespräch drückte Inge Viett diesem 5000 Mark für den Sprengstoff und 440 Mark Reisespesen in die Hand. Mit der U-Bahn fuhr Schmücker zu seiner Wohnung. Dort zog er sich um und packte zur Tarnung schmutzige Wäsche in seinen Koffer. Pünktlich um 16.30 Uhr stand er auf dem U-Bahnhof Hansaplatz. Den Araber konnte er nirgendwo entdecken. Er suchte die Eingänge ab, den Bahnsteig, die Umgebung des Bahnhofs, nichts. Nach fünfunddreißig bis vierzig Minuten, als der Zug nach Hannover längst abgefahren war, beschloß er, nicht länger zu warten. Er wollte mit der U-Bahn zum Zoo fahren und von dort mit dem Taxi nach Hause.

Die U-Bahn rollte ein. Schmücker wollte einsteigen. Doch da packte ihn jemand am Arm und zog ihn von der Wagentür zurück. Schmücker und sein Begleiter verließen die Station und gingen eineinhalb Stunden im Park an der Straße des 17. Juni spazieren. Dabei erhielt er neue Instruktionen.

«Morgen früh um 8 Uhr bist du auf dem Hauptbahnhof in Braunschweig. Neben den Telefonzellen schreibst du eine Postkarte. Du trägst den schwarzen Anorak und das rote Halstuch. Ein Mann mit einem schwarzen Anorak, der genauso aussieht wie deiner, wird auf dich zukommen. Er wird dich fragen: Wie heißt die Freundin? Und du wirst antworten: Ingrid. Und dann wirst du den Mann beschreiben. Alles weitere kannst du mit dem Mann selbst besprechen.»

Schmücker war klar, daß der Sprengstoff, den er am nächsten Tag in Braunschweig erhalten sollte, mit 5000 Mark fünf bis zehnfach überzahlt war. Doch in seinen Augen war das kein Kauf, sondern ein «solidarischer Austausch ungleicher Werte».

Nachdem der Araber wieder im Menschengewühl untergetaucht war, stellte Schmücker seinen Koffer in ein Schließfach am Bahnhof Zoo und bummelte bis zur Abfahrt des Zuges um 22 Uhr durch die City.

Früh am Morgen des 2. Mai traf er in Braunschweig ein und fuhr mit einem Taxi zu einer kleinen Pension. Er schlief ein paar Stunden und kehrte dann zurück zum Bahnhof. Pünktlich um 8 Uhr schrieb er seine Postkarte. Wenig später kam ein Mann auf ihn zu. Er war Mitte Zwanzig, 180 bis 185 Zentimeter groß, schlank, hatte kurze blonde Haare und einen Oberlippenbart.

«Wie heißt die Freundin?» fragte er mit ausländischem Akzent.

«Ingrid», antwortete Schmücker und beschrieb den Fremden.

Sie stiegen in ein Taxi und fuhren zu einem Studentenheim am Bienenroder Weg 54, etwas außerhalb von Braunschweig. Im Lift ging es ein paar Stockwerke nach oben. Der blonde Ausländer führte Schmücker in eines der Zimmer, verließ ihn für einen Moment und kam mit einer Kanne Tee zurück. Während er Tee einschenkte, sagte er:

«Das Zeug ist ein gelatineartiger Spezialsprengstoff. Der ist sicher zu transportieren, weil er stoß- und wärmeunempfindlich ist. Er zündet erst bei einer Temperatur von 250 Grad und hat etwa die Sprengkraft von Dynamit. Im Gegensatz zu Dynamit hat er aber nach der Detonation eine sehr starke Brandwirkung, die durch Feuerzeuggas noch verstärkt wird. Er kann in jede gewünschte Form geknetet oder gerollt werden. Das Zeug riecht wie Persiko, und wenn man die Dämpfe längere Zeit einatmet, kriegt man Kopfschmerzen. Die Zündkapseln, die du dazu bekommst, sind extra dafür entwickelt worden. Der Sprengstoff ist über mehrere Grenzen geschmuggelt worden. In Zahnpastatuben. Die Zündkapseln waren in ausgehöhlten Filterzigaretten versteckt.»

Der Blonde lachte. Er nahm einen Karton aus dem Schrank und stellte ihn auf den Tisch. Dann packte er sechs braune DIN-A5-Umschläge mit gepreßten Sprengstoffplatten, eine Zigarettenschachtel mit drei Zündkapseln, drei Ampullen Feuerzeuggas, zwei 4,5-Volt-Batterien, einige Drähte, eine Taschenlampenbirne, einen präparierten Wecker und Bindfaden aus.

Schmücker war fasziniert. Aufmerksam hörte er zu, als der Blonde ihm die Konstruktion eines Sprengsatzes erklärte und dabei ein Demonstrationsmodell bastelte. Als er fertig war, holte Schmücker das Geld aus seiner Tasche: 5000 Mark, gebündelt und mit einem Gummi zusammengehalten. Vorsichtig räumte er die Bombenelemente zusammen und verstaute sie in seinem Koffer unter der schmutzigen Wäsche.

Gegen Mittag reiste er mit der Bahn zurück nach Berlin. Keine der Grenzkontrollen entdeckte seine explosive Fracht. In Berlin angekommen, fuhr Schmücker sofort in die Manteuffelstraße und übergab seinen Freunden den Sprengstoff.

Am nächsten Morgen, es war der 3. Mai, stand in der Zeitung, daß in der Türkei drei oppositionelle Studentenführer hingerichtet worden waren. Die Gruppe beschloß, den Tod der Studenten mit einem Bombenanschlag auf das türkische Generalkonsulat zu rächen. Sommerfeld übernahm die Vorhut. Zunächst fuhr er allein in die Kirschenallee 21a nach Charlottenburg. Am Nachmittag begaben sich alle fünf zum Generalkonsulat, um ihr Bombenziel aus nächster Nähe anzusehen. Auf einem Minigolfplatz hinter dem Konsulatsgebäude spielten sie eine Partie und beschlossen dabei, einen Sprengsatz mit dem neuerworbenen Gelatine-Sprengstoff unter der in den Garten führenden Freitreppe zu deponieren.

Anschließend baute Schmücker in der Manteuffelstraße unter den interessierten Blicken seiner Freunde eine Bombe zusammen. Kurz nach Mitternacht fuhren er und Wolfgang Knupe, genannt «Lupus», mit der Bombe in die Hessenallee. Dort wartete

Harald Sommerfeld in einem gestohlenen schwarzen VW. Sie wechselten in diesen Wagen über und fuhren an die Rückseite des Minigolfplatzes. «Lupus» kletterte als erster über den Zaun zum Minigolfplatz. Schmücker folgte ihm mit dem Sprengsatz, den er im Auto scharf gemacht hatte. Fünfzig Minuten später sollte die Bombe explodieren. Vom Golfplatz aus stiegen sie über den Zaun zum türkischen Konsulat. Schmücker legte den Sprengkörper in eine Mauerlücke der Freitreppe.

Am Morgen darauf fuhren Schmücker und Knupe mit den anderen zum Tatort, um die Sprengwirkung der Bombe zu begutachten. Doch alles lag still und ruhig wie am Tag zuvor. Die Bombe mußte versagt haben. Wieder einmal.

Über den Notruf alarmierten die erfolglosen Bombenleger die Polizei. Sie rückte an und durchsuchte Keller und Vorgarten des Konsulatsgebäudes. Der Sprengkörper wurde nicht gefunden.

Als die Berliner «Abendschau» den mißglückten Anschlag nicht erwähnte, schrieb Sommerfeld nach Schmückers Diktat einen Brief an die Deutsche Presse-Agentur, den sie in den Türspalt des dpa-Büros am Savignyplatz steckten. Dann rief Ulrich Schmücker bei dpa an und verwies – mit verstellter Stimme – auf die Erklärung.

«Aus Solidarität mit dem Kampf des sich bewaffnenden türkischen Volkes gegen die Militärdiktatur in Ankara haben wir gestern eine Plastikbombe in das Konsulat dieser Faschisten gelegt. Die Bombe explodierte leider nicht. Um die Gefährdung Unbeteiligter durch eine Spätzündung zu verhindern, wurde die Polizei von uns benachrichtigt. Sie reagierte nicht! Die Bombe liegt noch jetzt in einer Mauernische der Hintertreppe des türkischen Generalkonsulats in der Kirschenallee/Charlottenburg. Hier wie überall auf der Welt wird der Kampf gegen das Großkapital, Faschismus und Imperialismus verstärkt fortgesetzt.

Es lebe der internationale Befreiungskampf!

Bewegung 2. Juni»

Doch auch bei späteren Durchsuchungsaktionen wurde die

Bombe nie entdeckt. Selbst als Ulrich Schmücker nach seiner Verhaftung genau beschrieb, wohin er die Bombe gelegt haben wollte, blieb sie unauffindbar.

Laut Harald Sommerfelds Aussage existierte die Bombe denn auch überhaupt nicht. Bei ihm hieß es lediglich: «Die Örtlichkeit schien uns dazu nicht geeignet, deshalb begnügten wir uns damit, telefonisch über den Notruf der Polizei und schriftlich durch einen Brief an die Deutsche Presse-Agentur einen falschen Alarm auszulösen.»

VERHAFTUNG
IM MORGENGRAUEN

Nachdem der gescheiterte (oder gar nicht verübte) Anschlag auf das türkische Generalkonsulat in der Presse nicht das gewünschte Echo fand, beschloß die Gruppe, nach Bonn zu reisen und dort eine Bombe in der türkischen Botschaft zu legen. Nach der Pleite in Berlin sollten Schmücker und Knupe dabeisein, um endlich zu lernen, wie man so etwas richtig macht. Verena Becker wollte in Berlin bleiben, um im Falle einer Verhaftung Spuren zu beseitigen. Am 6. Mai um 18 Uhr ging die Reise in einem hellgrauen Fiat 124 los.

Die vier waren gut ausgerüstet:

1 Transistorgerät (zum Abhören des Polizeifunks)
2 Funksprechgeräte
2 Abziehvorrichtungen (Schloßabzieher zum Diebstahl eines Tatfahrzeuges)
1 vollständiges Kennzeichen (B-WS-752)
1 Rolle Draht sowie auf einen Stab aufgerollter Klingeldraht
1 Wecker
2 Witzhefte
2 Sortimente Schlüsselfeilen
1 Mäppchen mit diversem Handwerkszeug
1 Saugnapf
2 Rollen Isolierband
1 Rolle Tesafilm
1 selbstgebastelter Sprengkörper
1 Paket Zündschnüre
1 Tube Kaltkleber
1 elektrischer Lötkolben

2 Zündpillen salzhaltiger Substanz – in einer Tragetasche –
  mehrere Birnenhalter
2 Glasschneider
2 Batterien à 4,5 Volt
1 Batterie, 3 Volt
1 Nagelschere
1 Dose Lötfett
1 Tube Kleber (Kontakt 2000)
1 Rolle Kordel und
1 Fläschchen Schwarzpulver

Ohne Schwierigkeiten passierten sie mit ihrer subversiven Fracht
die DDR-Kontrollen. Bei Braunschweig bogen sie von der Auto-
bahn ab und fuhren langsam durch die Innenstadt. Es regnete.
Bleich und stumm saß Inge Viett am Steuer, neben ihr Wolfgang
Knupe, auf dem Rücksitz Ulrich Schmücker und Harald Sommerfeld. Sie fuhren durch die Außenbezirke Braunschweigs in
Richtung Gifhorn/Lüneburg. Knupe dirigierte die Fahrerin. Auf
den Knien hielt er sein Notizbuch mit einer Skizze der Route. Von
Zeit zu Zeit leuchtete er mit einer kleinen Taschenlampe auf den
Plan, verglich seine Eintragungen mit den Ortsschildern.
    Irgendwo in einer dünn besiedelten Gegend sollte das Haus
liegen, in dem sie übernachten wollten. Als sie es in der Dunkelheit endlich gefunden hatten, stieg Knupe als erster aus. Es war
ein winziges Einfamilienhaus. Knupe klingelte, wechselte ein
paar Worte mit einem Mann und kehrte dann zum Wagen zurück:
«Ist in Ordnung, ihr könnt reinkommen.»
    Die drei stiegen aus. Sommerfeld öffnete den Kofferraum
und nahm eine große, schwere Tasche heraus. Knupe wartete und
geleitete seine Freunde ins Haus. Ein etwa Fünfundzwanzigjähri-
ger mit langem schwarzen Haar begrüßte sie mit spärlichen Worten und Gesten. Ein anderer, etwa gleichaltriger Mann mit blonder Mähne stand stumm daneben. Schmücker hatte seine
Gastgeber noch nie gesehen. Es schien ihm, als werde die Berli-

ner Reisegruppe schon erwartet. Erfreut waren die beiden Männer über den nächtlichen Besuch offenbar nicht. «Wohl unpolitische Leute», dachte Schmücker, während er das Wohnzimmer am gegenüberliegenden Ende des Hausflurs betrat. Einer der Bewohner drehte sich zu Schmücker um.

«Kannst du dir bitte die Schuhe ausziehen, bevor du ins Wohnzimmer gehst?»

Verwundert blickte Schmücker die anderen an. Alle außer ihm hatten die Schuhe im Flur stehengelassen. Er hatte es nicht bemerkt. Stumm nickte er und ging zurück. Im Flur hing ein Schild mit dem Hinweis: «Bitte Schuhe ausziehen!»

Durch die angelehnte Wohnzimmertür drangen leise Stimmen. Auf Strümpfen kehrte Ulrich Schmücker zu den anderen zurück. Sommerfeld nahm ihn beiseite:

«Hör zu, Lupus hat den Leuten hier gesagt, wir beide seien schwul und wollten allein sein.»

Schmücker zuckte verständnislos die Achseln, folgte Sommerfeld aber in ein Nebenzimmer. Der Raum war etwa zwölf Quadratmeter groß. Ein einfacher Tisch in der Mitte, ein Stuhl, ein Feldbett. Auf dem Tisch eine kleine Lampe, die bereits brannte. Sommerfeld stellte die mitgebrachte Tasche auf den Tisch und packte ein paar vollgestopfte Plastiktüten aus.

«Kannst du die Kabel zusammenlöten und Bananenstecker anschrauben? Hilf mir mal.»

Schmücker war einverstanden. Ein elektrischer Lötkolben wurde erhitzt, dann löteten sie kleine Kabelstücke an eine Taschenlampenbatterie, um daran die Bananenstecker befestigen zu können. Sie füllten den Sprengstoff in braunes Packpapier und umwickelten es fest mit Draht. Daran klebten sie mit Isolierband die Batterie. Der Sprengkörper war fertig.

Wortlos packten die beiden die Sachen wieder in die Tasche. Die Bombenbastelei hatte eine knappe Stunde gedauert. Sie gingen in das Wohnzimmer zu den anderen. Niemand sagte etwas. Eine Viertelstunde später legte man sich schlafen.

Am späten Vormittag wurden die Besucher nach einem kärglichen Frühstück – Nescafé und ein paar trockene Scheiben Toastbrot mit Marmelade – verabschiedet. Die Reise ging langsam und mit vielen Pausen weiter in Richtung Westdeutschland. Im Auto wurde nicht viel gesprochen.

An der Autobahntankstelle Rhynern-Nord machten sie eine kurze Rast. Die Nacht brach an. Immer noch hatten sie ihr Ziel nicht erreicht. Kurz vor Köln kam ein Gespräch auf. Im Plauderton erörterten Inge Viett und Harald Sommerfeld, wie und wo man am besten ein Auto stehlen könnte.

Schmücker erhielt die Anweisung, den Fiat 124 in eine Autobahnausfahrt zu lenken. Mechanisch gehorchte er, das Fahren hatte ihn angestrengt, er war müde und geistig etwas abwesend. Er dachte an die bevorstehende Aktion. Er blickte kurz hinüber zu Sommerfeld, der in seiner rechten Brusttasche einen Schloßabzieher stecken hatte. Ein weiterer «Korkenzieher» lag auf der Hutablage vor der Heckscheibe.

Am Kamener Kreuz gerieten die vier in eine Geschwindigkeitskontrolle der Polizei. An einem der folgenden Autobahnparkplätze hielt Schmücker an. Er stieg aus und lief die Böschung ein Stück hinunter, um zu pinkeln.

Irgendwo verließen sie die Autobahn und fuhren in eine kleine Siedlung.

«Fahr hier mal ein bißchen rum», sagte Inge Viett zu Schmücker. Und nach einer Weile: «Hier kannst du stoppen.»

Während Knupe und Schmücker sitzenblieben, stiegen Inge Viett und Sommerfeld aus, um sich einen geeigneten Wagen auszusuchen. Nach zehn Minuten kamen sie zurück.

«Es hat nicht geklappt, wir sind gestört worden, eine Tür ist aufgegangen.»

«Was war das für ein Auto?»

«Ein Mercedes. Es hat keinen Zweck, es noch mal zu versuchen.»

«Aber es ist doch noch dunkel.»

«Bald kommt der Morgenverkehr auf. Es ist zu spät.»
Schmücker startete den Motor und fuhr zurück auf die Autobahn in Richtung Bonn. Er war immer noch müde und unkonzentriert. Nördlich von Bonn verfuhr er sich.

Morgens gegen 5.30 Uhr erreichten sie Bad Neuenahr-Ahrweiler. Ulrich Schmücker stellte den Wagen auf dem Parkplatz gegenüber dem Kaufhaus Moses ab. Sein Elternhaus war nur dreißig Schritte entfernt. Die vier wollten noch ein paar Stunden im Auto schlafen. Zwischen 8 und 9 Uhr wollte Schmücker zu seinen Eltern gehen. Er hatte seinen Haustürschlüssel in Berlin gelassen. «Rücksichtsvoll, wie er nun einmal war», sagte seine Mutter später, «wollte er uns nicht so früh aus dem Bett klingeln.»

Gegen 8 Uhr morgens kam ein Streifenwagen der Polizei vorbei. Den Beamten fielen die vier schlafenden jungen Leute in dem grauen Fiat auf. Sie stoppten und gingen auf den Wagen zu. Einer der Polizisten klopfte an die Scheiben.

«Könnte ich Ihre Papiere sehen?»

Die vier Insassen schreckten hoch. Ihr Verhalten kam den Polizeibeamten auffällig vor.

«Würden Sie bitte einmal den Kofferraum öffnen?»

Und dann entdeckten die Polizisten, wie es später in den Ermittlungsakten heißt, «den zündfertig montierten Sprengsatz, Kabel sowie sonstige zur Durchführung eines Sprengstoffverbrechens geeignete Werkzeuge und Gerätschaften».

Die vier Reisenden ließen sich widerstandslos festnehmen.

BESUCH
VOM VERFASSUNGSSCHUTZ

Am 24. Mai 1972 wurde Ulrich Schmücker in der Haftanstalt Koblenz von Oberstaatsanwalt Braun vernommen. Schmücker war bereit, sich «zur Sache» zu äußern, spielte aber den Unschuldigen. In Neuenahr-Ahrweiler habe er nur seine Eltern besuchen wollen, von den Sprengutensilien habe er nichts gewußt, mit Inge Viett sei er eng befreundet, aber «nicht verlobt». Und weiter: «Ich halte es für bedeutungsvoll zu erklären, daß ich auch politisch engagiert bin. Ich arbeite in der Roten Zelle Historiker in Berlin. Ich selbst bin nicht in dieser Roten Zelle, sondern nur Sympathisant. Ich selbst habe in einer sozialistischen Gruppe mitgearbeitet. Wir haben Aufklärungsarbeit, Verbalagitation gemacht, um die politischen Verhältnisse klarzustellen. Nach meiner Auffassung sollten letztlich die politischen Verhältnisse in der BRD geändert werden. Ich distanziere mich aber entschieden von den Bombenlegern und Attentätern der letzten Zeit. Gerade diese Leute erschweren unsere Arbeit ganz erheblich.

Ich bin ein fleißiger und erfolgreicher Student. Ich habe meine Scheine bisher mit ‹sehr gut› gemacht. Dazu gehört eine regelmäßige und intensive Arbeit. Ich habe vor, später die wissenschaftliche Laufbahn einzuschlagen.

Durch meine Inhaftierung ist mir sehr viel Stoff verlorengegangen. Es ist fraglich für mich, ob ich das nacharbeiten kann. Wenn ich weiter in Haft bleibe, werde ich vom Studium ausgeschlossen, was für mich der größte Nachteil wäre.»

In Berlin liefen derweil die Routineermittlungen der Polizei. Die Wohnungen der vier Verhafteten wurden mit magerem Ergebnis durchsucht. Bei Inge Viett fand man eine Mao-Bibel, bei Ulrich Schmücker ein «Handbuch für Heimfeuerwerker».

Drei Tage nach seiner Einlieferung in die Haftanstalt Koblenz versuchte Wolfgang Knupe, sich mit seinem in Streifen gerissenen Handtuch am Fensterkreuz der Zelle zu erhängen. Das Handtuch riß, Knupe schlug mit dem Kopf auf die Bettkante und blieb bewußtlos liegen. Das jedenfalls erzählte er beim Haftprüfungstermin am 24. Mai. «Ich bin suizidgefährdet. Es fing schon im Alter von fünfzehn Jahren an. Ich habe seitdem vier bis fünf Mal versucht, mir das Leben zu nehmen.» Knupe wurde nicht entlassen. Auch Schmückers Haftbeschwerde wurde am 24. Mai abgelehnt. Danach schrieb er an seine Eltern: «Gestern verstärkte sich mein Eindruck, daß jemand mir aus meinem politischen Engagement einen Strick zu drehen versucht. Wenn es mein Bestes ist, das Studium abzubrechen, um in einer Zelle zu verblöden, Kaffee-Einkaufstüten statt Referate anzufertigen und mir obendrein bei schlechtem Licht die Augen zu ruinieren – wenn das mein Bestes ist, dann ist dieser jemand mit Erfolg bemüht, mir dazu zu verhelfen.»

Ulrich Schmücker war ein ruhiger Gefangener, auch war er freundlich zu den Wachbeamten. In seiner Zelle las er stapelweise Bücher. Dennoch fiel er in eine tiefe Depression. So hatte er sich sein Leben als Revolutionär nicht vorgestellt: eine winzige Gefängniszelle. Drei Schritte hin, drei Schritte zurück.

An seinem 21. Geburtstag besuchte ihn sein Vater im Gefängnis Diez an der Lahn. Der Vater später: «Da sagte er mir, daß er eingesehen hätte, daß man die bestehende Gesellschaftsordnung nicht mit Mitteln der Gewalt beseitigen kann. Als er mir diese Erklärung gab, habe ich mich natürlich voll und ganz hinter meinen Sohn gestellt. Er war ein stetig Suchender und ist dann zu dieser Gruppe gestoßen. Er muß meines Erachtens überredet worden sein, da mitzumachen. Er wollte sich bewähren, und da hatte er das Pech, daß er gleich beim ersten Versuch geschnappt wurde. Ich war natürlich empört, das zu hören. Als wir nach der Verhaftung von der Polizeiwache angerufen wurden, hatte das

55

natürlich eine unwahrscheinliche Schockwirkung. Ich war erschüttert bis ins Innerste.»

Die Eltern versuchten zu verstehen, warum ihr Sohn zum Bombenleger geworden war. Sie hielten ihm zugute, daß bei den versuchten Bombenattentaten nie Menschen verletzt wurden. «Er hatte immer Angst, anderen Menschen weh zu tun. Er war kein Gewalttäter. In allen Fällen, an denen er teilgenommen hat, hat der Sprengstoff entweder versagt, oder es ist überhaupt nicht zum Bombenattentat gekommen. Er wäre nie in der Lage gewesen, jemanden bewußt zu töten, darum war er ja auch Wehrdienstverweigerer. Er war gar nicht in der Lage, die Waffe gegen einen Menschen zu richten.»

Etwa zweieinhalb Wochen nach seiner Festnahme erhielt Ulrich Schmücker Besuch von zwei Männern. Einer von ihnen war ein Beamter der Baader-Meinhof-Sonderkommission und hatte Schmücker am Tag der Verhaftung auf der Polizeistation Remagen vernommen. Er stellte ihm seinen Begleiter vor und ließ die beiden dann allein.

So begann eine Bekanntschaft, die Schmücker das Leben kosten sollte. In einem vierunddreißigseitigen Gedächtnisprotokoll, das er im Dezember 1972 in seiner Zelle anfertigte und am 1. Mai 1973 seiner Mutter diktierte, berichtete er in allen Einzelheiten über seine Gespräche mit diesem Mann, der sich Peter Rühl nannte.

«Peter Rühl», schrieb Schmücker in seinen Aufzeichnungen, «ist nach eigenen Angaben sechsunddreißig Jahre alt, sieht aber gut fünf Jahre älter aus. Er ist etwa 180 cm groß, vollschlank, hat dunkelbraunes Haar, einen Kinn- und Oberlippenbart und eine ebenfalls dunkelbraune oder schwarze Brille. Er ist wohnhaft in Berlin, verheiratet und hat eine vier- bis sechsjährige Tochter. Er ist beamtet beim Senator für Inneres in der Abteilung für Verfassungsschutz. Die Telefonnummer in seiner Dienststelle ist 0311-870591-4218. Rühl spricht mit Berliner Akzent.»

Peter Rühl hieß eigentlich Michael Grünhagen und war Spezialist für die linke Szene Berlins. Schon 1968 hatte er sich an Aktionen der Außerparlamentarischen Opposition beteiligt. In der Arbeitsgemeinschaft der Jungsozialisten im Berliner Bezirk Wilmersdorf hatte er es zum Stellvertretenden Vorsitzenden gebracht. Damals gründeten sich eine Reihe von Stadtteil-Basisgruppen, die vor allem «Mieteragitation» betrieben. Grünhagen engagierte sich in der Basisgruppe Wilmersdorf, zu der auch Rechtsanwalt Eschen gehörte, Sozius von Horst Mahler, der später den Weg von der RAF bis zur NPD ging. Auch dabei war der Mitbegründer des Untergrundblattes «Agit 883», Dirk Schneider, der später für die Grünen im Bundestag saß und 1991 als Inoffizieller Mitarbeiter des Ostberliner Ministeriums für Staatssicherheit entlarvt wurde.

Grünhagen nannte sich in der Szene Michael Hagen und begründete seine Namensänderung den Genossen gegenüber damit, daß es ihm die SPD übelnehmen würde, wenn er sich in einer APO-Zelle betätigte. «Hagen» kam regelmäßig zu den Gruppentreffen. Als angeblicher Mitarbeiter eines ominösen «Gewerbeaußendienstes» hatte er reichlich Zeit. Er müsse, so sagte er, nur abends in Gaststätten auf die Einhaltung behördlicher Richtlinien achten.

Als die Adreßkartei der Basisgruppe neu geordnet werden sollte, übernahm Grünhagen diese Aufgabe. Nach ein paar Tagen kam er mit einem sorgsam getippten Verzeichnis zurück. Auf die säuberliche Arbeit angesprochen, erzählte er von einer Tante, die eine hochmoderne IBM-Maschine besitze. Das nahm man ihm nicht ab und vermutete eher behördliche Hilfe. Grünhagen wurde verdächtigt, ein V-Mann des Verfassungsschutzes oder der politischen Polizei zu sein. Daraufhin wurde er in der Basisgruppe nie wieder gesehen. Die Zeitung «883» brachte auf der Titelseite eine Notiz: «Grünhagen als Agent entlarvt.» Dazu seine Adresse. Kurz darauf wurde ihm Buttersäure in den Briefschlitz seiner Wohnungstür geschüttet.

Aus dieser Zeit kannte Grünhagen die Personen, die später der RAF oder der «Bewegung 2. Juni» angehörten. Er war es auch, der den ersten V-Mann des Verfassungsschutzes in der linken Berliner Szene führte. Dessen Name war Peter Urbach, und er hatte schon als Mitarbeiter der im Ostberliner Besitz befindlichen Reichsbahn, die in Westberlin die S-Bahn betrieb, für den Verfassungsschutz gespitzelt.

Urbach lebte unauffällig und angepaßt mit seiner Frau und zwei Kindern in einer kleinbürgerlichen Mietwohnung. Mitte der sechziger Jahre wies sein Amt ihn an, die studentische Protestbewegung «auszukundschaften». Handwerklich geschickt und immer hilfsbereit, reparierte er bald in Kommunen und im Republikanischen Club Toiletten und elektrische Anlagen. Daneben hatte er allerhand Utensilien dabei, die in der sich langsam radikalisierenden Szene in Mode kamen: Haschisch, harte Drogen, Knallkörper, Schreckschußpistolen und großkalibrige Waffen. Damit belieferte er die Drogenszene, half bei Aktionen der legendären «Kommune 1» um Rainer Langhans, Fritz Teufel und Dieter Kunzelmann und tummelte sich in den Gruppen, aus denen später die Stadtguerilla entstand.

Bei den Aktionen gegen den Springer-Verlag nach dem Attentat auf Rudi Dutschke am 11. April 1968 verteilte Verfassungsschutzagent Urbach aus einem geflochtenen Weidenkorb Molotowcocktails an die Demonstranten. Auch als sich die «Rote Armee Fraktion» um Andreas Baader, Gudrun Ensslin und Horst Mahler bildete, war Grünhagens V-Mann Urbach mit von der Partie. Er lieferte der RAF die ersten Waffen und war in den Anfängen stets gut im Bilde darüber, was die Baader-Meinhof-Gruppe zur Vorbereitung ihres Guerillakampfes plante. Erst während des Prozesses gegen Mahler, im Frühjahr 1971, erfuhr die erstaunte Öffentlichkeit, welche Rolle ein V-Mann des Verfassungsschutzes bei der Entstehung der terroristischen Szene gespielt hatte.

Otto Schily, später Bundesinnenminister, verteidigte damals Horst Mahler, später Rechtsvertreter der NPD in dem von Schily eingeleiteten Verbotsverfahren gegen diese Partei. Schily wollte vom Verfassungsschutzagenten Peter Urbach wissen:

«Haben Sie persönlich im Kreis der Linken Waffen angeboten, Pistolen, Maschinenpistolen, ja sogar Mörser mit Phosphorgranaten?»

«Ich darf Ihre Frage nicht beantworten», entgegnete Urbach mit Hinweis auf seine fehlende Aussagegenehmigung durch das Landesamt für Verfassungsschutz.

«Haben Sie eine Bombe bei der ‹Kommune 1› hinterlegt?»

«Ich darf die Frage nicht beantworten.»

«Kamen die Bomben vom Verfassungsschutz?»

«Darüber darf ich nichts sagen.»

«Haben Sie anläßlich der Springer-Demonstrationen 1968 Fahrzeuge in Brand gesetzt?»

«Darüber darf ich keine Auskunft geben.»

Nachdem im Frühjahr 1971 während des Mahler-Prozesses die Rolle des V-Mannes Peter Urbach bekannt geworden war, verschwand der Agent. Der Verfassungsschutz hatte ihm eine neue Identität gegeben und ihn irgendwo außerhalb Berlins untergebracht. Urbach tauchte nie wieder auf, und das Berliner Landesamt für Verfassungsschutz brauchte dringend neue V-Männer.

Bei seinem ersten Besuch bei Schmücker stellte sich Rühl alias Grünhagen als Sonderbeauftragter des Berliner Senats vor, der mit der Aufklärung von Sprengstoffanschlägen und ähnlichem beschäftigt sei. Er zeigte Schmücker seinen roten Dienstausweis, ausgestellt vom Senator für Inneres.

«Ich kenne die Akten», sagte er zu Schmücker, «ich möchte mich mal mit Ihnen unterhalten. Aus dem, was ich da gelesen habe, scheinen Sie mir der Vernünftigste von den vieren zu sein.»

Er fügte noch ein paar Schmeicheleien hinzu, aber Schmücker blieb stur und wiederholte, was er bereits in den Vernehmungen gesagt hatte.

«Kennen Sie nicht eine Veronika Becker, die mit Inge Viett befreundet ist? Oder einen Heinz Brockmann?»

«Nein.»

«Aber Sie sind doch eng mit der Inge befreundet? Da müssen Sie doch wenigstens aus Gesprächen mit ihr etwas über ihre politische Tätigkeit wissen. Na gut, Sie haben in den Vernehmungen zwar jede politische Tätigkeit bestritten – aber wir haben da ganz andere Informationen.»

Schmücker wehrte ab: «Ich hab keine Ahnung. Mit der Inge hab ich ein reines Fickverhältnis.»

Das brachte Rühl sichtlich aus der Fassung. Er wechselte das Thema.

«Ich bin gar nicht so an der Aufklärung von Straftaten interessiert, mich interessiert der Hintergrund. Sie brauchen ja Ihre Genossen nicht zu verraten. Sie müssen keinen Namen nennen. Ich will nur allgemeine Informationen über die linke Szene haben, um mir selbst ein Bild davon machen zu können. Ich kenne eine ganze Menge Leute, auch überzeugte Linke, die sich von Zeit zu Zeit mit mir unterhalten und mir manchmal ein paar Aufzeichnungen überlassen. Ich weiß auch ziemlich gut über die Vorgänge im Sozialistischen Zentrum Bescheid. Ich weiß zum Beispiel, daß gerade letzte Woche 3000 Mark auf das Konto der Schwarzen Hilfe überwiesen worden sind. Das sind Sachen, über die ich mich gern mit Ihnen unterhalten würde. Im Vertrauen: Ich will die Informationen nur zum persönlichen Gebrauch. Ich arbeite nicht mit der Justiz zusammen. Ich will Sie nicht linken. Das würde sich sowieso rumsprechen, was glauben Sie, wer mir dann noch was erzählen würde? Im Notfall können Sie ja alles bestreiten, vor Gericht steht dann Aussage gegen Aussage. Was Sie mir erzählen, kann Ihnen also nicht schaden. Ich kann allerdings einiges für Sie tun.»

Schmücker hatte sich das Ganze schweigend angehört. Dann sagte er: «Ich weiß nichts. Und wenn ich was wüßte, dann würd ich nicht mit Ihnen hier im Knast darüber reden.»

«Vielleicht könnte ich mich für Ihre Haftentlassung einsetzen. Vielleicht auch die Reise zurück nach Berlin bezahlen. Wir können in Berlin dann ja mal ein Bier zusammen trinken.» «Schon möglich», brummte Schmücker. Das schien Rühl vorerst zu genügen. Er verabschiedete sich und ging. Schmücker wurde aus dem Besucherzimmer der Anstalt zurück in seine Zelle gebracht.

Knapp eine Woche später, Ende Mai, tauchte Rühl wieder auf. Schmücker war jede Gelegenheit recht, für eine Weile aus der stickigen Zelle herauszukommen. Wieder saßen sie im Besucherzimmer. «Heute wollen wir uns mal rein menschlich unterhalten», sagte Rühl zur Begrüßung.

Dann diskutierten sie eine Weile über die verschiedenen Formen gesellschaftlicher Organisation, über den psychischen Terror, der auf Gefangene ausgeübt wurde, über die jüngsten Bombenanschläge, über politische Morde in der Bundesrepublik und über den Tod Georg von Rauchs, über den Rühl so gut Bescheid wußte, als sei er selbst dabeigewesen. Und das war wohl auch so. Georg von Rauch, Professorensohn aus Kiel, gehörte zu den ersten Berliner Aktivisten aus dem «Blues» und der beginnenden Terrorszene. Gemeinsam mit Bommi Baumann und anderen hatte er sich an Sprengstoffanschlägen beteiligt. Anfang Dezember 1971 startete die Berliner Polizei eine Großfahndung. Der Verfassungsschutz war mit von der Partie und observierte zwei gestohlene Fahrzeuge. In der Eisenacher Straße konnten die Wagen gestoppt werden. Die Insassen wurden mit vorgehaltener Pistole aus den Fahrzeugen geholt und mußten sich an einer Hauswand aufstellen. Dann fielen plötzlich Schüsse. Wer zuerst geschossen hatte, konnte später nicht genau rekonstruiert werden. Doch am Ende lag einer auf dem Straßenpflaster, mit einem Schuß durchs Auge getötet. Es war Georg von Rauch, und er wurde so etwas wie eine Ikone der in den Terrorismus abgeglittenen Protestbewegung.

Rühl redete in dem Gespräch am meisten. Nach jedem Einwand Schmückers holte er zu einem längeren Monolog aus. Schmücker hatte das Gefühl, Rühl wolle ihn «vollquatschen». Am nächsten Tag ließ Rühl Schmücker noch einmal kurz vorführen. Zuvor hatte er mit Sommerfeld gesprochen. Als Schmücker das Besucherzimmer betrat, lagen im Aschenbecher halb gerauchte Zigaretten, für Schmücker ein Indiz dafür, daß Sommerfeld hier gewesen sein mußte.

«Na, haben Sie gerade den Harald hier gehabt?»

Rühl nickte.

«Es sieht nicht gut aus mit der Haftentlassung. In den Ermittlungen haben sich neue Aspekte ergeben. Die müssen erst überprüft werden. Ich flieg heute erst mal nach Berlin zurück. Sie werden mich also so bald nicht wieder sehen. Aber wenn Sie sich die Sache überlegt haben, können Sie mir ja einen Brief schreiben. Ich bin über den Innensenator zu erreichen.»

Am 10. Juni war Rühl aber schon wieder da.

«Na, Sie haben mich ja schwer aufs Glatteis geführt, neulich», bellte er Schmücker an. «Alle Achtung. Sie sind ein ziemlich guter Lügner. Ich bin ja durch meinen Beruf allerhand gewöhnt. Aber Sie haben mich tatsächlich fast dazu gebracht, Ihnen zu glauben. Ich hab Sie doch glatt für einen kleinen Träumer gehalten. Aber jetzt liegen mir nachrichtendienstliche Informationen vor. Und die ergeben ein ganz anderes Bild von Ihnen.»

Langsam wurde Rühl wieder freundlicher.

«In Ihrer Wohnung ist ja schon ganz schön viel Geld gezählt worden. Es gibt Hausbewohner, die Sommerfeld, Inge und diese Verena Becker wiedererkannt haben, und zwar genau an dem Tag, an dem die Bank in Britz überfallen wurde. Und im Garten des amerikanischen Offiziersklubs in Dahlem sind Sie auch schon mal gewesen. Oder? Und dann sind Sie in der Mitte der ersten Mai-Woche in der Nähe des türkischen Generalkonsulats in der Kirschenallee gesehen worden. Und was haben Sie in der Nacht darauf beim dpa-Büro am Savigny-Platz gemacht?»

Scheinbar ruhig antwortete Schmücker: «Woher haben Sie denn das? Sind in Berlin unsere Fotos veröffentlicht worden, und haben sich dann ein paar Verrückte gefunden und Unsinn erzählt?»

«Nein, nein. Wir haben ein paar Passanten ausfindig gemacht, die Sie gesehen und jetzt wiedererkannt haben.»

Stumm hörte sich Schmücker die Ausführungen des Verfassungsschützers an. Irgend jemand mußte ausgepackt haben. Rühl spielte den Überlegenen, er jonglierte mit seinem Wissen.

«Ich wollte mir mal ein besseres Bild über Sie machen. Da hab ich an der Freien Universität ein paar Erkundigungen über Sie eingeholt. Besonders bei den Ethnologen. Ich bin dabei auf zwei interessante Leute gestoßen: einen persischen Studenten und einen gewissen Herrn Z. Den kennen Sie doch – oder? Wir wissen einiges über die beiden. Der Perser hat nämlich was mit Sprengstoff zu tun. Sie müßten ihn kennen. Wir haben seinen Namen zusammen mit Ihrem Namen auf der Teilnehmerliste eines Seminars gefunden. Und der Herr Z., der hat ziemlich gute Kontakte nach Clausthal-Zellerfeld. Das ist so eine Araber-Hochburg. Haben Sie nicht Ihren Sprengstoff von einem Araber gekauft?»

Schmücker war beunruhigt, daß der Verfassungsschützer ausgerechnet auf Z. und die Araber-Kontakte gestoßen war. Doch er spielte weiter den Unschuldigen.

«Also hören Sie mal, mit Ihren Informationen ist es auch nicht weit her. Vor zwei Tagen hat mir Oberstaatsanwalt Braun denselben Kram vorgehalten. In so einem kleinen Knast wie hier gehen eben die wildesten Gerüchte um. Das sind alles Storys, die nur der Phantasie von Harald Sommerfeld entsprungen sein können.»

Rühl schwieg und legte drei postkartengroße Fotos des toten Erwin Beelitz auf den Tisch. Eines von ihnen zeigte in farbiger Großaufnahme die zerfetzte linke Hand des Bootsbauers. Auf dem zweiten Foto erkannte Schmücker die Leiche, so wie sie am Tatort gefunden worden war. Das dritte zeigte den Toten in derselben Lage, aber nackt, in Schwarzweiß. Schmücker blickte schnell zur Seite. Er wußte, daß seine Freunde schuld am Tod des Bootsbauers waren.

Rühl packte die Bilder wieder zusammen.

«Wissen Sie, mir geht es nicht darum, irgendwelchen Molliwerfern nachzujagen. Ich hab auch nichts gegen die politische Arbeit von irgendwelchen linken Gruppen. Aber bei einem Tötungsdelikt hört für mich der Spaß auf. Ich weiß zwar aus zuverlässiger Quelle, daß Sie bei dem Anschlag in Gatow nicht dabei waren – sonst würde ich mich im übrigen gar nicht mit Ihnen unterhalten –, aber ich sag Ihnen, wenn vor Gericht rauskommt, daß Sie nur die geringste Verbindung mit dem Anschlag oder den Tätern haben, dann sind Sie dran. Das können Sie genau bei Horst Mahler beobachten. Dem kann man zwar nichts nachweisen – aber der geht nicht unter acht bis zehn Jahren nach Hause.»

Kumpelhaft fuhr Rühl fort: «Aber bei Ihnen ist ja noch nicht alles verloren. Sie sind doch intelligent. Wenn Sie mir ein paar Tips geben, besonders zu der Araber-Sache, dann kann ich dafür sorgen, daß Sie bald entlassen werden und weiterstudieren können. Ich besorg Ihnen dann eine neue Wohnung; und wenn Sie von Zeit zu Zeit mit mir ein Bier trinken gehen, kann ich Ihnen ein Stipendium beschaffen, so daß Ihr Studium finanziell abgesichert ist. Das braucht ja nicht das Ende Ihrer politischen Tätigkeit zu bedeuten. Der Mann, der die Namen der Frankfurter Kaufhaus-Brandstifter an die Behörden weitergeleitet hat, ist auch wieder in linken Gruppen tätig. Lassen Sie sich das mal durch den Kopf gehen.»

ANWERBUNG EINES V-MANNES

Schmücker wurde weich. Er bat den Verfassungsschützer Rühl um Bedenkzeit bis zum nächsten Tag. Dann wurde er zurück in seine Zelle geführt. Die wortreichen Angebote von Peter Rühl hatten ihn irritiert. Er wollte raus aus der Gefängniszelle. Er hielt die Monotonie, die entwürdigende Machtlosigkeit des Gefangenendaseins nicht aus. Und er war ärgerlich über Rühls detailliertes Wissen, das dieser nur von Sommerfeld haben konnte. Ulrich Schmücker beschloß, auf Rühls Angebot einzugehen. Was ihn wirklich dazu bewogen hat, ist unklar. Schmückers eigene Aussagen sind widersprüchlich. In seinem Gedächtnisprotokoll schrieb er: «Ich bat um Bedenkzeit, entschloß mich am nächsten Tag, auf sein Spiel zum Schein einzugehen, und legte mir zurecht, was ich ihm alles erzählen wollte.»

Zwei Tage, nachdem er Peter Rühl um Bedenkzeit gebeten hatte, besuchte ihn der Verfassungsschützer wieder in der Haftanstalt. Schmücker sagte ihm, er habe sich die Sache überlegt, er würde ihm die gewünschten Informationen geben. Dann zählte er Rühl die Themenbereiche auf, über die er reden wollte. Schmücker glaubte, Rühl ein paar Brocken hinwerfen und ihn damit zufriedenstellen zu können. Er glaubte, das Gespräch in der Hand zu haben.

«Ich bin also bereit, Aussagen zu machen. Aber glauben Sie nicht, ich bin ein Ruhland, den man vor Gericht zitieren und irgendwelche Aussagen wiederholen lassen kann. Ich mache auch weder vor Gericht noch vor dem Staatsanwalt irgendwelche Aussagen, wie das vielleicht Sommerfeld für ein paar Jahre weniger Knast und ein paar Piepen tun mag.» (Karl Heinz Ruhland war Mitglied der RAF und machte später umfangreiche – und zum Teil falsche – Aussagen vor Gericht.)

65

Schmücker wagte sich, wie er in seinem Gedächtnisprotokoll schrieb, «zum Schein» ganz weit vor. Zu weit. «Wenn ich schon die Seiten wechsel, dann will ich das auch richtig tun. Ich komm auf Ihr Biertrink-Angebot zurück.»

Rühl war durch Schmückers Bereitschaft zur Zusammenarbeit sichtlich erregt. Mit schnellen Schritten ging er im Zimmer auf und ab und sagte schließlich: «Ja, darüber kann man reden. Aber vorher müssen Sie mir alles sagen, was Sie wissen.»

Schmücker packte aus. Später versuchte er, seine Plaudereien mit Rühl zu verharmlosen.

«Ich erzählte Rühl alles, was er meiner Meinung nach hören wollte, alles, was ich mir in den vergangenen eineinhalb Jahren zurechtgelegt hatte. Ein Sammelsurium aus Angelesenem und Hörensagen, aus frei konstruierten und übertrieben dargestellten Fakten, die Rühl überprüfen konnte, und solchen, die er mir selbst gegeben hatte und während des Gesprächs gab. Ich hatte ihn so geil darauf gemacht zu hören, was sein V-Mann in spe so alles wußte, daß er seine Skepsis überwand und schluckte, was ich ihm vorsetzte. Vor allem gab ich ihm viel Background-Informationen – besonders zu der ‹Araber-Sache›, wie er es hatte haben wollen –, um ihm zu zeigen, daß ich im Zeugenstand nichts, als V-Mann aber sehr viel für ihn tun könnte.»

Als Schmücker seine Aussage handschriftlich skizzierte, war Rühl dabei. Wenn Schmücker sich nicht mehr genau erinnern konnte, wenn ihm Namen, Daten und Fakten fehlten, sprang Rühl helfend ein.

«Wie war denn das noch?» fragte Schmücker manchmal und versank mit ernsthaft bemühter Miene ins Nachdenken.

Daraufhin packte Rühl ein paar mitgebrachte Aktenordner auf den Tisch, die mit «VS – vertraulich» gekennzeichnet waren. Er blätterte und las Schmücker vor, was dieser vergessen hatte. So wurden Schmückers Gedächtnislücken gefüllt. Ein Verfahren, das bei geständigen Angeklagten des terroristischen Untergrundes nicht gerade selten war.

Dann legte Rühl Schmücker eine Liste mit sämtlichen Sprengstoff- und Brandanschlägen von Herbst 1971 bis zum Frühjahr 1972 mit Datum, Ort, Zeit und Beschaffenheit der Bomben vor.

«Welche Anschläge davon gehen auf das Konto der ‹Bewegung 2. Juni›?»

Schmücker antwortete, so gut er konnte. Rühl gab ihm konkrete Anhaltspunkte, und Schmücker stellte die Zusammenhänge her. Er legte ihm Fotos vor, und Schmücker nannte die Namen. Als die beiden mit ihrer Gemeinschaftsarbeit fertig waren, packte Rühl die Schreibbogen zusammen und sagte:

«Ich muß das Protokoll natürlich weiterleiten, das verstehen Sie. Es ist aber nur zum VS-internen Gebrauch. Weder Polizei noch Justiz werden davon erfahren. Machen Sie vor Oberstaatsanwalt Braun auf keinen Fall weitergehende Aussagen.»

Rühl schien zufrieden.

«So, jetzt müssen Sie erst mal hier raus. Ich werde Ihre Haftentlassung innerhalb der nächsten zwei bis drei Wochen durchsetzen. Sie nehmen dann Kontakt zu mir auf, und zu gegebener Zeit tauchen Sie wieder unter – mit Genehmigung des Generalbundesanwaltes natürlich. Und dann nehmen Sie Ihre Tätigkeit als V-Mann auf.»

Später kamen Rühl Bedenken.

«Eine zu überraschende Haftverschonung erregt in linken Kreisen bestimmt Mißtrauen.»

Schmücker stimmte zu: «Das Beste für Sie und für mich ist, wenn ich hier abhaue.»

Dann schmiedeten Schmücker und der Beamte des Berliner Landesamtes für Verfassungsschutz einen Fluchtplan. Danach wollte Rühl zu einer vorher bestimmten Zeit eine Vorführung bei Oberstaatsanwalt Braun arrangieren. Dort wollte er durch einen Anruf bei Braun dafür sorgen, daß Schmücker eine halbe bis eine Minute unbeaufsichtigt bliebe. In dieser Zeit sollte Schmücker aus dem Gerichtsgebäude fliehen, mögliche Verfolger abschütteln und in eine Seitenstraße laufen, wo Rühl in einem Wagen auf ihn warten würde. Er wollte ihn dann in den Raum Köln/Bonn bringen, wo Schmücker sich bei Bekannten für einige Wochen verstecken sollte. Währenddessen wollte er durch eine falsche Spur die Fahndung auf den Großraum Frankfurt am Main lenken. Bei seinen Bekannten sollte Schmücker sein Aussehen verändern und sich von ihnen Geld leihen, weil der Verfassungsschutz ihn ja «nicht offen unterstützen» konnte. Anschließend sollte Schmücker Verbindung nach Berlin aufnehmen und sich falsche Papiere besorgen. Mit echten Papieren auf einen anderen Namen, die ihm vom Verfassungsschutz nur für die Dauer der Reise zur Verfügung gestellt würden, sollte Schmücker dann in Begleitung eines anderen Verfassungsschutzbeamten nach Berlin geflogen werden. Dort schließlich sollte er untertauchen und seine Arbeit in der «Bewegung 2. Juni» beginnen.

«Der Gedanke an meine Flucht erregte Rühl sehr», erinnerte sich Schmücker in seinem Gedächtnisprotokoll.

«Das hat es in Deutschland noch nicht gegeben», sagte Rühl, «das wird einen Riesenwirbel geben.» Es würden Ermittlungs- und Disziplinarverfahren eingeleitet, Oberstaatsanwalt Braun könnte dann kaum noch mit einer Beförderung rechnen, und es käme sicher zu einer parlamentarischen Anfrage der Opposition im Bundestag.

«Wenn herauskommt, daß der VS seine Finger drin hat, ist der Skandal perfekt. Ein gefundenes Fressen für die Presse und die Linken.» Rühl fuhr fort: «Niemand darf davon erfahren. Ich werde die Sache nicht auf dem Dienstweg weiterleiten, sondern so, daß in ganz Deutschland höchstens zehn Leute davon wissen. Das geht bis zum Minister. Ich selbst kann die Verantwortung dafür nicht übernehmen. Aber ich werde mich auf jeden Fall für die Durchführung des Planes einsetzen.»

Noch am selben Abend wollte Rühl nach Berlin fliegen, um mit seinem Vorgesetzten zu sprechen. «Der kommt gleich unterm Bürgermeister», sagte Rühl zum Abschied. Er konnte damit nur den damaligen Innensenator Neubauer meinen.

Am nächsten Tag kam Rühl wieder. Über den Fluchtplan, so sagte er, werde an «höchster Stelle» entschieden. «Es hat sich zwar noch niemand bereit gefunden, die Verantwortung dafür zu übernehmen, aber es ist wahrscheinlich, daß die Sache wie geplant anläuft.»

Dann kam er auf Schmückers weitere Tätigkeit zu sprechen: «Ich werde in Berlin eine Wohnung für unsere künftigen Kontaktgespräche mieten. Nur zwei oder drei Kollegen werden davon erfahren. Ich werde Ihren Namen nicht in die Protokolle unserer Gespräche schreiben. Nur ich selbst und ein zweiter Beamter, der den Kontakt übernimmt, wenn ich mal krank oder in Urlaub bin, wird Sie kennen.»

Schließlich gab er Ulrich Schmücker genaue Anweisungen für seine zukünftige Agententätigkeit. «In regelmäßigen Abständen finden in der angemieteten Wohnung Treffen statt. Passen Sie auf, daß Sie dabei nicht beobachtet werden. Sonst ist Ihre Sicherheit draußen nicht mehr gewährleistet, und Sie müssen zurück ins Gefängnis.» Bei Aktionen seiner Gruppe solle sich Schmücker nicht zu sehr exponieren. Er solle sich bei der Planung von Aktionen zurückhalten und bei ihrer Durchführung höchstens als Fahrer mitmachen oder sich auf so etwas wie das Fälschen von Papieren spezialisieren. Daneben solle er die Kontakte zu ausländischen Gruppen an sich ziehen.

«Sie dürfen sich nie so verhalten, daß es ohne Sie nicht geht», sagte Rühl. «Sonst sind Sie der Typ des klassischen ‹agent provocateur›. Das kann man sich in einem Rechtsstaat nicht leisten.» Sollte Schmücker erfahren, daß bei einer Aktion Menschen zu Schaden kommen könnten, dann solle er sofort Rühl benachrichtigen, auch auf die Gefahr hin, daß dann die ganze Sache auffliege. Sonst solle er Rühl möglichst nicht anrufen.

Er selbst werde Schmücker über anstehende Polizeikontrollen und -aktionen auf dem laufenden halten, damit er nicht zufällig aufgegriffen werde. Sollte das doch einmal geschehen, dann solle er Rühl anrufen, bevor ein Protokoll über seine Festnahme angefertigt worden sei. Wenn seine Festnahme erst aktenkundig sei, dann könne er ihm auch nicht mehr helfen.

Das Schwerste bei seiner zukünftigen Agententätigkeit wäre wohl die psychische Belastung. «Sie sind ja die ganze Zeit mit Linken zusammen, dabei kommt es leicht zu emotionalen Bindungen. In dieser Beziehung haben wir schon Schwierigkeiten mit Peter Urbach gehabt. Der war einige Male so weit, daß er alles hinschmeißen wollte. Erst mit viel Mühe und in stundenlangen Gesprächen haben wir ihn dazu bringen können weiterzumachen. Und damals ist immerhin noch nicht geschossen worden. Ich bin sicher, daß Sie auch einmal an einen solchen Punkt kommen. Ich will ganz offen sein: Es ist durchaus denkbar, daß bei einer Polizeiaktion, die durch Ihren Hinweis herbeigeführt wird, mal ein oder zwei Leute erschossen werden. Oder glauben Sie etwa, daß sich Leute wie Baumann, Brockmann oder Knoll widerstandslos festnehmen lassen? Mit so etwas müssen Sie rechnen und das auch verkraften können. Auch wenn mal eine Frau dabei ist.»

Falls Schmücker wirklich nicht mehr weiterwüßte, dann könne man eine Festnahme arrangieren. «Irgendwann muß die Tätigkeit für den Verfassungsschutz ja ohnehin ein Ende haben.» Er könne dann durch ein ordentliches Gerichtsverfahren «legalisiert» werden. «Ihre Flucht ist legal, und auch alle Gesetzwidrigkeiten während Ihrer Tätigkeit für den Verfassungsschutz geschehen mit Genehmigung des Generalbundesanwalts. Dafür können Sie nicht bestraft werden. Das Verfahren kann auch unter Ausschluß der Öffentlichkeit stattfinden, und wir werden dafür sorgen, daß Sie freigesprochen werden. Aber um das Verfahren in der Sache, in der Sie jetzt sitzen, kommen Sie nicht herum. Wir leben schließlich in einem Rechtsstaat.»

Später könne Schmücker sein Studium fortsetzen, denn nach dem Freispruch gelte er ja als nicht vorbestraft. Er könne auch einen Beruf erlernen. Auf jeden Fall aber solle er daran denken, sich eine bürgerliche Existenz aufzubauen.

«Fassen Sie das Ganze so auf, als würden Sie für ein oder zwei Jahre in einem Betrieb arbeiten. Auch die Bezahlung ist in etwa die gleiche.»

Als Schmücker eine abwehrende Geste machte, fuhr er fort: «Ja, ich weiß, daß Sie davon nichts wissen wollen. Aber das gehört halt dazu. Das Geld wird monatlich auf ein Konto überwiesen und nach Abschluß der ganzen Sache ausgezahlt. Nicht viel, aber genug, um damit einen kleinen Laden aufzumachen.» Zusätzlich werde man für Schmücker eine Lebensversicherung abschließen. Falls notwendig, könne er später seinen Namen ändern, das sei jedoch nicht wahrscheinlich, denn auch Urbach würde unter seinem richtigen Namen leben.

Am folgenden Tag war Rühl wieder mißtrauischer. «Sie werden sicher verstehen», sagte er zu Schmücker, «daß ich mich absichern muß für den Fall, daß Sie sich die ganze Sache noch anders überlegen. Ich glaube zwar nicht, daß Sie mich linken wollen, aber ich bin in meiner Laufbahn noch von niemandem so reingelegt worden wie von Ihnen. Das kann ich nicht so schnell vergessen. Schließlich können Sie sich ja leicht an eine Illustrierte wie den ‹Stern› wenden und einige unserer Treffen fotografieren lassen. Der ‹Stern› zahlt Ihnen für die Geschichte sicher zehn- bis fünfzehntausend Mark. Auch ist es möglich, daß Sie wieder zu den Linken überwechseln und mich entführen lassen. Da muß ich mich absichern, obwohl ich bei den Gesprächen mit Sicherheit merke, wenn Sie mir etwas vorenthalten. Sie sind ja nicht unser einziger Mitarbeiter. Ich merke sofort, wenn bei Ihnen nichts mehr kommt.»

Er fuhr beschwichtigend fort: «Natürlich weiß ich, daß Sie mich nicht mehr linken wollen. Aber ich muß sichergehen, daß Sie auch in Zukunft nicht auf abwegige Gedanken kommen.»

Dann legte er Schmücker ein Exemplar des «Roten Schüler- und Lehrlingskalenders» aus dem Wagenbach-Verlag vor.

«In diesen Kalender schreiben Sie mal in Stichworten und

kurzen Sätzen alles, was Sie mir erzählt haben. Es muß eindeutig daraus hervorgehen, daß Sie der Verfasser sind. Der Kalender wird dann sicher aufbewahrt, so daß niemand herankommt. Er taucht erst wieder auf, wenn Ihre Informationen plötzlich nichts mehr taugen oder wenn ich entführt oder erschossen werde, und wenn Sie daran beteiligt sind. Dann wird der Kalender anonym an den ‹Extra-Dienst› oder an die ‹Rote Hilfe› geschickt. Ihre Notizen werden sich dann schnell unter den Linken rumsprechen und Sie sind in einer Woche erledigt. Dann hilft Ihnen nichts mehr. Da können Sie reden, soviel Sie wollen.»

Schmücker warf ein:

«Glauben Sie, daß Sie für das System so wichtig sind, daß es sich lohnt, Sie zu entführen?»

Rühl reagierte nicht. Statt dessen beteuerte er, es ehrlich mit Schmücker zu meinen.

«Die Aufzeichnungen haben ja auch für Sie den Vorteil, daß ich meinem Vorgesetzten in Berlin gegenüber mit absoluter Sicherheit argumentieren kann. Das beweist doch auch meine eigene Zuverlässigkeit.»

Daraufhin erklärte sich Schmücker bereit, seine Aussagen in Stichworten in den Kalender einzutragen. Vorher aber müsse Rühl mit seinen Vorgesetzten endgültig klären, ob der gefaßte Plan so ablaufen könne. Damit gab Rühl sich zufrieden.

Ein paar Tage später wurde Schmücker wieder einmal aus seiner Zelle geholt und ins Besucherzimmer der Anstalt geführt. Rühl wartete bereits auf ihn. Er hatte schlechte Nachrichten.

«Die Sache kann nicht wie vorgesehen ablaufen. Es findet sich niemand mehr, der die Verantwortung übernehmen will.» Er habe sich zwar sehr für den Plan eingesetzt, aber nach den jüngsten Festnahmen von Irmgard Möller, Klaus Jünschke, Katharina Hammerschmidt und Ulrike Meinhof gelte die RAF als zerschlagen. Man messe dem Ganzen nicht soviel Bedeutung bei. Eine Flucht sei ohnehin zu gefährlich. Unter Umständen könnte Schmücker dabei verletzt oder gar getötet werden. «Die Gefahr ist zu groß, daß die Geschichte bekannt wird und es dann zu einem Riesenskandal kommt.» In Berlin sei es nach ihrer Verhaftung ja ohnehin ruhig. Es gebe keine Hinweise auf eine bevorstehende Befreiungsaktion. Wenn Bommi Baumann und seine Freunde gerade ein paar Banken überfallen hätten, dann hätte man den Plan sicher ausgeführt. Aber vorläufig sei nicht daran zu denken. In Bonn müsse man sich dem tagespolitischen Klima anpassen.

«Ich halte das für ziemlich kurzsichtig», fuhr Rühl fort, «denn ich bin sicher, daß in absehbarer Zeit wieder etwas läuft. Aber vielleicht neige ich auch dazu, die Bedeutung von Gruppen wie der RAF oder ‹Bewegung 2. Juni› zu überschätzen, weil ich dauernd damit zu tun habe.»

Er begann zu philosophieren: «Vielleicht muß eine freie Gesellschaft auch lernen, mit ihren Bombenlegern zu leben. Sie müßten doch froh sein, daß der Verfassungsschutz nicht alles tun kann, was er will. Das müßte Ihnen doch zeigen, daß wir in einem Rechtsstaat leben.» Ganz anders sei die Situation in den angelsächsischen Ländern und erst recht in Israel: «Dort wären Sie schon lange draußen. Da hätten Sie zwei Wächter zusammengeschlagen – und fertig!»

Doch so schnell wollte Verfassungsschützer Rühl seinen Plan nicht aufgeben. «Der Verfassungsschutz darf Ihre Flucht jetzt nicht mehr unterstützen, aber mir ist der Gedanke gekommen, wie man das umgehen kann. Ich könnte dafür sorgen, daß Sie Staatsanwalt Braun noch einmal im Gerichtsgebäude vorgeführt werden und daß bei der Vernehmung kein Wächter dabei ist. So könnte ich Ihnen eine Gelegenheit zur Flucht verschaffen. Die Flucht selbst aber ist dann allein Ihre Angelegenheit, in der ich Sie weder positiv noch negativ beeinflussen kann.»

Wenn Schmücker tatsächlich fliehen würde, dann solle er ihn möglichst bald benachrichtigen. Von da an könne er sich als festen Mitarbeiter des Verfassungsschutzes betrachten. «Wenn die Sache mal platzt, dann kann man immer noch sagen, Sie haben erst nach Ihrer Flucht freiwillig Kontakt zu mir aufgenommen.»

Rühl diktierte Schmücker die Telefonnummer seiner Dienststelle: 0311-870591, Nebenstelle 4218. Schmücker sollte die Nummer auswendig lernen und den Zettel vernichten. Dann vereinbarten sie ein Codewort. «Sagen Sie nur das Wort und wo Sie sind. Die wissen dann Bescheid, daß sie Himmel und Hölle in Bewegung setzen müssen, um mich zu erreichen.»

Er zückte seine Brieftasche und wollte Schmücker einen Zwanzigmarkschein in die Hand drücken. «Damit Sie nicht völlig ohne Bargeld dastehen, bis ich komme.» Doch Schmücker lehnte ab. «Das Geld kann leicht bei einer Zellenkontrolle oder einer Leibesvisitation gefunden werden.» Daraufhin empfahl Rühl ihm, einer Passantin die Handtasche zu entreißen, um auf diese Weise zu etwas Bargeld zu kommen. Das ließe die Flucht noch echter erscheinen und könne nachträglich vom Bundesanwalt genehmigt werden.

Schmücker fand das ganze Unterfangen mittlerweile doch etwas zu abenteuerlich. In seinem Gedächtnisprotokoll schrieb er:

«Obwohl ich wiederholt einwarf, ein solcher Schritt erscheine mir ohne äußere Hilfe zu unsicher, fuhr Rühl fort, mir – fast beschwörend – meinen Fluchtablauf in glühenden Farben auszumalen, immer wieder beteuernd, daß er meine Entscheidung ja gar nicht beeinflussen wolle.

Tatsächlich waren bei meiner letzten Vernehmung im Koblenzer Gerichtsgebäude vor meiner Verlegung in die JVA Diez keine Wachbeamten – wie sonst üblich – anwesend, und als Oberstaatsanwalt Braun für fünf bis zehn Minuten den Raum verließ, war ich mit Kriminalhauptmeister Heiner vom Landeskriminalamt Koblenz und der Protokollführerin Frau Schrader allein. Ich saß dabei der Tür am nächsten, etwa zweieinhalb Meter, während Heiner auf der anderen Seite des Schreibtisches in etwa vier Meter Entfernung zur Tür saß. Bei einer Flucht hätte ich einen sicheren Vorsprung von vier bis fünf Sekunden gehabt und hätte mit

Leichtigkeit im unübersichtlichen Treppenhaus des Gerichtsgebäudes verschwinden können. Ich nutzte diese Gelegenheit jedoch aus verständlichen Gründen nicht.» Wenn eine gelungene Flucht auch die beste Art sei, die «Sache ins Rollen zu bringen», sagte Rühl, so werde er dennoch eine andere Lösung, nämlich die Haftverschonung, vorbereiten. Raus müsse Schmücker so oder so. Er sollte aber nicht allein entlassen werden, das würde nämlich sofort Mißtrauen erregen. Wolfgang Knupe könnte man zusammen mit Schmücker auf freien Fuß setzen. Die Begründung für seinen Haftbefehl sei ohnehin an den Haaren herbeigezogen, so daß ein geschickter Anwalt ihn jederzeit aus dem Knast bringen könnte. Das hätte auch den Vorteil, daß Schmücker sich einige Wochen erholen und mit dem Untertauchen Zeit lassen könnte.

Rühl wollte währenddessen alles weitere vorbereiten und Schmücker dann in Bad Neuenahr ein paarmal besuchen. «Bei einem guten Glas Wein besprechen wir dann irgendwo in der Eifel nähere Einzelheiten.» Im übrigen habe er dafür gesorgt, daß Schmücker demnächst in eine andere Anstalt verlegt werde, wo man die Gespräche in Ruhe fortsetzen könne, ohne daß etwas darüber durch die Mauern der Anstalt nach draußen dringe. Und so geschah es dann auch. Am 22. Juni 1972 wurde Ulrich Schmücker in das Gefängnis Diez an der Lahn verlegt. Dort kam er sofort in strenge Einzelhaft.

Zwei Wochen später, am 6. Juli 1972, erschien Rühl wieder einmal bei Schmücker. In Berlin, berichtete er, seien Sommerfelds Fingerabdrücke auf einer Sonnenbrille und einem Firebird-Magazin entdeckt worden, die von den Bankräubern in Britz zurückgelassen worden waren. Auch auf einem Zettel, der im britischen Yachtclub Gatow gefunden wurde, habe man Sommerfelds Fingerabdrücke festgestellt. Damit sei die Sache für Sommerfeld wohl gelaufen. Wenn man ihn mit diesen Indizien konfrontiere, werde er sicher vollständig aussagen. Dann packte Rühl mehrere hundert Fahndungs- und Observationsfotos aus und forderte Schmücker auf, die ihm bekannten Gesichter zu identifizieren. Schmücker sah den Stapel durch und nannte Rühl die Namen, soweit er sie wußte: «Bei allem guten Willen fällt es mir schwer, auf diesen alten und undeutlichen Fotos Leute wiederzuerkennen, die ich nur flüchtig kenne.»

Rühl nickte und legte ihm einen anderen Stapel Bilder vor. Es waren etwa dreißig frisch entwickelte Fotos, die noch feucht waren und aneinanderklebten: Observationsfotos von Verena Bekker; Schmücker identifizierte einen Begleiter von ihr.

Am 12. Juli erhielt Schmücker wieder Besuch von Rühl. «Leider habe ich schlechte Nachrichten für Sie. Sommerfeld hat vor Oberstaatsanwalt Braun ausgesagt. Die Sicherungsgruppe Bonn ist bei Sommerfeld gewesen und hat ihn darüber informiert, daß man seine Fingerabdrücke gefunden hat. Die Beamten haben ihm versprochen, daß er mit viereinhalb Jahren aus der Sache rauskommt, wenn er jetzt auspackt. Daraufhin hat er sich entschlossen, öffentlich gegen die anderen auszusagen.»

Rühl legte einen Hefter vor Schmücker auf den Tisch. Es war das Protokoll von Sommerfelds Aussage. In seinem Gedächtnisbericht schrieb Schmücker: «Als Beweis, daß er mir nichts vormachen wollte, legte mir Rühl Sommerfelds Aussage vor, ließ sie mich durchblättern und ganze Passagen lesen. Das Protokoll stammte vom Sonntag, dem 9. 7. 72, und war in Koblenz angefertigt. Es ging aus der ersten Seite hervor, daß sich Sommerfeld an diesem Tage gegen 7 Uhr dem Vorstand der JVA Wittlich hatte vorführen lassen und erklärt hatte, er wolle ein umfassendes Geständnis ablegen. Er war daraufhin in einem Sondertransporter nach Koblenz gebracht und unter Leitung von Oberstaatsanwalt Braun vernommen worden. Das Protokoll dieses Tages enthielt vorwiegend Angaben zu dem Anschlag auf den britischen Yachtclub in Berlin-Gatow.» Rühl sagte, es sei fest damit zu rechnen, daß Sommerfeld vollständig auspacke.

76

Der Verfassungsschutzbeamte teilte noch weitere Einzelheiten über Sommerfelds Aussage mit und meinte dann: «Sommerfeld hat Sie insgesamt so belastet, daß eine Haftverschonung jetzt nicht mehr in Frage kommt. Für Sie gibt es nur noch zwei Möglichkeiten. Ich will beide mit allen Konsequenzen darlegen, damit Sie mir später nicht vorwerfen können, ich hätte Sie zur Aussage überredet oder gezwungen.»

Rühl schilderte – wie sich Ulrich Schmücker in seinem Gedächtnisprotokoll erinnerte – jene zwei Möglichkeiten:

Einmal könnte Schmücker vor den Ermittlungsbehörden und vor Gericht jede weitere Aussage verweigern und auf seinen bisherigen Aussagen beharren. Von diesem Tag an würde er vom Verfassungsschutz als fester Mitarbeiter behandelt und bezahlt.

«Sie haben dann unsere Anweisungen zu befolgen und dürfen kein Wort sagen, auch wenn es Ihnen noch so dreckig geht und Ihnen noch so zugesetzt wird.» Auch später bekäme er niemals die Erlaubnis, vor Gericht als Zeuge auszusagen. Er würde zu etwa vier Jahren Freiheitsstrafe verurteilt und müßte diese antreten. «Der Verfassungsschutz wird dann dafür sorgen, daß Sie nach der Hälfte bis zwei Dritteln der Strafzeit wegen ‹guter Führung› entlassen werden. Anschließend nehmen Sie Ihre Tätigkeit für den Verfassungsschutz auf. Vor Gericht müssen Sie ordentlich ‹Bambule› machen. Aber auch dabei müssen Sie gewisse Grenzen der Wohlanständigkeit beachten. Nicht, daß Sie den Richter als Schwein beschimpfen oder so.»

Während seiner Haftzeit schließlich sollte er möglichst viele Kontakte zu linken Personen und Organisationen aufnehmen und versuchen, Kassiber nach außen zu schmuggeln. Ansonsten hätte er alle «Freiheiten», die sich im üblichen Rahmen hielten. Rühl würde ihm ein Fernstudium vermitteln und ihn durch Bücher, Zeitschriften, Genuß- und Lebensmittel sowie durch häufige Besuche «moralisch» unterstützen.

Rühl ließ durchblicken, daß er diese Möglichkeit für die schlechtere hielt. «Die Frage ist, ob es sich lohnt, für eine VS-

Mitarbeit von vielleicht nur sechs Monaten zwei bis drei Jahre abzusitzen.» Auch könnte sich während dieser Zeit viel ändern. «Vielleicht gibt es dann das Problem des Terrorismus gar nicht mehr in Deutschland, und Sie haben ganz umsonst gesessen.» Nun kam Rühl zur zweiten Möglichkeit. Schmücker könnte auch vor Oberstaatsanwalt Braun umfassend aussagen und alles das wiederholen, was er ihm, Rühl, bereits erzählt habe. «Wenn Sie aussagen, garantiere ich Ihnen, daß Sie in drei Wochen draußen sind und im Herbst wieder studieren können. Der Prozeß fände dann unter Ausschluß der Öffentlichkeit statt, und Sie werden entweder freigesprochen, oder die Strafe wird unter Anrechnung der Untersuchungshaft auf Bewährung ausgesetzt. Auf keinen Fall müssen Sie wieder ins Gefängnis.» Anschließend könne er an einer beliebigen Universität neue Studienfächer, unabhängig von irgendwelchen Numerus-Clausus-Bestimmungen, wählen. Der Verfassungsschutz werde für ein ausreichendes Stipendium sorgen. Wenn er wolle, könne er auch im Ausland studieren.

«Auch in Oxford?» fragte Schmücker.

«Ja, auch das läßt sich arrangieren.»

Nach einer Pause meinte Rühl: «Sehen Sie, ich habe mir immer jemanden gewünscht, der für uns ein bis zwei Jahre in den Knast geht. Das wäre der ideale Agent. Eigentlich müßte ich doch alles tun, Sie als Mitarbeiter zu behalten. Aber wenn man dann den Menschen vor sich sieht, sieht das alles ganz anders aus. Vielleicht bekomme ich in meinem Beruf nie mehr so eine Gelegenheit. Aber der Mensch ist doch wichtiger, und rein menschlich glaube ich, es ist besser für Sie, wenn Sie aussagen. Zwar», so räumte Rühl ein, «haben Sie dann bei den Linken verschissen, zumindest bei den Anarchisten, aber irgendwann müssen Sie ja doch zurück ins bürgerliche Leben.»

Die Aussage sei das einzig Richtige. Schmücker müßte sie politisch begründen und darauf bestehen, daß die Begründung mit ins Protokoll aufgenommen wird. Das würde seinen überraschenden Entschluß erklären. «So kommt gar nicht erst der Verdacht auf, daß da irgendwo dran gedreht worden ist. Hauptsächlich aber nützt das Ihnen selbst, denn schließlich müssen Sie irgendwie damit weiterleben.» Später werde man ihm helfen, damit er wieder in nichtanarchistischen linken Gruppen mitarbeiten könne. Dafür gäbe es Beispiele. Und für den Verfassungsschutz ginge er ja auch nicht völlig verloren, denn es gäbe doch immer wieder Bilder vorzulegen, Auskünfte einzuholen und Schriften oder Flugblätter auszuwerten. Andere linke Gruppen seien für den Verfassungsschutz auch nicht uninteressant.

Damit beendete Rühl das Gespräch. Schmücker müsse sich jetzt entscheiden. Bis zum nächsten Tag habe er Bedenkzeit. Wenn Sommerfeld erst seine Aussage abgeschlossen habe, sei es zu spät, dann könne er nichts mehr für ihn tun.

Am Tag darauf wurde Schmücker wieder in das Besucherzimmer der Anstalt geholt. Verfassungsschützer Rühl war da. Er legte Schmücker das Protokoll von Harald Sommerfelds Aussage vom 10. oder 11. Juli 1972 vor. Damit er sich selbst davon überzeugen konnte, daß Sommerfeld vollständig ausgepackt hatte, gab ihm Rühl einige Seiten zu lesen.

«Ich habe mir das alles noch einmal überlegt», sagte Rühl, während Schmücker in den Protokollen blätterte, «eine Aussage ist das einzig Richtige. Das andere wäre zwar sehr schön geworden. Aber wenn Sie nicht im Knast vergammeln wollen, bleibt Ihnen doch keine andere Möglichkeit. Machen Sie sich keine Illusionen. Entschließen Sie sich zur Aussage. Dann haben Sie das alles hinter sich und können völlig neu anfangen.»

Um den Eindruck zu vermeiden, er sei erst durch Sommerfelds Aussage geständnisbereit geworden, solle er selbst alles aufschreiben und auf den 9. Juli zurückdatieren.

DAS GESTÄNDNIS

«Ich begann also am 13. 7. 72 mit der Niederschrift meines umfassenden Geständnisses», schrieb Ulrich Schmücker in seinem Gedächtnisprotokoll. «Rühl sagte mir, wie ich die Aussage zu gliedern hätte, wo ich anfangen und wie ich die Entwicklung darstellen sollte. An Stellen, an denen ich nicht recht weiterwußte, las er mir an diesem wie auch am nächsten Tag Auszüge aus der ‹Aussage› Sommerfelds vor. Gerade an diesem ersten Tage gab mir Rühl recht genaue Anweisungen über das, was ich zu schreiben hatte, und formulierte zum Teil ganze Sätze. Ansonsten sagte er, ich solle alles schreiben, was ich ihm erzählt hätte. Das tat ich auch.»

Während Schmücker schrieb, telefonierte Rühl mit einem Berliner Staatsanwalt. Er umriß Schmückers Situation, nannte keinen Namen, erwähnte jedoch, daß er aus der Strafanstalt Diez anrief. Nachdem er den Hörer aufgelegt hatte, wandte er sich zu Schmücker und erklärte ihm, was der Staatsanwalt gesagt hatte: Freispruch oder zumindest eine Bewährung direkt nach dem Prozeß sei ihm sicher, wenn nicht gar der Bundesanwalt das Verfahren vorher einstellen würde.

Am frühen Abend sagte Rühl, Schmücker solle mit seinen Aufzeichnungen allein in der Zelle weitermachen. Dann nahm er die auf den 9. Juli datierten Seiten und faltete sie ein paarmal. Bevor er sie einsteckte, hielt er sie hoch und sagte triumphierend: «Jetzt hab ich endlich etwas von Ihnen! Wenn Sie es sich doch noch anders überlegen, ist das meine Sicherheit!»

Am nächsten Morgen gegen 10 Uhr erschien Rühl wieder in der Anstalt. Er las Schmückers Aufzeichnungen und steckte sie ein. Als Schmücker fragte, welches Datum er für die nächsten

Seiten nehmen solle, sagte er: «Nehmen Sie das Datum von heute.» Dann arbeiteten Verfassungsschützer und Gefangener gemeinsam bis zum späten Nachmittag. Zum Schluß skizzierten sie die Kernpunkte der «politischen Begründung».

Diese «politische Begründung» der Abkehr vom Terrorismus tauchte immer wieder in sehr ähnlichen Formulierungen auf. So etwa bei dem Baader-Meinhof-Kronzeugen Gerhard Müller und bei dem späteren Kronzeugen im Schmücker-Verfahren, Jürgen Bodeux.

Bei Ulrich Schmücker lautete sie so:
«Zur Zeit meiner Tätigkeit in der ‹Bewegung 2. Juni› war ich von der Richtigkeit meines Handelns überzeugt und hielt die Übertragung des Konzepts ‹Stadtguerilla› auf Westeuropa für möglich und nötig. Gerade die Auswirkungen der Anschlagsserie im Mai dieses Jahres haben mir jedoch gezeigt, daß ich dabei von einer falschen Einschätzung der gesellschaftlichen Verhältnisse und meiner eigenen Klassenlage ausging.

Die von mir gemachten Angaben stellen eine Absage an meine jüngere politische Vergangenheit dar, die – so meine ich – von einer radikalen Kritik der westeuropäischen Stadtguerilla-Theorien ergänzt werden muß. Da eine umfassende Kritik in so kurzer Zeit nicht zu leisten ist, skizziere ich hier nur kurz die Kernpunkte der Überlegungen, die mich diese Aussage machen ließen. Das Konzept Stadtguerilla ist ein Produkt der Widersprüche innerhalb der Strukturen lateinamerikanischer Gesellschaften. Dort, wo es um die Sicherung der physischen Reproduktion der Massen geht, mag revolutionäre Gewalt in dieser Form ein legitimes Mittel zur gesellschaftlichen Veränderung sein. Unter den Bedingungen des dort geführten Kampfes wurde das Stadtguerilla-Konzept entwickelt – ihnen ist es angepaßt. Es aus diesem gesellschaftlichen Bezugsrahmen herauszureißen und unter völlig anderen Bedingungen anwenden zu wollen heißt, es seiner Natur zu entfremden, es seiner Effektivität zu berauben. In Westeuropa, wo die Unterdrückung der Massen durch die Herrschenden in stark modifizierter Form auftritt, wo die Massen psychisch verkrüppelt und geistig ausgehungert werden, schlägt die Wirkung dieser Waffen des Volkes um in ihr Gegenteil. Sie wird zur Waffe gegen das Volk.

Das Klassenbewußtsein des in scheinbarem materiellen Wohlstand lebenden Proletariats Westeuropas ist so stark deformiert, daß es die Ausbeutungsmechanismen nicht mehr durchschauen und den staatlichen Unterdrückungsapparat nicht mehr als solchen erkennen kann. Solidarität und Spontaneität kennt es kaum in seinen ‹kärglichen Klassenkämpfen›. Die starke Verbreitung kleinbürgerlicher Ideologie in den Reihen des Proletariats hat ihm seine Kampfkraft genommen – es zumindest nachhaltig gelähmt. Verstärkt wird diese Lähmung durch den Umstand, daß das Proletariat in den Metropolen – wenn auch wenig, so doch auch – von der Ausplünderung der unterentwickelt gehaltenen Länder durch den Imperialismus profitiert. Praktische Solidarität mit den Kämpfen der unterdrückten Völker und die Wahrnehmung seiner objektiven Interessen ist von ihm nicht zu erwarten, da ein solches Verhalten gegen seine kurz- und mittelfristigen Interessen verstößt.

Ich gab mich – wie wohl alle Intellektuellen, die die bestehenden gesellschaftlichen Verhältnisse mit Gewalt verändern wollen – einer entscheidenden Selbsttäuschung hin, indem ich mich der Feststellung anschloß, die lohnabhängige Intelligenz sei zu einem Teil des Proletariats geworden. Durch die Konfrontation mit dem Tod des bürgerlichen Individuums, die Unmöglichkeit in unserer hochindustrialisierten Gesellschaft, individuelle Größe im Sinne des alten Besitzbürgertums zu erlangen oder auch nur den Idealen der bürgerlichen Revolution gemäß zu leben, wurde ich zur Rebellion gegen das monopolistische Kapital und seinen Staat getrieben.

Trotz der Erarbeitung eines theoretischen Fundus auf der Grundlage der materialistischen Dialektik und trotz meines Bekenntnisses zu der historischen Bedeutung des Proletariats behielt mein Engagement seinen individuellen bürgerlichen Charakter und diente bestenfalls den scheinbar egalitären Zügen der verzweifelnden Intelligenz, nie aber denen der Mehrheit des Volkes. Wenn auch – durch die zunehmende Einbeziehung der Wissenschaften in den gesellschaftlichen Verwertungsprozeß – in die Lohnabhängigkeit gedrängt, trägt die heutige Intelligenz das große bürgerliche Erbe noch in ihrem Bewußtsein und verarbeitet ihre Abhängigkeit diesem Bewußtsein entsprechend. Ökonomisch unterscheidet sich der Intellektuelle vom Arbeiter oder Angestellten nur noch durch den höheren Qualifikationsgrad seiner Arbeitskraft, bewußtseins- oder verhaltensmäßig trennen ihn jedoch Welten.

Wenn den Intellektuellen auch noch der letzte wissenschaftliche Freiraum genommen wird, wird er sich mit seiner zwiespältigen Existenz abfinden müssen. Es ist Selbstbetrug, den – durch bürgerliche Erziehung und Bildung und den so unbürgerlichen Verkauf der eigenen Arbeitskraft geschaffenen – inneren Widerspruch einfach verleugnen zu wollen und die Aktivität einer kleinen bewaffneten Gruppe als ‹Eigenbewegung des Proletariats› (Horst Mahler) anzusehen.

Erst nachdem ich – durch die ‹Hamburger Beschlüsse› [Schmücker meint hier den Ministerpräsidentenerlaß über die Beschäftigung von Extremisten im öffentlichen Dienst] scheinbar jeder Perspektive auf eine persönliche Zukunft als Wissenschaftler beraubt und stark radikalisiert – dieses pseudoproletarisch-avantgardistische Selbstverständnis teilte, konnte ich mich der ‹Bewegung 2. Juni› anschließen und jeden Verstoß gegen die Gesetze des Staates als emanzipatorische und revolutionäre Tat feiern.

Was ein dieser Geisteshaltung entspringendes Handeln objektiv bewirkt, zeigen die Folgen der jüngsten Anschlagsserie wohl am besten. Statt die Widersprüche zwischen den antagonistischen Klassen zu verschärfen, bestärkte sie die Bevölkerung in ihren Ressentiments gegenüber den ‹Linken› und trieb diese noch mehr in die Isolation. Den Reaktionären in der BRD dient sie als Anlaß zu einer gewaltigen Hetzkampagne gegen alle fortschrittlichen Kräfte und als Vorwand zu einer weiteren Verstärkung der staatlichen Exekutivgewalt. Jeder ‹Linke›, der den Reaktionären den Wind aus den Segeln nehmen und Faschisierungstendenzen entgegenwirken will, muß im eigenen Interesse alles tun, um ähnliche Terrorakte in Zukunft zu verhindern und ihnen vorzubauen. Diese Aussage soll mein Beitrag dazu sein.»

Der Text dieser Erklärung war – in Variationen – eine Art Standarddistanzierung vom Terrorismus. Er schien zum Repertoire jedes besseren Verfassungsschützers zu gehören, um potentiellen Überläufern den Absprung zu erleichtern.

Während Ulrich Schmücker und der Verfassungsschutzbeamte Peter Rühl die Erklärung gemeinsam formulierten, telefonierte Rühl von Zeit zu Zeit mit Oberstaatsanwalt Braun, um die Einzelheiten für eine Haftverschonung abzuklären. Kurz bevor er sich von Schmücker verabschiedete, gab er ihm seine bisherigen Aufzeichnungen zurück und wies ihn an, sie noch am selben Abend dem Anstaltsleiter zur Aufbewahrung zu übergeben.

«Am Wochenende müssen Sie mit der Niederschrift fertig sein und sich am Montag zur Vernehmung vorführen lassen. Ich selbst bin dann in Koblenz und kann helfen. Wenn Sie während der Vernehmung Fragen an mich haben, dann sagen Sie Oberstaatsanwalt Braun, Sie müßten dringend zur Toilette. Ich werde mit Braun vereinbaren, daß er Sie daraufhin in einen anderen Raum bringt. Braun weiß ja ohnehin, daß etwas mit uns läuft, wenn auch nichts Konkretes. Sonst darf aber in Koblenz niemand, auch Ihr Anwalt nicht, davon wissen.»

Während des Gesprächs wurde Rühl vom Bundesinnenministerium angerufen. Er führte das Telefonat in Schmückers Beisein. Als er aufgelegt hatte, erregte er sich. Der Minister habe seinen Bericht gelesen, und jetzt frage man sich in Bonn, ob nicht doch noch was mit einer Haftverschonung drin wäre. Rühl wurde ärgerlich: «Erst wollen sie nicht, und wenn schon alles geregelt ist, fangen sie an zu überlegen.»

Schmücker solle sich aber nicht verwirren lassen und wie besprochen weitermachen. Nach Dienstschluß ließ der Anstaltsleiter Schmücker vorführen und nahm den ersten Teil der Aufzeichnungen entgegen. Drei Tage später hatte Schmücker sein Geständnis vollständig zu Papier gebracht und übergab dem Anstaltsleiter den Rest. Ein Bote brachte es in einem versiegelten Umschlag zu Oberstaatsanwalt Braun nach Koblenz. Am selben Tag rief Rühl an und teilte Schmücker mit, er werde jetzt in Urlaub fahren. Kurz darauf, am 18., 19. und 20. Juli, gab Schmücker in Koblenz seine Aufzeichnungen zu Protokoll und bestätigte vor dem Untersuchungsrichter, er habe sie «selbständig und freiwillig» zur Erleichterung seines Gewissens gemacht. Dann hatte Ulrich Schmücker erst einmal Ruhe. Zweimal rief ihn Rühl aus dem Urlaub an.

Während der Verfassungsschützer auf Ferienreise war, fühlte sich Schmücker fast alleingelassen. Niemand war mehr da, der durch einen kleinen Wink die Haftbedingungen für ihn etwas erleichtern konnte. Wochenlang hatte seine Mutter vergeblich für ihren abgemagerten und blassen Sohn frische Milch beantragt und an der Gefängniskasse bezahlt. Als der Antrag endlich rückwirkend genehmigt wurde, brachte der Wachbeamte gleich achtundzwanzig Tüten Milch in die Zelle.

Im September kam der Verfassungsschützer wieder zu Besuch. Er brachte Zigaretten, Getränke und Zeitschriften mit. Dazu Schmücker in seinem Gedächtnisprotokoll: «Insgesamt erhielt ich von Rühl bis Dezember 1972 Zigaretten, Getränke, Obst, Zeitschriften u. a. im Wert von 130 bis 150 Mark.»

Danach tauchte Rühl erst kurz vor Weihnachten wieder auf. «Ich habe ein ganz schlechtes Gewissen, daß Sie immer noch im Knast sitzen und sich die Verhandlung immer weiter herauszögert. Aber das ist schließlich nicht meine Schuld. Ich habe mich so lange nicht sehen lassen, weil das immer schwieriger wird. Die Ansichten über den Fall gehen beim Verfassungsschutz und bei der Justiz auseinander. Einige Leute meinen, der VS solle sich nach Abschluß der Ermittlungen völlig aus dem Verfahren zurückziehen und erst nach der Verurteilung wieder die Betreuung übernehmen. Ich bin aber der Ansicht, daß man den Kontakt auch in der Zwischenzeit nicht abbrechen sollte, denn es gibt immer mal wieder etwas zu fragen. Sie dürfen nicht von mir denken, ich habe Sie gelinkt. Alles, was wir damals besprochen haben, war völlig ernst gemeint.»

Dann spielte Rühl auf den Überfall palästinensischer Terroristen auf das Quartier der israelischen Olympiamannschaft im September 1972 an. «Wäre München eher gewesen, wäre die Flucht damals gelaufen. Aber so was kann man halt nicht voraussehen.» Immerhin habe man sich mit der Justiz darauf geeinigt, daß Schmücker auf jeden Fall nach der Hälfte der Strafzeit entlassen werde. Das sei hundertprozentig sicher, denn der Verfassungsschutz habe nicht mit der Staatsanwaltschaft, sondern mit den höheren Instanzen darüber verhandelt. Der Justizsenator habe persönlich an den Verhandlungen teilgenommen und dieser Lösung zugestimmt. Schließlich versprach Rühl, sich selbst kurz vor oder kurz nach dem Prozeß für eine Haftunterbrechung aus gesundheitlichen Gründen einzusetzen. Tatsächlich hatte Schmückers Gesundheitszustand in den langen Monaten der Haft sehr gelitten.

Im Januar 1973 sollte endlich der Prozeß stattfinden. Doch in den Wochen, in denen Peter Rühl ihn nicht regelmäßig besucht hatte, waren Schmücker Bedenken gekommen. Er hatte gehört, daß ihn Berliner Genossen für Polizeiaktionen und Festnahmen am 22. Juli verantwortlich machten.

Schmücker versuchte, sich von seinem neuen Freund, dem Verfassungsschützer Rühl, abzusetzen. Im Dezember begann er in seiner Zelle, das Gedächtnisprotokoll über seine Kontakte zu Rühl zu verfassen. Als der ihn am 22. Dezember besuchte, hatte er das Protokoll fertig. Auf den letzten Seiten berichtete er über ebenjenen Besuch. Rühl hatte ihn dabei ermahnt, vorsichtig zu sein. «Mir würde man meine Aussage nie verzeihen, denn man steht auf dem Standpunkt: Wir haben Klassenkampf, und wer den Schweinen was sagt, ist ein Verräter und für die Revolution gestorben. Rühl: ‹Sie werden immer unter Ihrer Intelligenz zu leiden haben; auch wenn Sie – nur einmal angenommen – beim Prozeß gegen die andern erzählen, was hier gelaufen ist, wird das nichts daran ändern. Die Linken würden dann nur wieder irgendeinen Trick dahinter vermuten und das Ganze als Anbiederung auffassen.› Den anderen könne ich dadurch ja auch nicht helfen, und für mich sei mit vorzeitiger Entlassung usw. dann natürlich nichts mehr drin.»

Und Schmücker fuhr in seinem Gedächtnisprotokoll fort: «Nun, Rühl weiß nicht, daß ich zu dieser Zeit bereits mit der Niederschrift des hier vorliegenden Gedächtnisprotokolls zum inoffiziellen Verlauf des ‹Ermittlungsverfahrens› beschäftigt war.

Ich habe dieses Gedächtnisprotokoll im Dezember 1972 in der Zelle der JVA Diez – diesmal wirklich – selbständig und freiwillig niedergeschrieben, um es zu gegebener Zeit an einen der Verteidiger von Wolfgang Knupe, Verena Becker, Inge Viett oder Karin und Siegfried M. – evtl. auch an ein entsprechendes Organ – weiterzuleiten.

Meine in diesem Protokoll gemachten Angaben entsprechen der Wahrheit. Ich bin bereit, sie bei den Hauptverhandlungen gegen die oben genannten Personen unter Eid zu wiederholen.

Diez/Lahn, den 31. 12. 1972

gez. Ulrich Sepp Schmücker»

DIE NACHSTELLUNGEN
DES HERRN RÜHL

Am 7. Februar 1973 fand der Prozeß gegen Ulrich Schmücker vor der 14. Großen Strafkammer des Landgerichts Moabit statt. Auf der Zuschauerbank saßen Schmückers Mutter und der Schulfreund Arno Johann. Es war kein spektakulärer Anarchistenprozeß, es gab keine Zeugen und kaum Publikum. Der Angeklagte war geständig, das Urteil stand eigentlich bereits fest.

«Wie das Urteil ausfiel, das war mir schon gesagt worden durch den Herrn Staatsanwalt Thiele, durch unseren Rechtsanwalt und auch durch Ulli, der es auch schon wußte», erinnerte sich die Mutter. Es war ein mildes Urteil, das noch vor der Mittagspause verkündet wurde. Alles lief so ab, wie es der Verfassungsschutzbeamte Peter Rühl für den Fall einer Aussage versprochen hatte:

«Der Angeklagte ist der Begünstigung, der gemeinschaftlich versuchten Herbeiführung einer Explosion in zwei Fällen und der Vorbereitung eines Sprengstoffverbrechens schuldig, alle Taten begangen tateinheitlich mit der Mitgliedschaft und Unterstützung einer kriminellen Vereinigung. Er wird zu einer Gesamtfreiheitsstrafe von zwei Jahren und sechs Monaten verurteilt.

Bei der Strafzumessung konnte das umfassende Geständnis des Angeklagten, das er ohne Rücksicht auf dadurch entstehende Gefahren für sein Leben abgelegt hatte, mildernd berücksichtigt werden.»

Ulrich Schmücker wurde sofort auf freien Fuß gesetzt. Man gewährte ihm Haftverschonung aus gesundheitlichen Gründen. Der Staatsanwalt gab Frau Schmücker noch einen guten Rat mit auf den Weg: «Nehmen Sie Ihren Sohn am besten gleich mit nach Hause.»

Ulrich Schmücker feierte seine wiedergewonnene Freiheit mit seiner Mutter und alten Freunden aus Bad Neuenahr, die in Berlin studierten. Die Mutter blieb fünf Tage zu Besuch. Schmücker wohnte solange bei dem Physikstudenten Georg Pitzen und dessen Freundin Monika Breuer, die noch auf einen Studienplatz wartete. Die beiden hatten gerade eine Zweizimmerwohnung in Kreuzberg bezogen, und Schmücker half ihnen, die Wohnung zu renovieren.

Zwei Tage nach dem Prozeß klopfte die Polizei an. Der Kriminalhauptmeister Günter Schmidt von der Staatsschutzabteilung riet Schmücker, Berlin schnellstens zu verlassen. Die Gefahr sei zu groß, daß sich die von ihm belasteten Genossen an ihm rächen könnten. Doch Schmücker schlug die Warnung in den Wind. Er wollte vorerst in Berlin bleiben.

Ein paar Tage darauf meldete sich telefonisch ein alter Bekannter. Verfassungsschützer Peter Rühl wollte Schmücker – konspirativ natürlich – an der Tiergartenbrücke treffen. Schmücker erzählte seinen Freunden Arno Johann und Georg Pitzen über die Bekanntschaft mit Rühl.

Pitzen sagte später zu einem Journalisten: «Ulli wollte auf keinen Fall mit dem Geheimdienstbullen zusammenarbeiten. Im Gegenteil. Er kannte von Anfang an nur ein Ziel: von den linken Gruppen wieder aufgenommen zu werden. Um seinen Genossen zu beweisen, daß er mit dem Verfassungsschutz nichts im Sinn hatte, wollte er den konspirativen Treff mit dem Agentenführer fotografieren lassen und das Foto anschließend zusammen mit seinem Gedächtnisprotokoll dem Nachrichtenmagazin ‹Der Spiegel› übergeben.

Wir alle waren sauer auf den Verfassungsschutz – wie die den Ulli verheizen wollten –, daß wir spontan gesagt haben: ‹Wir helfen dir dabei.› Schließlich leben wir in einem demokratischen Staat und können fotografieren, was und wen wir wollen, solange es sich nicht um eine militärische Sperrzone oder so was handelt. Geheimdienstbullen fotografieren ist ja nicht verboten.

Wir haben uns also eine gute Kamera mit einem langen Teleobjektiv besorgt und sind, getrennt von Ulli, zur Straße des 17. Juni am Tiergarten gefahren. Dort haben wir eine Weile gewartet. Es war ganz schön kalt, und immer wenn ein Taxi kam, haben wir aus der Deckung heraus fotografiert, sobald einer ausgestiegen ist. Die Straße des 17. Juni ist ein stadtbekannter Strich, und es standen viele Nutten rum. Klar, daß jede Menge Männer ausgestiegen sind. Aber da war keiner dabei, der wie ein Geheimdienstbulle aussah. Nach einer Stunde oder so hat uns der große Frust gepackt. Wir haben ein Taxi gerufen und sind nach Hause gefahren.»

Der Ausflug von Schmückers Schulfreunden in die Geheimdienstsphäre endete grotesk: Statt Verfassungsschützer Rühl auf die Platte zu bannen, wurden sie selbst unbemerkt fotografiert. Offenbar traute Rühl seinem Informanten in spe nicht und ließ den Treffpunkt von Kollegen überwachen. Später legte der Verfassungsschützer dem irritierten Schmücker gestochen scharfe Bilder von der Fotosafari seiner Freunde vor. Schmücker behauptete, die beiden Foto-Amateure mit dem Teleobjektiv nicht zu kennen. Doch auch das schien Rühl nicht zu glauben. Er fragte Schmücker, ob er etwa Pressefotografen bestellt habe. Zu guter Letzt erzählte er Schmücker dann noch, was die beiden Fotografen im Auto gesprochen hatten: «Es ist eine Sauerei, jemanden bei dieser Kälte auf die Straße zu jagen, um jemanden zu fotografieren, der doch nicht kommt.»

Sechs Tage nach dem Prozeß, am 13. Februar 1973, reisten Ulrich Schmücker und seine Mutter aus Berlin ab. Anfangs verschwieg er seinen Eltern die Kontakte zu Verfassungsschützer Rühl. Doch bereits zwei Tage nach seiner Ankunft in Bad Neuenahr wurde er am Telefon verlangt. Die Mutter nahm den Hörer ab. Eine männliche Stimme mit Berliner Akzent meldete sich: «Hier ist ein Freund von Ulli. Sagen Sie ihm nur ‹Peter ist hier›. Dann weiß er Bescheid.»

Verwirrt holte Frau Schmücker ihren Sohn. Das Gespräch dauerte eineinviertel Stunden. Frau Schmücker war die ganze Zeit im Raum und hörte zu. Später berichtete sie: «Er wollte ihn dazu bewegen, sich mit ihm irgendwo in der Eifel zu treffen. Ich machte Ulli ein Zeichen: Wenn der was von ihm wolle, dann solle er doch zu uns nach Hause kommen. Aber darauf ließ sich Rühl nicht ein, das war ihm zu riskant. Ulli schien mit dem Mann Katz und Maus spielen zu wollen. Er wollte ihn hinhalten. Mir war nicht wohl bei der Sache. Ich hörte Ulli, während er mir zuzwinkerte, fragen: ‹Was würde denn für mich dabei herausspringen?› Er könne sein Studium weiterführen, versprach Rühl. Wenn er wolle, sogar in Oxford. Ich atmete richtig auf, als Ulli am Ende des Gesprächs sagte: ‹Lassen Sie mich in Ruhe. Das ist bei mir nicht drin.› Aber Rühl hat daraufhin gedroht: ‹Wenn du nicht für uns arbeitest, dann mußt du in den Knast zurück.› Als Ulli aufgelegt hatte, lächelte er: ‹Keine Angst, Mutter. Ich wollte nur mal sehen, wie weit die gehen.› Ich war sehr besorgt, weil er das alles auf die leichte Schulter zu nehmen schien. Ich sagte ihm: ‹Falls du vorhast, dich mit diesem Menschen heimlich in der Eifel zu treffen, dann fahre ich einfach mit dem Taxi hinterher und stelle ihn zur Rede. Die sollen dich endlich in Ruhe lassen!›» Aber Peter Rühl rief immer wieder an und versuchte, Ulrich Schmücker als Mitarbeiter des Verfassungsschutzes anzuwerben, so jedenfalls sah es Schmücker.

Glücklich über die Heimkehr des Sohnes und gleichzeitig besorgt wegen der vielen Anrufe des Verfassungsschützers, nahmen die Eltern Ulrich erst einmal mit in einen Skiurlaub ins Sauerland. Die neun Monate Haft hatten ihn ausgezehrt. Er war blaß und hatte an Gewicht verloren. Im Skiurlaub war er wieder ganz der Sohn fürsorglicher Eltern. Doch anschließend ging er zurück nach Berlin.

Beim Berliner Landesamt für Verfassungsschutz stellte sich die Beziehung zwischen Michael Grünhagen alias Peter Rühl und

Ulrich Schmücker etwas anders dar. Der Beamte hätte Schmücker davon zu überzeugen versucht, daß es besser für ihn sei, «in Kontakt mit dem LfV ein bürgerliches Leben zu führen, anstatt wieder in seine früheren anarchistischen Anschauungen zurückzufallen». Es sei nichts anderes als die durchaus übliche «nachsorgende Zeugenbetreuung» gewesen, erklärte der zuständige Amtsleiter später im Prozeß. Eine solche Betreuung, die von der Hilfestellung bei Arbeits- und Studienplatzbeschaffung bis hin zu einer zumindest teilweisen Finanzierung des Lebensunterhalts in Ausbildungszeiten reichen kann, sei als Gegenleistung für die dem Amt gelieferten Informationen gedacht. Im übrigen erwarte man, daß diese Unterstützung auch die Bereitschaft der «Auskunftsperson» erhalten würde, in Strafverfahren gegen ehemalige Gesinnungsgenossen als Zeuge auszusagen.

Obwohl Michael Grünhagen darüber hinaus – entgegen ausdrücklichen Weisungen seines Amtes – Ulrich Schmücker eine Zusammenarbeit als V-Mann mit dem LfV angeboten hatte, ließ sich das später aus den Aktenvermerken des Beamten nicht rekonstruieren. Sicher aber ist, daß Grünhagen ihn als Informanten registrierte und ihm sogar einen Decknamen gab. Am 22. März 1973 legte er unter «VS-Vertraulich» einen Vermerk an: «Betr.: Informant Ulrich Schmücker». Darin heißt es: «Nach Rücksprache mit IV (2)1 vom 15. 3. 1973 erhält der oben genannte Informant den Tarnnamen Kette.» Gezeichnet: Grünhagen. Darunter findet sich eine handschriftliche Notiz: ein Kreuz mit dem Datum 5. 6. 1974 – Schmückers Todestag.

In jenem Frühjahr 1973 fand vor dem Landgericht Moabit der Prozeß gegen die RAF-Mitglieder Brigitte Asdonk, Hans-Jürgen Bäcker, Monika Berberich, Irene Goergens, Erik Grusdath und Ingrid Schubert statt. Ihnen wurden Banküberfälle und die Zugehörigkeit zu einer kriminellen Vereinigung vorgeworfen. Die Fenster des Gerichtssaales hatte man zum Schutz gegen mögliche Schüsse und Bomben zumauern lassen. Die Zuschauer wurden streng kontrolliert.

An einem Prozeßtag Ende April mischte sich ein blasser junger Mann unter die Besucher. Es war Ulrich Schmücker. Er setzte sich auf die Zuschauerbank und beobachtete den Prozeß. In der Verhandlungspause ging er durch die langen, hallenartigen Flure des Justizgebäudes und steuerte die Gerichtskantine im Keller an. An einem Tisch entdeckte er einen jungen Mann mit schmaler Metallbrille, den er schon vorher als Zuschauer im Prozeß gesehen hatte. Er setzte sich zu ihm und sagte ein paar belanglose Worte. Schmücker wollte mit irgend jemand ins Gespräch kommen.

«Kann es sein, daß ich dich irgendwoher kenne?»

«Schon möglich.»

Es entwickelte sich eine Unterhaltung über den Prozeß und über die linke Szene. Dabei ließ Schmücker ein paar Einzelheiten aus seiner eigenen Geschichte einfließen. Mit einem Mal wurde sein Gesprächspartner hellwach. Er hatte vom Fall Schmücker in der Zeitung gelesen und mit Freunden darüber gesprochen. Aus dem «Tagesspiegel» kannte er den Prozeßablauf, er wußte vom Ausgang und dem milden Urteil. Er kannte auch Harald Sommerfeld, Inge Viett und Verena Becker.

«Du bist also Ulrich Schmücker», sagte er plötzlich. Schmücker nickte.

«Warum hast du das nicht gleich gesagt?»

«Ich lauf doch nicht mit einem Schild um den Hals rum und verkünde jedem, daß ich Ulrich Schmücker bin.»

Sein Gesprächspartner war mißtrauisch und neugierig zugleich. Er interessierte sich für den Fall.

«Du hast damals vor Gericht ausgesagt?»

Schmücker nickte erneut.

«Warum?»

Da begann er zu erzählen. Er redete von seinem Aufenthalt im Gefängnis und von den Besuchen des Verfassungsschutzbeamten Peter Rühl, von dessen Bemühungen, ihn als V-Mann anzuwerben, und seiner Weigerung, mitzumachen. Dabei beschönigte er seine Rolle nicht wenig.

«Ich habe ein Gedächtnisprotokoll bei meinem Anwalt hinterlegt», sagte er. «Damit kann ich beweisen, daß ich kein Verräter bin. Im Gegenteil. Ich will die Praktiken des Verfassungsschutzes aufdecken. – Glaub nicht, daß ich als Zeuge im Prozeß gegen Sommerfeld auftrete.»

Inzwischen war es etwa 14 Uhr geworden, und die beiden liefen wieder hinauf zum Gerichtssaal. Dort erfuhren sie, daß der Prozeß an diesem Nachmittag nicht mehr fortgesetzt wurde. Im Hinuntergehen nannte Schmückers neuer Bekannter seinen Namen: Götz Tilgener, genannt «Billy». Er erzählte ihm ein paar Dinge aus seinem Leben, und die beiden beschlossen, gemeinsam zu Tilgeners Wohnung zu fahren und dort weiterzusprechen. In Schmückers beigefarbenem Volkswagen mit Ahrweiler Kennzeichen fuhren sie nach Kreuzberg in die Cuvrystraße 49.

GÖTZ TILGENER

Götz Tilgener war zu dieser Zeit dreiundzwanzig Jahre alt. Sein Vater war Volkswirt und Jurist. Seine Mutter hatte Musik studiert. Die Eltern hatten sich nach dem Krieg kennengelernt. Der Vater war damals «eine Art mittelgroßer Schieber», wie Tilgener gern erzählte. «Er handelte mit Zigaretten, Papier, Kohle, Schweinen und Zement – mit allem, was man so brauchte.»

Die ersten Jahre seines Lebens verbrachte Götz Tilgener bei seiner Großmutter in Warburg. Dann zogen alle zusammen in ein eigenes Haus nach Stuttgart. Der Vater arbeitete inzwischen als Finanzmakler und war viel auf Reisen, auf denen ihn die Mutter oft begleitete. So wurde Götz vor allem von seiner Großmutter erzogen.

In der siebten Klasse des Gymnasiums blieb er das erste Mal sitzen, in der neunten Klasse zum zweiten Mal. Daraufhin wollten ihn die Eltern in ein Internat bei Heidelberg stecken. Doch kurz vor dem Abreisetermin riß Götz von zu Hause aus. «Ursache dafür», so sagte er später, «war die familiäre Situation, die totale Autorität meines Vaters, der mich in der Zeit sogar noch geprügelt hat. Ich bin von meinem Vater zum Teil so zusammengeschlagen worden, daß mein Sportlehrer mir riet, zum Jugendamt zu gehen, als er meine Verletzungen auf dem Rücken sah, die von einer Hundepeitsche herrührten.» So packte Götz eines Morgens seine Sachen und trampte, anstatt zur Schule zu gehen, nach Saarbrücken. Von dort aus wollte er weiter über Belgien nach England, wo er eine Freundin hatte. An der Grenze aber wurde er, gerade siebzehn Jahre alt, aufgegriffen. Man steckte ihn ins Polizeigefängnis Saarbrücken, wo sein Vater ihn abholte.

Tilgener kam ins Internat nach Heidelberg. Hier lernte er

zwei Erzieher kennen, die Mitglieder des SDS, des Sozialistischen Deutschen Studentenbundes, waren. Mit ihnen ging er zu SDS-Veranstaltungen, und er begann, sich für soziale Probleme und für Politik zu interessieren. Im Internat sorgten seine neuerworbenen Kenntnisse gleich für einen Konflikt. Er ließ sich zum Schulsprecher wählen und geriet mit dem Internatsleiter aneinander, einem, wie Tilgener sagte, «eingefleischten NPD-Anhänger». Nach dem großen Krach wechselte er auf ein anderes Internat, in dem er sich wohler fühlte. Seine Leistungen wurden besser. Nebenbei begann er, an der Musikhochschule zu studieren. Doch schließlich legte er sich erneut mit den Lehrern und dem Direktor an und flog wieder von der Schule. Seine Verbindungen zur Studentenbewegung – er war beim SDS aktiv, verteilte Flugblätter und nahm an Demonstrationen teil – wurden noch enger. Er zog in eine Wohngemeinschaft und jobbte als Musiker in Heidelberger Bars.

Bei einer Demonstration wurde Tilgeners Freundin Ricky, die zwei Jahre älter war als er, von einem Polizisten in den Unterleib getreten. Eine gynäkologische Untersuchung ergab, daß sie keine Kinder mehr bekommen konnte. «Diese Brutalität der Polizei», so sagte Tilgener später, «hat mich damals sehr schnell völlig umdenken lassen, von dem, was mein Vater mir immer von einem Rechtsstaat erzählt hatte, in dem wir leben.»

Der Krach mit den Eltern ließ nicht lange auf sich warten. Bei einem Besuch regte sich der Vater über die langen Haare seines Sohnes auf. Als Götz dann noch ein paar Kostproben seiner neuerworbenen politischen Überzeugungen zum besten gab, explodierte er. Da sagte Götz: «Na, hör mal zu, was du von dir gibst, das lese ich jeden Tag in der ‹Bild›-Zeitung. Überflüssig, daß wir uns überhaupt noch unterhalten. Deine Argumente, die kann ich dir alle vorbeten.» Daraufhin warf der Vater seinen Sohn hinaus und erteilte ihm Hausverbot.

Götz mußte sich nun allein durchschlagen. Sein Vater stellte die Unterhaltszahlungen ein. Als eines Tages der Berliner Rechtsanwalt Horst Mahler in Heidelberg war, klagte ihm Götz Tilgener sein Leid. Darauf Mahler: «Machen wir ganz einfach. Gib mir mal die Telefonnummer.»

Tilgener gab ihm die Nummer, und Mahler rief den Vater an. «Rechtsanwalt Mahler. Ihr Sohn teilt mir mit, daß Sie sich weigern, seine Ausbildung zu finanzieren. Ihr Sohn ist noch nicht volljährig. Da gibt es zwei Möglichkeiten: Entweder Sie zahlen sofort, oder Ihr Sohn wird Sie unter Zuhilfenahme des Jugendamtes auf Unterhaltszahlung verklagen. Dabei werde ich ihn unterstützen.»

Der Vater bekam einen Tobsuchtsanfall.

«Was bilden Sie sich eigentlich ein? Wer sind Sie überhaupt?»

«Hier ist Rechtsanwalt Mahler aus Berlin.»

«Oh, entschuldigen Sie, Herr Mahler, ich habe vorhin Ihren Namen nicht richtig verstanden. Wo kann ich Sie erreichen?»

Nach diesem Telefonat erhielt Götz Tilgener regelmäßig Geld von seinem Vater. Tilgener blieb noch eine Zeitlang in Heidelberg, dann gelang es seiner Mutter, ihn zu einem Gespräch mit dem Vater in Stuttgart zu überreden. Dieser hatte sich beruhigt und bemühte sich, Götz wieder an einer Schule unterzubringen. Schließlich konnte er seinen Sohn am Staatlichen Gymnasium auf der Nordseeinsel Wangerooge anmelden. Nach langem Sträuben willigte Götz Tilgener ein.

Am 19. März 1969 kam er auf der Insel an. Die Schule war klein und hatte gerade einmal hundertachtzig Schüler. Tilgener hatte Mühe, den versäumten Unterrichtsstoff nachzuholen. Auf der einsamen Nordseeinsel fühlte er sich wie in der Verbannung. Doch bald konnte er sich wieder politisch betätigen. Das Gymnasium sollte aufgelöst werden, und unter Eltern und Schülern bildete sich eine Protestbewegung «Rettet unsere Schule!». Tilgener machte mit. Er malte Plakate, schrieb Flugblätter, organisierte Demonstrationen. Die Apo hielt Einzug auf den ostfriesischen Inseln.

Tilgener wurde Schulsprecher, und er verliebte sich in seine Stellvertreterin, ein Mädchen namens Runa. Als sich Runa von ihm trennte, geriet Tilgener völlig aus dem Gleichgewicht und unternahm drei Selbstmordversuche. Schließlich begann er zu trinken. «Zwei Flaschen Wodka am Tag waren das Normale», sagte er später mit der ihm eigenen Großspurigkeit.

Götz erschien kaum noch zum Unterricht. Kurz vor dem Schulabschluß haute er wieder einmal ab, arbeitete im Hotel «Maritim» in Timmendorf – und verpaßte sein Abitur. «Wahrscheinlich war ich durch die Affäre mit Runa so aus dem Gleis geworfen, daß man von einer ‹psychisch bedingten Leistungsverweigerung› sprechen müßte», erklärte Tilgener sein Verhalten. Zusätzlich zum Schnaps schluckte er jetzt auch noch Schlaftabletten. Für kurze Zeit ließen ihn seine Eltern in Stuttgart eine Psychotherapie machen. Der Vater war eigentlich dagegen. «Der Bengel soll sich zusammenreißen. Haltung bewahren. An der Front im Krieg habe ich auch keinen Psychiater nötig gehabt», sagte er. Daraufhin brach Götz die Therapie nach einigen wenigen Sitzungen ab. Er jobbte und handelte anfangs in kleinen, später in größeren Mengen mit Haschisch – und trank weiter. Eines Tages fand der Vater ein Stück Haschisch im Zimmer seines Sohnes und lieferte es bei der Polizei ab. Götz wurde verhört, es kam zum Prozeß. Das Urteil: 100 Mark Geldstrafe. Der Vater, der seinen eigenen Sohn angezeigt hatte, bezahlte die Strafe.

Götz ging nach Wangerooge zurück und bereitete sich erneut auf das Abitur vor. Vor der Reifeprüfung aber verschwand Tilgener wieder von der Insel. Kurz darauf erhielt er einen Einberufungsbefehl zur Bundeswehr. Am 4. Oktober 1971 sollte er in die Bölke-Kaserne in Ulm einrücken. Tilgener erschien nicht und schickte statt dessen ein Grußtelegramm an seine Einheit: «Wenn Ihr immer noch glaubt, daß aus mir ein Soldat zu machen ist, dann holt mich ab.» Tilgener gab eine Adresse in Bremen an. Ein paar Tage später kamen die Feldjäger tatsächlich und holten ihn.

Er bekam acht Tage Arrest und anschließend ein freies Wochenende, das er zur Flucht nach Berlin nutzte. Aus seiner Zeit als Haschischdealer hatte er noch etwas Geld übrig. Im Sozialistischen Zentrum in der Stephanstraße traf er auf Waltraud S. und Verena Becker, die damals Mitglieder der «Schwarzen Hilfe» waren. Die beiden brachten Tilgener in einer Wohngemeinschaft in Berlin-Wedding unter. Im Keller des Hauses befand sich ein Schießstand, auf dem allabendlich mit Luftdruckwaffen geschossen wurde. Auch Wolfgang Grundmann, Ingeborg Barz und Inge Viett verkehrten in dieser Wohngemeinschaft. Tilgener war im selben Monat nach Berlin gekommen wie Ulrich Schmücker. Beide trafen Verena Becker und Inge Viett, aber sie begegneten einander vorerst nicht.

Während dieser Zeit liefen in Wolfsburg die Vorbereitungen zu einem Prozeß, der im Dezember beginnen sollte. Angeklagt war die «Kommune 3» unter Führung einer gewissen Ilse Bongartz. Aber weder Tilgener noch Schmücker kannten die «Rote Ilse» bis dahin.

Nach einer Polizeirazzia in seiner Weddinger Unterkunft zog Tilgener in eine Wohngemeinschaft nach Kreuzberg. Die Leute, mit denen er dort zusammenlebte, hatten wiederum Kontakt zu einer anderen Wohngemeinschaft in der Zeughofstraße 20. Zusammen mit den Bekannten aus der Zeughofstraße begann Tilgener, in der «Schwarzen Hilfe» mitzuarbeiten, «Knastarbeit» zu machen.

Am 4. Dezember 1971 erfuhr Tilgener aus der «Tagesschau», daß Georg von Rauch auf offener Straße unter mysteriösen Umständen von der Polizei erschossen worden war. Ein paar Tage später war er dabei, als ein Teil des Bethanienkrankenhauses, das «Martha-Maria-Haus», besetzt und in «Georg-von-Rauch-Haus» umbenannt wurde. Tilgener blieb gleich dort wohnen.

Gegen Weihnachten 1971 zog er dann in die Wohngemeinschaft Zeughofstraße 20. Es war eine ausgedehnte Fabriketage, die ihre Bewohner «Studio für radikale Gestaltung» nannten.

Um den 20. Januar 1972 herum wurde Tilgener nach einem Kneipenbummel festgenommen. Es lag ein Haftbefehl wegen Fahnenflucht gegen ihn vor. Bis Anfang April saß er in der Untersuchungshaftanstalt Moabit, dann wurde er zur Verhandlung nach Ulm gebracht. In Begleitung eines Beamten flog er von Berlin nach Hannover. Von hier aus ging es in einem grünen Gefängnisbus bis Stuttgart, dann per Bahn unter Bewachung weiter nach Ulm. Auf dem Bahnhof Ulm warteten etwa fünfzig Polizeibeamte und eine schaulustige Menge auf Tilgener. So kam es ihm jedenfalls auf den ersten Blick vor. Später merkte er, daß es sich um das Empfangskomitee für Bundeskanzler Willy Brandt handelte, der eine halbe Stunde später eintreffen sollte.

In Ulm wurde Tilgener wegen Fahnenflucht zu viereinhalb Monaten Freiheitsstrafe verurteilt. Als er den Rest abgesessen hatte, wurde er von Feldjägern abgeholt und zu seiner Einheit zurückgebracht. Tilgener weigerte sich, eine Uniform anzuziehen und Dienst zu tun. Er hatte mittlerweile einen Antrag auf Kriegsdienstverweigerung gestellt.

Nach einigem Theater setzte sich Tilgener erneut nach Berlin ab. Er zog mit einer Freundin in eine kleine Ladenwohnung in der Kreuzberger Cuvrystraße. «Eine Einzimmerwohnung, aber mit einer verhältnismäßig großen Küche. Vor allem für Kreuzberger Verhältnisse luxuriös ausgestattet, nämlich mit Innentoilette und Dusche», beschrieb Tilgener die neue Bleibe. «Die Wohnung war ‹teilmöbliert›, Regale und Tische waren eingebaut, und in zwei Meter Höhe befand sich im Wohnraum ein vier mal zwei Meter großes Bett aus geschweißtem Stahlrahmen mit zwei Meter langen Türbrettern darauf.»

Tilgener jobbte wieder. Inzwischen war der Prozeß gegen die Wolfsburger «Kommune 3» gelaufen. Ilse Bongartz erhielt wegen Transportgefährdung und Brandstiftung drei Jahre Gefängnis. Einer von Tilgeners Bekannten aus der Zeughofstraße, der Bildhauer Erich R., kannte sie und erhielt zahlreiche Briefe von ihr. Weil R. aber schreibfaul war und nie antwortete, Tilgener aber gern seitenlange Briefe an alle möglichen Leute schrieb, übernahm er den Schriftwechsel mit Ilse Bongartz.

Am 4. August 1972 schrieb Tilgener ihr den ersten Brief:
«Ilse,

wir kennen uns nicht, aber das ist ja auch nicht weiter wichtig. Ich gehöre zum Kreis um Erich ...» Dann, nachdem er Bezug auf Ilses Schreiben an R. genommen hatte, fuhr er fort. «Du sprichst von der Notwendigkeit des aktiven Kampfes. Ich bin da im wesentlichen Deiner Meinung, sehe aber große Schwierigkeiten. Die RAF hat in der Bundesrepublik zum ersten Mal eine Art Stadtguerilla zu schaffen versucht. Dieser Versuch ist gescheitert. Jetzt ist es in erster Linie unsere Aufgabe festzustellen, warum der Versuch gescheitert ist, und was sich daraus für Konsequenzen ergeben. Viele Genossen versuchen, ihre eigene Unentschlossenheit damit zu erklären, daß sie sagen: Die Situation sei noch nicht gegeben. Das stimmt in einer Beziehung: Unsere persönliche Situation ist noch nicht gegeben. Viele von uns sind nicht in der Lage, verbindliche Stadtguerilla zu machen. Ein gutes Beispiel sind jetzt die Gruppen, die jetzt versuchen, die Nachfolge der RAF anzutreten. Es ist ohne Zweifel gut, daß sie überhaupt etwas tun. Doch wie sie solche Aktionen machen, ist zum Teil weniger schön. Die Gefahr ist vor allem, daß diese Leute – wie wir gesehen haben – nach ihrer Festnahme leicht wieder umgedreht werden können.»

Das schrieb Tilgener zu einer Zeit, als der Verfassungsschutzbeamte Peter Rühl gerade Kontakt zu Ulrich Schmücker aufnahm und diesen zur Aussage überredete. Tilgener wußte nichts darüber. Nur die Verhaftung von Inge Viett, Ulrich Schmücker, Harald Sommerfeld und Wolfgang Knupe auf dem Parkplatz in Bad Neuenahr war ihm bekannt. Er schrieb weiter an Ilse Bongartz: «Im Zusammenhang mit der Festnahme von Inge V., Harald etc. (Koblenz) wurden hier in Berlin zwei weitere Genossen festgenommen. Dann wurden zwei ganze Straßen abgesperrt und sämtliche Bewohner mit einer Knebelkette abgeführt (!!!)» Der Brief endete mit den Worten: «Und nicht vergessen: Der Kampf hat erst begonnen!!!

Umarmeremos! Ich bin Billy.»

Auf sieben Seiten liniertem Gefängnispapier antwortete Ilse eine Woche später. Auch in ihrem Brief spielte das Thema «Verrat» eine zentrale Rolle:

«Hallo-Kuckuck-Billy,
… ich gebe Dir recht mit dem Schweigen im Walde. Du vergißt bei den Genossen, daß es mehr eine Narzißmusbefriedigung ist! Mehr – viel mehr – wird der Narziß befriedigt, als daß sie wahrhaft umgekrempelt werden. Der Stolz, was geleistet zu haben. Die verkaufen dich damit und bringen die Besten in den Knast. Ganz nebenbei werden sie als Kronzeugen aufgebaut. Aber was soll's, Billy, Du kennst doch den kapitalistischen Tauschwert, oder? Diese reaktionären Mechanismen im eigenen Charakter entdecken, im Verhalten der anderen aufspüren, das bringt uns weiter …
‹Verschonst du mich vor hoher Strafe – erzähl ich dir was.›
‹Komm Junge, wenn du redest, was wir hören wollen, dann kriegste Bewährung› – das ist es, was klappt …
Du Billy, das Scheitern ist einzig und allein auf Verrat an der legalen Linken und der Narzißmusbefriedigung einiger Genossen zurückzuführen …
Ganz liebe Grüße an alle. Ilse.»

Anfang November hatte Götz Tilgener in seiner Wohnung einen Unfall. Durch Alkohol und Drogen war sein Gleichgewichtssinn stark beeinträchtigt. Er lief – wie meistens – nackt in der überheizten Wohnung herum und stolperte über seine beiden schwarzen Kater, konnte sich nicht mehr halten und fiel in die Glastür seines Kleiderschrankes. Vor allem an der Hüfte trug Tilgener tiefe Schnittwunden davon. Er versuchte, die Blutung mit Handtüchern zu stillen. Dann legte er sich ins Bett. Erst Stunden später kam seine Freundin und rief einen Arzt. Tilgener, der durch den hohen Blutverlust mehr tot als lebendig war, wurde sofort ins Krankenhaus gebracht. Dort meldete er sich unter falschem Namen an, weil er wegen der erneuten Fahnenflucht von der Polizei gesucht wurde.

Tilgeners Vater aber erfuhr auf irgendeine Weise vom Krankenhausaufenthalt seines Sohnes und informierte die Polizei. Am 15. November 1972 wurde Götz Tilgener am Krankenbett verhaftet und ins Gefängniskrankenhaus Moabit verlegt.

Als sich sein Gesundheitszustand gebessert hatte, wurde er wieder nach Ulm geschafft. In seinem zweiten Fahnenflucht-Verfahren wurde er zu sechs Monaten Freiheitsstrafe verurteilt. Den noch nicht durch die Untersuchungshaft verbüßten Rest setzte man zur Bewährung aus. Die folgenden Monate verbrachte Tilgener einigermaßen angepaßt bei der Bundeswehr. Dann setzte er sich wieder nach Berlin ab, meldete sich dort mit erstem Wohnsitz an und teilte seiner Einheit mit, er sei jetzt Berliner Bürger, man möge ihn bitte umgehend aus der Bundeswehr entlassen.

RÜCKKEHR
IN DEN UNTERGRUND

In diese Zeit – es war April 1973 – fiel die Begegnung von Götz Tilgener und Ulrich Schmücker. Nach dem Gespräch in der Kantine des Kriminalgerichts Moabit gingen die beiden zu Tilgener nach Hause in die Cuvrystraße. Dort saßen sie auf dem Fußboden und redeten über ihr bisheriges Leben und über ihre Zukunftspläne. Schmücker schaute sich in Tilgeners Wohnung um. Der ehemalige Laden war eng und dunkel und etwas verwahrlost. Eine Küche, ein provisorisches Duschbad, ein kombiniertes Wohn- und Schlafzimmer, ausgelegt mit einem alten Teppich, auf dem ein paar Polstermatratzen herumlagen. Das Bett bildete eine Art zweiter Ebene in dem Raum. Ein kleiner Schreibtisch mit Büromaterial und Stempeln, die sorgsam in runde Stempelhalter eingehängt waren. Eine Reihe schwarzer Aktenordner.

Tilgener war, wie erwähnt, ein eifriger Briefeschreiber. Er protokollierte alles. Seinen Schriftwechsel mit Bekannten und Freunden innerhalb und außerhalb von Gefängnismauern hob er auf, die Briefe versah er mit Eingangs- und Ausgangsstempeln und heftete sie sorgsam ab. Ein Buchhalter, der das Chaos zu ordnen versuchte.

Schmücker begann zu erzählen und hatte offensichtlich Vertrauen gefaßt. «Wenn ich im Prozeß gegen Harald Sommerfeld nicht auftrete, dann muß ich damit rechnen, daß der Haftbefehl gegen mich wieder erlassen wird. Dann werde ich von der Polizei gesucht. Wie ist es, kannst du mir nicht falsche Papiere besorgen?»

Tilgener zögerte. Dann sagte er:

«Ich mach mir mal Gedanken darüber. Du kannst mir ja Paßbilder hierlassen.»

Schmücker griff in seine Tasche und holte ein paar Bilder her-

aus. Er reichte sie Tilgener und begann erneut, vom Verfassungsschutzbeamten Peter Rühl zu erzählen.

«Ich will wieder Zugang zur linken Szene kriegen. Kannst du
mir dabei helfen?»

Tilgener antwortete ausweichend, doch Schmücker ließ nicht
locker.

«Ich brauche eine Pistole.»

Tilgener ging darauf ein.

«Was für eine Pistole?»

«Am besten eine FN 9 Millimeter. Wenn du die nicht beschaffen kannst, tut es auch eine Browning 9 Millimeter.»

Schmücker tat so, als sei er ein Schußwaffenexperte.

«Auf keinen Fall eine P 38 oder einen Trommelrevolver.»

Die beiden unterhielten sich eine Weile über die jeweiligen
Vorzüge von automatischen Pistolen und Revolvern. Tilgener
hielt mehr von Trommelrevolvern als von Pistolen:

«Die Dinger sind einfach funktionssicherer.»

Plötzlich merkte Tilgener, daß Schmücker es mit seiner Bitte
um eine Schußwaffe ernst meinte.

«Wozu willst du denn das Ding haben?»

«Ich will den Verfassungsschutzbullen Rühl erschießen.»

Tilgener war verwirrt.

«Was soll denn das für einen Sinn haben?»

«Ich werde überall wie ein Verräter behandelt. Neulich war
ich in einer Wohngemeinschaft in der Turmstraße. Da hab ich
bloß an der Tür meinen Namen gesagt und gleich bin ich rausgeflogen.» Im übrigen habe er jeglichen Kontakt zu den linken Kreisen verloren. Vielleicht wäre dies eine Möglichkeit, wieder Zugang zu finden.

«Wenigstens die Anwälte, die mein Gedächtnisprotokoll haben, wüßten dann, daß ich es war, der den Rühl umgelegt hat.
Und die sagen es dann vielleicht weiter an irgendwelche Leute.»

Doch da wollte Tilgener nicht mehr mitmachen.

«Für so was kriegst du von mir keine Pistole. Wenn du

glaubst, auf diese Weise wieder in die linke Szene einsteigen zu können, ist das völliger Schwachsinn. Du mußt von der Pike auf neu anfangen. Einfach einen VS-Mann umlegen ...»
Tilgener schüttelte den Kopf. Ihm war der Besucher unheimlich geworden. Deshalb war er froh, als Schmücker sich verabschiedete.

Nach diesem Gespräch ging Tilgener erst einmal auf Distanz. Die beiden sahen sich nur von Zeit zu Zeit. Eines Tages fragte ihn Schmücker, ob er ihm eine Wohnung besorgen könne. Tilgener versprach, sein möglichstes zu tun. Die Sache mit den falschen Papieren zögerte er hinaus. Als Schmücker ihn immer wieder darauf ansprach, fragte Tilgener einen Anwalt. Doch der erklärte ihm, daß es nicht zur Aufgabe von Rechtsanwälten gehöre, ihren Mandanten bei der Beschaffung von falschen Papieren behilflich zu sein. Daraufhin nahm Tilgener Kontakt zu Waltraud S. auf und fragte sie, ob sie nicht etwas unternehmen könne. Waltraud war mit Tilgener der Ansicht, daß man Schmücker helfen müsse. Sie versprach, sich einmal umzuhören. Allein könne sie nichts entscheiden.

Tilgener brachte seinen neuen Freund einstweilen bei einer Bekannten unter, die sich von ihrem Mann getrennt hatte. Ulrich Schmücker zog in die Kreuzbergstraße 20.

Eines Tages tauchte er wieder bei Tilgener in der Cuvrystraße auf. Er machte den Vorschlag, gemeinsam nach Belgien zu fahren, um dort Waffen zu kaufen und damit eine neue Gruppe aufzubauen. Schmücker ging davon aus, daß in Belgien noch das alte Waffengesetz gültig war, nach dem Ausländer, die sich verpflichteten, innerhalb von vierundzwanzig Stunden das Land zu verlassen, Faustfeuerwaffen kaufen konnten. Obwohl Tilgener – das behauptete er jedenfalls später – wußte, daß dieses Gesetz längst geändert war, erklärte er sich bereit, mit Schmücker zum Waffenkauf nach Belgien zu fahren.

In Lüttich erkundigte sich Schmücker in einem Waffengeschäft auf französisch nach verschiedenen Pistolenmodellen. Doch der Inhaber des Ladens antwortete auf deutsch: «Sie sind wohl Deutscher? Natürlich können Sie bei mir Waffen kaufen. Was Sie vorlegen müssen, ist ein deutscher Waffenschein, ein polizeiliches Führungszeugnis und eine Erlaubnis der belgischen Polizei.» Tilgener tat sehr überrascht, während Schmücker den Laden fluchtartig verließ.

Die beiden reisten weiter nach Brüssel. Am Abend versuchte Schmücker in der Bahnhofsgegend Waffen aufzutreiben. Ohne Erfolg. Von Brüssel fuhren sie wieder zurück in die Bundesrepublik. Beim Passieren der belgisch-niederländischen Grenze durchsuchte die Polizei ihr Auto – offenbar auf der Suche nach Rauschgift oder Waffen. Es wurde nichts gefunden. Die Grenze zur Bundesrepublik konnten sie ohne Kontrolle überschreiten.

Nächstes Ziel der Einkaufsfahrt war Münster. Dort, so meinte Schmücker, könne er Waffen auftreiben. Doch auch das klappte nicht. Hier kannte zur Abwechslung Tilgener jemanden, der möglicherweise Waffen besorgen konnte. Aber dieser Bekannte war nicht zu Hause. In Hamburg schließlich wollte Schmücker wiederum jemanden kennen, doch der war ebenfalls nicht anzutreffen.

Die erfolglosen Waffenkäufer überlegten, wo sie wohl übernachten könnten. Schmücker erwähnte das Ehepaar Reiner und Inge Hochstein, aber dann kamen ihm Bedenken. «Zu denen traue ich mich nicht so recht hin. In meinen Aussagen habe ich das Ehepaar M. in Berlin erwähnt. Die sind mit den Hochsteins eng befreundet.» (Reiner Hochstein war damals ein führendes Mitglied der «Schwarzen Hilfe» in Hamburg. Nach seiner Festnahme sagte er gegen ehemalige Freunde aus. Im Prozeß gegen die mutmaßlichen Entführer des Berliner CDU-Politikers Peter Lorenz war er der Kronzeuge der Anklage. Vor seiner Zeit in der linken Szene hatte Hochstein zeitweise als Ordner bei NPD-Veranstaltungen gearbeitet.)

Von Hamburg aus fuhren sie nach Bonn. In Neuenahr übernachtete Schmücker bei seinen Eltern, während Tilgener einen

Patenonkel besuchte. Nach einigen Tagen flog Tilgener zurück nach Berlin. Schmücker blieb noch ein wenig bei seinen Eltern. Er fand hier eine Vorladung als Zeuge zum Sommerfeld-Prozeß. Weil er aber – so sagte er seinen Eltern – schon vor dem angesetzten Termin nach Schweden gehen wollte, stellte er bei der Gerichtskasse einen Antrag auf Vorauszahlung der Reisekosten von Schweden nach Berlin. Als diese tatsächlich überwiesen wurden, war Schmücker nicht mehr in Neuenahr. Die Eltern kannten seine Adresse in Schweden nicht und konnten ihm das Geld deshalb nicht nachschicken.

Zum festgesetzten Prozeßtermin im Mai erschien Ulrich Schmücker nicht. Er ließ auch nichts von sich hören. Selbst seine Eltern, die früher regelmäßig Post von ihm bekommen hatten, wußten nicht, wo er sich aufhielt. Schließlich wurde der Haftbefehl gegen ihn wieder in Kraft gesetzt. Er wurde von der Polizei gesucht. Niemand gab ihr einen Tip, daß er im Apartments-Hotel in der Clayallee arbeitete. Eine Schulfreundin aus Neuenahr hatte ihm den Aushilfsjob als Nachtportier besorgt. Bei der Anstellung hatte er seinen richtigen Namen angegeben. Im Apartments-Hotel wohnten sehr viele amerikanische Offiziere; es lag gegenüber dem damaligen US-Hauptquartier Berlin. Amerikanische und deutsche Geheimdienstler sollen dort aus- und eingegangen sein. Das Gebäude des Berliner Verfassungsschutzes befindet sich genau zwei Häuser weiter.

Anfang Juli tauchte Schmücker wieder bei seinen Eltern in Neuenahr auf. «Ich komme nicht direkt aus Schweden», sagte er seiner Mutter, «ich war schon ein paar Tage in Berlin.» Bei wem er dort gewohnt hatte und was er dort wollte, erzählte er nicht. Auch über seinen Aufenthalt in Schweden schwieg er sich aus. Nur eines sagte er: «Mit dem Studium in Schweden hat es nicht geklappt. Es gibt dort keine englischsprachige Universität.» Dann erläuterte er den Eltern seine Zukunftspläne: «Ich will versuchen, in Kairo, Damaskus, Beirut oder Karatschi weiterzustudieren.» Ein paar Tage später verschwand er wieder. Er ging zurück nach Berlin.

Hier besuchte er seinen Freund Götz Tilgener. «Ich will in den Nahen Osten fahren», erklärte er ihm, «ich will da Kontakte zu Arabern knüpfen, zu palästinensischen Organisationen. Kannst du mir für die Reise ein bißchen Geld leihen?» Tilgener, der gerade eine feste Arbeit hatte, lieh ihm 200 Mark.

Schmücker hatte seine Reise nicht genau geplant, er fuhr mehr «auf blauen Dunst», wie er zu Tilgener sagte. Über das Nachrichtenbüro der PLO, der «Palestine Liberation Organization», wollte er Beziehungen zur PFLP und zum «Schwarzen September» aufnehmen. Weil er erwartete, daß es im Nahen Osten heiß sein würde, ließ er sich von Tilgeners Frau noch die Haare schneiden. Dann holte er das Gepäck aus seiner Wohnung und stellte es bei Tilgener unter. Er übernachtete in der Cuvrystraße und flog am nächsten Morgen von Berlin-Schönefeld nach Damaskus oder Beirut.

Von dort schickte er seinem Halbbruder, der in Remagen wohnte, ein Päckchen. Es enthielt ein Kinderkleid mit orientalischem Muster für seine Nichte. Wenig später erhielten die Eltern einen Brief ihres Sohnes aus Beirut:

«Ihr Lieben.

Vermisse Euch sehr, d. h. ich denke an Euch und mache mir Sorgen, daß Ihr Euch vor lauter Kopfzerbrechen nicht mehr wohl fühlen könntet. Dazu besteht keine Veranlassung. Wenn Ihr, wie ich den Eindruck habe, unter der systembedingten Isolation leidet, so kann ich Euch leider nicht helfen.

Ich sage nicht, das ist nicht mein Problem, denn es ist meins. Genau wie das von 500 Millionen Nato-Bürgern, die sich mit diesem mörderischen System abgefunden und sich entsprechend eingerichtet haben. Ich sage nur, daß ich für lange Zeit nichts mehr dagegen tun, nichts ändern kann. Angesichts des desolaten Zustands der linken Bewegung in der kapitalistischen Welt und angesichts der Tatsache, daß die Völker der Dritten Welt jede aktive Unterstützung ihrer Befreiungskämpfe dankend ablehnen müssen, beginne ich nun zu resignieren. Das heißt nicht, daß ich die Legitimität des Imperialismus anerkenne und mich damit abfinde, denn das werde ich nie können. Das heißt nur, daß ich die Hoffnungslosigkeit der gegenwärtigen Situation begreife und meiner inzwischen aufgetretenen Existenzangst entgegenwirken will.

Ich werde meine Hände in ‹Unschuld waschen›, alle soziale Verantwortung ablehnen, die seit 1968 mein ganzes Handeln bestimmt hat.

Da ich mich also partiell einrichten will, werde ich wesentlich früher als geplant nach Europa zurückkehren und versuchen, eine Ausbildung abzuschließen, so daß ich später einen nicht allzu stupiden Job haben und mich (eventuell auch eine zweite Person) ernähren kann.

Einige Vorstellungen dazu sind vorhanden, eher Fragmente als konkrete Pläne. Mir geht es hier trotz Klima und Ernährungsumstellung sehr gut. Ich kann fast täglich schwimmen und bin braungebrannt. So richtig erholsam nach der langen Zeit hinter Mauern. Hoffe, Euch bald mündlich berichten zu können. In Liebe Euer Ulli.»

Im Juli 1973 traf Ulrich Schmücker in einem Park in Beirut den Ägypter Mohammed Osman. Schmücker wollte sich ein Hemd kaufen, und die beiden kamen ins Gespräch. Osman interessierte sich für Deutschland und erkundigte sich nach Studienmöglichkeiten in Berlin. Er wollte Philosophie studieren. Schmücker wies ihn auf die Schwierigkeiten hin, auf Wohnprobleme, die notwendige Aufenthaltsgenehmigung und die Mühe, einen Studienplatz zu bekommen. Osman und Schmücker sahen sich an zwei Tagen. Dann tauschten sie ihre Adressen aus und verabschiedeten sich.

Ende Juli 1973 war Ulrich Schmücker wieder in Berlin. Abgemagert und braungebrannt stand er bei Götz Tilgener vor der

Tür. Er erzählte ihm eine unwahrscheinliche Geschichte: «Die Palästinenser haben mir alles mögliche angeboten. Ausbildungsmöglichkeiten in einem Guerillalager sind zwar im Augenblick nicht drin, aber Waffen und Sprengstoff könnte man bekommen. Auch bei der Flucht und der Unterbringung von gesuchten Genossen können die Palästinenser helfen. Solche Leute werden auf Wegen, die nur die Palästinenser kennen, aus Deutschland rausgeschleust und dann zum Persischen Golf, nach Dhofar oder Oman gebracht. Kurzfristige Aufenthaltsmöglichkeiten gibt es auch in Syrien oder im Libanon. Das kostet etwa 5000 Mark. Ich habe einen Kontaktmann in Ostberlin in Aussicht gestellt bekommen. Den werde ich demnächst treffen und alles weitere besprechen.»

Tilgener hörte sich das Ganze wortlos an. Dann sagte er: «Gut, mach mal.»

In den darauffolgenden Tagen fuhr Schmücker ein paarmal nach Ostberlin, um seinen angeblichen Kontaktmann zu treffen – vergeblich.

Nach der Rückkehr aus dem Nahen Osten konnte Schmücker nicht mehr in seiner alten Wohnung in der Kreuzbergstraße wohnen. Einige Nächte verbrachte er bei seinen Freunden aus Bad Neuenahr. Dann wandte er sich an Tilgener, der wieder Kontakt zur WG in der Zeughofstraße herstellte.

Dort wohnten zu dieser Zeit etwa ein halbes Dutzend Leute auf zwei Etagen, dem dritten und vierten Stock der ehemaligen Fabrik. Der Bildhauer Erich R. hatte die Räume gemietet, war aber selbst zusammen mit einer Amerikanerin in ein Bauernhaus im Landkreis Lüchow-Dannenberg gezogen. Seine ehemalige Frau Annelis hatte Götz Tilgener geheiratet und wohnte mit diesem in der Cuvrystraße.

In der Zeughofstraße lebte eine bunte Mischung mehr oder weniger ausgeflippter Typen. Ihren Lebensunterhalt bestritten sie vorwiegend durch Renovierungsarbeiten oder Umzüge, die sie mit einem ausgedienten gelben Post-Lieferwagen machten. Es waren Hannes, seine Schwester Geli, Peter, Frank und Usch, außerdem der Kommunehund «Keule». Anfangs kam Schmücker mit den Leuten aus der Zeughofstraße gut zurecht. Und er verliebte sich in seine Mitbewohnerin Usch.

Auch Schmückers Freund Götz Tilgener begann in dieser Zeit eine neue Liebesbeziehung. Im August 1973 besuchte er seine Brieffreundin Ilse Bongartz in der Haftanstalt Vechta. Tilgener später: «Der Besuch verlief für beide Teile äußerst interessant. Es war irgendwie plötzlich eine gemeinsame Kommunikationsebene da. Wir verstanden uns blendend, und ich weiß nicht, aus welchen Gründen, aber immerhin ließ man mir zwei Stunden Zeit, mit der Ilse zu reden. Natürlich unter Aufsicht einer Beamtin. Aber die blickte sowieso nicht durch, worüber wir sprachen, und der Besuch verlief sehr gut. Und da fing, glaube ich, die Beziehung zwischen Ilse Bongartz und mir an.»

Anfang Oktober erhielt Tilgener die Nachricht, daß er unehrenhaft aus der Bundeswehr entlassen sei und ein neues Verfahren wegen Fahnenflucht auf ihn zukäme.

In dieser Zeit fuhr Ulrich Schmücker – mit seinen richtigen Papieren – nach Neuenahr. Zu Hause angekommen, erzählte er seinen Eltern von den Bemühungen um einen Studienplatz in Beirut. Er sagte zu seiner Mutter: «Es hat wieder nicht geklappt. Die Universitätsgebühren in Beirut sind zu hoch.» Er machte seinen Eltern ein paar Andeutungen über die Reise in den Libanon. «Ich habe mich im Land umgesehen und Kontakte zu vielen Leuten aufgenommen. Meinen Lebensunterhalt habe ich durch Nebentätigkeiten verschiedener Art verdient.» Tief betroffen schilderte er die elenden Verhältnisse in den palästinensischen Flüchtlingslagern. Mehr berichtete er seinen Eltern nicht.

«Vieles», sagte seine Mutter später, «wissen wir nur, weil er selbst darüber erzählte. Er war schließlich volljährig und eine Persönlichkeit, daß wir nicht in ihn drangen. Bei seinem einundzwanzigsten Geburtstag in der Haftanstalt Diez hatte er erklärt,

112

daß er Gewalt für kein geeignetes Mittel für eine Gesellschaftsveränderung halte, und wir waren daher zu der Auffassung gelangt, daß Ulrich sich nunmehr auf dem rechten Weg befand. Trotzdem ging er immer wieder nach Berlin zurück, wahrscheinlich aus dem Grunde, weil er die politische Szenerie für attraktiv hielt und er dort Freunde gewonnen hatte.»

In der Wohngemeinschaft Zeughofstraße bekam Schmücker manchmal Besuch von seinen alten Freunden aus Neuenahr. Sie spielten zusammen Gitarre, sangen und trommelten auf den Bongos, die Schmücker aus dem Orient mitgebracht hatte. Vor allem zu der Freundin seines Schulkameraden Arno Johann, Ulrike Hoffmann, hatte er Vertrauen gefaßt. Eines Tages sagte er zu ihr: «Irgendwie bin ich total isoliert. Viele Leute besuchen mich, aber ich kann keine Gegenbesuche machen.»

Ulrike Hoffmann faßte das symbolisch auf: «Er meinte damit, daß andere ihm ihre Probleme mitteilten und bei ihm abluden, er aber nicht fähig war, sich gegenüber anderen offen auszuquatschen. Vermutlich hatte er Hemmungen und wurde damit nicht fertig. Er wußte auch, daß ich ihm in keiner Weise helfen konnte, hatte aber jemanden, bei dem er sich auslassen konnte.»

Die Gespräche drehten sich um Schmückers Verhältnis zu Jugendfreunden, zu Mädchen, zu seinen Eltern und Verwandten. Über seine Versuche, wieder Anschluß an den politischen Untergrund zu finden, sprach er kaum. Darüber redete er vor allem mit Götz Tilgener, der für ihn den Zugang zur Szene darstellte. Immer wieder sprach er Tilgener auf Inge Viett an. Er schwärmte geradezu von ihr und wollte sie gern wieder sehen, um sich vor ihr zu rechtfertigen. Doch mit einem solchen Kontakt konnte Tilgener nicht dienen.

Inge Viett war inzwischen aus der Frauenhaftanstalt Lehrter Straße geflohen. An zusammengeknoteten Bettlaken hatte sie sich aus dem Fenster abgeseilt. Sie war untergetaucht, und allerorts wurde nach ihr gefahndet.

Gleichsam als Ersatz stellte Tilgener eine andere Kontaktperson in Aussicht: Ilse Bongartz. Schmücker war begeistert. Endlich sollte er wieder direkten Kontakt zur linken Szene haben. Umgehend rief er beim Landesamt für Verfassungsschutz an, meldete sich unter dem Namen «Menker» und verlangte, schnellstens mit Herrn Rühl verbunden zu werden. Nach mehreren vergeblichen Versuchen gelang es ihm am 24. September endlich, Grünhagen ans Telefon zu bekommen. Schmücker wollte wissen, ob der Haftbefehl gegen ihn schon erlassen sei und ob er zur Aussage bei dem Prozeß gegen Angehörige der «Bewegung 2. Juni» im Frühjahr 1974 freies Geleit erhalten könne.

«Meines Wissens ist der Haftbefehl gegen Sie noch nicht erlassen worden», erklärte ihm Grünhagen. «Ich halte es im übrigen für besser, wenn wir uns persönlich sprechen.»

Schmücker fragte, ob er dann gleich die Polizei mitbringen würde. Der Verfassungsschützer versicherte ihm, er würde alleine kommen: «Sie müssen nicht mit einer Festnahme rechnen.»

«Ich will aber auch sichergehen, daß ich nicht fotografiert werde.»

Auch das sagte ihm Grünhagen zu. Sie verabredeten sich für den übernächsten Tag, den 26. September. Schmücker erhielt genaue Instruktionen: «Erscheinen Sie um 19 Uhr am Taxistand Sophie-Charlotte-Platz und steigen Sie dort in ein Taxi. Stellen Sie sich dem Fahrer als ‹Müller› vor. Er wird Sie dann zum Treffpunkt bringen.»

Grünhagen hatte vor, sich mit Schmücker im Rasthaus Grunewald zu treffen. Den Taxifahrer wollte er vorher ansprechen und entsprechend instruieren. Der Taxistand sollte genauso wie der Zielpunkt im Forsthaus observiert werden. Nach Rücksprache mit dem Abteilungsleiter IV(2)A wurde die Begegnung von zwei Polizeibeamten abgesichert, um, wie Grünhagen notierte, «möglichen Gewalthandlungen von Schmücker gegen mich vorzubeugen».

In einem Gespräch mit Staatsanwalt Thiele erkundete Grünhagen die gegenwärtige Lage Schmückers. Schmückers Verteidiger hatte ein Gnadengesuch gestellt, und Schmücker hatte seinen

Paß zurückbekommen, mit der Auflage, sich für den im Frühjahr 1973 anberaumten Sommerfeld-Prozeß bereitzuhalten. Doch zur Verhandlung war er nicht erschienen. Deshalb hatte sein Gnadengesuch keine Aussicht auf Erfolg. Die Polizei war gerade dabei, seinen Aufenthaltsort zu ermitteln, um ihm eine Vorladung zum Strafantritt zuzusenden. Ulrich Schmücker hatte noch elf Monate Haft abzusitzen. Sollte sein Aufenthaltsort nicht herauszufinden sein, würde ein neuer Haftbefehl gegen ihn erlassen werden.

Grünhagen nahm sich vor, Schmücker auf diesen Sachverhalt hinzuweisen, ihm aber die Entscheidung selbst zu überlassen. Er vermerkte: «Ich werde ihm außerdem unmißverständlich sagen, daß ich unter den gegebenen Umständen auch keine Veranlassung sehe, mich des weiteren mit ihm zu treffen.»

Handschriftlich fügte Grünhagen am 28. September hinzu: «Treff wurde ohne Zwischenfall abgewickelt.»

In den ersten Novembertagen 1973 gab Tilgener Schmücker die Adresse von Ilse Bongartz in Wolfsburg. Diese hatte nämlich geschrieben, daß sie am 30. Oktober 1973 auf Bewährung aus der Haft entlassen würde und dann bei ihrer Mutter in Wolfsburg zu erreichen sei. Unmittelbar nach ihrer Entlassung aus der Haftanstalt Vechta rief Ilse Bongartz bei Tilgener in Berlin an. Tilgener versprach, sie sobald wie möglich in Wolfsburg zu besuchen.

Am 6. November flog er nach Hannover und fuhr von dort aus mit der Bahn weiter nach Wolfsburg. Als er das Haus in der Schillerstraße betrat, stand gerade ein Staubsaugervertreter in der Tür. Solange der Vertreter da war, verhielt sich Ilse recht reserviert. Erst als der Vertreter gegangen war, begrüßte sie ihren Brieffreund «Billy» herzlich.

Tilgener übernachtete bei ihr. «Ich schlief auch mit Ilse, es ergab sich einfach so, und es war für uns beide unheimlich dufte. Ich verknallte mich total in Ilse und sie sich ebenso total in mich. Also entstand eine optimale Beziehung, und wir überlegten, was wir machen wollten. Es gab die Möglichkeit, sich in Hamburg einer bereits existierenden Gruppe anzuschließen, zu der die Ilse Kontakte hatte, oder aber selbst eine Gruppe aufzubauen.» Er neigte dazu, selbst eine Gruppe zu gründen. Er deutete an, in Berlin einen Typen zu kennen, mit dem man möglicherweise zusammenarbeiten könnte: Ulrich Schmücker. Dann erzählte er Ilse Bongartz die Geschichte seines Freundes, und sie stimmten darin überein, daß man Schmücker übel mitgespielt habe und er eine neue Chance erhalten müsse.

Ilse Bongartz hatte «einen Namen» in der Szene. Wie bekannt sie war, stellte Tilgener fest, als sie gemeinsam zu einer Bank gingen, bei der Ilse Bongartz etwas zu erledigen hatte. «Als Ilse den Einzahlungsschein mit ihrem Namen unterschrieb, wurde der Mann am Bankschalter ganz blaß. Man sah ihm ganz deutlich an, daß er nicht wußte, ob er die Hände hochnehmen sollte oder nicht.»

Am 9. November, drei Tage nach seiner Ankunft in Wolfsburg, wollte Tilgener noch einmal für kurze Zeit nach Berlin. Er nahm den «Interzonenzug». Kurz vor der DDR-Grenze wurde er von Beamten des Bundesgrenzschutzes kontrolliert. Sie schlugen das Fahndungsbuch auf und fanden seinen Namen. Tilgener wurde festgenommen. «Im nachhinein», so meinte er später, «möchte ich das vielleicht als Panne bezeichnen. Ich glaube, daß man mich vorher die ganze Zeit nicht festgenommen hatte, weil man mich als passiven Spitzel benutzen wollte. Ziemlich erfolglos, denn außer dem Kontakt zu Ilse, und auch konspirativen Gesprächen, die wir allerdings abgesichert führten, und außer einigen Besuchen bei Genossen im Knast war da für die Bullen nicht viel zu holen.»

Tilgener wurde wieder einmal in Richtung Süddeutschland gebracht. In einer Gefängniszelle in Frankfurt traf er auf den Italiener Vittorio Fantini. Wie so oft drehten sich die Gespräche um Verrat. Fantini erzählte ihm, so behauptete jedenfalls Tilgener später, die wildesten Geschichten. Er sei Anarchist und gehöre zu der Gruppe Valpreda. Dann habe er Tilgener die Wege geschildert, auf denen angeblich Waffen und Sprengstoff in die Bundesrepublik geschmuggelt würden.

Tilgener hörte sich das alles ruhig an. Dann fragte Fantini: «Wieso hat denn die RAF jemanden wie den Verräter Ruhland noch nicht längst hingerichtet?» Fantini wußte, daß Ruhland Kronzeuge im Prozeß gegen die meisten RAF-Mitglieder war. «Von derartigen Hinrichtungen», so will Tilgener damals geantwortet haben, «halte ich nicht viel. Die RAF offenbar auch nicht. Im übrigen nutzt das für einen Strafprozeß nicht viel. Wenn man einen Zeugen hinrichtet, der vorher vor einem Richter ausgesagt hat, dann kann das Vernehmungsprotokoll vorgelesen werden. An dem Vernehmungsprotokoll kann man nicht mehr viel rütteln. Wenn der Zeuge aber noch greifbar ist und auftritt, dann kann die Verteidigung den Zeugen auseinandernehmen und Widersprüche nachweisen. Das hat allerdings auch nur wenig Sinn, wie der Mahler-Prozeß gezeigt hat. Ruhland hat gelogen, bis sich die Balken bogen, das war jedem klar. Trotzdem wurde Mahler verurteilt.»

Tilgener gab seinem italienischen Mithäftling eine Kontaktadresse – die von Ilse Bongartz in Wolfsburg. Dann verabschiedeten sich die beiden, denn Tilgener wurde in Richtung Ulm verfrachtet, wo sein Prozeß stattfinden sollte.

Vittorio Fantini stellte die Gespräche in der Frankfurter Gefängniszelle anders dar. Kurz nach seiner gemeinsamen Unterbringung mit Götz Tilgener wandte er sich an die Polizei. Tilgener habe versucht, ihn «für die Tätigkeit in einer Anarchistengruppe zu werben», und ihm gesagt, er solle sich «mit Ilse Bongartz in Verbindung setzen». Er sei aber nicht auf das Angebot eingegangen, sondern habe sich bei der Polizei gemeldet.

Daraufhin wurde Fantini am 30. November 1973 in der Justizvollzugsanstalt Freiburg von Beamten des Landeskriminalamtes vernommen. Dabei gab er zu Protokoll: «Billy hat mir gegenüber geäußert, daß eine Person, die über die Gruppe Aussagen gemacht hat, selber verurteilt worden war und heute frei ist, umgelegt werden soll.»

Dieser Hinweis wurde später auf den Fall Ulrich Schmücker

bezogen. Polizei und Staatsanwaltschaft nahmen an, daß Tilgener schon im November 1973 von dem Komplott gegen Schmükker gewußt hatte. Die Aussage von Fantini wurde zum Angelpunkt eines Haftbefehls gegen Tilgener – wegen «Nichtanzeige eines geplanten Verbrechens». Der Vorwurf wurde später fallengelassen, denn Tilgener konnte zur Zufriedenheit des Staatsanwaltes ausführen, daß es damals nicht um Schmücker gegangen sei. Alles deutet darauf hin, daß Fantini ganz bewußt in Tilgeners Zelle gesetzt wurde, um ihn auszuhorchen.

Ulrich Schmücker hatte sich in diesem Herbst 1973 recht gut in der Zeughofstraße eingelebt. Auch Arno Johann und dessen Freundin Ulrike Hoffmann hielten Kontakt zu ihm. Im November sagte Schmücker zu dem Mädchen: «Wenn du mich in der Zeughofstraße anrufst, frag nach ‹Bernd›.»

«Warum sollen wir denn nicht nach deinem richtigen Namen fragen?»

«Wahrscheinlich werde ich gesucht. Deswegen habe ich mir falsche Papiere besorgt.»

Ulrich Schmücker nannte sich jetzt «Bernd Laurisch». Tilgener hatte ihm eine Anmeldebestätigung und einen Führerschein von einem Bekannten dieses Namens besorgt. Einen Personalausweis hatte er von Bernd Laurisch nicht bekommen. Die Bewohner der Zeughofstraße nannten Schmücker nun ebenfalls «Bernd». Als die Freunde aus Neuenahr aber öfter kamen und Schmücker in alter Gewohnheit mit seinem richtigen Namen ansprachen, schwenkten auch die Mitbewohner der Zeughofstraße wieder um auf «Ulli».

Ulrich Schmückers neue Freundin Usch arbeitete als Erzieherin in einer Randgruppensiedlung in Berlin. Zusammen mit ihr und den anderen Leuten aus der Zeughofstraße baute Schmücker an einem «alternativen Kinderspielplatz», der in einem der Problemviertel Berlins entstehen sollte. Gemeinsam planten sie, Weihnachten ein großes Fest in der Zeughofstraße zu veranstalten.

Mitte November schaute Ulrike Hoffmann wieder bei Schmücker vorbei. Er war sehr aufgeregt und erzählte ihr, daß Usch ein Kind erwarte. Ein Kind von ihm. Gemeinsam mit Usch wollte er noch in den nächsten Tagen eine Reise unternehmen. Sie wollten nach Wolfsburg fahren und dort eine Bekannte von Götz Tilgener besuchen: Ilse Bongartz.

Auch Götz Tilgener erfuhr in der Haftanstalt von den Reiseplänen seines Freundes. Am 23. November schrieb er an Ilse Bongartz: «Bernd will dich besuchen, schrieb mir Annelis. Wir hatten uns ja über ihn unterhalten. Was man mit ihm treibt, ist eine unglaubliche Sauerei. Und das sind nicht einmal Verbrechen des Kapitals. ‹Genossen!› Grüß ihn von mir.

Bei Bernd wirst Du übrigens merken, daß wir gesamtpolitisch ziemlich übereinstimmen. Ich bin da allerdings nicht ganz objektiv. Teste das mal und schreib mir, was du meinst. Vielleicht läßt sich was machen?»

Tilgener spielte darauf an, daß Ulrich Schmücker in der linken Szene immer noch geschnitten wurde. Nach wie vor betrachtete man ihn als «Verräter», weil er ausgesagt und seine ehemaligen Genossen belastet hatte.

Ende November tauchte Ulrich Schmücker zusammen mit seiner Freundin Usch in Wolfsburg auf. Sie quartierten sich für knapp zehn Tage bei Ilse Bongartz – genauer: in der Wohnung ihrer Mutter – ein. Ilse Bongartz fand Gefallen an den beiden. Sie sprachen über ihren Freund «Billy», diskutierten über politische Konzepte und gemeinsame Perspektiven. Schmücker schien fast euphorisch. Endlich war jemand da, der den Makel des «Verräters», der ihm anhaftete, übersah. Er war von Ilse Bongartz beeindruckt. Sie war wesentlich älter als er und in ihrer Bestimmtheit und Unbeirrbarkeit faszinierend. Als «Rote Ilse» hatte sie in der Szene einen Ruf. Sie war keine studentische Intellektuelle, kein Kind aus bürgerlichem Hause. Als Ulrich Schmücker sie kennenlernte, war Ilse Bongartz sechsunddreißig Jahre alt.

ILSE BONGARTZ

Ilse Bongartz wurde am 24. Juni 1937 in Berlin geboren. Bis 1944 lebte sie zusammen mit ihrer Mutter, ihrer Großtante und ihrem Großonkel – die beiden waren wie Großeltern für sie – in Berlin-Adlershof. Die Mutter war unverheiratet, als Ilse zur Welt kam. Sie arbeitete als Buchhalterin, fühlte sich aber zum Theater hingezogen. Die «Großeltern» Auguste und Gustav waren im Widerstand gegen die Nationalsozialisten aktiv. Zu Ilses frühesten Erinnerungen gehört eine Szene aus dieser Zeit.

«Ich hab ein bißchen von dem mitbekommen, was mein Großvater gemacht hat. Es gab hier in Berlin eine Druckerei, die hat eine Zeitung gegen den Faschismus hergestellt. Eines Tages sind wir dorthin gefahren, um Flugblätter abzuholen. Überall gab es verstärkte Gestapokontrollen. Da ist mein Großvater auf die Idee gekommen, mir die Flugblätter in meine weite Trainingshose zu stecken. Als wir dann zurückgefahren sind, wurden die Großeltern ganz sorgfältig gefilzt, Aktentasche, Thermoskanne, alles ... Aber mich haben sie nicht durchsucht. Dadurch sind die Flugblätter an ihren Bestimmungsort gekommen. So klein, wie ich war, bin ich damals unheimlich stolz gewesen.»

Eine andere Szene brannte sich noch tiefer in Ilses Gedächtnis ein. Sie hatte eine jüdische Freundin, mit der sie eine Zeitlang im Kindergarten war. Der Vater verschwand eines Tages und kam nicht mehr zurück. «Und dann fuhren die Lastwagen vor, und auch die Mutter wurde abgeholt. Meine Freundin versuchte sich an die Mutter zu hängen, und schrie hinterher: ‹Mama, Mama, bleib doch hier ...› Und dann haben die Leute sie vom Lastwagen zurückgestoßen, und einer von diesen Gestapotypen hat meiner Freundin das Gesicht zertreten, und daran ist sie gestorben.»

Der «Großvater» versuchte, Ilse den Faschismus zu erklären, so gut es ging. Die Mutter flüchtete sich derweil ins Theater. «An der ist alles vorbeigelaufen», meinte Ilse Bongartz später. «Was mein Großvater gemacht hat, ist alles an ihr vorbeigelaufen.» 1944 lernte Ilses Mutter bei einer Theatervorstellung den Kaufmann Heinrich Hennecke kennen, den sie später heiratete. Hennecke hatte in Helmstedt zusammen mit seinen Brüdern eine Zigarrenfabrik besessen, die pleite gegangen war. Kurz vor Kriegsende zog er nach Wolfsburg, um im Volkswagenwerk als Technischer Kaufmann zu arbeiten. Ilse und ihre Mutter Clara gingen mit.

Für Ilse bedeuteten der Umzug nach Wolfsburg und der Abschied vom «Großvater» einen tiefen Einschnitt. «Der Heinrich Hennecke war in der NSDAP, war im Ersten Weltkrieg Offizier gewesen und war durch und durch Faschist. Er war es nicht nur von seiner Weltanschauung her, sondern auch im Alltagsleben. Was er sagte und für richtig hielt, das mußte einfach gemacht werden. Er war durch und durch autoritär. Und ich war durch das Zusammenleben mit meinen Großeltern etwas ganz anderes gewöhnt.»

Ilse besuchte in Wolfsburg die Volksschule, lernte gut und wäre gern aufs Gymnasium gegangen, wurde aber 1948 nicht zur Aufnahmeprüfung zugelassen. Später sagte sie dazu: «Da waren erst einmal die Söhne der herrschenden Mittelklasse dran.» Ilse machte die Prüfung für die Realschule, bestand auch, wurde aber «wegen Platzmangel» nicht aufgenommen. Sie blieb auf der Hauptschule und wechselte nach Abschluß auf die Handelsschule über, die sie nach eineinhalb Jahren abbrach. «Ich hab gemerkt, daß diese Schule mir überhaupt nicht liegt. Da hab ich nichts gelernt, was für mich im Leben irgendwie brauchbar war.»

Ilse ging ins Volkswagenwerk, um dort eine Bürolehre zu machen. «Da hab ich dann diese Mentalität von Angestellten mitgekriegt. Das war schlimm, dieses Konkurrenzverhältnis, wo jeder einen hohen Posten ergattern wollte und einer mehr sein wollte als der andere.» Um aus ihrer Abteilung herauszukommen, begann Ilse mit einem Mann aus der Nebenabteilung zu poussieren. Das galt in der Volkswagen-Verwaltung als schweres Fehlverhalten. Sie wurde auf eine andere Stelle versetzt, die ihr aber auch nicht viel Spaß brachte.

«Da hab ich dann angefangen, bewußt Fehler in die Hollerithkarten einzutippen, so daß ich für die untragbar wurde.» Ilse flog raus und begann als Arbeiterin in der Polsterei des Werkes. Die Atmosphäre unter den Arbeitern gefiel ihr besser. Sie trat in die Gewerkschaft ein und beteiligte sich an einem wilden Streik, der aber nach kurzer Zeit von der IG-Metall abgewürgt wurde. Das war der Anlaß für Ilse, wieder aus der Gewerkschaft auszutreten.

Im Oktober 1955 heiratete sie, knapp neunzehn Jahre alt, den zehn Jahre älteren Betriebselektriker Helmut Bongartz. Anfangs wohnte das junge Paar bei Ilses Mutter und ihrem Stiefvater. Auch der «Großvater» war kurz nach dem Krieg nach Wolfsburg gezogen. «Das war natürlich immer ein anschauliches Bild. Da braucht man keine politische Schulung mehr, wenn auf der linken Seite vom Tisch ein faschistischer Stiefvater sitzt und auf der rechten Seite ein Anarchist, der unheimlich lieb ist.»

Zusammen lebten sie in einer Dreizimmerwohnung. Der Großvater, der sich offene Tuberkulose zugezogen hatte, bewohnte ein Zimmer. Mutter und Stiefvater hatten das Schlafzimmer für sich, Ilse und ihr Mann das Wohnzimmer, bevor sie schließlich eine kleine VW-Werkswohnung in der Breslauer Straße erhielten und ausziehen konnten.

Ilse Bongartz hatte aufgehört zu arbeiten und brachte kurz nacheinander vier Kinder zur Welt: Elke 1956, Sabine 1958, Hartmut 1960 und Ines 1964.

Über ihren Ehemann lernte sie einen italienischen VW-Arbeiter kennen, der in einer der Barackensiedlungen unmittelbar neben dem Werk wohnte. Ilse empörte sich über die Wohnsituation der Gastarbeiter: «Das war für mich ganz klar. Der Rassismus, der früher den Juden gegenüber angewandt wurde, wird heute genauso gegen Fremdarbeiter angewandt, nur eben in abgewandelter Form. Der Geist, der dahintersteckt, ist derselbe. Ich erinnere mich daran, daß auf der Hauptgeschäftsstraße in Wolfsburg an einem Lokal ein Schild war: ‹Für Ausländer verboten!›»

Ilse Bongartz schrieb einen Leserbrief über die Situation der Ausländer in der VW-Stadt an die «Wolfsburger Nachrichten» und sammelte Unterschriften. «Wenn ich mir das heute überlege, es war also wirklich ein irrsinniges Unterfangen, alleine loszuziehen, von Haus zu Haus, von Tür zu Tür, Unterschriften zu sammeln. Ich hab sehr lange gebraucht, um überhaupt ein paar Unterschriften zusammenzukriegen.»

Auch in der Nachbarschaft wurde Ilse Bongartz aktiv. Zusammen mit anderen Hausfrauen organisierte sie Initiativen, um einen Spielplatz zu erhalten, der als Bauland ausgeschrieben werden sollte.

Sie fühlte sich nicht unwohl in ihrer Rolle als Hausfrau und Mutter, hatte ihren Arbeitstag gut eingeteilt und fand genügend Zeit für die Nachbarschaftsarbeit und zum Lesen. Von ihrem Großonkel hatte sie einen kleinen Literaturschatz geerbt, die Memoiren von Kropotkin, Bakunin, einige Werke von Marx und Engels, Bücher über die Russische Revolution.

Was Ilse Bongartz jedoch belastete, war die Krankheit ihrer ältesten Tochter, Elke. Sie hatte eine äußerst seltene Rückenmarkserkrankung. Ihr Blut erneuerte sich nicht von selbst. Schon elf Wochen nach ihrer Geburt mußte Elke das erste Mal ins Krankenhaus, und so blieb es dann, fast dreizehn Jahre lang. Alle paar Wochen mußte sie ins Krankenhaus, wo sie Medikamente erhielt und ihr Blut regelmäßig ausgetauscht wurde.

Ein Assistenzarzt machte den Vorschlag, die Milz zu entfernen, doch der Chefarzt stimmte nicht zu. Im September 1968 starb Elke. Bei der Obduktion stellten die Ärzte fest, daß die Milz deformiert und übergroß war, so daß sie fast die gesamte Bauchhöhle einnahm. Ilse Bongartz meinte im Rückblick: «Wenn damals wirklich auf diesen Assistenzarzt gehört worden wäre, wäre vieles anders geworden.»

Sie selbst hatte alles, was in ihrer Macht stand, getan, um dem Kind zu helfen. Sie hatte sich an Ärzte gewandt, an Behörden, an Institutionen. Von allen erfuhr sie Gleichgültigkeit. Das, so meinten Freunde aus jener Zeit, hatte sie tief getroffen, hatte sie verbittert und desillusioniert: «Im Zusammenhang mit der langwierigen Krankheit ihres Kindes wurde Ilse immer wieder mit der Mitleidlosigkeit des Systems konfrontiert. Sie fühlte sich allein gelassen, hilflos und ohnmächtig.»

Der Tod ihrer Tochter wurde für Ilse Bongartz zum Signal, politisch aktiv zu werden. «Als Elke dann tot war, habe ich mir alles so überlegt. Alles das, was meine Mutter im Dritten Reich nicht getan hatte, das kam bei mir ganz kraß hoch. Als Elke gestorben war, hab ich mir gesagt: Was hat das Kind eigentlich von seinem Leben gehabt? Was hast du ihr geben können? Wie sind diese gesellschaftlichen Verhältnisse hier, daß so ein Kind zum Beispiel die Möglichkeit hat, das bißchen Leben, was es hat, auch tatsächlich zu leben?»

Es war die Zeit, in der die Studentenbewegung von den Metropolen in die Provinz schwappte, auch nach Wolfsburg. Ilse Bongartz spürte, daß die Forderungen der rebellierenden Studenten sie etwas angingen. Besonders fasziniert war sie von der Mai-Revolte in Paris, denn dort hatten sich Studenten und Arbeiter in ihrem Kampf zusammengeschlossen.

Als sich in der Wahlnacht 1969 die Möglichkeit für eine sozialliberale Koalition andeutete, rief sie in der Wolfsburger SPD-Zentrale an. «Bei mir ist so was abgelaufen, daß ich mir gedacht habe, die SPD könnte sich ja tatsächlich noch einmal auf ihre Tradition als Arbeiterpartei besinnen.» Sie sprach mit dem Organisator der Wahlparty, und der schlug ihr vor, doch gleich vorbeizukommen.

Kurz darauf trat Ilse Bongartz in die SPD ein und wurde bei

124

den Jusos aktiv, sehr aktiv sogar. Innerhalb eines Vierteljahres war sie zweite Juso-Vorsitzende in Wolfsburg. Ein Freund aus der damaligen Zeit: «Ilse machte einen intelligenten, blitzgescheiten Eindruck. Mit ungeheurer Energie machte sie sich daran, ihr eigenes politisches Verständnis zu vertiefen, indem sie Schriften erarbeitete und entsprechende Gespräche führte. Ilse hatte ein starkes proletarisches Bewußtsein. Ich meine, daß sie ganz sicher politisch gebildet war. Sie hatte die ganze politische Entwicklung im Nachkriegsdeutschland intus.»

Ohne Scheu beteiligte sich Ilse Bongartz an den politischen Diskussionen der Jusos und fiel durch ihre besonders drastische Ausdrucksweise auf. «Sie wollte sich sicher auch produzieren vor den jungen Leuten», erinnert sich ein Bekannter, «und das hat sie auch weidlich getan. Durch ziemlich offenherzige Aussagen. Sie hatte überhaupt keine Hemmungen, auch älteren Genossen solche Deutlichkeiten an den Kopf zu werfen wie ‹Fauler Hund!› oder ‹Du bist blöd!›. Sie zog sich auch ausgefallen an. Manchmal ging sie sehr offenherzig, nur ein einfaches Hemd, ein paar Knöpfe waren offen, und darunter hat sie nicht viel mehr angehabt.»

Ihr Ehemann tauchte niemals bei den Juso-Sitzungen auf. Als eine der ersten Frauen in Wolfsburgs Juso-Szene brachte Ilse Bongartz ihre Kinder mit zu Parteiveranstaltungen. Das wiederum machte bei der Partei großen Eindruck. Man war fasziniert von der agilen Hausfrau mit ihren drei Kindern, man konnte sie als Aushängeschild gut gebrauchen. Doch da wollte Ilse nicht mitmachen. Eingespanntsein in einen Parteiapparat mit seinen Hierarchien und Ritualen, das war nichts für sie.

Deshalb kam ihr eine Parteiaffäre kurz vor den niedersächsischen Kommunalwahlen nicht ungelegen. Eine Gruppe um den Wolfsburger Juso-Vorsitzenden, zu der auch Ilse Bongartz gehörte, hatte Wahlkampflisten für die DKP unterschrieben, um damit deren Kandidatur zu ermöglichen. «Die DKP hatte nicht genug Stimmanteile, um überhaupt auf die Liste gesetzt zu werden. Und wir waren durchaus der Meinung, daß die SPD es als demokratische Partei ermöglichen sollte, daß die an der Wahl teilnehmen konnten.»

Die SPD aber war ganz anderer Ansicht. Die Gruppe um den Juso-Vorsitzenden flog aus der Partei. Der Juso-Vorsitzende selbst ging zum Studium nach Berlin, die übrigen blieben in Wolfsburg und scharten sich mehr und mehr um Ilse Bongartz.

Diese verkehrte jetzt regelmäßig im Wolfsburger Jugendlokal «Tadsch» in der Kaufhauspassage, einem Treffpunkt der linken Szene. Sie hatte kaum etwas anderes gesehen als Wolfsburg, die von Hitlers Architekten auf dem Reißbrett entworfene Retortenstadt. Eine Stadt ohne Tradition, ein steriles Wohngebiet als Anhängsel eines gigantischen Industriebetriebs: Metropolis. Das Volkswagenwerk bestimmte das Leben in der Stadt. Freizeitangebote, Wohnkomfort und Grünanlagen schienen ausschließlich der Wiederherstellung der Arbeitskraft zu dienen, Menschen als Maschinenteile, die gepflegt, entrostet und bei Ausfall ersetzt werden.

Ilse Bongartz begann, dieses Leben mehr und mehr zu hassen. Ihr Ehemann hatte sie inzwischen verlassen, und sie holte sich eine Gruppe Jugendlicher ins Haus. An den Wänden der ehemals kleinbürgerlich eingerichteten Wohnung waren jetzt in schwarzer und roter Farbe Parolen geschrieben. An der Flurwand gegenüber der Eingangstür stand die Einladung: «Hier bist du Mensch, hier darfst du's sein.»

Für Ilse Bongartz war eine Art verzweifelte totale Freiheit angebrochen. Alles, worauf sie in ihrer kleinbürgerlichen Welt hatte verzichten müssen, sollte nun Realität werden. Aus der Sicht des Ehemannes und seiner späteren zweiten Frau wurde es das komplette Chaos: «Die Ilse machte aus der Zweieinhalbzimmerwohnung einen Puff und einen Saustall zugleich. In dem Ehebett, von dem die Beine abgesägt waren, wurden die Jungen zu hörigen Anarchos getrimmt. Der freie Sex war selbstverständlich. Keinerlei Hemmungen hatte Ilse auch vor ihren Kindern, die in der kleinen Wohnung mithausten und denen keine Tür verschlossen blieb.»

Vor allem im Bad vermutete die Nachfolgerin in der Ehe mit Helmut Bongartz Ungeheuerliches: «Es gab Tage, da badete der ganze Trupp drei bis vier Mal. In einer Nacht des Jahres 1970 klauten sie bei Bauern in der Wolfsburger Umgebung mehrere Kannen Milch, so sechzig bis achtzig Liter. Die wurden dann in die Badewanne gegossen, und man nahm ein kühles Milchbad.» Ilse Bongartz stellte den Vorgang später etwas weniger abenteuerlich dar. Es habe sich nur um eine einzige Kanne Milch gehandelt, und die sei auch nicht zum Baden gewesen. Man habe schlicht Quark daraus gemacht.

Die Gruppe, die sich um sie sammelte, nannte sich «K 3», in Anlehnung an die Berliner «Kommune 1», zu der Fritz Teufel, Rainer Langhans und Dieter Kunzelmann gehörten, und die Berliner «‹Psycho›-Kommune 2», in der unter anderen das spätere RAF-Mitglied Jan-Carl Raspe lebte.

Es war die Zeit, in der sich die «Rote Armee Fraktion» bildete und Schlagzeilen machte. Ilse Bongartz verfolgte die Aktivitäten der Stadtguerilla, beschaffte sich Literatur und diskutierte mit ihrer Gruppe darüber. Man beschloß, selbst aktiv zu werden.

Im April 1971 erfuhr die Gruppe, daß die Aula des Ratsgymnasiums Wolfsburg für eine Veranstaltung der NPD freigegeben worden war. Mit zwei Freunden legte Ilse Bongartz dort nachts Feuer. Doch das Zündeln hatte nicht den gewünschten Erfolg – lediglich die Lunte verkohlte. Vier Wochen später versuchten es Leute aus ihrer Gruppe noch einmal. Auch diesmal brach kein Feuer aus.

Statt dessen brannte der Wolfsburger «Tadsch»-Club. Die Begründung für diesen Anschlag: Der neue Pächter wollte angeblich aus dem allen zugänglichen Jugendtreff einen DKP-nahen politischen Club mit Mitgliedskarten machen. Dagegen protestierte die «K 3» mit einer – diesmal erfolgreichen – Brandstiftung. In den Wochen darauf beging die Gruppe Diebstähle und Einbrüche, und sie verübte einen Anschlag auf einen mit Volkswagen beladenen Güterzug. Für die insgesamt zweiundzwanzig Delikte wurden Ilse Bongartz und ihre sieben Genossen aus der «K 3» vor Gericht gestellt. Am 13. April 1972 wurde das Urteil verkündet: drei Jahre Haft für Ilse Bongartz. Die mitangeklagten Jugendlichen erhielten Jugendstrafen zwischen ein und zwei Jahren, die – mit einer Ausnahme – alle auf Bewährung ausgesetzt wurden. Das Gericht war nicht der Auffassung, daß Ilse Bongartz die alleinige Anstifterin der Straftaten gewesen ist: «Die fast fünfunddreißig Jahre alte Angeklagte hat in der Hauptverhandlung einen völlig unausgereiften Eindruck, bar jeder Lebenserfahrung gemacht ... Zu ihren Lasten kann auch nicht festgestellt werden, daß sie die Rädelsführerin oder ‹spiritus rector› gewesen ist.»

Das Gerichtsverfahren machte Ilse Bongartz als «politische Angeklagte» bekannt. Die «Rote Hilfe» kümmerte sich um sie, ihr Name erschien in den bürgerlichen Zeitungen mit dem Zusatz «Rote Ilse», und ihre Briefe wurden von der Alternativpresse veröffentlicht. So druckte die «Rote Hilfe» Wolfsburg im Dezember 1972 einen Brief, den sie aus dem Gefängnis geschrieben hatte:

«Lieber Genosse!

‹In dieser Gesellschaft kannst Du nur vegetieren oder kämpfen.› Ja siehst Du, und die meisten Genossen entscheiden sich fürs Vegetieren! Dir ist aufgefallen, daß ich so gar nichts mehr von mir und meinen Bedürfnissen schrieb? Das kann nur daran liegen, daß Du nicht gecheckt hast, daß es bei mir nichts Privates mehr gibt, was nicht gleichzeitig politisch ist. Im Gegensatz zu denen, die sich Genossen nennen, habe ich Konsequenzen daraus gezogen, daß es in dieser kapitalistischen Gesellschaft NICHTS gibt, das meine Bedürfnisse nach LEBEN befriedigen könnte.

Mich interessiert nicht eine Karriere unter Leistungszwang, mich interessiert nicht der Warenkonsum als Ersatz für sexuelle

Befriedigung, ich bin nicht abhängig vom fremdbestimmten Tun. Mich interessiert einzig und allein: Wie ist die Gesellschaft zu schaffen, in der jeder ein glückhaftes Leben führen kann, und was kann ich selbst dazu beitragen, das zu erreichen. Schau, und das Bedürfnis nach Leben ist hier im Knast erst recht nicht zu befriedigen. Schon gar nicht, wenn Du von den anderen Gefangenen isoliert bist ...

Ganz super-persönlich habe ich arge Sehnsucht nach meinen Tanten (Kindern) und einem Mann. Ich bin sexuell nicht kaputt, und das Onanieren satt. Mit Hilfe eines psychologischen Gutachtens will ich durchsetzen, eine ‹Vögelerlaubnis› zu kriegen. Von wegen der negativen Einwirkungen beim Entzug. Sind immerhin eineinhalb Jahre. Die Sublimation (Schreiben, Lesen) und das Kompensieren (körperliche Arbeit wie Putzen, Stricken u. ä.) bin ich genauso leid ...»

Ilse Bongartz saß ihre Strafe in der Haftanstalt Vechta ab. Fast verbissen machte sie sich daran, politische Bildung nachzuholen. Sie arbeitete sich durch politische und wissenschaftliche Werke und schrieb unzählige Briefe, in denen sie ihr neuerworbenes Wissen anbrachte.

NEUE FREUNDE

Als Ulrich Schmücker zusammen mit seiner Freundin Usch in Wolfsburg auftauchte, war Ilse Bongartz gerade vier Wochen wieder in Freiheit. Ihr neuer Freund, Götz Tilgener, der auf dem Weg von Wolfsburg nach Berlin verhaftet worden war, saß seit drei Wochen in Haft.

Schmücker besuchte Ilse Bongartz in der Schillerstraße, wo sie nach der Haftentlassung bei ihrer Mutter wohnte. Der Empfang war herzlich. Ihre Mutter Clara war nicht sehr begeistert davon, daß Ilses Freunde sich in ihrem Haus die Klinke in die Hand gaben. Als schließlich noch ein halbes Dutzend anderer Freunde vorbeischauten, war ihre Geduld am Ende. Es kam zum Krach. Doch Ilse Bongartz ließ sich von ihrer Mutter nicht beirren. Ihre Genossen waren ihr Leben. Man zog sich in ein Hinterzimmer zurück und diskutierte. Nach dem Besuch schrieb sie an «Billy»: «Der Besuch aus Berlin war also hier, und es gab auch gleich eine dufte Überraschung, nämlich die Uschi! Es war so unheimlich gut, all das zu erleben an den beiden, was wir an uns schon erfahren hatten. Und es gab zwischen uns nichts Trennendes – auch dort die Einheit, die objektive Liebesfähigkeit. Du, es ist so wichtig! Erst durch die subjektive Liebe kann sich die objektive Liebesfähigkeit entfalten, kann man sich ganz zum Menschen entwickeln.»

Ilse Bongartz' Tochter Ines lehnte Schmücker zunächst ab. Das änderte sich erst, als Schmücker und seine Freundin Usch sich intensiv mit ihr beschäftigten. Sie gingen mit Ines zum Rodeln, malten mit ihr und bauten aus Legosteinen Häuser. Ilse in ihrem Brief an «Billy»:

«Wir haben ein duftes Haus gebaut, in dem Genossen wohnen …, sich Brot backen und anderes machen. War richtig gut! Mit Uschi hat sie eine Mühle gebaut, die alles andere war als eine bürgerliche Mühle. Ein Fotoapparat mit Türen war auch noch da. Du kannst vielleicht jetzt bei Dir in der scheißgrauen Zelle nachvollziehen, was sich hier so abspielte. Richtig gutes Feeling war bei uns, und Du, Billy, Billy, Du warst jede Sekunde bei uns. Es war so gut, bei den Genossen weinen zu können, weil der Billy nicht da ist.

Nein, Du, es ist nicht persönliches Pech! Das hätten die Herrschenden gern, daß wir es so deuten. Das sind die ganz konkreten Versuche, Liebe und Leben zu zerstören. Und es ist unser Recht, für diese Liebe zu kämpfen. Die Mauern, die sie zwischen uns stellen, das sind die, die ihnen eines Tages um die Ohren fliegen werden.

Du, ich muß Dir noch was Schönes erzählen: Gestern komme ich mit Ines und einem Genossen aus der Haustür, und als wir uns umschauten, da spann sich ein Regenbogen über Wolfsburg. Solch intensive Farben habe ich noch nie gesehen! Und es war so herrlich, im Regen zu gehen. Und dann rissen die Wolken auf, und eine herrliche Sonne leuchtete. Mich hat das irgendwie an unser gemeinsames Einkaufen erinnert. Siehst Du, Du bist immer da. Du – ich denke an Dich. Du – ich küsse Dich. Ich streichle Dich. Bis gleich. Deine Ilse.»

Die intensive, gefühlsgeladene Atmosphäre in Wolfsburg hatte Ulrich Schmücker angesteckt. Fast vergessen war plötzlich, daß man ihn in der linken Szene mit Argusaugen betrachtete. Die neuen Freunde ließen ihn hoffen, bald wieder vollkommen akzeptiert zu sein. Er fühlte Dankbarkeit gegenüber Götz Tilgener. Noch in Wolfsburg setzte er sich an die Schreibmaschine und tippte einen Brief an «Billy».

«Lieber Billy, Freund und Genosse!
Deine völlig überraschende und durch nichts zu rechtfertigende Einkerkerung hat uns zunächst mit ziemlicher Sorge

erfüllt. Sorge um Dich, und Ungewißheit, wie sich die Haft auf Deine psychische Konstitution auswirkt. Wir wußten ja nicht, was sich in WOB für Dich verändert hat.

Aber seitdem wir – Usch und ich – für einige Tage hier sind, mit Ilse gesprochen haben, ist uns klar, daß diese Sorge völlig unnötig ist. Es ist eine Freude zu sehen, wie Du auf die Haft reagierst, und die Nachricht, daß Dein Magen zum ersten Mal nicht rebelliert, zeigt, daß endlich Deine Trennung Körper/Geist aufgehoben ist und Du auf einer höheren Stufe wirklich anfängst, Du selbst zu sein, zu leben begonnen hast.

Ich kann das erst jetzt richtig mitempfinden, und nicht nur rational begreifen, wirklich fühlen, miterleben, was es bedeutet, zu leben, die Dialektik Haß/Liebe in seinem Leben zu verwirklichen, denn auch bei mir hat sich vieles verändert.»

Dann berichtete Ulrich Schmücker – den Worten nach –, daß er wieder studiere und mit seinen Studienkollegen wunderbar zurechtkomme. Das war für die Postkontrolle in der Haftanstalt. «Es haben sich für mich drei wesentlich neue Dinge ergeben, die unlösbar miteinander verbunden sind und sich gegenseitig bedingen. Alle betreffen mein Studium in der alten Fachrichtung in Deutschland.» In Wirklichkeit meinte Schmücker etwas ganz anderes. «Studium» bezog sich nicht etwa auf die Fächer Geschichte und Ethnologie, sondern auf die Stadtguerilla. Er fuhr fort: «Zunächst hat das Verhältnis zu meinen früheren Studienkollegen eine völlig neue positive Wendung genommen, an die ich schon kaum mehr zu glauben wagte. Ich habe Traudl beim 6. Mal endlich doch getroffen, und wir verstehen uns prima. Wir haben nicht nur die Vergangenheit bewältigt, sondern auch Perspektiven für die Zukunft entwickelt, die gemeinsame Arbeit an Referaten und Papers beinhalten.»

Ulrich Schmücker wollte damit offensichtlich andeuten, daß er Waltraud S. nach sechs Versuchen endlich getroffen und mit ihr die Geschichte seines «Verrates» besprochen und geklärt hatte. Weil Waltraud S. Kontakt zu der damals mit ihm verhafteten Inge Viett hatte, hoffte Schmücker, wieder in die Kreise des «2. Juni» aufgenommen und für neue Aktionen eingeplant zu werden.

Auch seine neuen Freunde in der Zeughofstraße schilderte Schmücker – verschlüsselt – in den glühendsten Farben:

«Dann habe ich einen Kreis von Anfangssemestern gefunden, mit denen ich nicht nur intensiv zusammenarbeite, sondern auch zusammenlebe. Nur so meinen wir, den Lebenszusammenhang, die homogene Einheit herstellen zu können, die eine effektive Arbeit an der Uni erst ermöglicht. Das Ganze wurde vermittelt, in den richtigen Zusammenhang gebracht durch Usch, mit der ich – analog zu Deiner Erfahrung in Wolfsburg – erfahre, was Liebe ist, durch die auch bei mir die Einheit zwischen Emotionen und Ratio hergestellt wurde. Ich habe erst vor drei Wochen wirklich angefangen zu leben, offen Schwäche zeigen zu können, ohne Stärke zu provozieren. Es gibt so viele Parallelen in unserer Entwicklung während der letzten Wochen. Das wird uns bewußt in unseren Gesprächen und unserem Zusammensein hier in WOB. Die Atmosphäre wird durch Dich mitbestimmt, wir empfinden die Nähe zu Dir, Billy.»

An diesem Punkt hielt Schmücker plötzlich inne. Er stand auf und ging zu den anderen. Die langen Gespräche mit Ilse Bongartz über ihren und seinen Freund hatten ihn nachdenklich gestimmt. Bisher war Tilgener für ihn immer der Überlegene gewesen, der Helfer, der mögliche Wegbereiter einer Wiedereingliederung in die «Szene». Jetzt hatte er erfahren, daß «Billy» auch schwach sein konnte, etwa in der Beziehung zu Ilse Bongartz, deren psychische Stärke Schmücker selbst deutlich spürte. Das gab ihm Auftrieb, mit einem Mal fühlte er sich «Billy» gleichwertig, fast überlegen. Nach ein paar Stunden setzte er sich wieder an die Schreibmaschine und tippte seinen Brief weiter:

«In den paar Stunden, die vergangen sind, ist mir klargeworden, warum es zu dieser Blockierung kam. Dieser Brief hier ist an den Freund und Genossen Billy gerichtet, an den Billy, der

133

von Wolfsburg wegfuhr und dessen Briefe ich gelesen habe, an den Menschen Billy, den ich gar nicht kenne, den ich nur in kurzen Augenblicken einmal erleben konnte. Der Billy, den ich kenne, mit dem ich mich laufend konfrontiert sah, ist ein ganz anderer, eine Fassade, die Du um Dich herum aufgebaut hattest. Der immer starke und ewig überlegene, auf völlig impertinente Weise den Mann von Welt hervorkehrend, arrogant, Kritik von vornherein mit Zynismus abwehrend ... Hinter dieser Fassade versuchtest Du Deine Schwäche zu verbergen. Du hast Dich – zumindest in Deinem Verhalten mir gegenüber – mit einem Image und dieser Abwehrfassade identifiziert und Deine panische Angst, Schwächen erkennen zu geben und daraufhin kaputtgemacht zu werden, in Alkohol ertränkt.

Erst nach erfolgreichem Ersäufen (Verdrängen) dieser Angst konntest Du mir gegenüber menschlich sein, wirklich Du selbst sein. Wenn ich Dich gern hatte, dann, weil ich Dich so erlebt habe, nur ein paar Mal, aber oft genug, um zumindest zu ahnen, was hinter der Fassade steckt ... Deine Menschlichkeit war immer da, kam besonders zum Ausdruck durch die Hilfe, die Du mir entgegenbrachtest, wurde aber verwässert und überlagert durch Deinen unmenschlichen Anspruch an Dich selbst. Das ist eine Problematik, mit der ich nicht fertigwerden konnte. Das konnte nur eine Genossin, die Dir Zärtlichkeit vermittelt, mit der Du erfährst, was Liebe ist, das konnte nur Ilse.

Du, es hat mich riesig gefreut zu erfahren, was sich zwischen Euch entwickelt hat. Mir ist klar, was das gerade für Dich bedeutet. Nach Deiner hoffentlich baldigen Entlassung werden wir uns neu kennenlernen, whow, ich freu mich jetzt schon darauf. Nur wird z. Zt. die Beziehung zwischen uns durch Ilse vermittelt, ich erfahre Dich durch sie, sie wird auch für mich zu Dir sprechen bzw. schreiben. Ich habe Billy, den Menschen, erst durch Ilse kennengelernt. Ich umarme Dich!»

Ulrich Schmücker unterschrieb den Brief nicht. Er fühlte sich offenbar schon wieder als halber, dem konspirativen Verhalten verpflichteter Stadtguerilla. Götz Tilgener hielt sich an die Vorsichtsmaßregeln. Er antwortete Schmücker nicht direkt und erwähnte ihn nur als «Bernd». Am 31. Dezember 1973 schrieb er einen langen Brief an Ilse Bongartz: «Du, ich fänd's unheimlich dufte, wenn wir mit Bernd und Usch zusammenleben könnten ... Grüß auf jeden Fall Bernd von mir, ich möchte ihm nicht schreiben. Ich finde das, was sich für ihn ergeben hat, sehr wichtig und unheimlich dufte. Die Situation vorher war schon unvorstellbar beschissen. Ich habe sie ja aus nächster Nähe miterlebt. Dein Eindruck von ihm – Du hast es nach seinem Besuch bei Dir ja geschrieben – war offensichtlich sehr positiv.»

Götz Tilgener malte sich in seiner Gefängniszelle das zukünftige Leben mit Ilse Bongartz aus, auch ihre Zusammenarbeit mit Ulrich Schmücker in einer politisch aktiven Gruppe. Konkrete Pläne hatte er nicht, hätte sich wohl auch gehütet, diese über die zensierte Anstaltspost nach draußen zu schicken. In seinen Briefen skizzierte er den emotionalen Grundgehalt der gemeinsamen Strategie. Es war vor allem die Einheit von Gefühl und politischem Handeln:

«Vergiß nicht, wir können leben. Und darum beneiden uns die Ge-Rechten. Wir können tun, was wir wollen, wir werden immer gewinnen und immer unsere Situation und damit auch die aller anderen Menschen verbessern. Mensch, Ilse-Schatz, sind unsere Aussichten nicht dufte? Wir haben nichts zu verlieren als unsere Ketten. Wir sind Menschen – oder aber auf dem besten Wege, es zu werden. Ist es nicht unvergleichlich schön, was allein wir beide gemeinsam an uns erleben? Was wir den Genossen vermitteln können, damit auch sie begreifen, daß es für uns nie ein Entweder-Oder, sondern nur ein Sowohl-als-Auch geben kann, bei dem was wir tun? Dieses Begreifen, Befühlen, Erleben und Verinnerlichen der Dialektik Liebe-Haß und die daraus resultierenden Verhaltensweisen werden zum

Erfolg führen, denn die Motivation ist gut. Mädelchen, wir können uns umarmen und dabei lachen – und eben dieses Lachen wird allen Funktionsträgern von Schweinen einen Schauer über den Rücken treiben ...

Im Radio die Neujahrsansprache des Bundeskanzlers. Er meint, 1974 würde ein gutes Jahr werden. Diese seine Ansicht teile ich – es lebe die Perspektive! Mädelchen, 1974 wird ein gutes Jahr werden. Wir werden viele Schritte weiterkommen, weiterkommen in der Entwicklung zum Menschen hin.»

Unter «P. S.» schrieb Götz Tilgener noch: «Melde Dich mal wieder.»

Doch Ilse Bongartz meldete sich nicht – bis zum 22. Januar 1974. An diesem Tag hatte sie eine herbe Enttäuschung für «Billy». In der Zwischenzeit war sie nämlich in Hamburg gewesen und hatte dort einen neuen Liebhaber gefunden. Sie schrieb: «Als ich in Hamburg war, habe ich einen Genossen kennengelernt, und nun bin ich mit ihm zusammen. Ich weiß genau, daß Du das billigst und verstehst. Kloster ist bei Ilse nicht drin. Außerdem habe ich mich so richtig verliebt.»

Nebenbei teilte Ilse Bongartz mit, daß sie demnächst «Bernd», also Ulrich Schmücker, und dessen Freundin Usch in Berlin besuchen wolle. Die beiden hätten vor, in Berlin zu bleiben, und da sie selbst nicht dorthin gehen wolle, werde es mit dem geplanten Zusammenziehen vorerst nichts. Dennoch sei «Bernd» für sie einer der wenigen, die «auf die Notwendigkeit des Handelns verweisen, was auch wir im Kopf haben».

Eine Woche später antwortete Tilgener. Er war wieder ganz «cool», ganz der «Überlegene», als den Ulrich Schmücker ihn analysiert hatte. «Mit wem Du zusammen bist, interessiert mich nur insofern, als ich möchte, daß es Dir gut geht und daß Du Spaß hast.» Dann teilte er Ilse Bongartz mit, daß er nach seiner Entlassung aus der Haft zurück nach Berlin gehen werde. Zum Schluß ließ er Ulrich Schmücker grüßen: «Er soll mal wieder schreiben – vor allem, wie die Sache so läuft. Der Kerl hat Hirn und auch Emotionen, eine verdammt gute Mischung – und gefährlich für Schweine.»

Während Tilgener im Gefängnis saß, änderte sich draußen für ihn einiges. Aus irgendwelchen Kanälen erfuhr er, daß Ilse Bongartz schon im Januar ihren Hamburger Freund geheiratet hatte. Nebeneffekt dieser Heirat war, daß sie so ihren berüchtigten Namen loswurde. «Geheiratet hat sie ausgerechnet jemanden, dessen Name beinahe ebenso anrüchig war: Wolfgang Jandt», schrieb Tilgener später.

Gegen Wolfgang Jandt war ein Strafverfahren wegen Brandstiftung in mehreren Hamburger Kaufhäusern gelaufen, in dem er gemeinsam mit anderen auch verurteilt worden war.

Die Ehe von Ilse und Wolfgang Jandt hielt nur wenige Wochen.

MISSTRAUEN

Am 16. Januar 1974 stand Götz Tilgener erneut vor Gericht. Er erhielt zehn Monate Freiheitsstrafe ohne Bewährung. Am 28. Februar war Berufungsverhandlung. Der Staatsanwalt forderte fünfzehn Monate. Das Urteil wurde am 1. März gesprochen: sieben Monate Freiheitsstrafe wegen eigenmächtiger Abwesenheit von der Truppe. Die Untersuchungshaft wurde angerechnet. Tilgener war noch am selben Tag frei. Er rief seinen ehemaligen Anwalt, das spätere RAF-Mitglied Jörg Lang, an und teilte ihm das günstige Prozeßergebnis mit. Darauf Lang: «Oh, paß bloß auf, das ist ein ganz linker Trick.»

Tilgener dazu rückblickend: «Ich glaube ihn dahingehend verstanden zu haben, daß auch er meinte, daß man mich als Lockvogel benutzen wollte.»

Als Tilgener Ilse Jandt in Wolfsburg anrief, war diese schroff und zurückhaltend. Das erste, was sie am Telefon sagte, war: «Wenn du nach Berlin kommst, paß um Gottes willen auf bei Bernd. Keine Informationen, nichts.» Tilgener war schockiert. Er fragte nach, aber aus Angst vor Abhörmaßnahmen des Verfassungsschutzes wollte Ilse Jandt keine Einzelheiten mitteilen. Die beiden verabredeten, sich noch in derselben Nacht auf dem Hauptbahnhof in Hannover zu treffen, um alles weitere zu besprechen. Tilgener legte den Hörer auf und nahm den nächsten Zug nach Hannover.

Dort wartete er vergeblich. Ilse Jandt kam nicht. Daraufhin flog Tilgener von Hannover nach Berlin. Am 2. März gegen Mittag traf er ein. Von der nächsten Telefonzelle aus rief er Ilse Jandt in Wolfsburg an und fragte, warum sie nicht zu dem verabredeten Treffen gekommen sei. Sie erklärte ihm, sie sei zu müde gewesen und hätte auch keine geeignete Fahrgelegenheit gefunden. Sie vereinbarten, daß «Billy» in den nächsten Tagen nach Wolfsburg kommen sollte. Daraus wurde jedoch nichts, weil Tilgener zwei Tage später die Brieftasche mit seinem Personalausweis verlor.

Mitte Februar war Ulrich Schmücker bei seinen Eltern in Neuenahr. Er hatte sich sehr verändert. Die Mutter war erschrocken über seinen Aufzug. Er trug einen Wildledermantel mit langem Fell auf der Innenseite und dazu eine merkwürdige bunte Bluse und Kettenschmuck. Auf seine Mutter machte er einen etwas geistesabwesenden Eindruck.

«Ich habe mich durchgerungen, weit weg zu gehen», sagte er. «Sonst veröde ich geistig völlig. Ich gehe nach Pakistan. Dort kann ich für 150 Mark im Monat gut leben.»

Schmücker wirkte depressiv. Nur wenn das Gespräch auf seine Freundin Usch kam, hellte sich sein Gesicht auf. Er erzählte seinen Eltern, daß sie ein Kind von ihm erwartete. Im August sollte es zur Welt kommen. Schmücker war begeistert, Vater zu werden. Er sagte seiner Mutter, er wolle Usch nicht heiraten, das Kind solle statt dessen in einer «Großfamilie» in der Zeughofstraße aufwachsen. Schmücker freute sich schon auf seine Rückkehr nach Berlin.

Während seines Besuches bei den Eltern war die Gruppe aus der Zeughofstraße mit ihrem alten Postauto in einen Ort in der Nähe von Hannover gefahren. Schmücker wußte selbst nicht, wo genau sich seine Mitbewohner aufhielten. Seinen Eltern sagte er, die Gruppe wolle dort auf einem alten Bauernhof den Kommunehund Keule in Pflege geben. Bei ihrer Rückkehr nach Berlin wollte Schmücker mitfahren. Die Eltern waren bereit, ihn bis Hannover zu bringen. Jeden Tag wartete Schmücker auf einen Anruf als Signal, daß es losgehen sollte. Aber niemand meldete sich. Enttäuscht fuhr er am 3. März mit einem Freund aus Bonn in dessen Wagen zurück nach Berlin.

Als Ulrich Schmücker in der Zeughofstraße ankam, war die Gruppe bereits wieder da. Die Stimmung war schlecht. Offenbar hatte man auf der Fahrt in die Bundesrepublik irgend etwas Negatives über ihn gehört. Man sagte ihm nichts Genaues, hielt ihm nur seine enge Beziehung zum Elternhaus vor. Er sei zu bürgerlich und deshalb für die Gruppe nicht tragbar.

Ein paar Tage später ging Götz Tilgener in die Zeughofstraße. Er wollte wissen, was es mit Ilse Jandts mysteriöser Warnung vor Schmücker auf sich hatte. Er sprach mit einigen Bewohnern der Fabriketagen, tastete sich vor, erfuhr aber nichts Konkretes. Zufällig stieß er auf Schmücker, der einen tief deprimierten Eindruck machte. Tilgener erkundigte sich nach Usch.

«Zwischen uns hat es gekracht.»

«Was ist denn los?»

Schmücker schwieg. Dann sagte er: «Ich weiß auch nicht, was eigentlich los ist. Ich möchte die Beziehung gern reparieren. Aber Usch ist nicht mehr interessiert.»

Kurze Zeit später traf Tilgener Usch. Auch sie drückte sich unklar aus. Sie sehe einfach keine gemeinsame Lebensperspektive mehr für sich und Schmücker. «Der Typ ist zu labil», sagte sie, «er weiß überhaupt nicht, was er eigentlich will.»

Tilgener war aufgefallen, daß sich Schmücker in den letzten Monaten stark verändert hatte. «Ulli machte einen total ausgeflippten Eindruck. Er hatte sich weitgehend von der Wohngruppe in der Zeughofstraße zurückgezogen. Nächtelang spielte er allein Gitarre oder trommelte auf seinen Bongos herum. Er rauchte Haschisch in irrsinnigen Mengen und kleidete sich in weiten Umhängen aus Gardinen und Brokatstoff.» Eines Tages sprach Tilgener ihn auf seine Kleidung an, und Schmücker antwortete schlicht: «Ich finde schöne Kleidung schön.»

Tilgener war ratlos, er wußte nichts mehr mit seinem alten Freund anzufangen. Um an die gemeinsamen Diskussionen aus dem vergangenen Herbst anzuknüpfen, fragte er ihn, ob sich denn seine Vorstellungen von illegalen politischen Aktionen ebenfalls verändert hätten. Schmücker schaute Tilgener lange stumm an. Dann nahm er ihn am Arm und führte ihn hinunter auf die Straße. «Nein», sagte er, «ich hab da so meine Pläne.» Er machte Tilgener allerhand obskure Vorschläge, so einen Überfall auf Kassenboten von Lebensmittelläden und einen Überfall auf Polizeiautos, um Waffen zu erbeuten. Schließlich entwickelte er die Idee, aus dem Apartments-Hotel in der Clayallee, in dem er immer noch von Zeit zu Zeit arbeitete, einige amerikanische Offiziere zu entführen, um sie gegen die Gefangenen Horst Mahler und Werner Hoppe auszutauschen. Tilgener schüttelte den Kopf. Um sich nicht lächerlich zu machen, erzählte er den anderen Bewohnern in der Zeughofstraße nichts von Schmückers abenteuerlichen Vorschlägen.

Ein paar Tage später besuchte Tilgener Schmücker erneut. Diesmal wollte er Klarheit.

«Was ist bei euch eigentlich los?» fragte er Schmücker.

«Die alte Geschichte ist wieder hochgekommen. Man verdächtigt mich wieder, Verräter und Spitzel zu sein. Das ist auch der wirkliche Grund dafür, daß Usch sich von mir getrennt hat.» Schmücker war den Tränen nahe. «Dabei kann ich beweisen, daß ich kein Verräter bin. Meine Aussagen und mein Gedächtnisprotokoll aus dem Knast liegen bei meinem Rechtsanwalt hier in Berlin. Ich habe schon einem aus der Gruppe eine Vollmacht gegeben, damit er die Akten abholen kann. Dann kann jeder lesen, was wirklich war.»

Tilgener versprach Schmücker, sich ebenfalls darum zu kümmern. «Du kannst die Vollmacht ja auf mich ausdehnen. Wir wollen mal sehen, was sich machen läßt.»

Schmücker war erleichtert, vielleicht konnte Tilgener ihm wieder einmal aus der Patsche helfen.

An einem der folgenden Abende traf Tilgener Usch und ging mit ihr in eine Kneipe. Anschließend begleitete er sie nach Hause in die Zeughofstraße und übernachtete bei ihr. Als Schmücker das kurz darauf erfuhr, kam es zum Bruch mit «Billy».

Götz Tilgener hatte während dieser Zeit genügend eigene Sorgen und Probleme und wollte sich nicht ununterbrochen mit Ulrich Schmücker beschäftigen. Eines Tages hörte er, daß zwei Bewohner der Zeughofstraße nach Wolfsburg zu Ilse Jandt gereist waren. Nach ihrer Rückkehr ging Tilgener zu ihnen und fragte, was denn da in Wolfsburg vor sich gehe. Er erfuhr, daß Ilse Jandt bei ihrer Mutter ausgezogen war und inzwischen in der Bäckergasse in einer Art Bauernhaus mit Garten, mitten in der Stadt, lebte. Sie sei ziemlich ausgeflippt und habe eine Gruppe gebildet, für die sie so etwas wie eine «Gruppenmutter» geworden sei. Das Haus befände sich in katastrophalem Zustand, und die Leute würden nur rumgammeln. Tilgener wurde neugierig und beschloß, mit einem der beiden zurück nach Wolfsburg zu trampen, sich Ilses neue Heimstätte anzusehen und sich dabei nach den Hintergründen ihrer Warnung vor Ulrich Schmücker zu erkundigen.

Am 6. April 1974 kam Tilgener in Wolfsburg an. Es war strahlendes Frühlingswetter, und Ilse Jandt saß in ihrem Garten an der Schreibmaschine. Neben ihr hockte ein Mädchen namens Annette, später gesellten sich noch zwei junge Männer dazu, die Ilse Jandt ihm als Farim und Wölli vorstellte. Sie sprachen eine Weile über die Schwierigkeiten von Gruppen im allgemeinen und die der neuentstandenen Wolfsburger Gruppe im besonderen. Tilgener fiel auf, daß der Altersunterschied in der neuen Gemeinschaft besonders kraß war. Ilse Jandt war fast siebenunddreißig, die anderen dagegen waren achtzehn Jahre alt. Ganz offensichtlich wurde sie von der Gruppe als unbestrittene Autorität anerkannt. Vor allem das Mädchen, Annette, schien ihr gegenüber stark verunsichert.

Gegen Abend ging Tilgener zusammen mit Ilse Jandt in die Schillerstraße zu ihrer Mutter. Sie wollte dort baden, denn in dem neuen Haus gab es kein funktionierendes Bad. Auf dem Weg fragte Tilgener, was es denn eigentlich mit ihren Andeutungen auf sich habe. Sie erzählte ihm – etwas verklausuliert –, daß sie in Berlin gewesen sei und dort Kontakt zu Inge Viett und Ralf Reinders gehabt habe. Die beiden seien entsetzt über ihren so vertrauensvollen Umgang mit Ulrich Schmücker gewesen. Inge Viett und Ralf Reinders hätten ihr klargemacht, wie umfangreich Schmückers Aussagen tatsächlich gewesen seien, und daß er im Verdacht stehe, als V-Mann für den Verfassungsschutz zu arbeiten.

Tilgener gab sich erschrocken. «Das steht ja in krassem Widerspruch zu dem, was er mir selbst erzählt hat.» Man mache sich, so Ilse Jandt, in Berlin Gedanken darüber, wieso auf diesem Parkplatz in Neuenahr am 7. Mai 1972 in den frühen Morgenstunden das Auto, in dem Inge Viett, Wolfgang Knupe, Harald Sommerfeld und Schmücker saßen, durchsucht wurde. Dieser Parkplatz war abgelegen und von außen kaum einzusehen. Irgend jemand müsse der Polizei einen Tip gegeben haben. Dafür komme nur Schmücker in Frage, der zwischendurch das Auto verlassen habe, um angeblich seine in der Nähe wohnenden Eltern zu besuchen. Außerdem habe er vorher gesagt, man könne in einer Wohngemeinschaft übernachten. In dieser Wohngemeinschaft sei aber niemand anzutreffen gewesen, obwohl Schmücker diesen Besuch angeblich vorher fest vereinbart hatte. Die einzige Erklärung für diese mysteriösen Vorkommnisse sei, daß Schmücker von Anfang an für den Verfassungsschutz gearbeitet habe. Merkwürdig sei auch, daß es Schmücker, obwohl pedantisch und handwerklich außerordentlich geschickt, nie gelungen sei, funktionsfähige Sprengsätze zu bauen. Das sei ein eindeutiges Zeichen dafür, daß Schmücker nie wollte, daß eine Bombe hochgeht.

Tilgener warf ein: «Dafür kann es verschiedene Gründe geben. Vielleicht hat er die Sprengkörper nur gebaut, um den Genossen zu imponieren, während er Bombenlegen in Wirklichkeit ablehnte und deshalb Fehler gemacht hat.»

Das aber ließ Ilse Jandt nicht gelten. Sie sei sicher, daß Schmücker von vornherein Agent des Verfassungsschutzes gewesen sei, mit der Aufgabe, die Gruppen der linken Szene zu liquidieren.

Tilgener winkte ab: «Von so weit hergeholten Konstruktionen halte ich nichts.»

«Dann bist du naiv. Ich verstehe nicht, wie jemand von deiner Intelligenz auf einen wie den Schmücker reinfallen kann. Du hättest doch wissen müssen, was er für ein Typ ist.»

«Aber du hast dich in deinem Brief selbst überaus positiv über ihn geäußert.»

«Damit wollte ich dich nur prüfen.»

In der Schillerstraße angekommen, badete Ilse Jandt, und dann schliefen die beiden zusammen in der Wohnung der Mutter. Tilgener hoffte, die durch seine Haftstrafe und Ilses kurze Ehe unterbrochene Beziehung wiederaufnehmen zu können, und beschloß, für ein paar Tage in Wolfsburg zu bleiben. Er hatte das Gefühl, gebraucht zu werden, wieder einmal den Retter in der Not spielen zu können.

Tatsächlich steckte die Gruppe in erheblichen Schwierigkeiten. Es war kein Geld da, um die Miete und die Stromrechnung zu bezahlen. Niemand arbeitete und hatte ein regelmäßiges Einkommen. Ilse hatte ihm zwar gesagt, daß sie Arbeit suchte, aber Tilgener glaubte ihr nicht so recht. Gelegentlich sprangen Genossen aus Hamburg, Berlin oder Hannover mit etwas Geld ein. Alle Gruppenmitglieder waren sich einig, daß es so nicht weitergehen konnte.

Tilgener sagte später: «Es wurde überlegt, ob man nicht in Berlin beispielsweise einen Überfall tätigen könnte, um die finanzielle Situation der Gruppe zu verbessern. Ein Banküberfall schien zu groß. Wir dachten eher an den Überfall auf einen Geldboten oder so was. Die notwendigen Waffen glaubte Ilse in Berlin beschaffen zu können.» Aus den Plänen wurde aber nichts.

Kurz vor Ostern traf ein weiteres Gruppenmitglied in Wolfsburg ein, den die anderen «Söre» nannten. Er war in Hamburg gewesen und hatte sich dort einen Schnitzer erlaubt. «Gegenüber Genossen, die er nicht kannte», so Tilgener, «hatte er über irgenddeine geplante Aktion der Wolfsburger gequatscht. Die Gruppe wollte wieder mal zündeln. Die Hamburger wandten sich an Ilse mit der Frage: ‹Sag mal, mit wem arbeitest du eigentlich zusammen? Kaum sind die aus deinem Einflußbereich weg, schon flippen die aus.›»

Es kam zur Gruppendiskussion über Söres Fehlverhalten. Tilgener beteiligte sich anfangs nicht daran. Erst als die anderen Söre allzu scharf attackierten, griff er ein und stellte sich auf dessen Seite. Er benutzte die Gelegenheit, um seine Autorität unter Beweis zu stellen. «Es liegt ja wohl wesentlich an der Gruppe, wenn der Söre so 'n Mist macht, und nicht nur an Söre.» Und zu Ilse Jandt gewandt fuhr er fort: «Wenn du schon die Autorität bist, dann hättest du Söre klare Verhaltensmaßregeln geben sollen. Oder du mußt die Autorität abbauen und dann nicht in solcher Weise über Söre herfallen.»

Tilgener erinnerte sich später: «Das war also recht schlimm. Der Söre saß uns gegenüber, der Typ aus der Zeughofstraße, mit dem ich nach Berlin gekommen war, schlief schon. Anwesend war der Farim, der gar nichts sagte, der Wölli, der redete, die Ilse und ich. Annette schlief auch schon, es war spät nachts. Söre saß uns gegenüber, also wie vor so einer Landgerichtskammer. Das war so widerlich, und da hat es mir irgendwann gestunken. Ich habe eingegriffen und gesagt: ‹Leute, so geht das nicht.› Söre war mir offensichtlich sehr dankbar, und die anderen sind dann zu Bett gegangen, und ich habe mich mit Söre dann noch weiter darüber unterhalten. Er war sehr überrascht, daß ich die Ilse kritisiert hatte, das tat sonst niemand. Die Leute, die mit der Ilse zusammenlebten, waren alle Schüler und viel jünger als sie.»

An einem der nächsten Tage kam das Gespräch wieder auf Ulrich Schmücker. Irgendeiner in der Gruppe schlug vor, doch einmal definitiv zu klären, ob Schmücker nun für den Verfassungsschutz arbeitete oder nicht. «Vielleicht ist er ein passiver Spitzel, der als Lockvogel dient und Agenten des Verfassungsschutzes im Schlepptau hat. Um festzustellen, ob Schmücker observiert wird, könnte man eine Gegenobservation vornehmen.»

Der Plan fand allgemeine Zustimmung. Tilgener schlug vor, die Aktion doch gleich am Karfreitag steigen zu lassen. Da habe er nämlich ohnehin eine Verabredung mit Schmücker. Um 20 Uhr wolle er sich mit ihm in einer Kreuzberger Kneipe treffen, um Einzelheiten über die Beschaffung falscher Papiere zu besprechen. Tilgener holte sich ein Blatt Papier und skizzierte einen Lageplan. Er markierte ein Lokal an der Ecke Albertstraße/Waldemarstraße. «Das ist eine grün angestrichene Kellerkneipe mit dem Schriftzug ‹Pilsator›. Hier bin ich mit Schmücker verabredet.»

Nach einigem Hin und Her einigte man sich auf einen Ablauf, den Tilgener dann mit groben Linien in seine Skizze eintrug. Nach dem Treffen in der Kellerkneipe sollte Tilgener mit Schmücker auf einigen Umwegen zum Kreuzberger Lokal «Tarantel» gehen. Annette und Wölli sollten zur verabredeten Zeit ebenfalls in der Kellerkneipe sein und Schmücker und Tilgener unauffällig zur «Tarantel» folgen, um festzustellen, ob Schmücker von irgend jemandem beschattet wurde. Farim hatte den Auftrag, die Köpenicker Straße in Höhe der «Tarantel» im Auge zu behalten und vor Schmücker und Tilgener in das Lokal zu gehen. Ihm wiederum sollte Ilse Jandt folgen und die «Tarantel» ebenfalls kurz vor Schmücker und Tilgener betreten. Weil sie Schmücker als einzige von den Wolfsburgern persönlich kannte, gab «Billy» den anderen noch eine genaue Personenbeschreibung.

Während die Wolfsburger Gruppe an dem Plan einer Gegenobservation arbeitete, spitzte sich der Konflikt zwischen Ulrich Schmücker und der Wohngemeinschaft Zeughofstraße zu. Seine Mitbewohner hatten Details über Schmückers Aussage erfahren. Nach seinen Gesprächen mit dem Verfassungsschützer Rühl seien in Berlin eine ganze Reihe von Personen verhaftet worden. Mit so jemand, argumentierten sie, wollten sie nicht länger zusammenleben. Hinzu kam, daß Schmücker kaum noch etwas tat und vorwiegend auf Kosten der Gruppe lebte.

Bei einem heftigen Streit setzte man Schmücker eine Frist von zwei Tagen, innerhalb derer er aus der Zeughofstraße verschwunden sein mußte. Verzweifelt packte er seine Sachen zusammen. Die Gruppe, die sein Halt war, setzte ihn vor die Tür. Vorbei war auch die Hoffnung, wieder mit Usch zusammenkommen zu können.

Ein Mitbewohner der Zeughofstraße, dem Schmücker leid tat, half ihm beim Umzug. In der Lahnstraße in Berlin-Neukölln hatte Schmücker eine Eineinhalbzimmerwohnung gemietet, die er eigentlich für seinen arabischen Freund Mohammed Osman vorgesehen hatte. Die kleine Wohnung hatte er bei Renovierungsarbeiten zusammen mit den Leuten aus der Zeughofstraße gefunden. Traurig machte er sich daran, sie herzurichten. Dabei versuchte er, ein paar klare Gedanken zu fassen. Er setzte sich an seinen Schreibtisch und skizzierte Briefe an seine Eltern und an alte Freunde, die ihn in der Zeughofstraße besuchen wollten.

«Liebe Gabi, lieber ………!
Ich habe leider die schlechte Nachricht für Euch, daß aus Eurem geplanten Besuch bei uns nichts werden kann.

Es hat in unserer Gruppe eine schwere Krise gegeben, für die ich – insbesondere meine unbewältigte Vergangenheit – verantwortlich gemacht und quasi rausgeschmissen wurde. Es hat keinen Zweck, ins Detail zu gehen, da ich Euch die Zusammenhänge schriftlich kaum verständlich machen könnte. Ich stehe jedenfalls mal wieder allein da, habe alles verloren. Konkrete politische Perspektive, die Gruppe, Usch und das Kind … aus!

Ihr wißt, daß ich mit Eurem Besuch Erwartungen verknüpft habe, mich riesig darauf gefreut habe und vieles Schöne mit Euch zusammen machen wollte. Aber nun sehe ich keine

Möglichkeit des Unterkommens für Euch, da ich selbst nicht weiß, wo ich die nächste Zeit weilen werde und was ich längerfristig überhaupt noch tun kann. In Deutschland (Europa) sehe ich keine Identifizierungsmöglichkeit mehr für Ulrich Schmücker, da er auf Grund seiner mysteriösen Aussage im Knast auf irreparable Weise gebrandmarkt ist. Ob eine solche Möglichkeit in einem anderen Teil der Welt besteht, wage ich zu bezweifeln, werde es aber trotzdem noch versuchen, weil ich nicht der Typ bin, der so ohne weiteres aufgibt und zum Stricke greift. Ihr seht, ich hänge ziemlich schmal und wäre bestimmt keine angenehme Gesellschaft.

Wenn Ihr dennoch kommen wollt und es irgendwie schafft, freue ich mich trotz allem darüber und wäre Euch dankbar. Arno und Ulli, die bis zum 8. 4. in Ahrweiler sind und dann nach Berlin zurückfahren, haben eine große Wohnung, in der Ihr evtl. mit Luftmatratzen schlafen könntet, ich denke schon, daß es geht. Ruft doch mal an und redet mit ihnen darüber.

Ihr könnt ihnen auch von diesem Brief erzählen. Ich hoffe sehr, daß es klappt. Andernfalls erreicht Euch dieser Brief hoffentlich noch früh genug, um umzudisponieren.

Übrigens, was ich Euch zu den Perspektiven und Möglichkeiten revolutionärer Gruppenentwicklung sagte, ist und bleibt gültig und realisierbar, solange kein Schmücker dabei ist, laßt Euch von meinem Schicksal nicht abschrecken!

Der konfuse Briefstil entspricht der gegenwärtigen Verwirrung meiner Gedanken.

Ich lasse wieder von mir hören! Bis dann!»

In diesen ersten Apriltagen bekam Ulrich Schmücker in seiner Wohnung Besuch von einem ehemaligen Mitbewohner der Zeughofstraße, Peter B. Schmücker hatte bei seinem Auszug einen Zettel mit seiner neuen Anschrift hinterlassen. Vor der Polizei sagte B. später aus: «Der Grund meines Besuches war der, daß ich unseren Herauswurf etwas motivieren wollte. Unser damaliges Vorgehen schien mir etwas zu hart gewesen zu sein. Das Gespräch blieb ohne Erfolg. Ich kam an ihn einfach nicht heran. Er machte einen verbitterten Eindruck. Ich hatte nicht das Gefühl, daß er vor irgend etwas Angst gehabt hätte. Meines Erachtens hat er die Möglichkeit, zur Verantwortung gezogen zu werden, gar nicht erkannt. Ich fand sein Verhalten ziemlich unrealistisch, fast naiv. Nach diesem Gespräch habe ich ihn bewußt nicht mehr gesehen.»

In Wolfsburg bereitete man sich währenddessen auf die Reise nach Berlin vor. Am Dienstag vor Ostern, es war der 9. April 1974, fuhr eine «Vorhut» mit der Bahn nach Berlin. Es waren Wolfgang S. (genannt Farim), Ilse Jandts Tochter Ines und Johannes H., der zusammen mit Götz Tilgener nach Wolfsburg gekommen war. Am Mittwoch reisten Tilgener und Ilse Jandt per Anhalter hinterher. Wolfgang W. und Annette von W. sollten noch einen Tag länger in Wolfsburg bleiben, weil für den Mittwoch Besuch erwartet wurde. Ein gewisser «Harry aus der Schweiz» wollte sich mit Ilse Jandt treffen. Tilgener hatte noch nie etwas von ihm gehört, und auf seine Fragen hin tat die Gruppe sehr geheimnisvoll. Erst später erfuhr er, daß «Harry» in Wirklichkeit Jürgen Bodeux hieß.

Verabredungsgemäß kam Bodeux am Mittwoch abend gegen 22 Uhr zusammen mit einer Freundin in die Bäckergasse. Wolfgang W. und Annette von W. erwarteten ihn. Sie sagten, Ilse hätte zu einem wichtigen «Treff» nach Berlin gemußt. Darauf schlug Bodeux vor, hinterherzufahren und sie dort zu treffen. Die beiden willigten ein, und am nächsten Tag trampten die vier nach Berlin. Bodeux gab ihnen eine Adresse, unter der er zu erreichen war, und sie trennten sich.

JÜRGEN BODEUX

Jürgen Bodeux wurde am 28. Juli 1953 in Wanne-Eickel geboren. Sein Vater war Versicherungsjurist. Die Mutter verließ die Familie, als Jürgen vier Jahre alt war. Die Ehe der Eltern wurde 1960 geschieden. In den folgenden fünf Jahren stritten sie sich um das Sorgerecht für Jürgen und seine jüngere Schwester. 1965 wurde der Sohn dem Vater und die Tochter der Mutter zugesprochen. 1968 heiratete der Vater zum zweiten Mal.

Ostern 1960 wurde Jürgen in Köln eingeschult. Die ersten Schuljahre verliefen normal. 1964 zog der Vater in ein Reihenhaus nach Porz. Dort führte die Großmutter den Haushalt und erzog die Kinder. Als sie 1965 starb, kam Jürgen in ein katholisches Volksschulinternat. Wegen seiner guten Leistungen machte die Schulleitung den Vorschlag, Jürgen auf eine Aufbau-Realschule zu schicken.

1967 kam er in die Aufbauschule nach Schleiden und wohnte hier anfangs im Internat, später bei einer Familie. Innerhalb kurzer Zeit verschlechterten sich seine Schulleistungen rapide. Zweimal wurde er nicht versetzt. 1970 verließ er die Schule ohne Abschluß und kehrte – nach fünf Jahren Abwesenheit – in das väterliche Haus zurück.

Er schaffte es noch, in Abendkursen an der Volkshochschule den Hauptschulabschluß nachzumachen, doch das anschließend begonnene Ausbildungsverhältnis – Jürgen hatte bei einem Kölner Wirtschaftsprüfer eine Lehre als Steuergehilfe begonnen – führte er nicht zu Ende. Nach Auskunft seines Lehrherrn war er intelligent genug, brachte jedoch kein Interesse für diesen Beruf auf. Seine Arbeiten dauerten lange und steckten voller Fehler, und er schwänzte häufig die Berufsschule.

Einem Sozialarbeiter schilderte Bodeux später in der Haft seine damalige Situation. Er habe sehr an seiner Mutter gehangen, deshalb habe es ihn besonders getroffen, daß er durch die Scheidung seiner Eltern von ihr getrennt worden sei. Er habe dann ein ausgesprochen gutes Verhältnis zu seiner Großmutter gehabt, bis zu ihrem plötzlichen Tod. Zu diesem Unglück sei noch gekommen, daß er das Elternhaus für längere Zeit ganz verloren habe, weil er ins Internat gesteckt worden sei. Nach der Rückkehr in das Haus seines Vaters habe er zwar eine gütige Stiefmutter, aber einen etwas «eiligen Vater» vorgefunden, der mit ihm über so wichtige Dinge wie seine Berufswahl nicht gesprochen habe. Der Vater habe für ihn den Beruf einfach bestimmt und auch noch Dankbarkeit dafür erwartet, daß er für ihn, obwohl er nur einen Volksschulabschluß hatte, eine Lehrstelle gefunden habe. Er habe diese Lehrstelle nicht antreten wollen, aber selbst keine Vorstellungen gehabt, was er hätte sonst tun sollen. Die Lehre sei einfach «angeordnet» worden, man habe über ihn «verfügt».

In der Lehre sei er dann nur mit Aktenablegen und Botengängen beschäftigt worden. An die eigentlichen Aufgaben eines Steuergehilfen habe man ihn überhaupt nicht herangeführt. Deshalb sei er von Beginn an lustlos zur Arbeit gegangen.

Anfang 1970 stieg Jürgen Bodeux in die Drogenszene ein. Schon während seiner Internatszeit hatte er Haschisch probiert, es war ihm allerdings schlecht davon geworden. Nach seiner Schulzeit kam er durch Bekannte aus der Nachbarschaft enger mit der Szene in Berührung. Er nahm jetzt Drogen aller Art. Er rauchte regelmäßig seine zwei Joints am Tag, schluckte LSD auf Löschpapier, nahm Tabletten und schnupfte gelegentlich auch Heroin. Er kapselte sich ab.

Ein Nachbarssohn war zu dieser Zeit sein einziger Freund. Darüber hinaus konnte er keinen Kontakt mehr zu Gleichaltrigen finden. Wenn der Vater und die Stiefmutter abends nach Hause kamen, hatten sie keine Zeit für ihn. Sie saßen vor dem Fernseher und redeten nicht viel. Am schlimmsten, so Bodeux, sei es an den Sonntagen gewesen. Niemand habe sich um ihn gekümmert, und deshalb sei er oft zum Nachbarssohn gegangen, dessen Situation ähnlich war. Die Drogen hätten ihnen über das Alleinsein hinweggeholfen.

Um das Jahr 1972 herum begann sich Jürgen Bodeux für die linke Szene zu interessieren. Zweimal rückte er von zu Hause aus und tauchte kurzfristig bei Freunden in Düsseldorf unter. Anfang 1972 ging er zur Porzer Gruppe der «Sozialistischen Deutschen Arbeiterjugend» (SDAJ), der Jugendorganisation der DKP. Während des Bundestagswahlkampfes im selben Jahr warf er bei einer politischen Veranstaltung Karnevalskracher. Er wurde von der Polizei festgenommen und nach wenigen Stunden entlassen.

Zu dieser Zeit lernte er über die Handelsschule ein Mitglied des Republikanischen Clubs (RC) in Köln kennen. Bodeux war begeistert und wollte mitmachen. Doch vorerst blitzte er hier mit seinem Tatendrang ab. Er unternahm etwas auf eigene Faust. Angeregt von den Ideen, die im Republikanischen Club diskutiert wurden, gründete er in Porz die «Schwarze Hilfe», eine Gruppe, die sich der Betreuung «politischer Gefangener» widmen wollte. Er gab auch eine Zeitung unter dem Titel «Schwarze Hilfe Porz» heraus, die allerdings nur kurz erschien. Über seine neugegründete Gruppe, die allem Anschein nach im wesentlichen aus ihm selbst bestand, nahm er Kontakte zu inhaftierten Mitgliedern der militanten Szene auf. Namen und Adressen hatte er sich aus Zeitungen besorgt. Er schrieb Briefe an das RAF-Mitglied Irene Goergens und an Ilse Jandt. Und irgendwie mußte der revolutionären Theorie die Praxis folgen.

An einem langweiligen Nachmittag des Jahres 1972 brach eine Gruppe Jugendlicher eine Baubude in Porz auf. Unter ihnen war Jürgen Bodeux. Sie kletterten durch ein Fenster hinein und öffneten einige Kisten. Bodeux ließ ein paar Stempel mitgehen. Zum Abschied schrieb er mit einer Sprühdose an die Wand: «Bullenpack» und «Baader raus!». Ein Nachbar hatte offenbar den Einbruch beobachtet und alarmierte die Polizei. Sie durchsuchte daraufhin Bodeux' Zimmer in der elterlichen Wohnung und fand die Stempel. Ein Mitglied der Gruppe wurde wegen des Einbruchs zu 600 Mark Geldstrafe verurteilt. Jürgen Bodeux kam so davon. Bei der Porzer Polizei waren später die Unterlagen über den Baubuden-Einbruch nicht mehr zu finden.

Ende 1972 baute Jürgen Bodeux seine Kontakte zum Republikanischen Club in Köln aus. Immer häufiger ließ er sich im sogenannten «Heinzelhaus» in der Moltkestraße 27 sehen. Dort trafen sich Mitglieder der «Roten Hilfe Köln», des «Schwarzkreuz» und des «Anarchosyndikats». Ein buntes Gemisch aus allen möglichen politischen Grüppchen. Während des großen Streiks bei Ford in Köln tagten auch verschiedene Organisationskomitees im «Heinzelhaus».

Bodeux fiel mehr und mehr durch seine militanten Ansichten auf. So erzählte er einem Schulfreund, mit legalem Kampf sei nichts mehr zu machen. Man müsse untertauchen und den bewaffneten Kampf führen. Mit solchen Sprüchen konnte er im «Heinzelhaus» aber nicht so recht ankommen. Man war mehr auf Theorie und Öffentlichkeitsarbeit fixiert. Zeitungen und Flugblätter wurden damals vorwiegend von Norbert Hofmann und Katharina May in deren elterlicher Druckerei hergestellt. Bodeux knüpfte Kontakt zu den beiden, die wiederum Beziehungen zu einem «Sozialistischen Patientenkollektiv Köln» hatten – und zu einem steckbrieflich gesuchten «Stadtguerilla». Sein Name war Lothar Gend. Bodeux interessierte sich immer mehr für den bewaffneten Untergrund.

Im Herbst 1973 wandte er sich der «Roten Hilfe Bonn» zu und tauchte regelmäßig in deren Zentrum in der Breiten Straße auf. Er umgab sich mit der Aura des Konspirativen und prahlte mit seinen Kontakten zum Untergrund. Wenn es etwas zu organisieren gab, dann war er dabei und bot sich als Koordinator an.

Mitte Dezember wurde das Zentrum aufgelöst, die «Rote Hilfe» spaltete sich in zwei Fraktionen, mehr aus persönlichen als aus politischen Gründen. Jürgen Bodeux schwankte zwischen den beiden Gruppen, von denen sich eine um Gaby W., die andere um Robert Jarowoy scharte. Kurz vor Weihnachten 1973 nahm Bodeux am «Internationalen Rote Hilfe Kongreß» teil. Im Januar 1974 tauchte er wieder in Bonn auf und besuchte Gaby W. in ihrer Wohngemeinschaft in der Gabelsberger Straße.

Ende Januar/Anfang Februar ging er mit ehemaligen Porzer Schulkameraden zum Kölner Südbahnhof, um Autokennzeichen zu stehlen. Einer, der dabei war, sagte später: «Er hat öfter versucht, mich für solche Sachen einzuspannen. Einmal hab ich's dann mit ihm gemacht.»

Mitte März brach Bodeux seine Lehre beim Steuerberater ab und zog zu Hause aus. Unterschlupf fand er in der Gabelsberger Straße bei Gaby W.

Am 18. März wurde Robert Jarowoy im Auto eines gewissen Norbert Behnke verhaftet. Behnke hatte sich für zehn Jahre bei der Bundeswehr verpflichtet und war anschließend in die militante Szene eingestiegen. Wegen seiner Zuverlässigkeit war er bei allen hoch angesehen. Am Abend nach Jarowoys Verhaftung kam er in der Gabelsberger Straße vorbei, angeblich, um «die Genossen zu warnen». Die Anwesenden waren jedoch mißtrauisch, sie hatten den Verdacht, er habe Jarowoy «hochgehen» lassen. Man hatte aber keine Beweise und wollte deshalb vorerst nichts gegen ihn unternehmen. Nur für Jürgen Bodeux schien der Fall klar. Nach späteren Aussagen von Zeugen im Schmücker-Verfahren machte Bodeux damals den Vorschlag, Norbert Behnke als Verräter «hinzurichten».

Das alles schien den Mitgliedern der Wohngemeinschaft Gabelsberger Straße nicht geheuer. Bodeux machte viele Sprüche, wenn es aber um konkrete Arbeit ging, drückte er sich gern. Anfang April 1974 setzte man ihn kurzerhand vor die Tür. Als er ging, nahm er die Kasse der «Roten Hilfe» mit.

Jürgen Bodeux besann sich seiner brieflichen Kontakte zu

«inhaftierten» Genossen. Er schrieb an Ilse Jandt, die in der Justizvollzugsanstalt Vechta einsaß.

Allen Bekannten aus der Zeit in Köln und Bonn blieb Bodeux als jemand in Erinnerung, der mehr durch aggressive Rhetorik als durch spezifische Interessen auffiel, als jemand, der nicht gerade mit politischem Wissen glänzen konnte.

Diese Einschätzung wurde später im Schmücker-Verfahren durch das Gutachten eines Sozialarbeiters gestützt. Darin hieß es: «Ich hatte überhaupt den Eindruck, daß er eine eigene politische Überzeugung zu keiner Zeit gehabt haben kann. Als ich ihn fragte, warum er einer anarchistischen Ideologie gefolgt sei, wußte er keine Antwort zu geben.»

EINE OBSERVATION WIRD OBSERVIERT

In der Zwischenzeit hatte Götz Tilgener sich bei Schmückers Anwalt Harald Loch die Akten und das Gedächtnisprotokoll über die Gespräche mit dem Verfassungsschützer Rühl besorgt. Es waren zwei zusammengeheftete und jeweils aus mehreren Teilen bestehende Schriftstücke. Der Anwalt hatte sie in einen großen Umschlag gesteckt und sich die Übergabe von Tilgener quittieren lassen. Mit den Unterlagen begab sich Tilgener zum Bundesplatz, wo er im «Wienerwald» mit Ilse Jandt verabredet war. Von dort aus gingen sie – so sagte jedenfalls Tilgener später aus – zu Thorwald Proll, dem Bruder von Astrid Proll, der 1968 zusammen mit Andreas Baader und Gudrun Ensslin in Frankfurter Kaufhäusern Feuer gelegt hatte. Über ihn hoffte Ilse Jandt, direkten Zugang zu Inge Viett zu bekommen. Sie sprach ihn darauf an, aber Proll schüttelte den Kopf. Wie sie denn auf eine solche Idee käme? Er habe zu den gesuchten Leuten keinen Kontakt und wisse auch nicht, über wen er den herstellen könnte.

Daraufhin verabschiedeten sich die beiden von Proll und fuhren zu Tilgeners Wohnung in der Cuvrystraße. Dessen Ehefrau Annelis war verreist, sie waren also ungestört. Sie rissen den Umschlag auf und lasen Schmückers Protokolle. Tilgener war entsetzt: «Wir haben diese Protokolle gelesen, und ich muß sagen, ich war sehr peinlich berührt, was da alles drin stand, wen er alles belastet hat, in welcher Weise.»

Anschließend gingen sie in die «Tarantel». Während Tilgener hier wartete, besuchte Ilse Jandt Waltraud S. Tilgeners Verhältnis zu dieser hatte sich wegen seines engen Kontaktes zu Schmücker abgekühlt. Nach einer Stunde kam Ilse Jandt zurück.

Der Bierzapfer der «Tarantel» fuhr sie in dem gelben VW-Bus, der dem Lokal gehörte, wieder in die Cuvrystraße. Er hieß Volker von Weingraber oder, mit vollständigem Namen, Volker von Weingraber Edler zu Grodeck – und er arbeitete als V-Mann für den Verfassungsschutz. Ein Mann aus bestem Hause, Professorensohn, der in den Wirren der sechziger Jahre irgendwie auf die schräge Bahn geraten war. Später, als seine Rolle im Mordfall Ulrich Schmücker allen Wissenden im Berliner Verfassungsschutz den Schweiß auf die Stirn trieb, charakterisierte der Amtsleiter Zachmann den «Edlen» so: «Als wir den V-Mann im November 1972 warben, war er als Zuhälter tätig. Er war zwar noch nicht straffällig geworden oder, besser gesagt, man hatte ihm noch keine Straftat nachweisen können, er lebte aber in einem eindeutig kriminellen Milieu. Er war in seiner Umgebung als nicht zimperlich bekannt. Er wurde allgemein, selbst von den Terroristen, respektiert.»

Die Wolfsburger Gruppe habe ihn sogar bis zu einem gewissen Grad gefürchtet, sich andererseits aber in seiner Gegenwart sicher und geborgen gefühlt. «Er war für sie ein Fachmann!» erklärte der Verfassungsschutzpräsident in einer geheimen Ansprache seinen Amtsleiterkollegen am 31. Januar 1975 in Berlin. Weingraber stamme aus gutbürgerlichem Haus. Er habe in der Schule Schiffbruch erlitten und nie einen normalen Beruf ausgeübt. Politisch habe er mit den Terroristen nichts im Sinn gehabt. Das sei die Basis seiner Karriere als V-Mann des Berliner Verfassungsschutzes gewesen.

Weingraber hatte sich der Polizei angedient, nachdem er von Terroristen gefragt worden war, ob er ihnen nicht Waffen beschaffen könne. Die Polizei stellte daraufhin Kontakt zum Verfassungsschutz her. «Wir haben ihn dann in zäher und geduldiger Arbeit aufgebaut und in die terroristische Szene hineingespielt», berichtete Zachmann stolz den Kollegen der anderen Landesämter. «Ihm selbst machte diese Arbeit Spaß. Wahrscheinlich war es Abenteuerlust. Zuweilen waren allerdings auch versteckte Anzeichen dafür erkennbar, daß er hier eine Gelegenheit sah, sich vor sich selbst zu rehabilitieren.» Im allgemeinen sei Volker von Weingraber, der den Decknamen «Wien» bekam, den Anweisungen seines V-Mann-Führers Grünhagen gefolgt. «Nur fand er uns häufig viel zu ängstlich und hatte für rechtsstaatliche Bedenken nicht das geringste Verständnis.»

Im April 1974 hatte V-Mann «Wien» der Behörde zum ersten Mal über seine Kontakte zur Wolfsburger Gruppe berichtet. Er habe in der «Tarantel» durch Götz Tilgener eine gewisse Frau Jandt und deren Begleitung kennengelernt. Er sei der Frau «recht sympathisch» gewesen. Da sei es naheliegend gewesen, daß er den vermeintlich Gleichgesinnten bei ihren häufigen Berlin-Aufenthalten Unterschlupf gewährt habe. Weingrabers V-Mann-Führer Grünhagen nahm zu Protokoll: «Hierzu ist anzumerken, daß die sexuelle Ausstrahlungskraft der B. [Jandt] – wie sich später herausstellte – der Hauptzusammenhalt der ganzen Gruppe war.»

Ilse Jandt hatte dem V-Mann «Wien» ahnungslos erzählt, daß sie einer Gruppe angehöre, die sich zielstrebig auf den revolutionären Kampf vorbereite. Sie ließ sehr bald ihr Interesse an Waffen, falschen Papieren und dergleichen erkennen. «Dies deckte sich mit den Äußerungen des – bei uns als Aufschneider bekannten – Tilgener», notierten die Geheimdienstler. «Der hatte erklärt, die Gruppe um die B. [Jandt] habe eine ‹Wahnsinnstat› vor, wolle sich Waffen beschaffen und plane eine ‹Geldkiste›, sprich einen Banküberfall.»

Beim Berliner Landesamt war man elektrisiert. V-Mann «Wien» wurde angewiesen, die Kontakte zu den Wolfsburgern zu intensivieren. Er erwarb das Vertrauen der «Gruppenmutter» Ilse Jandt, und die kam umgehend auf das Thema Schmücker zu sprechen. Sie erklärte, man habe einen Rechtfertigungsbericht Schmückers über das Zustandekommen seines Geständnisses in Händen und halte diesen Bericht möglicherweise für eine Provokation. Man wolle sich anhand der Prozeßakten vergewissern, inwieweit die Behauptungen Schmückers tatsächlich zuträfen. So war das Landesamt für Verfassungsschutz durch seinen V-Mann Volker von Weingraber und die «Plaudertasche» Götz Tilgener darüber informiert, daß sich über Schmücker etwas zusammenbraute.

Kurz bevor V-Mann «Wien», Ilse Jandt und Götz Tilgener in der Cuvrystraße ankamen, flüsterte sie «Billy» zu, in seiner Wohnung sei Besuch. Sie stieg allein aus, und Tilgener fuhr mit Weingraber weiter zum Lokal «Samira» in der Oranienstraße. Beim Abendessen erzählte Tilgener von der geplanten Observation und bat Weingraber um Mithilfe. Zur Erläuterung fügte er noch hinzu, daß er die Vernehmungsprotokolle Schmückers inzwischen kenne und daß deren Inhalt in krassem Widerspruch zu dem stehe, was Schmücker ihm früher berichtet habe. Dann bat er Weingraber, ihn zu seiner Wohnung zurückzufahren.

«Am besten kommst du nicht mit rein», sagte er geheimnisvoll, «bei mir findet gerade ein konspiratives Treffen statt.»

Bei seiner Vernehmung sagte Tilgener später: «Ich betrat die Wohnung und traf dort mit Frau S. zusammen. Die Begrüßung verlief außerordentlich kühl. Frau S. und Frau Jandt blieben in der Küche. Ich setzte mich ins Zimmer und arbeitete. Über die Gespräche zwischen Frau S. und Frau Jandt kann ich nichts sagen. Ich war bei diesen Gesprächen bewußt ausgeschlossen.»

Am nächsten Morgen ging Tilgener in die Zeughofstraße. Dort übergab er Farim, der in der Wohngemeinschaft übernachtet hatte, das «Rotbuch 107» mit dem Titel «Wie man gegenüber Polizei und Justiz die Nerven behält». Ein Kapitel in diesem Buch beschäftigt sich damit, wie die zaristische Geheimpolizei «Ochrana» Observationen und Gegenobservationen durchführte. Das erschien Tilgener eine wichtige Vorbereitung auf die geplante Aktion.

Gegen Mittag traf er sich mit Ilse Jandt und deren Tochter Ines auf einem Abenteuerspielplatz in der Köpenicker Straße. Es

war Karfreitag, der 12. April 1974. An diesem Tag sollte Schmükker observiert werden.

Pünktlich um 20 Uhr betrat Tilgener die Kellerkneipe in der Adal-
bertstraße. Schmücker war schon da. Annette und Wölli saßen
unauffällig an einem Nebentisch. Nach einer knappen Begrüßung
verließen Tilgener und Schmücker das Lokal. In kurzem Abstand
folgten Annette und Wölli. Tilgener führte Schmücker über einige Nebenstraßen zur «Tarantel».

«Dort», so erklärte er Schmücker, «treffen wir uns mit einer
Person, die du auch kennst.»

Schmücker war aufgeregt. «Ist das Inge Viett?»

«Nein, die nicht.»

Schweigend gingen die beiden nebeneinander durch die
dunklen Kreuzberger Straßen. Plötzlich sagte Tilgener: «Übrigens
habe ich die Protokolle gelesen. Ich bin ehrlich gesagt ziemlich
entsetzt. Du hast mir etwas völlig anderes erzählt, als in den Papieren steht.»

Schmücker antwortete nicht.

«Wieso hast du mir die Protokolle erst so spät zu lesen gege-
ben? Jetzt weiß ich nicht, ob ich dir überhaupt noch helfen kann.»
Dann lenkte er ein: «Auf jeden Fall müssen wir eine völlig neue
Strategie entwerfen.»

Inzwischen waren sie an der «Tarantel» angekommen. Als sie
die Tür öffneten, sah Schmücker Ilse Jandt. Er war überrascht
und wußte nicht, ob er sich freuen sollte oder nicht. Unschlüssig
blieb er an der Tür stehen. Da erhob sie sich von ihrem Platz, fiel
Schmücker um den Hals und begrüßte ihn überschwenglich. Die
drei setzten sich gemeinsam an einen Tisch. Tilgener winkte Volker von Weingraber heran und bestellte Wodka.

Sie hatten verabredet, daß in ihren Gläsern nur Wasser sein
sollte. Nach einiger Zeit begann Tilgener, den Betrunkenen zu
spielen. Als Weingraber Musik auflegte, erhob sich Tilgener
schwankend, ging hinüber zu Annette und forderte sie auf, mit

ihm zu tanzen. Leise fragte er, ob sie bei der Observation Verdächtiges gesehen hatte. Annette schüttelte den Kopf. Um sie unauffällig wieder loszuwerden, machte Tilgener Anstalten, Annette zu küssen. Sie gab ihm eine fingierte Ohrfeige, und Tilgener drehte sich um. «Dumme Zicke», murmelte er und ließ sie stehen. Annette ging zurück an ihren Tisch, wo Wölli sie demonstrativ tröstete. Das ganze Theater in der «Tarantel» dauerte etwa zwei Stunden. Irgendwann in dieser Zeit sagte Ilse Jandt zu Schmücker, man traue ihm zwar nicht, wolle ihm aber eine Chance geben. Er habe die Möglichkeit, sich in einer Gruppe der IRA, der Irisch-Republikanischen Armee, zu bewähren. So weit hergeholt und phantastisch das Angebot auch geklungen haben mag – Schmücker schien es zu glauben. Zunächst, als ersten Teil der Prüfung, müsse er aber, so Jandt weiter, einen Fragebogen über seine Aussagen und seine Kontakte zum Verfassungsschutzagenten Rühl ausfüllen. Schmücker willigte ein. Kurz vor Mitternacht verabschiedete er sich, um die letzte U-Bahn zu erreichen. Tilgener und Ilse Jandt machten sich auf den Weg in die Cuvrystraße und übernachteten dort.

Am nächsten Morgen, es war der Samstag vor Ostern, ging Ilse Jandt zu Volker von Weingraber und holte eine elektrische Reiseschreibmaschine ab, die Tilgener eigentlich am Freitag abend hatte mitnehmen wollen. Die Maschine war in der «Tarantel» deponiert worden, um die Aussagen Schmückers gleich schriftlich festhalten zu können. Ilse Jandt kam mit der Schreibmaschine zurück, hatte aber das dazugehörige Kabel vergessen. Dies brachte Weingraber dann am Nachmittag vorbei.

Der Verfassungsschutz verließ sich indes nicht nur auf seine Quelle «Wien». Offenbar vertraute man Weingraber nicht vollständig und befürchtete, daß er eigenmächtig handeln könnte. «Hatte der V-Mann möglicherweise durch einen Alleingang den großen ‹Schlag› landen wollen, von dem er immer geträumt hatte?» faßte Amtsleiter Zachmann später vor seinen Kollegen die Überlegungen zusammen.

Da blieb nur die Gegenkontrolle. Ein Observationskommando des Landesamtes für Verfassungsschutz beobachtete Ilse Jandt und ihre Wolfsburger Gruppe während ihrer Berlin-Aufenthalte so gut es ging. «Hierbei wurde eine Begegnung zwischen der B. [Jandt] und Schmücker in dem bereits zuvor erwähnten Lokal beobachtet.» Die Observation durch zwei Beamte des Landesamtes für Verfassungsschutz mit den Kürzeln Po. und La. dauerte von 20.30 Uhr bis 23.05 Uhr. Die Späher notierten: «Bei dem Lokal handelt es sich um eine alte renovierungsbedürftige Kneipe, bestehend aus einem circa 40 qm großen Raum. Das Mobiliar setzt sich aus alten Holztischen und Stühlen sowie zerschlissenen alten Teppichen zusammen.» An der Wand hing ein großes Bild, ein nachgemaltes Foto von Ulrike Meinhof, auf dem sie rauchend neben ihrer RAF-Genossin Irene Goergens zu sehen ist.

Die «Tarantel» war nur spärlich besucht. Drei junge Männer und zwei junge Frauen saßen am Fenster. V-Mann «Wien» bediente die Gäste. Auf dem Podium spielte eine Rockband. Langsam füllte sich das Lokal. Die observierenden Beamten notierten: «APO-Typen, die sich untereinander kannten und von ‹Wien› geduzt wurden.»

Um 21.17 Uhr betrat Schmücker den Gastraum. «Nach dem Foto gut erkennbar», schrieben die Verfassungsschützer. Er stand einige Minuten allein am Tresen und setzte sich dann zu zwei jungen Männern in der Nähe des Eingangs. Sechs Minuten später kam Tilgener. Er hatte eine große grauschwarze Plastiktüte dabei, was sie enthielt, konnten die Beobachter nicht erkennen. Er ging zum Tresen und stellte die Tüte in den Tresendurchgang. Dann unterhielt er sich angeregt mit dem Barkeeper und zeitweilig auch mit Volker von Weingraber. Es ging offenbar um Politik. Die Beamten konnten ein paar Worte aufschnappen: «Es ist doch alles Scheiße, wenn man rüberfährt.» Und: «Alles Kapitalisten!»

Zweimal suchte Schmücker die Toilette auf, beim zweiten Mal ging ihm Weingraber nach. Immer wenn Schmücker zurückkehrte, blickte er zuerst in Richtung Theke und setzte sich dann an seinen Tisch am Eingang. Um 21.45 Uhr nahm Tilgener seine Plastiktüte und ging zu einem der Tische am Fenster. Er unterhielt sich mit einigen Gästen, sah aber nicht zu Schmücker hinüber. Fünf Minuten später verließ Tilgener die «Tarantel» und winkte beim Herausgehen mit dem Plastikbeutel in Richtung des Tisches, an dem Schmücker saß. Den Beamten fiel auf, daß der Inhalt der Tüte nicht mehr so glatt und geordnet war wie zuvor. Entgangen war ihnen aber, daß hier eine «Observation» Schmückers lief. Das erfuhr Grünhagen erst am nächsten Tag von seinem zuverlässigen V-Mann «Wien», dem gegenüber er sich «Steinekker» nannte. Weingraber berichtete: «Die Zusammenkunft von Schmücker, Ilse Jandt und Tilgener wurde von drei weiteren Personen beobachtet.» Später seien diese drei Personen als die Mitglieder der «Wolfsburger Kommune» Wolfgang S., Wolfgang W. und Annette von W. identifiziert worden. Der Verfassungsschutz konnte sogar in die Akten aufnehmen, worüber Ilse Jandt mit Schmücker geredet hatte: «Wie der VM von der B. [Jandt] erfuhr, soll Schmücker bei diesem Gespräch nochmals betont haben, daß er es ehrlich meine und wieder aktiv mitarbeiten wolle.»

Weingraber schaffte es auch, eine Kopie des Gedächtnisprotokolls aufzutreiben, in dem Schmücker seine Gespräche mit dem Verfassungsschützer Rühl geschildert hatte. Er reichte es umgehend an seinen V-Mann-Führer weiter. Der Inhalt des Protokolls, verbunden mit der Tatsache, daß das Papier offenbar in der linken Szene kursierte, löste beim Landesamt blankes Entsetzen aus. Grünhagen wurde verdonnert, eine Stellungnahme dazu abzugeben.

Fünf Tage später legte er seinen Vorgesetzten einen zwanzig Seiten langen Bericht vor, in dem er Schmückers Darstellung zu widerlegen versuchte. Von der Existenz des Protokolls, das Schmücker Ende Dezember 1972 in der Haft skizziert und am 1. Mai 1973 seiner Mutter diktiert hatte, hatte Grünhagen schon am 14. Februar 1973 durch das Kassiber eines anderen Häftlings erfahren. Doch auch zuvor gab es bereits «Erkenntnisse, daß Schmücker offensichtlich ‹umgecheckt› war», wie Grünhagen es ausdrückte.

Punkt für Punkt ging Grünhagen Schmückers Protokoll durch, doch außer einigen Details konnte er nur wenig als falsch nachweisen. Dann kam er zum Kern, der Behauptung Schmückers, sein Besucher vom Amt habe ihn als V-Mann anwerben wollen. Grünhagen stellte das umgekehrt dar: «Am Ende des zweiten Gespräches am 10. Juli 1972 hat Schmücker mich gefragt, ob es nicht möglich sei, ‹für mich zu arbeiten›. Ich habe diese Frage zunächst offengelassen. Schmücker hatte nämlich verschiedentlich erklärt, daß es für ihn eigentlich nur zwei Möglichkeiten gebe: Erstens, weiter bei den Anarchisten mitzumachen, oder aber für mich zu arbeiten. Er könne sich ein bürgerliches Leben nicht vorstellen.» Um die weitere Vernehmung Schmückers nicht zu gefährden, habe er zu dieser Frage bewußt nicht Stellung genommen. «Amtsintern», so Grünhagen, «hatte IV am 12. Juli 1972 entschieden, daß ‹Spielen› mit Schmücker ausscheidet. Schmücker sollte also kein V-Mann werden.»

Über die von Schmücker geschilderten gemeinsamen Fluchtpläne sagte Grünhagen: «Ich habe gegenüber Schmücker nie einen irgendwie gearteten Fluchtplan ausgearbeitet bzw. ihm eine solche Flucht schmackhaft gemacht.» Schmücker sei während der gesamten Befragungszeit krampfhaft darum bemüht gewesen, ihm klarzumachen, daß er als V-Mann für ihn von großer Wichtigkeit sein könne. Er habe deshalb selbst immer neue Pläne entwickelt, wie er am «glaubhaftesten» wieder Fuß in der linken Szene fassen könne. «Ich bin dann teilweise auf seine Argumente eingegangen», bekannte Grünhagen. Er habe die ganze Angelegenheit am Schluß aber beendet, indem er Schmücker klargemacht habe, daß man für so etwas keine Genehmigung erhalten würde. «Der Hintergrund dieses Verhaltens ist darin zu sehen, daß die Befragung des Schmücker noch nicht abgeschlossen war.»

164

Schmücker sei nur bereit gewesen, die Gespräche fortzusetzen, wenn es für ihn «einen Sinn hätte». «Weil er aber erklärt hatte, daß er als Zeuge nicht vor Gericht auftreten würde, sondern weiter als ‹Linker› arbeiten wolle, war für ihn dann die einzige Alternative, für einen Nachrichtendienst tätig zu sein.» Diese Einstellung Schmückers habe sich wie ein roter Faden durch sämtliche Gespräche gezogen.

Das Spiel mit der Idee, aus Schmücker einen V-Mann zu machen, zog sich allerdings auch wie ein roter Faden durch die Gespräche beim Berliner Landesamt für Verfassungsschutz. Ende Juni 1972 waren die Befragungen im wesentlichen abgeschlossen. Die Auswertung zeigte, daß Schmückers Aussage im großen und ganzen der Wahrheit entsprach. Deshalb machte der Verfassungsschützer mit dem Decknamen Rühl doch noch einen Versuch, Schmücker als V-Mann anzuwerben: «Es wurde von mir daher noch einmal versucht zu prüfen, ob nicht doch ein operativer Einsatz des Schmücker in Frage kommen könnte.» Diese Prüfung habe die Verfassungs-Abteilung IV(2)E unterstützt. Entsprechende Vermerke seien gefertigt worden. Man habe dann aber endgültig entschieden, daß Schmücker nicht als V-Mann eingesetzt werden soll. «Aus diesem Grunde», schrieb Grünhagen, «wurde gegenüber Schmücker in der Zeit bis etwa Mitte Juli 1972 die Frage einer eventuellen Mitarbeit weiterhin offengelassen».

Letztmals hatte Grünhagen ihn kurz vor Weihnachten 1972 in der Haft in Westdeutschland besucht. «Dieser Besuch diente hauptsächlich dazu, ihn ‹aufzurichten›, da er auch noch zu diesem Zeitpunkt versuchte, mir klarzumachen, daß er für mich als V-Mann doch von Interesse sein könnte.» Grünhagen ließ Schmücker seinen tödlichen Traum, zwischen den Fronten von Geheimdienst und Terrorismus ein Agentenleben zu führen. Am Ende hatte er nur eine Sorge: Schmückers Gedächtnisprotokoll könnte von linken Anwälten in Terroristenprozessen benutzt werden, um «mit großem Aufwand Arbeitsweise und Arbeitsmethode des Verfassungsschutzes anzuprangern».

Grünhagens Vorgesetzter, der Leiter des Arbeitsbereiches Linksextremismus beim Berliner Landesamt für Verfassungsschutz Schröder, teilte diese Befürchtung. Er notierte in einem Aktenvermerk am 9. Mai 1974, es stehe «außer Frage, daß der Gesamtkomplex sich mit großer Wahrscheinlichkeit so zugetragen hat, wie Schmücker ihn schildert». Beim Umgang mit «Terroristen dieser Art» müsse der Befrager mit Hilfe von «Bonbons» das Vertrauen des Gesprächspartners zu gewinnen versuchen.

Daß der Verfassungsschutz das Treffen in der «Tarantel» observiert hatte, ahnten die Wolfsburger nicht. Ihr Gruppengespräch am Ostersamstag begann mit einer Manöverkritik. Einer aus der Gruppe bemängelte, daß Farim in einem Lokal wie der «Tarantel» zur Tarnung ausgerechnet den «Stern» gelesen habe. Jemand anders kritisierte, daß Tilgener offensichtlich völlig betrunken gewesen sei, was dieser unter Hinweis auf den Wasser-Wodka zurückwies. Einer wagte auch anzudeuten, daß Ilse wohl etwas viel Alkohol getrunken habe.

EINE GANZ
NORMALE GRUPPENDISKUSSION

Über den Verlauf des Gruppengesprächs sagte Götz Tilgener später lakonisch: «Ilse teilte uns mit, daß der Beschluß gefaßt worden sei, Schmücker hinzurichten. Grund dafür seien seine Aussagen vor Gericht und der Verdacht, er selbst arbeite als Spitzel für den Verfassungsschutz.»

Von wem Ilse Jandt den «Auftrag» zur Ermordung Ulrich Schmückers erhalten haben soll, darüber machte Tilgener in allen seinen Aussagen nur Andeutungen. Mal wußte er es nicht so genau, mal hatten Ralf Reinders und Inge Viett die Anweisung gegeben, mal war die Gruppe selbst auf die Idee gekommen. Auf jeden Fall, so Tilgener, sei es eine «normale Gruppendiskussion» gewesen, bei der über die Ermordung Ulrich Schmückers gesprochen wurde. Er selbst, Tilgener, sei ausgewählt worden, Schmükker hinzurichten. Irgend jemand aus der Gruppe habe gesagt: «Wie ist es, schießt du? Du hast dem Schwein die ganze Zeit geholfen. Jetzt mußt du beweisen, daß du noch ein Genosse bist.»

Tilgener will sich – seinen eigenen Aussagen zufolge – sofort dazu bereitgefunden haben, schließlich sei er der einzige in der Gruppe gewesen, der im «Combat-Schießen» ausgebildet gewesen sei und auch in schwierigen Situationen treffe.

Dann ging man – nach Tilgeners Angaben – dazu über, den groben Ablauf der Aktion zu planen. Als erstes beschloß man, Schmücker den schon erwähnten Fragebogen vorzulegen, in dem er sein damaliges Verhalten erklären sollte. Diesen wollte man dann, ergänzt durch einen theoretischen Anhang, als Rechtfertigungsschrift für die Hinrichtung der Öffentlichkeit übergeben. Weiter kam die Gruppe mit dem Aufstellen des Plans in der ersten Nacht nicht.

Am nächsten Morgen, es war Ostersonntag, setzten sich Götz Tilgener und Ilse Jandt zusammen und formulierten anhand von Schmückers Vernehmungsakten und seines Gedächtnisprotokolls einen Katalog mit sechs Fragen. Die vier Papierbogen mit den für die Antworten freigelassenen Stellen brachte Tilgener später zusammen mit Peter B. zu Ulrich Schmücker in dessen neue Wohnung in der Lahnstraße. Tilgener übergab Schmücker die Bogen. «Du weißt», sagte er, «daß du zur Bewährung in eine Gruppe der IRA aufgenommen werden sollst. Vorher mußt du dich rechtfertigen.» Schmücker überflog die Fragen und setzte sich sofort hin, um sie zu beantworten. Tilgener fiel auf, daß Schmücker vor Nervosität schweißnaß war.

Während Tilgener und sein Begleiter Schach spielten, brütete Schmücker drei Stunden lang über den sechs Fragen:

«1. Welches waren Deine Beweggründe, den Strafverfolgungsbehörden Auskunft über die Organisation Bewegung 2. Juni zu geben?

Antwort: Zur Zeit meiner Aussage zur Bewegung 2. Juni war mir bekannt, daß H. Sommerfeld bereits umfassend ausgesagt hatte. Ich ging davon aus, durch meine Aussage den Behörden keine neuen Informationen zu geben und einige durch Sommerfeld belastete Genossen in ihr entlasten zu können.

2. Du warst Angehöriger der Bewegung 2. Juni, und Du hast Mitglieder dieser Organisation durch Deine Aussagen belastet. Nenne uns bitte die Motivationen für Deine Gespräche mit den Staatsschutzbehörden der BRD!

Antwort: In meinen Gesprächen mit einem Offizier des Verfassungsschutzes versuchte ich, Näheres über das Zustandekommen der Aussage Sommerfelds und den Stand der Ermittlungen zu erfahren. Ich versuchte auch, in vier Kassibern zwischen Ende Mai und Mitte November '72, Genossen vor dem Zugriff

168

der Behörden zu warnen. Auch nach meiner Haftentlassung im Februar '73 warnte ich die M.s und Adomeit, daß dem VS ihre Waffenbeschaffung bekannt sei. Diese Informationen hatte ich aus den Gesprächen mit dem VS. Durch diese Gespräche versuchte ich ebenfalls, meine eigene Situation als von Sommerfeld Verratener zu verbessern, also aus der von mir empfundenen Ohnmacht im Knast herauszukommen, ohne selbst Genossen zu verraten. Daß dies falsch war, ist mir im nachhinein klar! Die juristischen Implikationen meiner Aussagen und deren Funktion in den weiteren Strafverfahren waren mir jedoch zu dieser Zeit nicht bewußt.

3. Als Angehöriger der Bewegung 2. Juni waren Dir internationale Kontakte dieser Organisation bekannt. Durch Deine Aussagen vor den Staatsschutzbehörden der BRD hast Du die internationale revolutionäre Bewegung behindert und gleichzeitig die Arbeit nichteuropäischer Geheimdienste verstärkt und gefördert. Wie stellst Du Dich dazu?

Antwort: Meine Aussagen zu internationalen Kontakten beschränkten sich auf die Kontakte zur PFLP und lassen sich grob in drei Kategorien unterteilen:

a) Aussagen zur vereinbarten Kooperation zwischen der PFLP und der Bewegung 2. Juni: Die von Sommerfeld zu diesem Thema gemachten Angaben führte ich aus, formulierte sie detaillierter und vermischte sie mit mir belanglos erscheinenden Informationen. Ich versuchte dabei, nicht (zumindest in wichtigen Dingen nicht) über das hinauszugehen, was durch Sommerfeld bekannt war.

b) Hintergrundinformationen, die mit meinen Kontakten zur PFLP nichts zu tun hatten, die ich zum Teil den bürgerlichen Medien entnommen oder frei konstruiert hatte: Sie dienten dazu, meine Aussage umfassend erscheinen zu lassen.

c) Aussagen zum Verhandlungsablauf und zur Sprengstoffübergabe: Hier ging es mir darum, Detlef Z. und die beteiligten

PFLP-Genossen zu decken; meine Aussagen zum Verhandlungsablauf sind größtenteils falsch, einige Treffen und Gespräche frei erfunden, andere weggelassen, Zeitpunkte z. T. um einen Monat verschoben. So blieb Z. zwar Kontaktvermittler, ich konnte aber glaubhaft darstellen, daß er vom Inhalt der Gespräche nichts wußte. Die beteiligten PFLP-Genossen habe ich nicht identifiziert, obwohl mir wiederholt ihre Fotos vorgelegt wurden, von verschiedenen Behörden. Ich habe sie immer nur als Araber o. ä. aufgeführt, obwohl zwei von ihnen Nordeuropäer waren. Ich führte die Polizei an den Übergabeort in Braunschweig in der sicheren Annahme, daß die Übergabe abgesichert sei und diese Spur zu nichts führte.

Dank meiner Vermittlung hatte die Bewegung 2. Juni auch Kontakte zu politischen Organisationen in Italien und einer revolutionären Organisation im amerikanischen Mittelwesten (Minneapolis, Chicago). Zu diesen Kontakten habe ich keinerlei Aussagen gemacht, da davon Sommerfeld nichts bekannt war.

Ich meine nicht, durch meine Aussagen die Arbeit nichteuropäischer Geheimdienste verstärkt und gefördert zu haben, habe aber die internationale revolutionäre Bewegung in zwei Aspekten behindert:

a) Mein Verhalten mußte für alle Beteiligten als ‹Umfallen im Knast› erscheinen, sie verunsichern und ihre Kooperationsbereitschaft mit deutschen Organisationen in Frage stellen, was wohl auch zum Abbau einiger Kontakte geführt hat.

b) Durch meine Aussagen (welchen Inhalts auch immer) gab ich den faschistischen Medien Material für ihre Hetzkampagne gegen die palästinensische und arabische Revolution. Diese Möglichkeit hatte ich damals naiverweise ausgeschlossen.

4. Welches waren Deine Gesprächspartner bei den von Dir vertraulich geführten Gesprächen?
Antwort: Peter Rühl (wahrscheinlich Deckname), Agenten-

obmann des Westberliner Verfassungsschutzes, verantwortlich für die Abwehr revolutionärer Organisationen in Berlin + BRD, Tel. 870591-4218, Hausanschluß 60

Weitere Gespräche (weniger vertraulich):
a) Schmidt, Günter Abt. I
b) Thiele I STA

5. Wie kamst Du zu der Annahme, daß manche Deiner Aussagen für Dich lebensgefährlich sein könnten?

Antwort: Dieser Annahme war ich nie! Die entsprechenden Passagen meiner Aussagen sollten eine Veröffentlichung (Presse) verhindern, mein Umfallen durch Simulation von Angst total erscheinen lassen und so meine Glaubwürdigkeit stärken.

Eine solche Annahme widerspräche meinem gesamten Verhalten nach meiner Entlassung (Kontaktaufnahme zu Genossen, Aufenthalt in Damaskus und Beirut im Juli/August '73).

6. Welche Möglichkeiten siehst Du für nationale und internationale revolutionäre Organisationen, sich nachhaltig vor Konterrevolutionären und Verrätern zu schützen?

Antwort: a) Sorgfältigere und bessere Planung von Aktionen, also tendenzielles Ausschalten von Fehlern und Verlusten.

b) Intensive Vorbereitung der Genossen auf den Fall einer Gefangennahme (fehlte bei der Bewegung 2. Juni völlig!). Jeder muß in der Lage sein, sich im Knast (psychisch) und in der Konfrontation mit der Klassenjustiz – (auch juristisch) – zurechtzufinden. Dazu gehört auch eine gute Betreuung durch Anwalts-Genossen, die sich nicht nur auf ‹Prominente› beschränkt, und eine Neuorientierung der Arbeit der Roten Hilfe.

c) Ein besseres System der Abschottung innerhalb der Organisation (nicht durch Mißtrauen zu erreichen!), das jeden einzelnen nur soviel an konkreten Daten, Namen etc. wissen läßt, wie er unbedingt braucht, ihn aber nicht vom Gesamtzusammenhang isoliert. Z. B. eine Methode, auch taktische Fragen zu diskutieren und Inhalte zu vermitteln, die nicht an konkreten Daten festgemacht werden.

d) Gestalten einer menschlichen, bedürfnisgerechten (soweit möglich) Lebenssituation in den Kommandogruppen – dort Revolutionierung aller Lebensbereiche, keine Trennung politische Arbeit/Privatleben, Kopf/Bauch etc. –, die so lange eben möglich legal leben und sich reproduzieren sollen (kein Zugzwang aus der Illegalität heraus – ‹Schwimmen im Wasser!›). In solchen Lebenszusammenhängen können Existenzängste beseitigt und dadurch dem Verrat die ökonomischen und psychologischen Grundlagen entzogen werden. Das heißt: die Schaffung von Lebenszusammenhängen, die im Stadium des revolutionären Kampfes (Negation des Imperialismus) schon – soweit unter den gegenwärtigen Umständen möglich – die Entwicklung alternativer Lebensformen (also die dialektische Aufhebung der bloßen Negation) zulassen, macht Verrat tendenziell unmöglich.

Wir müssen lernen, mit dem bewaffneten revolutionären Kampf zu leben!

Ich fühle mich weder als Konterrevolutionär – da ich, wenn mein Verhalten der Konterrevolution diente, mich ihrer Verfügung entzogen habe – noch als Verräter, weil ich niemanden verraten habe, durch mein falsches Verhalten Verrat eindämmen wollte. Ich habe schwere Fehler gemacht, Fehler, die zurückgeführt werden können auf meine damalige psychische Konstitution, die das Resultat mangelnder Über-Ich-Bewältigung in meiner damaligen Lebenssituation als Student war, aber auch auf Fehler meiner Gruppe in der Bewegung 2. Juni. Diese Fehler haben mich schwer belastet und drängen – wo das noch nicht geschehen ist – nach Aufarbeitung. Aufarbeitung, die nur im revolutionären Kontext möglich ist.»

Nachdem Schmücker die Fragen schriftlich – mit der Hand – beantwortet hatte, packte Tilgener die Bogen zusammen und fuhr zurück in die Cuvrystraße. Dort traf er mit den anderen Gruppen-

mitgliedern zusammen. Er reichte den Fragenkatalog, Schmükkers Aussageakten und das Gedächtnisprotokoll zum Lesen herum. Dann wurde wieder diskutiert.

Tilgener schilderte später den Mordplan, der anfangs eher
den Charakter eines revolutionären Indianerspiels hatte: «Da besprachen wir dann in groben Zügen den Plan, wie wir den
Schmücker am besten erschießen sollten. Das heißt, es stand von
Anfang an gar nicht fest, ob wir Schmücker überhaupt erschießen. Es wurde auch überlegt, ob man ihn vielleicht erdrosselt
oder ersticht. Von irgendwelchen Leuten brachte einer den Vorschlag mit, daß man Schmücker am zweiten Jahrestag der Festnahme, am 7. Mai, auf dem Parkplatz in Bad Neuenahr eingegipst
in das gleiche Fahrzeug setzt, das die Leute damals gefahren haben, einen Fiat 124.

Den Plan mit dem Eingipsen haben wir allerdings ziemlich
bald fallengelassen, weil uns das technisch zu schwierig erschien.
Der Aufwand erschien uns zu groß. Da sagte einer: ‹Wieso den
Kerl eingipsen? Man kann den doch einfach so in dem geklauten
124 abstellen. Mit einem Schild um den Hals: Ich bin der und
der.› Dann haben wir den Plan gefaßt, eine Presseerklärung anzufertigen, die wir anläßlich seiner Hinrichtung herausgeben wollten. Schütze sollte ich sein, und zwar weil ich dem Schmücker
die ganze Zeit weitergeholfen hatte, die ganze Zeit vorher, das
ganze Jahr 1973.

Ich sollte mich also durch diesen Schuß rechtfertigen. Im übrigen, als zweiter Grund, war ich der einzig Verfügbare, der eine
gründliche Schießausbildung genossen hatte. Wir wollten ihn ja
nachts erschießen, und da war ich der einzige, der in einer
schwierigen Situation, vielleicht sogar in einer Kampf-Situation,
trifft. Möglicherweise war Schmücker ja auch bewaffnet.

Einer machte den Einwurf: ‹Bei einem Kopfschuß und den
dann ins Auto legen, der blutet dann doch alles voll. Was machen
wir denn da?› Dann kam der Vorschlag, man könnte ihm doch
vielleicht – wenn man mit einem Kleinkalibergewehr schießt – ei-

nen Tampon in das Loch an der Stirn stopfen. Das ist recht makaber. Allein schon das schildert ziemlich gut die Situation und die Anspannung, in der wir uns befanden. Es ging schließlich und endlich darum, den Typen umzulegen.

Wir überlegten dann anhand einer Landkarte hin und her, wo wir das am besten machen könnten. Wir planten die Fluchtrichtungen und Wege und verwarfen viele wieder. Dann kamen wir auf den Plan, Schmücker in der Nacht vom 6. auf den 7. Mai im Raum Bonn zu erschießen und ihn dann auf diesem Parkplatz in Bad Neuenahr abzustellen. Direkt an der Tat beteiligt sein sollten Wölli und ich. Wölli als mein Fahrer und ich als Schütze. Als weiteren Fahrer wollten wir noch den Peter B. dabeihaben. Der bat sich aber Bedenkzeit aus und wollte der Ilse mitteilen, ob er bereit sei, an der Tat teilzunehmen. Ich hatte damals schon den Eindruck, daß er nicht dazu bereit war.»

Schmücker mußte also nach Westdeutschland gelockt werden. Man beschloß, so Tilgener, ihm mitzuteilen, daß er sich dort mit einem Abgesandten der IRA zu treffen habe, um mit diesem die Modalitäten seiner Mitarbeit in der Irisch-Republikanischen Armee zu erörtern. Nachdem die Gruppe den Tatablauf soweit grob geplant und vorbesprochen hatte, trennte man sich.

Die Wolfsburger wollten zurückfahren, während Tilgener noch in Berlin blieb, um den von Schmücker ausgefüllten Fragebogen im Offsetdruckverfahren vervielfältigen zu lassen.

EIN PROFESSIONELLER TERRORIST

Unterdessen wohnte Bodeux, jener mysteriöse «Harry», bei Freunden in der Liegnitzer Straße. Dort spielte er den professionellen Terroristen. Er stieg mit seinem Wanzen-Suchgerät auf Tische und Bänke und suchte die Wände nach Abhörmikrofonen ab. «Harry» hatte Ilse Jandt ausrichten lassen, daß er jederzeit unter dieser Adresse zu erreichen sei. Am Ostermontag ging er auf eine Party beim «Häftlingskollektiv» in der Nansenstraße. Am Dienstag nach Ostern, so sagte er später aus, sollte das Treffen mit Ilse Jandt stattfinden. «Osterdienstag» nannte er diesen Tag, den 16. April 1974, in mehreren Vernehmungen. Die Aussage kann kaum stimmen, denn nach einer Eintragung in Ilse Jandts Reisepaß hatte sie Berlin an dem Tag bereits um 18 Uhr verlassen.

An jenem «Osterdienstag» also will Jürgen Bodeux Ilse Jandt zum ersten Mal gesehen haben. Am Nachmittag sei sie zu ihm in die Liegnitzer Straße gekommen. Bodeux gab später zu Protokoll: «Sie machte auf mich einen sehr anziehenden, warmen Eindruck, und ihre Begrüßung fiel sehr freundschaftlich aus. Noch in der Wohnung sagte sie mir, sie hätte mich tags zuvor in der Kommune-Wohnung Nansenstraße gesehen.»

Ilse Jandt habe das Gespräch in einem Café fortsetzen wollen. So hätten sie sich zusammen mit einer in der Wohnung anwesenden Freundin namens Ulrike auf den Weg zum Kottbusser Tor gemacht. «Dort eingetroffen», so Bodeux in seiner Aussage, «wurde Ilse Jandt ziemlich konkret. Sie erzählte in dem Café erst einmal von ihren persönlichen Erlebnissen, u. a. daß sie ihren Mann, Wolfgang Jandt, hinausgeworfen habe. Ihrer Meinung nach war er zu pazifistisch. Ihren Erzählungen nach hatte sie sich in Wolfsburg mit guten Genossen zusammengefunden und mit diesen konkrete Gespräche geführt. Diese Gruppe wollte politisch aktiv arbeiten, und bei weiterer Kontakten sollte ich mich vertrauensvoll mit jedem Angehörigen dieser Gruppe gleichberechtigt unterhalten können, als ob ich mit ihr spräche. Für die Gruppenarbeit würde, so erzählte Ilse Jandt weiter, das dazu erforderliche Material benötigt. Unter anderem würden Waffen und Fälschungsutensilien fehlen. Ihre Fragen schienen mir sehr direkt zu sein, da sie mich ja lediglich durch Briefkontakte kannte. Auf ihren Wunsch hin versprach ich, mich nach entsprechendem Material umzuhören, insbesondere benötigte sie Führerscheine. Wie sie erklärte, hatte keiner der Wolfsburger Gruppe einen Führerschein.» Nach etwa zwei Stunden habe man sich getrennt. Bodeux habe versprochen, sich in Wolfsburg zu melden, wenn er die gewünschten – oder angebotenen? – Gegenstände besorgt habe.

Gegen 22 Uhr am selben Abend sei Ilse Jandt – nach Bodeux' Aussage – noch einmal in die Liegnitzer Straße gekommen. Sie habe Bodeux ihren Begleiter «Farim» vorgestellt und ihn aufgefordert, mit ihr einen Augenblick unten auf der Straße spazierenzugehen. Während Farim bei Ulrike in der Wohnung geblieben sei, habe er zusammen mit Ilse Jandt das Haus verlassen.

«Ilse verlangte von mir ganz konkret die Beschaffung eines ‹Schraubenkrallers›. Als sie mir die Verwendung erklärte, begriff ich, daß sie damit einen Schloßauszieher meinte, den wir im allgemeinen als ‹Korkenzieher› bezeichneten. Weiterhin wollte sie eine Waffe, es war ihr egal, welche, jedoch sollte es keine kleinkalibrige sein. Sie hat mir den Grund der Beschaffung nicht genannt, und ich habe auch keine Fragen gestellt. Für mich schien klar, daß es sich um eine Geldbeschaffungsaktion der Wolfsburger handeln würde, zumal mir bekannt war, daß die Gruppe in finanziellen Schwierigkeiten war und auch keiner Arbeit nachging.»

Bodeux habe – so seine eigene Aussage – versprochen, sein Bestes zu tun und sich in etwa zwei Wochen telefonisch in Wolfsburg zu melden. Dann seien die beiden wieder zurückgegangen und hätten noch eine Weile geplaudert. Gegen Mitternacht hätten sich Ilse Jandt und Farim dann verabschiedet.

Kurz nach Ostern, wahrscheinlich am 17. April 1974, fuhr Bodeux per Anhalter nach Bonn.

«HABT KEINE ANGST UM MICH»

Die Ostertage hatten Ulrich Schmücker ein wenig Auftrieb gegeben. Die Gespräche am Karfreitag in der «Tarantel» ließen ihn hoffen, doch wieder in die «Szene» aufgenommen zu werden. Es schien, als habe er die abwegige Geschichte, ausgerechnet die IRA würde unsichere Kantonisten zur «Bewährung» aufnehmen, tatsächlich geglaubt. In seiner Verzweiflung klammerte er sich offenbar an jede noch so geringe Chance zur Wiedereingliederung in die «Bewegung». Wenige Tage nach dem Treffen in der «Tarantel» schrieb er den lange versprochenen Brief an seine Eltern:

Ihr Lieben! «Ostern '74
Ich möchte zunächst auf die Gründe, die mich zum Verlassen meiner Gruppe zwangen, und meine Stellung dazu eingehen: Wie Euch bekannt ist, stand ich während meiner U-Haft in Verhandlungen mit einem Offizier des Bundesamtes für Verfassungsschutz (VS). Da der VS ein Geheimdienst ist, fanden unsere Gespräche unter vertraulichen Bedingungen statt und befinden sich die entsprechenden Unterlagen und Akten in einem Archiv des VS, sind also weder anderen Dienststellen (Polizei, Justiz) noch der Öffentlichkeit (Presse, Rechtsanwälte usw.) zugänglich. In den Gesprächen ging es u. a. um eine mögliche Agententätigkeit für den VS, die mit meiner Flucht aus dem Knast beginnen sollte; ein weiteres Resultat war meine – aus welchen Gründen auch immer gemachte – Aussage vom Juli '72. Die Hintergründe dieser Aussage, also der gesamte Verhandlungsverlauf, sind für Außenstehende undurchsichtig, zwielichtig.

178

Nach meinem Prozeß und der Entlassung aus der Haft gab es für mich (theoretisch) vier Möglichkeiten:

1. Das dreckige Spiel, das mir die Justiz durch den ganzen Verhandlungsverlauf nach meiner Aussage anbot, mitzuspielen, d. h. die wacklige Aussage des Hauptbelastungszeugen Sommerfeld in den weiteren Prozessen gegen Genossen abzustützen und als Belohnung Straferlaß und Studienmöglichkeit (= Aufbau einer bürgerlichen Existenz) zu kassieren. Dieser Weg (hier nur als theoretische Möglichkeit aufgeführt) war für mich ungangbar, weil er meinem Denken, meinem Engagement, meiner Identifizierung mit der gerechten Sache der internationalen revolutionären Bewegung widersprach und weil eine bürgerliche Existenz für mich *keine* Lebens-, Selbstverwirklichungsmöglichkeit darstellt. Ich hoffe, das ist auch Euch inzwischen klar!

2. Ich hätte meine Strafe absitzen und bei den Prozessen die in meinem Gedächtnisprotokoll aufgeführten Sachverhalte darlegen können. Ich zog diese Möglichkeit ernsthaft in Betracht unter der Voraussetzung, daß damit den inhaftierten Genossen geholfen werden könnte. Bei meinen Gesprächen mit den entsprechenden Anwälten – spätestens nach der Aussage Heinz Brockmanns – stellte sich aber ganz klar heraus, daß durch solch ein Selbstopfer niemandem geholfen wäre. Auch für mich selbst hätte ich dadurch nichts erreichen können, auch keine Aufarbeitung der großen Knastproblematik.

3. Ich hätte zum Studium (oder sonstwas) ins Ausland gehen können. Damals – und auch im nachhinein – erschien mir ein Untertauchen im Ausland zu dieser Zeit (Februar bis Mai '73) als *Flucht,* Flucht vor den Konsequenzen meiner Aussage, Flucht vor der Konfrontation mit den kritischen Fragen der Genossen, Flucht vor der selbstkritischen und konsequenten Aufarbeitung meiner Knastvergangenheit, jedoch ‹Im-Stich-Lassen› der inhaftierten Genossen.

179

Schweden z. B. war *keine* Alternative für mich! Das war mir nur nicht immer klar, wie Ihr wißt, ist es aber jetzt. Ich wäre dort meine ‹Gewissenslast› (mir fällt nichts Besseres ein) nicht losgeworden, hätte sie höchstens verdrängen können und wäre wohl als gebrochener, lebensunfähiger Mensch daraus hervorgegangen.

4. Ich konnte versuchen, wieder im revolutionären Kontext zu arbeiten, einen Platz in der Bewegung in Deutschland einzunehmen und im direkten Zusammenhang mit der politischen Praxis (eine andere Möglichkeit dazu gibt es nicht) meine Knastvergangenheit mit allen Implikationen aufzuarbeiten. Sobald ich eine – wenn auch nur geringe – Chance dazu sah (April '73), war Schweden für mich passé und ich nahm diese wahr.

Alles, was ich seitdem gemacht habe (anfängliches Durchhängen wegen der Isolation in Berlin, Nahost-Aufenthalt, Kommune, Verhältnis mit Usch etc.), steht damit in Zusammenhang.

Wie ich nun leider habe feststellen müssen, ist es mir nicht gelungen, Licht in das Dunkel der damaligen Knastgeschehnisse zu bringen, meine eigene Stellung in den Augen der Genossen zu klären und so das Mißtrauen, das mir verständlicherweise entgegengebracht wurde, abzubauen. Da in einer revolutionären Organisation, deren Mitglieder langjährige Inhaftierung und sogar ihr Leben riskieren, unter den gegenwärtigen Bedingungen niemand arbeiten kann, dem man nicht rückhaltlos vertraut, wurde ich konsequenterweise ausgeschlossen. Das betrifft nicht nur meine Gruppe (der Ausschluß wurde auch nicht nur in Berlin diskutiert und beschlossen), sondern die Bewegung in ganz Deutschland, ja in ganz Mitteleuropa, denn mein Fall ist auch im europäischen Ausland bekannt. Die offizielle Argumentation ist etwa folgende: Die Bewegung ist z. Zt. so schwach und so leicht umzuschlagen (siehe Verhaftungen in Hamburg und Frankfurt; die Reaktion arbeitet mit immer perfektionierteren

Mitteln und Methoden), daß man es sich nicht leisten kann, mit jemandem zusammenzuarbeiten, der sich durch eine Aussage disqualifiziert hat und nachher nicht restlos rehabilitieren konnte. Das heißt nicht, daß man mich für einen VS-Agenten hält: Man kann aber die Möglichkeit – und sei die Wahrscheinlichkeit auch nur 5 Prozent – nicht ausschließen. Deshalb ist es richtig und für die Sicherheit der Genossen unumgänglich, zu dem radikalen Mittel des Ausschlusses zu greifen.

Wenn auch der Ausschluß für mich hart, sehr hart ist, schließe ich mich dieser Argumentation an, hätte wahrscheinlich selbst nicht anders entschieden. Das Experiment, eine bewaffnete Kommandogruppe *mit mir*, Ulrich Schmücker, aufzubauen, ist also gescheitert – letztlich an meiner eigenen Unfähigkeit, die damaligen Ereignisse ins rechte Licht zu rücken. Man kann diese Sache nicht verobjektivieren, eine stalinistische Säuberungsaktion wittern, denn mein Fall ist verknüpft mit meiner rein individuellen Geschichte, die in Deutschland nicht ihresgleichen hat. Alles, was ich zu den Möglichkeiten und Perspektiven revolutionärer Gruppenentwicklung gesagt habe, ist und bleibt also gültig und realisierbar, nur eben nicht mit mir.

Ich bin also nicht sauer auf die Mitglieder meiner Gruppe, habe Verständnis für ihre Position und bin ihnen eher dankbar, dankbar nicht für den Rausschmiß, sondern für die Zeit, die ich mit ihnen zusammensein konnte und für all das, was wir zusammen machen konnten. Unser Zusammenleben hat bei mir Lernprozesse ausgelöst, die anders gar nicht denkbar gewesen wären. Ich habe mich im letzten halben Jahr sehr verändert – wie ich meine, sehr positiv entwickelt –, habe Bezüge zu vielen Dingen (besonders praktischen Sachen und *menschlichen* Lebensformen) gewonnen, die mir bislang durch meine Erziehung verwehrt geblieben waren, und mich so auf der ökonomischen (Reproduktions-) wie auch auf der Bewußtseinsebene *proletarisiert,* also revolutioniert. Durch die

bewußte Erfahrung militanter Veränderung in allen Lebens-
bereichen wurde mein Selbstbewußtsein, meine Persönlichkeit
gestärkt, wurde ich psychisch stabilisiert, so daß ich nun viel
selbständiger, lebens- und überlebensfähiger daraus
hervorgehe – ob in genügendem Maße, wird die Zukunft
zeigen.

In diesem Zusammenhang – gerade nach meinem letzten
Besuch bei Euch – ‹gesunden Egoismus› und Mißtrauen zu
fordern, ist völlig unangebracht, weil ein solches Verhalten das
Mißtrauen und die Solidarität, die wir so dringend benötigen,
hintertreibt, den einzelnen noch mehr isoliert und auf sich selbst
zurückwirft und so, statt aus der Misere heraus, nur noch weiter
Ratschläge, die ich – vermutlich durch geschickte Manöver der
Klassenjustiz, denn andere inhaftierte Genossen hörten fast
wörtlich dasselbe von ihren Verwandten – von Euch im Knast
zu hören bekam (‹Politik ist ein schmutziges Geschäft; nur die
Großen profitieren davon›, ‹Denk doch endlich mal an dich
selbst› etc.). Ratschläge, die mir nicht im geringsten
weiterhalfen, die mir nur die Trennung zwischen der Aufarbeitung meines – zum Teil durch Eure Erziehung vermittelten –
bürgerlichen Über-Ichs und meiner Zuneigung zu Euch
erschwerten (was in nicht geringem Maße zu meinem damaligen
Fehlverhalten beitrug).

Versteht mich nicht falsch, ich mache Euch keine Vorwürfe;
ich bringe nur diese Kritik mit derselben Offenheit und Unver-
blümtheit an, wie ich sie in unserer Beziehung – soll sie Zukunft
haben – für notwendig erachte und in allen Beziehungen
fordere. Auch weiß ich, daß diese Ratschläge wirklich wohl-
gemeint sind und waren und daß Euch ihre möglichen
Auswirkungen nicht bewußt sind, da es Euch kaum möglich ist/
war, meine heutige/damalige Situation und deren Hintergründe
zu durchschauen. Nur, seid nicht traurig, wenn ich diese
Ratschläge nicht befolge, denn für meine Entscheidungen und
mein Verhalten bin ich letztlich selbst verantwortlich. Das

ändert nichts daran, daß ich Euch für die Unterstützung, die Ihr mir so oft versucht habt zu geben, dankbar bin.

Zum Abbruch meiner Beziehung mit Usch möchte ich sagen, daß Usch sich von mir getrennt hat, vorläufig nichts mehr mit mir zu tun haben will, was für mich wegen meines starken emotionalen Engagements wahnsinnig schwer ist und worunter ich sehr – zeitweise zu sehr – gelitten habe. Auch für sie war es nicht leicht, für ihre weitere Entwicklung aber wohl notwendig. Usch ist eine so starke Frau, daß ich mir keinerlei Sorgen um sie und das Kind, das sie gebären wird, mache und zuversichtlich an die Zukunft der beiden denke. Das Kind wird – zusammen mit anderen Kindern – in einer Gruppe guter Leute aufwachsen, Bezugspersonen und alles, was es braucht, haben, sich gut, sozial entwickeln und stark werden. Diese Kinder werden viel stärker sein als wir, weil sie in einer viel offeneren, menschlicheren und bedürfnisgerechteren Atmosphäre auf-wachsen. Wir werden später von unseren Kindern lernen müssen!

Meine Anwesenheit ist also für die gesunde Entwicklung des Kindes unnötig. Diese Gewißheit macht es mir viel leichter, auf den Wunsch, mit Usch und dem Kind zusammenzuleben, für längere Zeit zu verzichten; ich sage bewußt ‹für längere Zeit›, denn wenn wir uns in dieselbe Richtung entwickeln, werden unsere Wege sicherlich wieder zusammenführen. Die harte Nuß, die ich zu knacken habe, mein emotionaler Bezug zu den beiden, ist für ihre Zukunft unwesentlich. Wenn Ihr sie mit Baby-Wäsche u.ä. unterstützen wollt (wofür ich Euch dankbar wäre), dann schickt die Sachen *bitte noch im Mai* (nachher ungewiß) an das Studio für Gestaltung, 1–36, Zeughofstr. 20, Fabrik-gelände, und seid nicht enttäuscht oder verärgert, wenn keine Bestätigung oder sonstige Reaktion erfolgt, okay?

Nach meinem Ausschluß – ich habe also nicht auf der Straße gesessen – zog ich in eine Neuköllner 1-Zimmer-Wohnung, die ich ursprünglich für meinen ägyptischen Freund

besorgt hatte (von einem anderen gemietet, ohne
Verpflichtungen). Die Wohnung gefiel mir anfangs überhaupt
nicht; doch nachdem ich eine Woche rumgewerkelt und sie ganz
nach meinem Geschmack eingerichtet hatte, fühlte ich mich
ganz wohl in ihr und hatte dabei gelernt, daß ich fast jede
Umgebung mit einfachen Mitteln meinen äußerlichen
Bedürfnissen entsprechend gestalten kann (habe dafür nicht
einmal 10 DM ausgegeben). Ich mache ein paar Fotos, die ich Euch dann zuschicke;
habe leider keine Fotos aus der Zeughofstraße. Dort war es
zigmal besser, doch ein bißchen von dem könnt Ihr auch hier
wiederfinden.

Erst nachdem die Wohnung soweit fertig ist und ich mich
ein wenig eingelebt habe, schreibe ich Euch den versprochenen
Brief; ich wollte Ruhe (auch innere) und Zeit dazu haben, denn
dieser Brief ist die einzige schriftliche Fixierung des Elends
meiner Aufarbeitung der gegenwärtigen Situation. Ich möchte
Euch deshalb bitten, ihn an sicherem Ort aufzubewahren, so
daß ich ihn später vielleicht noch einmal lesen kann.

Für meine Zukunft sehe ich z. Zt. zwei Möglichkeiten:
1. Der Ausschluß ist nicht auf Lebenszeit; man hat es
offengelassen, daß ich nach einem Ausbau und einer Konsoli-
dierung der Bewegung in Deutschland sowie nach einem Fort-
schreiten meiner persönlichen Entwicklung vielleicht doch
wieder in Deutschland arbeiten kann, und mir geraten, für
einige Jahre ins Ausland zu gehen, was ich ohnehin gemacht
hätte. Ich habe also die Unterlagen aus Karatschi angefordert
und stehe in Verbindung mit der Botschaft. Auch heute ist
Pakistan keine Alternative zu dem, was ich eigentlich machen
will, bietet mir aber von allen verbleibenden Möglichkeiten die
besten Perspektiven. Ich fühle mich jetzt stark, selbständig und
fähig genug, um mich in Pakistan zurechtzufinden und mir dort
eine Existenzgrundlage zu schaffen. Kommt es dazu (als einzige
wahrscheinlich, siehe 2. Möglichkeit), werde ich im Mai, Juni

und Juli hier arbeiten, genügend Geld sparen, um dort ein Jahr zu überleben – Zeit genug, um neue Reproduktionsmöglichkeiten (z. B. als Deutschlehrer) zu finden, und wahrscheinlich Mitte bis Ende August abreisen. Ich komme dann Anfang August – wenn eben möglich – noch einmal nach Bad Neuenahr.
2. Durch ihre Fürsprache und ihren starken persönlichen Einsatz für mich haben einige Genossen eine erneute Untersuchung der Geschehnisse während meiner Haftzeit erreicht. Die nationale und internationale revolutionäre Bewegung ist dann vor einigen Tagen noch einmal ganz offiziell an mich herangetreten, hat eine Stellungnahme zu meinem damaligen Verhalten gefordert und mir eine Möglichkeit in Aussicht gestellt, die ich Euch aus Geheimhaltungsgründen nicht darlegen kann. Ich kann Euch nur das dazu sagen, was *für Euch* wichtig ist. Von der Überprüfung meiner Stellungnahme und einigen Verhandlungen wird es abhängen, ob mir diese Chance geboten wird oder nicht. (Die Entscheidung ist innerhalb der nächsten Wochen zu erwarten. Falls sie – wie ich hoffe und mir sehnlichst wünsche – positiv ausfällt, werde ich ganz schnell verschwinden und lange Zeit für Euch nicht mehr erreichbar sein.) Arno wird sich dann um einige Sachen hier in der Wohnung kümmern, und ich lasse Euch, wenn möglich, noch eine kurze Nachricht zukommen. (Seid darum bitte nicht traurig und weint nicht dem ‹verlorenen Sohn› hinterher, denn eigentlich habt Ihr mich dadurch gewonnen und nicht verloren, weil ich mich selbst dadurch gewinne.) Diese Chance entspricht genau dem, was ich die ganze Zeit wollte, all die Jahre hindurch im Kopf hatte, und was ich daraus mache, ob ich mich dabei bewähre oder nicht, ist dann allein meine Sache, denn niemand legt mir dann mehr Steine in den Weg. (Diese Chance ist für mich *einmalig*, wenn ich sie bekomme, dann jetzt und kein zweites Mal in meinem Leben; sie ist *die* Möglichkeit, mich zu verwirklichen!)
Denkt doch daran, daß es besser ist, wenn ich woanders bin

und es mir gutgeht (dessen könnt Ihr dann sicher sein), als ob ich in Eurer Nähe bin und es mir dreckig geht. Habt auch keine Angst um mich, denn ich bin stark genug, um mit vielen Situationen fertig zu werden, und wo das noch nicht der Fall ist, werde ich es lernen müssen. Wenn mir dieser Weg offen steht, werde ich ihn gerne gehen, auf eigenen Wunsch, ohne Druck, ohne Beeinflussung irgendwelcher Genossen und mit all meiner Kraft; macht deshalb bitte niemanden dafür verantwortlich, niemand außer Nixon, Brandt, Genscher, Springer und ihre Mörderbande, niemand außer der Verwalterklasse des internationalen Monopolkapitals und ihren faschistischen Schergen. Ich hoffe auf positiven Bescheid, denn er bedeutet für mich *Leben*!

Bis zum Eintreffen des Bescheides werde ich in Richtung Pakistan weitermachen – also auch in dieser und der nächsten Woche an dem Druckerkursus teilnehmen –, denn falls er negativ ausfällt, kann ich mir eine Verzögerung meines Arbeitsbeginns nicht leisten; ich stünde dann auch weiterhin mit Euch in Verbindung und ließe von mir hören.

Alles für den Sieg der Weltrevolution!»

EIN TATORT WIRD AUSGEKUNDSCHAFTET

Während Ulrich Schmücker eine «positive Antwort» erwartete, ließ Götz Tilgener den Fragebogen in hundert Exemplaren vervielfältigen und fuhr in die Zeughofstraße. Er wollte dort Schmükkers ehemalige Freundin Usch treffen, die zusammen mit zwei Mitbewohnern eine Autoreise nach England vorbereitete. Usch wollte in London das Kind des «Verräters» Ulrich Schmücker abtreiben lassen.

Tilgener setzte sich zu ihnen in den alten Mercedes-Diesel. Er wollte bis Wolfsburg mitfahren. In dem schwarzen Plastikkoffer nahm er die elektrische Reiseschreibmaschine vom Typ «Brother Electric» mit, auf der er den Fragebogen getippt hatte.

Am Grenzübergang Helmstedt wurden die Reisenden aus der Autoschlange herausgewinkt. Die westdeutschen Grenzbeamten kontrollierten ihre Papiere.

«Würden Sie bitte mal aussteigen!»

«Was soll denn das?» fragte Tilgener.

«Gegen Sie liegt was vor.»

«Aha.»

Daraufhin schaltete sich Peter B. ein und sagte: «Dann steige ich auch gleich mit aus. Ich möchte als Zeuge dabeisein.»

Der Grenzschützer blickte unwillig und sagte zu Tilgener: «Also wissen Sie, das sind sehr persönliche Fragen, die ich Ihnen stelle. Vielleicht möchten Sie das vertraulich behandelt haben.»

«Nein, der Herr B., der ist mir als Zeuge durchaus angenehm. Ich möchte, daß er dabei ist.»

Nach einigem weiteren Geplänkel durfte Peter mitgehen. In der Baracke angekommen, wurde Tilgener eröffnet, gegen ihn läge etwas vor. Es sei aber kein Haftbefehl.

«Woher kommen Sie denn?»

«Was glauben Sie wohl, woher wir kommen – auf der Transitstrecke nach Helmstedt aus Richtung Berlin?»

Der Beamte wurde unsicher. «Was machen Sie beruflich?»

«Ich bin Journalist.»

«Wo fahren Sie hin?»

«Nach Westdeutschland.»

«Ja, wo denn da?»

«Verschiedene Freunde besuchen und so.»

«Wohin genau?»

«Dazu möchte ich Ihnen nichts sagen. Ich sehe dazu keine Veranlassung.»

«Wo sind Sie erreichbar?»

«In drei Wochen vielleicht in Berlin.»

«Wo da?»

«In meinem Personalausweis steht meine Anschrift. Ich meine, Sie können lesen.»

Der Beamte wurde ärgerlich. Da mischte sich Peter B. in das Gespräch ein: «Was sind das überhaupt für Methoden? Leute an der Grenze festnehmen oder aufhalten! Schließlich leben wir in einem Rechtsstaat. Die Adresse des Herrn ist doch bekannt. Warum schickt man ihm denn keine Vorladung oder sonstwas? Es gibt auch in Berlin eine Post.»

«Ist gut, fahren Sie weiter.»

Ohne daß das Auto durchsucht wurde, konnten die vier ihre Reise fortsetzen.

In Wolfsburg sagte Peter B. Ilse Jandt, daß er an der geplanten Aktion nicht teilnehmen werde. In der Bäckergasse waren gerade Besucher aus Kassel. Tilgener kam auf die Idee, mit ihnen – zusammen mit Wölli – nach Kassel zurückzufahren, dort zu übernachten und am nächsten Tag in den Köln-Bonner Raum weiterzureisen. «Wir sehen uns dann mal den Parkplatz in Neuenahr an, klappern die ganze Gegend ab und machen da so eine Art Lokaltermin.» Der Vorschlag wurde angenommen, und kurz darauf fuhren «Billy» und Wölli mit nach Kassel. Da der Wagen für ein paar Tage nicht gebraucht wurde, konnten sie ihre Reise mit dem Auto der Bekannten fortsetzen.

Die drei aus der Zeughofstraße waren inzwischen mit ihrem Mercedes-Diesel in Richtung deutsch-belgische Grenze aufgebrochen. Hier wurden sie wieder angehalten, der Wagen wurde durchsucht. Grenzschutzbeamte fragten, wo denn der vierte Begleiter, Götz Tilgener, geblieben sei. Peter B. war ratlos.

«Der ist inzwischen ausgestiegen.»

«Wo?»

«Das brauche ich Ihnen nicht zu sagen.»

Dann durften sie weiterfahren. Als Tilgener später von dieser Kontrolle erfuhr, meinte er: «Das war jedenfalls ein Indiz dafür, daß man irgendwie und aus irgendwelchen Gründen hinter mir her war und man mich irgendwie überwachte.»

Am Morgen, nachdem sie in Kassel angekommen waren, stand Tilgener sehr früh auf. Er hatte Schwierigkeiten, Wölli zu wecken, der einen sehr festen Schlaf hatte. Sie fuhren über die Autobahn nach Köln und begannen dort mit ihrer Ortserkundung. Es entstand ein detaillierter Plan, wie man Schmücker in den Tod locken könnte. Offenbar hatte Tilgener dabei wieder die meisten Ideen. Er schilderte den Plan später so:

«Einer aus der Gruppe fährt nach London und wirft dort einen Brief an Schmücker ein, der angeblich von der IRA ist und in dem er aufgefordert wird, nach Köln zu fahren. In Köln deponieren wir einen Brief hauptpostlagernd für Schmücker. In diesem Brief steht, daß er einen bestimmten Zug nach Bonn nehmen soll. Außerdem liegt in dem Brief der Schlüssel zu einem Schließfach am Bahnhof in Bonn. Wenn Schmücker in Bonn angekommen ist, öffnet er das Schließfach und findet darin einen weiteren Brief und den Schlüssel zu einem anderen Schließfach. In diesem Brief steht, daß er sich für genau zwei Stunden ins Bahnhofscafé setzen und dann mit dem zweiten Schlüssel das andere Schließfach öffnen soll. In diesem Schließfach liegt wieder ein Brief, in dem Schmücker angewiesen wird, ein Stück zu Fuß zu gehen, dann den Bus einer bestimmten Linie zu besteigen und damit bis zur Endstation zu fahren. Dann soll er ein Stück weiter in Fahrtrichtung des Busses gehen. Dabei wird er von einem Kontaktmann der IRA in ein Auto genommen.

Daß Schmücker auch wirklich zwei Stunden im Bahnhofscafé verbringt, sichern wir dadurch ab, daß wir den Söre, den Schmücker noch nie gesehen hat, auch in das Café setzen. Der muß genau auf die Zeit achten und aufpassen, ob Schmücker observiert wird. Wenn alles in Ordnung ist, steigt Söre mit Schmükker zusammen in den Bus. Kurz vor der Endstation steigt er aus und trifft sich dort mit Wölli. Er berichtet ihm, ob Schmücker sich genau an die Anweisungen gehalten hat oder nicht. Wenn nicht, ist der Plan erst mal gestorben, dann müssen wir damit rechnen, daß Schmücker irgendwelche Bullen oder VS-Leute rantelefoniert hat.

Wenn die Luft rein ist, läßt Wölli Schmücker ein Stück zu Fuß gehen, fährt dann mit dem Wagen an ihn ran und nimmt ihn an Bord. Dabei muß Wölli eine Perücke und einen falschen Bart tragen, denn wir können nicht ausschließen, daß Schmücker den Wölli damals in der ‹Tarantel› wahrgenommen hat. Vorher muß Wölli noch ein Auto klauen, einen großen BMW oder einen Porsche. Darin fährt Wölli den Schmücker zu einem Waldweg und sagt ihm: ‹Steig aus und laufe dreihundert Meter geradeaus. Dort wartet ein Wagen, der dich übernehmen wird, dort wartet ein Genosse der IRA.›

Tatsächlich sollte da auch ein Wagen stehen, aber kein Genosse der IRA, sondern ich mit der Pistole in der Hand.»

Die Stelle, an der Tilgener in einem Wagen auf Schmücker warten sollte, war eine kleine Lichtung neben dem Übungsgelände eines Hundesportvereins, auf dem auch Polizeihunde trainiert wurden. Nicht weit davon entfernt befand sich ein Schießstand der Bundeswehr, der ebenfalls von der Polizei mitbenutzt wurde.

Das Ganze lag am Rande eines Neubaugebietes in der Nähe von Bonn. Hier sollte der tödliche Schuß auf Schmücker fallen.

Den geplanten weiteren Ablauf schilderte Tilgener später so: «Ich hatte mit Volker Weingraber in der Zwischenzeit besprochen, und zwar kurz vor Ostern, daß ich von ihm leihweise eine Maschinenpistole benötigte. Dazu wenigstens zwei Korkenzieher. Der Volker meinte, wenn er das rechtzeitig wisse, ließe sich das wohl machen. Gleichzeitig fuhr Ilse nach Hamburg, um dort die Waffe zu besorgen, mit der ich Schmücker zu erschießen gedachte. Und zwar wollte ich eine ‹Smith & Wesson 38 Spezial› haben, einen Trommelrevolver, diesen FBI-Revolver, oder aber notfalls eine P 38, also diese Bundeswehrpistole. Auf jeden Fall wollte ich eine 9-mm-Pistole oder einen 9-mm-Revolver. Das große Kaliber schien mir schon einigermaßen wichtig. Die Maschinenpistole sollte dazu dienen, die Flucht notfalls abzusichern.

Es war geplant, daß ich Schmücker neben einem Fiat 124 erwarte, ihn dann erschieße. Wölli sollte mit dem anderen Wagen nachkommen, den Fiat übernehmen, und ich den BMW oder Porsche. Wölli sollte dann mit der Leiche im Auto nach Neuenahr zu dem betreffenden Parkplatz fahren, und ich wollte ihm folgen. Den Parkplatz hatten wir übrigens auch schon ganz genau angeschaut und die Zeit berechnet, wie lange man dorthin braucht und so weiter. Den Fiat sollte Wölli dann dort abstellen, mit der Leiche und einer Presseerklärung. Dann sollte er zu mir in den Wagen steigen. Für den Fall, daß wir beim Abstellen des Fiats Schwierigkeiten hätten und verfolgt würden, sollte Wölli den Wagen fahren und ich gegebenenfalls auf uns verfolgende Fahrzeuge schießen. Dazu die Maschinenpistole.

Außerdem war noch vorgesehen, daß wir uns Krähenfüße machen und mit Farbe gefüllte Beutel und all solche Sachen, um Verfolger abzuschütteln. Wir dachten auch, eine Nagelkette oder so was einfach aus dem Auto rauszuschmeißen, um die Reifen der nachfolgenden Wagen anzupiken.»

Während Tilgener und Wölli im Köln-Bonner Raum an ihrem Plan feilten, sollten die anderen die notwendigen schriftlichen Erklärungen für die Aktion formulieren. Als die beiden nach Wolfsburg zurückkehrten, beschwerte sich Ilse Jandt – nach Tilgeners Aussage – aber über die Untätigkeit der übrigen Gruppenmitglieder. «Das ist ein Sauhaufen. Ich habe die ganze Arbeit allein machen müssen.»

Noch am Abend seiner Ankunft las Tilgener die von Ilse Jandt begonnene Presseerklärung, korrigierte sie stellenweise und fing an, sie auf der mitgebrachten elektrischen Schreibmaschine zur Vervielfältigung auf Matrize zu tippen. Am nächsten Morgen diskutierten sie über den bereits fertigen Teil der Presseerklärung. Annette sagte wenig, Söre war in der Schule.

Anschließend fuhr Ilse Jandt nach Hamburg, um eine Waffe zu besorgen. Sie verschwand, ohne das vorher mit der Gruppe abgesprochen zu haben, und hinterließ nur einen Brief, in dem sie mitteilte, sie werde in etwa zwei Tagen wieder da sein. Verärgert machte sich Tilgener daran, den Rest der Presseerklärung zur geplanten «Hinrichtung» zu verfassen. Als er gerade die letzten Sätze auf Matrize geschrieben hatte, kam ein Mann von den Wolfsburger Stadtwerken und drehte den Strom ab. Die Rechnung war seit Monaten nicht bezahlt worden.

Kurz darauf kehrte Ilse Jandt aus Hamburg zurück. Rainer Hochstein brachte sie in einem geliehenen Opel zurück. Er lud die Gruppe zum Essen ein und reiste dann wieder ab. Nun machte Tilgener Ilse Jandt Vorwürfe wegen ihrer eigenmächtigen Entfernung von der Gruppe. «Es ist unmöglich, daß du einfach abreist und uns vor vollendete Tatsachen stellst.» Daraufhin, so Tilgener, sei Ilse Jandt «unflätig» geworden. Auch habe sie jetzt seine verständnisvolle Unterstützung gebraucht, da ihre Fahrt nach Hamburg erfolglos gewesen sei. Tilgener: «Sie hatte irgend etwas verbockt und in Hamburg dummes Zeug geredet. Deshalb hat sie nicht die erwarteten Kontakte gekriegt und mußte ohne Waffe zurückfahren.»

Dann las Ilse Jandt die fertige Presseerklärung. Sie fand sie in Ordnung.

«BEWEGUNG 2. JUNI

in den frühen morgenstunden des heutigen tages wurde der konterrevolutionär und verräter ulrich schmücker von einem unserer kommandos hingerichtet. schmücker war von einem tribunal der bewegung 2. juni wegen seiner aussagen vor staatsschutzbehörden der BRD und westberlin zum tode verurteilt worden.

genossen,
das vor euch liegende papier ist das ergebnis der auseinandersetzungen mit dem verrat. jede revolutionäre bewegung muß sich mit der problematik der bespitzelung und des verrats befassen, will sie nicht schon in den ansätzen ihrer arbeit erstickt und liquidiert werden. auseinandersetzung kann und darf hier nicht heißen, wie die katzen um den heißen brei schleichen. zu lange hat die gesamte linke bewegung dem verrat ohnmächtig gegenübergestanden; immer unbewußt beladen mit dem schuldgefühl: arme schweine, vom system geformt und geprägt. mit dieser falschen rücksichtnahme – wir sind nicht verantwortlich für die verbrechen des kapitals! – wurden dem verrat tür und tor geöffnet.

von genossen, die sich mit dem konzept stadtguerilla befaßt haben, sich einer gruppe anschließen und die waffe gegen das system erheben, kann erwartet werden, daß sie konsequent jeden tauschwert negieren; daß sie, wenn sie in die bastionen des systems einfahren, trotz isolierung, psychoterror und tauschangeboten (hier aussage, dort eine rate weniger mord) die schnauze halten. daß sie trotz aller repression und folter mit den knechten des kapitals keinen kuhhandel betreiben. die käuflichkeit von genossen hat sich in hinreichender weise gezeigt: von homann bis brockmann. und das weinerliche opportunistische

193

gesabbere der westdeutschen und westberliner linken hat bis heute weder verrat verhindert noch den potentiellen verrätern die lust am produzieren von unsolidarischem verhalten genommen. antiimperialistischer kampf ist kein kinderspiel, straßentheater oder tummeln auf dem abenteuerspielplatz, bei dem beliebig figuren verschoben werden, sondern der gebrauchswert zur befreiung des subjekts und der vergesellschaftung der produktionsmittel. verrat lähmt die produktivkraft und die produktionsverhältnisse im allgemeinen. um die bedingungen von produktivkraft und produktionsverhältnis innerhalb der revolutionären bewegung wieder ins gleichgewicht zu bringen, wird hier im speziellen fall ulrich schmücker die notwendige konsequenz gezogen.

NACHWORT

zu einem zeitpunkt, da die BRD ihre schmutzigen geschäfte mit der junta in chile macht, erdgas aus algerien und dem iran beziehen will, das deutsch-iranische industrieprojekt über 5,5 milliarden abgeschlossen ist, politische gefangene in ihren gefängnissen foltert, die sonderkommandos (MEK) stehen, der BGS die neue SS ist, willy brandt alles unternommen hat, die umgebildete regierung alles unternehmen wird, um die revolutionären befreiungsbewegungen der dritten welt zu liquidieren, der imperialismus also in voller blüte steht (eine blume, die mao nicht meinte!), nimmt die bewegung 2. juni eine exekution vor, die sie und andere befreiungsbewegungen vor verrat in zukunft schützen sollen. das kommando ‹schwarzer juni› tut das mit dem bewußtsein, ein verräter hat in den reihen der revolution nichts zu suchen, außer dem sicheren tod. wir wissen, daß es eine revolutionäre politische tat ist, wir wissen aber auch, daß es kein kampfmittel ist.

der tag, den wir zur durchführung auswählten, soll daran erinnern, daß genossen der bewegung 2. juni noch immer in den

194

lagern der herrschenden sich befinden, weil es ‹genossen› gibt, die ihre subjektiven schwierigkeiten vor die objektiven notwendigkeiten stellen; die, um der schnellen rekonstruktion ihrer bürgerlichen existenz willen andere existenzen vernichten, weil sie keinen tag länger im knast aushalten konnten, andere für jahre reinbringen, andere den exekutionskommandos der polizei ausliefern; solange die zusammenarbeit mit der bewaffneten macht des kapitals immer noch eher toleriert wird als eine politische meinungsverschiedenheit privat geduldet, was man politisch längst verurteilt hat – so lange wird es verräter geben. ohne den liberalismus innerhalb der linken zu kritisieren, können wir die verräterei nicht abschaffen. verräter müssen aus den reihen der revolution ausgeschlossen werden. toleranz gegenüber verrätern produziert neuen verrat. verräter in den reihen der revolution richten mehr schaden an, als die polizei ohne sie anrichten kann.

wir meinen, das gilt allgemein. von der drohung, sie würden dann noch mehr verraten, darf man sich dabei nicht bestimmen lassen. von der tatsache, daß sie arme schweine sind, darf man sich nicht erpressen lassen. das kapital wird menschen solange zu armen schweinen machen, bis wir seine herrschaft abgeschafft haben. wir sind für die verbrechen des kapitals nicht verantwortlich.

ulrich schmücker wurde am 7. mai 1972 in bad neuenahr zusammen mit inge viett, wolfgang knupe und harald sommerfeld auf diesem parkplatz verhaftet. er wurde dahin zurückgebracht, von wo sein verrat an der revolution ausging.

wie seinerzeit galilei schwor er ab, indem er versicherte, daß er sich irrte mit seinem revolutionären bewußtsein. zitat (aussageprotokoll vom 19. juli 1972 seite 12): ‹... zur Zeit meiner tätigkeit in der bewegung 2. juni war ich von der richtigkeit meines handelns überzeugt und hielt die übertragung des ‹konzept stadtguerilla› auf westeuropa für möglich und nötig ... heute bin ich froh, daß diese vorhaben durch unsere festnahme

vereitelt wurden und hoffe, durch meine aussagen zur verhinde-
rung ähnlicher aktionen beitragen zu können ...›

DIESEN, SEINEN AUSFÜHRUNGEN HABEN WIR NICHTS
MEHR HINZUZUFÜGEN!!!!!!!!!!!! DIE REVOLUTIONÄRE
BEWEGUNG GAB IHRE ANTWORT DURCH DAS KOM-
MANDO ‹SCHWARZER JUNI›
sieg im volkskrieg
DIE ROTE ARMEE AUFBAUEN
REVOLUTION BIS ZUM SIEG!!!!!!!!!!!!!!!!!!!
(ROTE ARMEE FRAKTION: DEM VOLKE DIENEN)»

EINE GRUPPE JUGENDLICHER

Die übrigen Bewohner des Hauses Bäckergasse, die im Begriff standen, in ein Mordkomplott hineinzuschlittern, waren alle 1955 geboren. Im Frühjahr 1974 waren sie knapp neunzehn Jahre, gerade halb so alt wie Ilse Jandt. Annette von W. war ein stilles, blasses Mädchen mit schmalem Gesicht und langen, glatten blonden Haaren. Ihr Vater war evangelischer Pastor in Wolfsburg. Ihre drei jüngeren Geschwister besuchten das Gymnasium, auf das sie selbst bis zur 9. Klasse gegangen war. Sie hatte die Schule verlassen, weil sie sich überfordert fühlte. Annette wechselte auf die Hauptschule und machte dort einen Abschluß. Danach besuchte sie die Realschule. Obwohl sie gut zurechtkam und überdurchschnittliche Zensuren erhielt, ging sie Anfang 1974, sechs Wochen vor Abschluß, ab. Sie wollte auf die Musiktherapeutische Schule in Hannover, entschied sich dann aber für Sozialpädagogik. Doch auch damit begann sie nicht. Sie suchte Arbeit, fand aber keine Stelle.

Mit ihren Eltern hatte Annette von W. nie ernstliche Schwierigkeiten. Sie fiel niemals durch besondere Aktivitäten auf, durch politisches Interesse oder Engagement. Am 1. Februar 1974 zog sie zu Hause aus und quartierte sich in der Wohngemeinschaft Bäckergasse ein.

Seit Anfang 1973 war sie mit Wolfgang W., genannt «Wölli», eng befreundet. Für beide war es die erste Liebesbeziehung.

Auch Wolfgang W. kam aus einer sogenannten «intakten bürgerlichen Familie». Der Vater war Lehrer an der Berufsfachschule in Wolfsburg, die Mutter arbeitete halbtags an einer anderen Schule. Die Schwester Edda besuchte die Abschlußklasse des Gymnasiums und betätigte sich nebenbei politisch in der GIM

197

(Gruppe Internationaler Marxisten), einer Trotzkisten-Vereinigung.

Wolfgang ging ebenfalls auf das Gymnasium, blieb aber in der 8. und 9. Klasse sitzen, weil er Schwierigkeiten mit den Fremdsprachen hatte. In seiner Freizeit zeichnete und malte er gern, und seine treffsicheren Karikaturen erregten nicht selten die Aufmerksamkeit – manchmal wohl auch den Ärger – seiner Lehrer. Ansonsten fiel er in der Schule nicht besonders auf. Er galt als offen und geradeheraus. Seinen Lehrern gegenüber nahm er kein Blatt vor den Mund. Er ließ sich nichts gefallen und war nicht so schnell bereit, sich anzupassen oder unterzuordnen. Seine Lehrer beklagten sich aber nie darüber, daß er aufmüpfig oder gar aggressiv sei.

Auch Wölli schien politisch nicht besonders engagiert zu sein. Zwar setzte er sich mit vielen Dingen auseinander, nahm beispielsweise eine Zeitlang an Sitzungen der «Transzendentalen Meditation» teil, konkrete Ziele hatte er aber nicht. «Er war», so meinte sein Vater, «auf der Suche.» Nach Auskunft seiner Eltern lehnte er «das Leistungsprinzip dieser Gesellschaft ab» und trat für ein einfaches, natürliches Leben ein.

Im Juni 1973 zog Wolfgang W. zu Hause aus, nicht wegen irgendwelcher Spannungen, sondern weil er selbständiger sein wollte. Seine Eltern erklärten sich damit einverstanden und gaben ihm, unter der Voraussetzung, daß er weiter das Gymnasium besuchte, monatlich Geld. Mindestens einmal in der Woche kam Wölli zu ihnen. Oft brachte er Annette mit, und beide «aßen sich dann dort durch», wie es die Eltern später formulierten.

Wöllis Freund, Wolfgang S., genannt «Farim», zog Ende 1973 in das Haus Bäckergasse 2. Sein Vater war Berufsausbilder im Volkswagenwerk. Auch in Farims Kindheit und Jugend gab es keine besonderen Auffälligkeiten. Nach der Grundschule besuchte er das «Kreuzheide-Gymnasium» in Wolfsburg. Sein letztes Zeugnis im Februar 1974 wies allerdings – vom Fach Sport abgesehen – nur ausreichende und mangelhafte Zensuren auf.

198

Anfangs hatten seine Eltern nichts dagegen, daß er in die Wohngemeinschaft Bäckergasse zog. Als sie aber festzustellen glaubten, daß die viel ältere Ilse Jandt großen Einfluß auf ihren Sohn ausübte, versuchten sie gemeinsam mit seinem Klassenlehrer, Farim wieder aus der Wohngemeinschaft herauszuholen. «Ihr Bemühen», so hieß es später im Gerichtsurteil, «blieb jedoch ohne Erfolg.»

Sönke L., genannt «Söre», wuchs zusammen mit seiner dreizehn Jahre älteren Schwester bei seinen Eltern in Wolfsburg auf. Anfang 1974 besuchte er die zwölfte Klasse des «Theodor-Heuss-Gymnasiums». «In einer schwierigen Entwicklungsphase», so das Gericht später, «fühlte er sich zu Hause unverstanden und suchte Anschluß an die Wohngemeinschaft der Bäckergasse 2. Mehr und mehr lebte er sich unter gleichzeitiger Distanzierung von seinem Elternhaus dort ein.»

Eigentlich hatten die Eltern nichts gegen die Kontakte ihres Sohnes zu der Wohngemeinschaft. Erst als Söre sich immer seltener zu Hause blicken ließ, bekamen sie Bedenken. Sie gingen zum Wolfsburger Jugendamt, doch dort konnte man ihnen keinen Rat geben.

Es scheint, als seien diese vier Mitglieder der Wolfsburger Gruppe beinahe zufällig in die ganze Affäre um die Ermordung Ulrich Schmückers hineingeraten.

EINE VERROSTETE PISTOLE

Während Götz Tilgener nach einem geeigneten Tatort Ausschau hielt, war Jürgen Bodeux in Bonn. Er verkaufte zusammen mit dem Försterssohn Reinhard G. Bücher an der Bonner Universität. Für 50 Mark, die er aus der Kasse der «Roten Hilfe» genommen hatte, kaufte er Stück für Stück die von Ilse Jandt gewünschten Utensilien zusammen: Astralonfolie zum Drucken von Personalpapieren etwa, oder eine Lochzange zum Einnieten von Paßfotos. Was nicht zu kaufen war, beschaffte er sich anderweitig: Schloßauszieher und Nummernschilder für Kraftfahrzeuge. Nur beim Besorgen einer Waffe gab es Schwierigkeiten. Bodeux sprach seinen Büchertisch-Kollegen Reinhard G. auf das Problem an. Der meinte, er könne da vielleicht etwas tun. Tatsächlich, so sagte Bodeux später aus, sei G. kurz darauf bei ihm in der Gabelsberger Straße erschienen und habe eine ziemlich alte, verrostete Pistole vom Typ Parabellum 08 mit zwei Magazinen gebracht. «Eines der Magazine war schon unten durchgerostet. Dazu brachte er noch zehn bis fünfzehn Patronen. Die Pistole war ziemlich groß und unhandlich. Nach meiner Erinnerung wurde das Magazin in den Griff eingeschoben. Das Magazin klemmte dabei, und der Lauf war eingerostet. Der Rost hatte sich bereits eingefressen und ließ sich nicht mehr entfernen. Zu dieser Pistole bemerkte G., daß sein Vater, falls er den Verlust bemerken würde, keine Anzeige erstatten würde, da die Waffe nicht registriert sei.»

Doch der Förster bemerkte den Verlust der Pistole nicht einmal. Erst als die Polizei nach Schmückers Tod bei ihm auftauchte, stellte er fest, daß die Waffe verschwunden war. Der Polizei sagte er: «Von uns aus gesehen war die Pistole nicht als solche anzusehen, denn wir waren der Ansicht, daß man mit der Waffe

200

nicht schießen konnte, ohne daß die Pistole auseinanderflog. Die war gedacht als Bedrohung für Einbrecher.»

Bodeux schien das rostige Ding auszureichen. Am 23. April, dem Tag, an dem Ilse Jandt aus Hamburg zurückkehrte, rief er bei ihr in Wolfsburg an. Er erklärte, er habe alles beschafft. Am Donnerstag, dem 25. April, werde er mit den Sachen kommen. An dem verabredeten Tag fuhr Bodeux mit der Bahn von Bonn nach Wolfsburg. Die «Mitbringsel» trug er in einer großen schwarzen Reisetasche mit sich. Am späten Abend kam er an und ging zu Fuß in die Bäckergasse. «Billy» – alias Tilgener – öffnete ihm die Tür. Bodeux stellte sich ihm als «Harry» vor. Er ging ins Haus und begrüßte den Rest der Gruppe. Tilgener und Ilse Jandt fragten ihn ziemlich direkt, ob er die Waffe besorgt habe. Bodeux nickte, und Ilse Jandt schickte ihn in ein Zimmer im ersten Stock des Hauses. «Ich komme gleich mit Billy nach.»

Im Dachzimmer öffnete Bodeux seine schwarze Reisetasche und zeigte Tilgener und Ilse Jandt die Pistole. «Ich weiß aber nicht, ob die noch funktioniert.» Sie vereinbarten, daß Tilgener sie am nächsten Tag in einem Wäldchen ausprobieren sollte. Bodeux legte die Waffe wieder in seine Tasche. Die anderen sollten sie nicht sehen.

Ilse Jandt ging ins Erdgeschoß und holte die übrigen Gruppenmitglieder. Nachdem alle sich versammelt hatten, packte Bodeux sein Handwerkszeug – außer der Pistole – erneut aus und erklärte Herstellung und Funktionsweise der «Korkenzieher», mit denen Autoschlösser in Windeseile geknackt werden können. Dann ging er auf das Fälschen von Stempeln und Papieren ein.

«Man beschafft sich einen Bogen Astralonfolie und legt diesen Bogen mit der rauhen Seite nach oben auf einen Stempel. Mit Rapidografen verschiedener Stärken paust man diesen Stempel durch. Anschließend bestreicht man eine lichtempfindliche Druckfolie mit Druckfarbe und legt die Astralonfolie darauf. Mit einer Quarzlampe belichtet man dann die übereinanderliegenden Folien ein paar Minuten. Man entwickelt und fixiert die Druckfolie. Dann kann man den Stempelabdruck ausschneiden und mit einem kleinen Stempelschaft versehen. Fertig ist der Stempel.» Bedauernd fügte Bodeux hinzu, leider könne er das nicht demonstrieren, weil er keine Blankopapiere, keine Rotaprintfarbe und keine Quarzlampe dabeihabe. Er könne aber noch erklären, wie man von gestohlenen Autokennzeichen die Plaketten ohne Beschädigung ablöst.

«Man klebt ein paar Streifen Tesafilm über die Plaketten, damit die Perforation nicht einreißt. Dann erhitzt man das Nummernschild von hinten etwas, um die Plakette weich zu machen. Schließlich zieht man die Plakette vorn mit einem Fensterspachtel ab.»

Dann gab Bodeux der Gruppe noch ein paar Tips, worauf man zu achten habe, wenn man in einen gebrauchten Paß oder Personalausweis ein neues Foto einsetzen wolle. Man müsse alte Nieten verwenden, und die Druckstellen der alten und der neuen Ösen müßten genau aufeinanderliegen.

Gespannt hörten die jüngeren Gruppenmitglieder zu. Für sie waren die meisten dieser «Grundbegriffe des illegalen Lebens» neu. Tilgener und Ilse Jandt taten so, als sei das alles für sie ein alter Hut. «Wenn wir Blanko-Führerscheine brauchen», warf Tilgener ein, «die kann ich in Berlin leicht besorgen.»

Nach der Lehrstunde packte Bodeux die Sachen wieder zusammen und verstaute sie in seiner schwarzen Tasche. Dann gingen alle ins Bett.

Tilgener war sehr beeindruckt von all den Dingen, die Jürgen Bodeux angeschleppt hatte. So beeindruckt, daß er plötzlich merkte, daß es blutiger Ernst wurde.

«Man knallte mir die Waffe auf den Tisch und sagte: ‹So, das ist das Ding. Nun mach mal!› Und schon während der ganzen Fahrt in den Köln-Bonner Raum und während der Gruppendiskussionen kamen mir immer größere Bedenken, wie wir die Tötung Schmückers rechtfertigen sollten – politisch und damit auch moralisch. Für uns ist Politik und Moral dasselbe.

Während Wölli und ich auf der Reise waren, wurde von Ilse

das ‹Kommuniqué über Verrat› begonnen, in dem dargestellt wurde, aus welchem Grund Schmücker erschossen werden sollte. Ich setzte dieses Kommuniqué dann fort, schrieb das Nachwort und die Rechtfertigung. Aber was wir da so hinzimmerten, schien mir mehr als fragwürdig.

Als dieser Harry dann auftauchte und mir die Waffe hinlegte und wir vereinbarten, am nächsten Tag damit ein Probeschießen zu veranstalten, da war meine Entscheidung, daß die Tat nicht ausgeführt wird, eigentlich schon gefallen. Irgendwo, trotz seiner ganzen Schoten, die er sich geleistet hatte, und trotz seiner Lügereien war mir der Schmücker unheimlich sympathisch, ich mochte ihn ganz gern, er war ein netter Kerl. Ihn dann einfach umlegen? Also, es wurde mir langsam zu ernst.»

Das teilte Tilgener der Gruppe aber noch nicht mit – vielleicht schönte er seine Rolle im nachhinein auch kräftig. Als Bodeux die Schulstunde in Waffen- und Fälschertechnik veranstaltete, ließ er sich jedenfalls nichts anmerken.

Am nächsten Morgen kam es zum Krach in der Bäckergasse. Es ging um Geld. Miete und Strom waren nicht bezahlt worden, und man lebte nun schon einige Tage ohne elektrisches Licht. Es fehlten rund 500 Mark, von denen ein Teil per Postanweisung aus Berlin kommen sollte. Tilgener ging zusammen mit Annette zur Post, um das Geld abzuholen. Wenig später kamen Ilse Jandt und Bodeux nach. Weil an den Schaltern lange Schlangen standen, schlug sie ihm vor, einen Spaziergang zu machen, sie wolle ihm Wolfsburg zeigen. Etwa eine Stunde liefen sie herum. Dabei erklärte Ilse Jandt die tieferen Ursachen für den Streit zwischen Tilgener und ihr. Es sei ein Machtkampf. Tilgener wolle immer im Mittelpunkt stehen. Bodeux hatte dasselbe – mit umgekehrten Vorzeichen – bereits von Tilgener gehört.

Dann sprachen sie – nach Bodeux' Aussage – über durchgeführte und künftige Aktionen. Ilse Jandt erwähnte, daß Tilgener in Berlin Sprengstoff in Babynahrungsdosen aufbewahren würde. Im übrigen sei eine «Geldkiste» geplant, etwa der Überfall auf einen Geldboten. Während des Spaziergangs kam plötzlich Ilse Jandts Tochter Ines mit dem Fahrrad. Sie stieg ab und sagte: «Billy hat mich geschickt. Ich soll euch ausrichten, daß nur so 200 oder 300 Mark angekommen sind. Er ist nach Berlin gefahren, um noch mehr Geld aufzutreiben.» Ilse Jandt und Bodeux gingen zurück in die Bäckergasse. Dort kam es wieder zum Streit. Annette, so berichtete Bodeux, war der Ansicht, daß Tilgeners Entscheidung, zur Geldbeschaffung nach Berlin zu fahren, richtig gewesen sei. Nach einer längeren Diskussion kamen aber alle zu der Überzeugung, daß Tilgeners Verhalten nicht «gruppenkonform» sei. Schließlich hätten am Abend die Schießübungen stattfinden sollen, da könne er nicht einfach abhauen.

In diesem Gespräch sollen, so Bodeux, die übrigen Mitglieder über das Vorhandensein der Waffe informiert worden sein. Die Diskussion landete dann wieder bei den gruppeninternen Problemen. Ilse Jandt deutete an, daß die Machtkämpfe zwischen ihr und Tilgener endlich aufhören müßten. Er müsse seine Rolle als «Vaterfigur» ein für allemal aufgeben.

Bodeux schien in der Situation seine Chance zu wittern, Tilgeners Rolle in der Gruppe – und bei Ilse Jandt – einzunehmen. «An diesem Abend», so sagte er später aus, «kam es zu den ersten intimen Beziehungen zwischen Ilse und mir.»

Es war Freitag, der 26. April 1974, als Tilgener zurück nach Berlin fuhr, um Geld aufzutreiben und etwas Abstand von der Wolfsburger Gruppe zu finden. «In Wolfsburg war ich ständig mit den anderen Gruppenmitgliedern zusammen, und die ganze Gruppe war, meiner Ansicht nach aufgepeitscht durch Ilse, wie eine Meute Wölfe scharfgemacht auf den Schmücker. Mir erschien das Ganze fürchterlich unsinnig und politisch in keiner Weise vertretbar.» Die Aussage Tilgeners muß mit einiger Vorsicht aufgenommen werden, denn vieles deutet darauf hin, daß er selbst – jedenfalls bis zu dieser Phase der Mordvorbereitung – eine treibende

Kraft war. Sein Absprung aus der Gruppe hatte offenbar eher private Gründe.

Einen Tag nach Tilgener fuhr Farim ebenfalls nach Berlin, um von ihm die in Aussicht gestellten Blanko-Führerscheine abzuholen. Niemand in Wolfsburg schien ernsthaft damit zu rechnen, daß Tilgener bald zurückkehren würde. Ilse Jandt hatte – nach Bodeux' Aussagen – schlimme Befürchtungen. Sie schlug vor, die Waffe und die übrigen Gegenstände in der schwarzen Tasche erst einmal aus dem Haus zu schaffen. In der Bäckergasse seien sie nicht mehr sicher. Söre bot sich an, die Sachen in der Wohnung seiner Eltern zu verstecken, die gerade verreist waren. Gemeinsam mit Bodeux brachte er die schwarze Reisetasche in die Saarstraße.

Am späten Nachmittag, kaum waren sie zurück, war plötzlich Tilgener wieder da. Der Empfang war wenig herzlich. «Ich wurde von dieser wütenden Meute empfangen, die sich erst mal darüber ausließ, daß ich einfach nach Berlin abgehauen war, ohne das mit der Gruppe zu besprechen. Das stimmte ja auch. Ich hatte nur Söre und Annette gesagt, ich führe jetzt nach Berlin, um Geld und die Maschinenpistole zu holen.»

Tatsächlich hatte Tilgener Geld aufgetrieben, etwa 700 Mark. «Damit», so sagte er später, «sollten Stromkosten abgedeckt und die Miete bezahlt werden. Damit sollte auch die Aktion selber bezahlt werden. Spritkosten und was es da sonst noch so gab. Die Fahrtkosten für Söre, der ja hätte nach Bonn fahren müssen, da in der Bahnhofsgaststätte warten und anschließend fortfahren. Diese Kosten sollten damit gedeckt werden.»

Mit dieser Aussage widersprach Tilgener seinem Bekunden, schon damals von dem gemeinsamen Plan abgerückt zu sein. Wenn er zugab, das Geld für die «Aktion» mitgebracht zu haben, muß das heißen, daß er zu der Zeit eine «Hinrichtung» Schmückers noch befürwortete.

Seine Einstellung änderte sich erst kurze Zeit später schlagartig – nämlich, als er erfuhr, daß Ilse Jandt in seiner Abwesenheit eine Beziehung zu Jürgen Bodeux aufgenommen hatte.

«BILLY» SETZT SICH AB

Was auch immer Tilgeners Motiv gewesen sein mag, die Aktion plötzlich abzulehnen, offenbar führte er am Abend des 27. April 1974 eine Gruppendiskussion darüber herbei. Erst bei dieser Diskussion, so Tilgener, sei Jürgen Bodeux in den Mordplan eingeweiht worden. Vorher habe er nie gewußt, wofür er die Pistole eigentlich beschafft hatte.

«Ich teilte der Gruppe mit, ich würde unter gar keinen Umständen die Aktion ausführen und würde der Gruppe im übrigen davon abraten. Die Gruppe war völlig konsterniert. Nachdem Jürgen Bodeux in die Pläne eingeweiht worden war, hielt er sie auch für völlig wahnwitzig. Er sprach von Kamikaze, und wir versuchten gemeinsam, die Gruppe von diesem Plan abzubringen. Es war eine wilde Diskussion. Die Ilse heulte. Wenn das nicht liefe, dann sei sie politisch ruiniert und könne in der ‹Bewegung 2. Juni› nicht mehr arbeiten. Und was ich mir eigentlich dabei dächte, hier so einfach aussteigen zu wollen. Ich machte klar, daß ich nicht einfach aussteigen wolle, sondern daß ich dringendst dazu raten würde, die Aktion überhaupt nicht zu machen. Nicht nur nicht durch mich, sondern auch durch keinen anderen, so daß Schmükker schlicht am Leben bleibt, daß man ihn einfach ignoriert und ihm jegliche Möglichkeit entzieht, für den Verfassungsschutz zu arbeiten, indem er nämlich keinen Zugang zu linken Gruppen bekommt. Nach langem Hin und Her wurde dieser Vorschlag akzeptiert. Man beschloß, Schmücker am Leben zu lassen.»

Bodeux stellte den Verlauf dieser Diskussion völlig anders dar: «In groben Zügen informierte man mich darüber, daß eine Verräteraktion anstünde. Damit war gemeint, daß ein Verräter zur Rechenschaft gezogen werden sollte. Daraus entstand eine allgemeine Diskussion über Verrat. An diesem Abend fiel der Name Schmücker noch nicht.»

Erst am Tag darauf habe man ihm die Aussageprotokolle Schmückers vorgelegt und ihn in den Plan eingeweiht. Daran habe sich an diesem Sonntag eine Diskussion angeschlossen, in der alle Gruppenmitglieder – einschließlich Tilgener – für den Plan gewesen seien. Nur ihm selbst, Bodeux, seien Zweifel gekommen: «Ich gab dann zu bedenken, daß eine solche Aktion eine Riesenfahndung auslösen würde. Bei dem Zustand der Gruppe in Wolfsburg, die sich ohnehin in endlosen Diskussionen und Streitereien erging, geradezu chaotisch war, hielt ich die Durchführung für unmöglich. Aus diesem Grunde sagte ich auch, daß ich mit allen meinen Sachen, einschließlich der Waffe, wieder abreisen würde.»

Dann sei es nicht etwa um den Abbruch der geplanten Aktion gegangen, sondern darum, wie man eine neue Tatwaffe beschaffen könne. Tilgener habe erklärt, er könne diese unter Umständen in Berlin besorgen. «Trotz meiner Absage», erklärte Bodeux später, «blieb die Gruppe bei einer weiteren Tatplanung. Insbesondere zwischen Billy, Ilse und Wölli wurde darüber diskutiert, wer auf Schmücker schießen sollte. Das Ergebnis war, daß Billy schießen sollte und auch wollte. Wegen der fehlenden Waffe ging von Billy die Anregung aus, Schmücker statt dessen zu erstechen oder zu erdrosseln, sofern keine Waffe beschafft werden könne.»

Im übrigen habe Tilgener daran gedacht, eine eigene Gruppe in Berlin aufzubauen – doch die Schmücker-Aktion habe er auf keinen Fall ohne die Wolfsburger machen wollen. Die Diskussion am Sonntagabend sei damit beendet worden, daß Tilgener nach Berlin fahren und eine Waffe besorgen sollte, damit die Aktion durchgeführt werden konnte.

Ilse Jandt aber schien Tilgener nicht mehr zu trauen. Nach dem Gruppengespräch schickte sie Bodeux und Söre in die Wohnung in der Saarstraße, um zu überprüfen, ob die Tasche mit der

Pistole und den anderen Gerätschaften noch da war. Es war alles in Ordnung.

Im Bett, so Bodeux, erzählte Ilse Jandt ihm von ihren Kontakten zu Inge Viett und Ralf Reinders, die in Berlin unter den Namen «Maria» und «John» leben würden. Bei seiner Ankunft vor Ostern habe sie nicht in Wolfsburg sein können, weil sie in Berlin an dem «Volkstribunal» gegen Schmücker hätte teilnehmen müssen. Ilse erklärte ihm auch, warum sie verlangt habe, die Tasche mit der Waffe aus dem Hause zu schaffen. «Sie befürchtete, daß Billy sich in den Besitz der Sachen bringen und dann die Aktion allein durchführen würde. Ihrer Meinung nach war Billy von Schmücker einmal aufs Kreuz gelegt worden, und er würde ihn aus Rache erschießen wollen. Nach Ilses Meinung hatte Billy in Berlin eine Gruppe zur Verfügung, die ihn bei der Durchführung der Erschießung unterstützen würde. Für mich war klar, daß Ilse dies nicht recht war und die Durchführung der Aktion durch die Wolfsburger Gruppe erfolgen sollte.»

Bodeux will in dieser Nacht Ilse Jandt gesagt haben, daß er wegen der ungeklärten Gruppensituation erst einmal aus Wolfsburg abreisen werde.

Götz Tilgener hatte damals wohl wirklich vor, in Berlin eine neue Gruppe aufzubauen. Ilse Jandts Verhältnis mit Bodeux schien ihn tief in seiner männlichen Eitelkeit und seinem Drang nach Autoritätsausübung verletzt zu haben. Er überlegte sich in dieser Nacht, wie er sich den Wolfsburgern gegenüber künftig verhalten sollte. «Ich kam zu dem Ergebnis, daß ich mit der Gruppe unter gar keinen Umständen arbeiten könnte, weil zwischen Ilse und mir ständig Machtkämpfe stattfanden, und schon aus diesem Grund das Autoritätsgefälle zwischen der Ilse und den ganzen Jugendlichen niemals hätte abgebaut werden können. So beschloß ich, nach Berlin zu fahren, um dort selbst eine Gruppe aufzubauen.»

Mit dieser neuen Gruppe, die im wesentlichen ein Hirngespinst Tilgeners blieb, scheint er einiges – und das widerspricht seinen eigenen Aussagen – vorgehabt zu haben.

Am nächsten Morgen, es war Montag, der 29. April, traf Bodeux Vorbereitungen zur Abreise. Zusammen mit Söre ging er in die Saarstraße und holte die schwarze Tasche wieder. Zu Ilse Jandt will er gesagt haben: «Mir ist die Sache zu brisant. Mit einer ‹Geldkiste› wäre ich einverstanden gewesen. Aber eine Ermordung ist etwas ganz anderes. Ich kann überhaupt nicht überprüfen, ob Schmücker wirklich ein Verräter ist.» Ilse Jandt habe daraufhin versucht, ihn zurückzuhalten, er aber habe ihr lediglich die Nummer einer Postlagerkarte in Bonn gegeben und versprochen, ihr mal zu schreiben.

Plötzlich knallte die Haustür. Tilgener hatte das Haus verlassen. Sofort lief Ilse Jandt nach oben in das Dachzimmer und überprüfte den Inhalt der schwarzen Reisetasche. Es war noch alles da. Dann brachte sie Jürgen Bodeux zum Zug, der um 11.04 Uhr Wolfsburg in Richtung Hannover verließ.

Auch Tilgener war auf dem Weg zum Bahnhof. Er hatte einen Teil des mitgebrachten Geldes zum Bezahlen der Stromrechnung und der Miete dagelassen und sich grußlos davongemacht. Auf dem Bahnhof stellte er fest, daß er auf einen Zug von Wolfsburg über Braunschweig nach Berlin lange würde warten müssen. Deshalb entschloß er sich, nach Hannover zu fahren, um von dort aus eine bessere Verbindung zu suchen oder notfalls nach Berlin zu fliegen. Kurz nachdem er den Zug bestiegen hatte, setzte sich plötzlich jemand neben ihn. Es war Jürgen Bodeux. «Harry» hatte seine schwarze Reisetasche wieder bei sich. Tilgener bekam einen Schreck und bat ihn, sich woanders hinzusetzen. «Mir war von meinem letzten Grenzübertritt noch bekannt, daß ich für die Behörden aus irgendeinem Grund interessant war. Ich wollte nicht unbedingt mit einer Person angetroffen werden, die nach eigenem Bekunden gesucht wurde und Anarchistenwerkzeug bei sich hatte.»

Bodeux nahm ein paar Sitze weiter Platz, gerade so, daß sie

sich über die Entfernung noch unterhalten konnten. Sie sprachen über unverfängliche Dinge. Dann meinte Tilgener: «Stell deine Tasche in Hannover in ein Schließfach und geh in das Bahnhofscafé neben dem Kino in der Wartehalle. Ich komme dorthin. Dann können wir reden.»

In Hannover angekommen, setzten sich Tilgener und Bodeux ins Bahnhofscafé. Tilgener erinnerte sich: «Ich besprach mit ihm die Situation der Wolfsburger Gruppe und erklärte, daß es völliger Wahnsinn sei, so eine wie die geplante Aktion auszuführen. Dabei erfuhr ich, daß Harry nicht bloß die Waffe, sondern sein gesamtes Werkzeug wieder mitgenommen hatte. Harry meinte, er habe sich wohl in die Ilse verknallt. Ich habe ihn ausdrücklich vor Ilse gewarnt und ihn nochmals nachdrücklich davor gewarnt, der Gruppe irgendwie behilflich zu sein. Die sollten erst mal selbst sehen, wie sie zu Rande kämen.»

Bodeux gab das Gespräch anders wieder: «Billy berichtete mir über seine Zusammenarbeit mit der Ilse, die deshalb nicht gut gewesen sei, da es immer zu Machtkämpfen gekommen sei. Ilse wollte stets der Mittelpunkt sein und hätte einen Gleichaltrigen neben sich nicht geduldet. Er befürchtete, daß zwischen mir und Ilse für den Fall meines Verbleibens in Wolfsburg das gleiche entstehen würde. Von mir wollte er die Waffe haben und meinte dazu, er könne die geplante Aktion auch mit einer in Berlin vorhandenen Gruppe durchführen. In diesem Zusammenhang hielt er das Erschießen Schmückers für die einzig mögliche Art und meinte, der Vorschlag des Erdrosselns oder Erstechens sei nur ein makabrer Scherz gewesen.»

Gegen 14 Uhr zahlte Tilgener, und die beiden verabredeten, in Kontakt zu bleiben. Dann setzten sie ihre Reisen nach Köln und Berlin fort.

In Berlin schrieb Tilgener erst einmal einen Brief an die Stadtwerke Wolfsburg und kündigte den auf seinen Namen laufenden Stromanschluß in der Bäckergasse. Dann schrieb er an die «Kommune Wolfsburg, Bäckergasse 2»:

«Guten (?) Tag!

Irgendwann werde ich mich auch noch einmal in nem Brief über meine eigene Perspektive auslassen und auch darüber, wie ich Eure Situation sehe. Vorher muß ich aber erst mal regenerieren – was mit der Gruppe für mich völlig ausgeschlossen ist. Und ich muß meine eigenen Gedanken ordnen. Wenn ich soweit bin, werde ich mich melden.

Ich habe an die Stadtwerke geschrieben und den Zähler auf meinen Namen abgemeldet. Um die Raten werde ich mich kümmern. Das Geld für die Wanne ist zurückzuzahlen. Auch darum werde ich mich erst mal kümmern. Ich rechne aber damit, daß Ihr Euch daran beteiligt. Wenn Ihr Euch Arbeit beschafft habt, könnt Ihr ja was schicken. Ich bin keinesfalls lustig, alleine die gesamten Kosten zu tragen. Ich habe verschiedene Sachen in Wob zurückgelassen. Ich wäre Euch dankbar, wenn Ihr sie schickt oder mitbringt, wenn mal jemand kommt. Die Zahnbürste lasse ich Euch. Ihr braucht sie wahrscheinlich nötiger als ich. Ich hoffe, daß ich mich in meiner Beurteilung der Gruppensituation irre. Ich wünsche Euch, daß Ihr über meinen, noch zu schreibenden Brief herzlich lachen könnt. Meldet Euch, wenn was ist. Wenn ich Euch helfen kann, werde ich das tun.

Solidarische Grüße! Billy.»

Tilgener wollte vorerst alle Brücken nach Wolfsburg abbrechen und es wieder mit seiner Frau versuchen. «Annelis, mit der ich ja noch verheiratet war, wußte von dem ganzen Komplex Schmükker nichts. Sie wußte nur, daß ich in Sachen Weltrevolution ständig auf Reisen war.» Er nahm einen Job als Bühnentechniker bei der Berliner Schaubühne am Halleschen Ufer an, wo er etwa 360 Mark netto in der Woche verdiente.

Doch schon am 2. Mai, wenige Tage nach seiner Abreise aus Wolfsburg, tauchte abends gegen 19.30 Uhr Wölli bei ihm in der Cuvrystraße auf, wo er seit einiger Zeit gemeldet war, um der

Bundeswehr zu entgehen. Wölli wollte sich in Berlin seinen Personalausweis abholen. Tilgener fragte ihn, ob er mit dem von ihm erhaltenen Geld die Stromrechnung bezahlt habe. «Nein, wir haben das Geld für etwas anderes gebraucht.» «Ich habe noch ein paar Sachen in Wolfsburg. Kannst du dafür sorgen, daß sie mir zugeschickt werden?» Wölli versprach, sich darum zu kümmern. «Was treibt die Gruppe denn so?» Wölli meinte, das Haus werde aufgeräumt und umgeräumt, man würde jetzt einer geregelten Arbeit nachgehen. Dann fragte er – nach Tilgeners Aussage –, ob Tilgener einige Schloßabzieher aus Wolfsburg mitgenommen habe und die Presseerklärung. Der verneinte.

«Die Schloßabzieher hat Harry. Die Presseerklärung habe ich auch nicht.»

Wölli beklagte sich bei Tilgener darüber, daß «Harry» noch nichts habe von sich hören lassen. Aber Tilgener ging darauf nicht weiter ein.

«Ich will mit der Gruppe nichts mehr zu tun haben», erklärte er Wölli und verabschiedete ihn. Am nächsten Tag erhielt er einen Brief aus Wolfsburg, in dem Ilse Jandt seinen Krach mit der Gruppe analysierte.

«Hallo lieber Billy-Schatz!

Nimm es bitte nicht als Ironie, wenn ich das Schatz dahintergesetzt habe. Aber das ist halt subjektiv und nicht gemessen ganz objektiv an Deinen Verhaltensweisen ... Im nachhinein erscheint es mir (und nicht nur mir), als ob Du nur Stärke gezeigt hast; eine Stärke allerdings, die vor kapitalistischen Bedingtheiten nur so triefte. Du warst die gesamte Zeit nur auf der Suche nach Fehlleistungen anderer, um Deine zu verdecken. Und wenn Du ehrlich gegen Dich selbst bist, dann wirst Du uns recht geben in der Analyse, daß Du die Schwächen anderer nur dazu benutzt hast, Dich zu stärken. Du hast die anderen gegen mich ausspielen wollen und hast nicht bedacht, daß sich hier niemand ausspielen läßt, weil es nämlich keine Autorität gibt. Ich bin keiner Kind Mutter, das nicht revolutionär handelt; aber wir sind alle Kinder der Revolution. Du bist hier endgültig ausgeflippt, als Du feststellen mußtest, daß hier jeder selbständig denkt und sich nicht manipulieren läßt. Du hast einen Machtkampf mit mir inszeniert, den ich nicht wollte, ich habe mich gegen eine Beziehung gewehrt, in der ich die Anbeterin eines starken Mannes bin. Du mußtest diesen Machtkampf führen in dem Maße, wie Du Dich Deiner Autorität beraubt sahst. Und sage nicht immer Gruppe, wenn du Ilse meinst. Dein Regenerationsprozeß ist darum hier nicht gewährleistet, weil wir eine Veränderung Deiner Verhaltensweisen fordern, daß wir von Dir fordern, einer von allen zu sein; der Mensch Billy; und nicht eine vom Kapital produzierte Marionette.»

Dann schrieb Ilse Jandt, daß Tilgeners «Beispiel, vor Problemen zu flüchten, schon Schule gemacht» habe. Farim habe die Gruppe verlassen wollen. Es folgte ein Absatz, in dem dieser Selbstkritik übte: «Ich habe eingesehen, daß ich meine subjektiven Schwierigkeiten beim Ausflippen nach Berlin an die erste Stelle gesetzt habe; d. h. in der jetzigen Situation erschien es mir als der Weg des geringsten Widerstandes, mit einer neuen Gruppe einen neuen Anfang zu machen.»

Farim spielte darauf an, daß er in den vergangenen Wochen, bei verschiedenen Besuchen in Berlin, eine Beziehung zu Usch, Schmückers ehemaliger Freundin, aufgenommen hatte. Offenbar neigte er daraufhin der Wohngemeinschaft Zeughofstraße zu und wollte sich von den Wolfsburgern trennen. Dieses Vorhaben aber hatte er, in die Bäckergasse zurückgekehrt, wieder aufgegeben.

Der Brief an Tilgener ging weiter: «Ja, jetzt tippe ich (Ilse) wieder. Daß wir uns alle freuen über Farims Konsequenz ist verständlich, weil es zeigt, daß die Begriffe Veränderung, Solidarität, Revolution mit den richtigen, heißt revolutionären Inhalten gefüllt wurden.» Unterschrieben hatten Ilse Jandt, Farim, Annette und Söre gemeinsam.

Nachdem Tilgener den Brief gelesen hatte, antwortete er sofort. Auf fünf eng beschriebenen Seiten schilderte er die Gruppenprobleme aus seiner Sicht.

«Guten Tag, Ilse!

Ganz wesentlich war die Situation in Wob nach meinem Erscheinen mitbestimmt durch die Beziehung, die mal zwischen uns begonnen hatte. Ich hatte gehofft, auf dieser Basis ließe sich aufbauen – was schlicht eine ideale Voraussetzung gewesen wäre. Eine derartige Zweierbeziehung verbunden mit politischer Arbeit ist wohl das, was wir anstreben sollten. Warum bei uns nichts daraus wurde, ist mir noch immer nicht ganz klar. Du darfst mir glauben, daß ich das nicht einfach zur Kenntnis nehme, sondern daß ich versuche, die Ursachen zu entschlüsseln. Nicht um möglicherweise unsere Beziehung zu reparieren, sondern um aus den gemachten Erfahrungen einen Lernprozeß abzuleiten für die Zukunft.

Wir hätten gemeinsam versuchen müssen, uns einander anzugleichen: Ich hätte Abstriche machen müssen von meinem Wunsch nach Freiheit, und Du hättest Deine einen-Mann-auffressen-wollen-Allüren aufgeben müssen. Doch Abstriche zu machen, warst Du nicht im mindesten bereit.

Ich bin ausgeschieden aus der Gruppe zu einem Zeitpunkt, da mir erschreckend deutlich alles das vor Augen gehalten wurde, was an der Wob-Gruppe alles kaputt ist – an der ganzen Gruppe, nicht nur an Dir. Nach meiner Rückkehr aus Berlin wurde ich ‹kritisiert›. Ich bestreite keinesfalls, daß eine Kritik angebracht war; auch wenn ich nach wie vor der Meinung bin, daß mein ‹undiszipliniertes Verhalten› auf einem Mißverständnis beruhte, an dessen Zustandekommen Du nicht schuldlos warst (ich auch nicht). Ich kam aus Berlin zurück, freute mich, wieder

214

da zu sein, war aber durch Dein Verhalten an der Tür etwas verunsichert. Ich wurde von Dir in einer Weise fertiggemacht, wie sie mir bis dahin nur aus Gerichtssälen bekannt war. Was von Dir lief, war ein völliger Ausschluß aus der Gruppe. Du warst bewußt verletzend und wurdest in unangenehmer Weise polemisch. Du hast versucht, mich fertigzumachen; und es ist Dir gelungen. Die übrige Gruppe hat sich dazu nahezu nicht geäußert. Wölli entpuppte sich als Dein Sprachrohr, und Söre hat mit einem ständigen Blick auf Dich quasi Deinen Beifall erheischt.

Harry wurde ständig als Richter bemüht: ‹Ist es nicht so …?› Ich kann mir nicht denken, daß er sich in dieser Rolle sehr wohl fühlte. Die dominierende Figur in diesem beschämenden Schauspiel warst Du. Es ist einfach unrichtig, wenn Du jetzt an mich schreibst, es gäbe in der Gruppe keine Autorität. Du hast nach wie vor eine Mutterrolle. Wenn H. forderte, es sollten endlich demokratische Verhältnisse eingeführt werden, so ist das Anliegen klar. Aber die demokratischen Verhältnisse sind mit meinem Ausscheiden aus der Gruppe keinesfalls eingeführt. Ich halte die Gruppe in der jetzigen Form absolut nicht für funktionsfähig. Du bist sicher einer anderen Meinung, und ich wünsche Dir neidlos, daß ich mich irre. Und ich wünsche mir nicht, für Dich mal wieder irgendwo einen Sprechschein beantragen zu müssen. Aus meinen Ansichten über die Gruppe leiten sich natürlich Konsequenzen ab: Ich werde Euch keinerlei Unterstützung gewähren.

Ich habe Dich sehr geliebt. Ich finde dieses Ergebnis unserer Beziehung sehr bedauerlich. Ich habe aber nach den jüngsten Erfahrungen durchaus nicht den Wunsch, unsere Beziehung fortzusetzen. Natürlich ist es grundsätzlich schlecht, daß jemand eine Gruppe verläßt, wenn sie in momentanen Schwierigkeiten steckt. Nur konnte ich die Schwierigkeiten nicht mehr als momentane begreifen. Es stellte sich für mich die klare Frage, ob ich mitsamt der Gruppe untergehen wollte. Ich wollte nicht.

‹Die Ratten verlassen das sinkende Schiff.› Insofern bin ich nun also Ratte …

Ansonsten arbeite ich, um Geld zu verdienen, und bin dabei, mir nützliche Fähigkeiten zu erwerben. Ich werde den Führerschein machen, wahrscheinlich auch für LKW, und mich vielleicht als Nachrichtentechniker ausbilden lassen. Einen Rotaprint-Druckerkurs machen. Unser Freund [Tilgener meint Schmücker] hat einen gemacht. Sehr erfolgreich. Sag der Annette bitte, er ist unbedingt zu empfehlen!!! Ja, und dann werde ich auch Musik machen …

Und Ilse, noch was: Du wolltest Imagepflege betreiben, von wegen an den Herd der Familie zurückgekehrt und so. Du glaubst doch nicht im Ernst, daß die Schweine Dich inzwischen für ‹geheilt› halten!?! Ich möchte wetten, daß die bloß darauf warten, Dich gleich wieder mal in eines ihrer Lager zu sperren. Und dafür brauchen sie schließlich keine Gründe. Abgesehen davon, daß Du noch eine Bewährung offen hast. Du verhältst Dich genau so, wie sie es von Dir erwarten. Fein! Du dienst als Lockvogel – und wirst meine Bedenken sicher als Verfolgungswahn abtun … Und deren Rechnung geht auf. Manchmal bist Du ziemlich naiv – und zwar in äußerst gefährlicher Form!

Noch etwas finde ich ganz wesentlich: die Isolation der Gruppe gegen die Außenwelt. Es ist absolut ein Unding, das gesamte Leben auf dieses eine Grundstück beschränken zu wollen. Ein derartiger Freiraum ist die ideale Voraussetzung für solche Schwierigkeiten, wie sie sich während meines Aufenthaltes in Wolfsburg gezeigt haben. Man sitzt sich zu nah auf der Pelle und verliert etwas den Blick für die Realität. Was sich dann in Mammutdiskussionen im gelben Raum zeigt.

Geht arbeiten, besucht die Volkshochschule oder geht meinetwegen abends tanzen. Aber verdammt noch mal, beschränkt Euch nicht auf Euren ‹Freiraum›!!!

So, mehr zu schreiben hieße weniger zu sagen. Ich bin

Euch nicht böse – auch Dir nicht, Ilse. Ich bin auch nicht im Groll aus Wolfsburg verschwunden. Ich hatte – und habe – den Wunsch, revolutionäre Politik erfolgreich zu machen. Und Kriegsgefangenschaft sehe ich nicht als Erfolg. Artige Grüße. Billy.

P.S. Ich erwarte, daß sich die praktischen Konsequenzen, die sich aus diesem Brief ableiten lassen, nicht auf Sanktionen gegen mich beschränken. Nenn es Verfolgungswahn; ich rate dennoch ganz dringend, die Sicherheitsfrage etwas sorgfältiger zu behandeln, und bitte darum, genau zu überdenken, ob es ratsam ist, Besuch zu bekommen!!! Neben Verrat liefert auch der Leichtsinn wichtige Genossen den Schweinen aus.»

MUTTER UND SOHN

In diesen ersten Maitagen, in denen sich Götz Tilgener brieflich mit der Wolfsburger Gruppe auseinandersetzte, besuchte er Ulrich Schmücker zweimal. Zusammen mit Peter B., dem er gesagt hatte, die Schmücker-Aktion sei jetzt «gestorben», ging er in die Lahnstraße. Zweck des Besuches war es, von Schmücker Geld für Uschs Abtreibung in England zu fordern. Es handelte sich um etwa 1000 Mark, von denen Schmücker die Hälfte zahlen sollte.

Beim ersten Besuch sagte Schmücker tief deprimiert, daß er schon über andere vom Schwangerschaftsabbruch erfahren habe. «Ich finde es beschissen», erklärte er, «daß Usch das Kind hat abtreiben lassen, um besser revolutionär arbeiten zu können.» Tilgener und sein Begleiter widersprachen. Wesentlicher Grund für den Schwangerschaftsabbruch sei Uschs psychische und vor allem physische Konstitution gewesen. Schmücker wollte das nicht glauben und weigerte sich zu zahlen. Diese Gespräche über das Geld waren offenbar die letzten, die er mit Götz Tilgener führte.

Schmücker hatte in der Zwischenzeit einen Lehrgang als Offsetdrucker gemacht. Er versuchte auch, erneut politisch aktiv zu werden, und arbeitete in einer Neuköllner Gruppe mit, die ein Kinderfest zum 1. Mai organisierte. Aber wieder geschah das, was ihm schon so häufig passiert war. Jemand erkannte ihn und bezeichnete ihn als Verräter. Daraufhin flog Schmücker aus der Gruppe. Der Rausschmiß traf ihn tief. Seiner Vertrauten Ulrike Hoffmann, die er zusammen mit seinen Freunden aus Neuenahr gelegentlich traf, erzählte er, wie deprimiert er war. «Ich werde mit diesem Mißtrauen nicht mehr fertig. Am liebsten würde ich mich vor einen Zug werfen.»

Am 6. Mai rief Ulrich Schmücker seine Mutter an. Er sagte, er sei einsam und verzweifelt und bat um einen Besuch seiner Eltern. Weil der Vater nicht zu Hause war, meinte seine Mutter, er solle doch übermorgen wieder anrufen, sie wolle die Sache bis dahin mit dem Vater besprechen. Am 8. Mai rief Schmücker erneut in Neuenahr an. Seine Mutter sagte ihm, sie werde am 10. Mai gegen 19 Uhr in Berlin ankommen. Schmücker schien schon wieder etwas zuversichtlicher. «Wahrscheinlich muß ich demnächst für längere Zeit weg», sagte er. Die Mutter nahm an, diese Bemerkung hänge irgendwie mit seinem geplanten Studium in Karatschi zusammen.

In diesen Tagen übergab Götz Tilgener dem V-Mann Volker von Weingraber alias «Wien» einen verschlossenen Umschlag zur Aufbewahrung. Darin steckte der Fragebogen, in dem Schmücker über die während seiner Haft mit dem Verfassungsschutzbeamten Peter Rühl geführten Gespräche Auskunft gegeben hatte. Tilgener sagte, er selbst habe ihn auf der von Weingraber geliehenen Schreibmaschine getippt. «Der VM hat die Schreibmaschine im übrigen nie zurückbekommen», erklärte später Verfassungsschutzchef Zachmann den Kollegen der übrigen Landesämter. Erst als Jürgen Bodeux ein halbes Jahr nach dem Mord an Ulrich Schmücker umfangreiche Aussagen machte, stellte sich heraus, wo die «Brother Electric» geblieben war: Einer der Wolfsburger hatte sie ins Wasser geworfen. Zachmann damals stolz: «Sie konnte vor etwa zehn Tagen von der Polizei geborgen und als Beweisstück sichergestellt werden.» So ging die Schreibmaschine des Verfassungsschutzagenten «Wien», auf der Fragebogen und «Presseerklärung» getippt worden waren, in die Obhut der Staatsanwaltschaft und schließlich des Gerichtes über. Das geschah nicht mit allen Beweismitteln.

Volker von Weingraber reichte den von Schmücker ausgefüllten Fragebogen der «Nationalen und Internationalen Bewegung zur Person des Ulrich Schmücker» einen Tag später an seinen V-Mann-Führer Grünhagen weiter und sagte ihm, daß er von Tilgener die Adresse Schmückers erfahren habe. Er wohne jetzt unter dem Namen Bernd Laurisch in der Lahnstraße 82 in Berlin-Neukölln. Im Berliner Landesamt für Verfassungsschutz mußte man ahnen, in welcher Gefahr Ulrich Schmücker schwebte.

Am 10. Mai holte Schmücker seine Mutter vom Bahnhof Zoo ab und fuhr mit ihr in der U-Bahn zu seiner Wohnung in Neukölln. Er wirkte inzwischen etwas zuversichtlicher.

«Ich habe eine Zusage von der Universität in Karatschi», sagte er zu seiner Mutter. «Jetzt brauche ich nur noch das Visum. Das krieg ich in Ostberlin.»

Die Mutter hatte ihm 1000 Mark für die Reise nach Pakistan mitgebracht. Aber er hatte auch noch selbst einiges Geld auf dem Sparbuch.

«Wir werden uns dann fünf Jahre lang nicht sehen», sagte er. «Wenn nicht etwas dazwischenkommt.»

«Was könnte denn noch dazwischenkommen?»

«Ich hab da Leute aus der Szene wiedergetroffen. Die haben gesagt, ich müßte mich bewähren. Und da hab ich denen zugesagt, daß ich bereit bin, das zu tun.»

«Ulli, du hast doch nichts getan, was irgendwie gegen eure Ordnung verstößt.»

«Die meinen das aber. Und ich finde dann doch, daß ich das tun muß.»

Die Pläne ihres Sohnes waren der Mutter unheimlich. Sie sagte: «Mein Gott, was machen die denn bloß mit dir? Was haben die denn vor?»

Ulli antwortete: «Die meinen, ich sollte mal nach Irland gehen.»

«Ja, und dich da erschießen lassen.»

Ulli wehrte ab: «Na ja, das trifft ja nicht für jeden zu.» Nach einer Pause sagte er: «Wenn ich also mal plötzlich weg bin, macht euch keine Sorgen. Ich finde aber vorher bestimmt noch eine Möglichkeit, euch Bescheid zu sagen. Das ist auch das einzige, was mich vom Studium in Karatschi abhalten kann.»

Am nächsten Morgen gingen sie zu Fuß nach Kreuzberg in eine Markthalle, die Ulli aus seiner Zeit in der Zeughofstraße kannte. Während sie dort einkauften, schilderte er der Mutter seine Lage.

«Die Genossen unterstellen mir, daß ich durch meine Aussage damals Sommerfeld erst zu seinem Geständnis gebracht habe. Sie glauben auch, daß meine Aussage der Anlaß dafür war, daß zwanzig bis fünfundzwanzig Genossen in Berlin festgenommen worden sind.» In Wirklichkeit fühle er sich unschuldig. «Ich habe erst ausgesagt, als mir die Aussage von Sommerfeld vorgehalten wurde.»

Er erklärte seiner Mutter, daß ihm viel daran liege, den Genossen die Zusammenhänge klarzumachen. Sie wollte das nicht einsehen.

«Warum ziehst du dich nicht einfach von denen zurück?»

«Das geht nicht. Wenn ich mich von ihnen zurückziehe, sieht das wie ein Schuldbekenntnis aus. Ich arbeite schon an etwas, um ihnen die ganzen Sachen zu erklären.»

Das erinnerte die Mutter an das Gedächtnisprotokoll, das Ulli ihr nach seiner Haftentlassung in die Maschine diktiert hatte und durch das sie den Namen des Verfassungsschutzbeamten Peter Rühl erfahren hatte.

Die Mutter fragte nicht weiter nach. Später sagte sie: «Im Grunde bin ich viel zu wenig in ihn eingedrungen. Ich hätte ihn mehr nach seiner seelischen Verfassung fragen müssen. Er war ein Mensch, den man nicht zu Äußerungen zwingen konnte. Er mußte von sich aus kommen.»

Auf dem Markt hatten Mutter und Sohn Kuchenformen gekauft. In Ullis Wohnung stand ein neuer Herd, den wollten sie einweihen. Es gab Käsekuchen, Ullis Lieblingskuchen.

Am Nachmittag fuhren die beiden zum Mehringdamm und

gingen gemeinsam auf den Kreuzberg. Auf dem Weg zeigte Ulli seiner Mutter in einem historisch renovierten Haus eine interessante Bleiverglasung. «Hier wohnt übrigens der Typ, der mich darauf gebracht hat, daß man bei Schering Hauttests machen kann. Dafür gibt es 200 Mark.» Ulrich Schmücker hatte sich, wie viele Studenten in Berlin, dem Pharmakonzern gelegentlich für medizinische Testreihen zur Verfügung gestellt.

Abends waren sie wieder in der Lahnstraße. Die Mutter später: «Wir haben herrliche Tage zusammen verlebt. Es war so schön wie selten. Er hat mich verwöhnt, er hat das Essen gekocht, wir sind nicht zehn Minuten getrennt gewesen. Wenn ich mich abends schlafen legte, hat er sich auf seine Matratze gesetzt und mir auf der Gitarre vorgespielt. Wir haben zusammen Schach gespielt, wir sind zusammen froh gewesen. Es waren wunderbare Tage.»

Am Sonntagmorgen kam Mohamed, ein ägyptischer Freund Ullis, in die Lahnstraße. Er blieb zum Essen. Am Nachmittag besuchten Ulli und seine Mutter die Freunde aus Neuenahr. Abends gingen alle zusammen in eine Pizzeria in Kreuzberg.

Am Montag machten Ulli und seine Mutter einen Stadtbummel in der City. In einem Gartenlokal am Savignyplatz aßen sie zu Mittag. Hier wurden Flugblätter verteilt, die zu einer Chile-Veranstaltung im Audimax der Technischen Universität einluden. Mutter und Sohn beschlossen, die Veranstaltung gemeinsam zu besuchen. Es berichteten Exil-Chilenen über die Situation in ihrem Land, und es wurden Filme über den Putsch der Militärs und über die Folterungen in geheimen Militärlagern gezeigt.

Auf dem Rückweg sprachen Ulli und seine Mutter über das Erlebte. «Ich finde das alles furchtbar», sagte die Mutter, und Ulli erwiderte: «Das habt ihr doch alles im Dritten Reich selbst gemacht. Da habt ihr das nicht als so schrecklich empfunden.»

«Ich habe das wirklich nicht gewußt, daß hier auch solche Folterungen und so was waren.»

Um 23.30 Uhr waren sie zu Hause. Dort sagte die Mutter: «Habe ich denn nun mal die Möglichkeit, Usch kennenzulernen?»

Ulli erklärte ihr, daß Usch eine Abtreibung hinter sich hatte. «Das war nicht mit meinem Einverständnis. Laß uns nicht mehr darüber reden.»

An diesem Tag, dem 13. Mai 1974, war Ilse Jandt in Berlin aufgetaucht und besuchte wieder einmal Volker von Weingraber. Sie hatte einen jungen Mann im Schlepptau, den der Verfassungsschutzagent bis dahin noch nicht gesehen hatte. Ilse Jandt stellte ihn als «Harry» vor. Der V-Mann beobachtete, daß die beiden im Besitz einer Pistole waren, einer alten, verrosteten Parabellum. Einmal sah er sie bei Bodeux, einmal bei Ilse Jandt. Nebenbei, so berichtete «Wien» umgehend seinem V-Mann-Führer Grünhagen, habe er erfahren, daß Inge Viett und Ralf Reinders unter den Namen «John» und «Maria» in Wolfsburg gewesen seien und Ilse Jandt besucht hätten. Zwei der meistgesuchten Mitglieder der «Bewegung 2. Juni» waren also ins Fadenkreuz der Geheimdienstler geraten. Da mußten im Landesamt alle Warnleuchten angehen – auch wenn die Information so nicht stimmte. In Wolfsburg waren die beiden wohl nicht gewesen. Aber daß Ilse Jandt sie in Berlin getroffen hat, ist durchaus möglich. Auf jeden Fall hatte sie mehrmals entsprechende Andeutungen gemacht. Inge Viett schreibt in ihrer Autobiographie «Nie war ich furchtloser» (1997) eher zurückhaltend über ihre Kontakte zu Ilse Jandt: «Und da war die Wolfsburger Kommune. Eine abenteuerliche Truppe, durchsetzt von Provokateuren und Aufschneidern, der fruchtbare Boden für Spitzel des Staatsschutzes. Wir kappten schnell alle Drähte, als sie uns unbedingt ihre Schlagkraft beweisen wollten.»

Am nächsten Morgen, es war Dienstag, der 14. Mai, brachte Ulrich Schmücker seine Mutter zum Bahnhof Zoo. Sie nahm den Zug um 10.25 Uhr. Als der Zug anrollte, blickte Frau Schmücker noch einmal aus dem Fenster. Ihr Sohn stand auf dem Bahnsteig und weinte. Frau Schmücker sah ihn nie wieder.

«EIN GUTER GENOSSE»

Während dieser Zeit hielt sich Jürgen Bodeux wieder im Köln-Bonner Raum auf. Am Tage seiner Rückkehr aus Wolfsburg, am 29. April 1974, besuchte er Freunde aus der «Szene» und erhielt von ihnen – seiner Aussage nach – gestohlene Papiere auf den Namen Bernd Guth. (Diese Aussage ist falsch, denn der Paß auf den Namen Bernd Guth wurde erst am 5. Mai, also eine knappe Woche später, gestohlen.) Weil er nicht so recht wußte, wohin mit der schwarzen Tasche, ließ er sie erst einmal in Köln bei seinen Freunden. Gegen 20 Uhr verließ er deren Wohnung und rief einen Schulkameraden an, bei dem er dann übernachtete.

Am nächsten Morgen fuhr er mit der Bahn nach Bonn und ging in die Gabelsberger Straße zu seiner Freundin Gaby W. Mit ihr, so sagte er später aus, habe er zwar über Ulrich Schmücker gesprochen, nicht aber über seinen Aufenthalt in Wolfsburg und den dort diskutierten Mordplan. Gaby W. war ziemlich ärgerlich über Bodeux' lange Abwesenheit.

In den darauffolgenden Tagen verkaufte Bodeux mit Reinhard G. wieder Bücher an der Bonner Universität. Wie verabredet schickte er Götz Tilgener die verschlüsselte Nummer einer Bonner Postlagerkarte. Kurz darauf erhielt er einen Brief, in dem Tilgener ihm mitteilte, er habe ein neues Fälschungsverfahren für Pässe und verfüge auch über die dafür notwendigen Säuren. Bodeux solle ihm doch schreiben, welche Platten beziehungsweise Folien er habe. Am besten sei es, wenn er selbst nach Berlin käme. Bodeux antwortete Tilgener nicht.

Etwa zur gleichen Zeit erreichte ihn ein Brief von Ilse Jandt. Sie schrieb, sie halte es für gut, wenn Bodeux wieder nach Wolfsburg zurückkehren würde. Ihr läge viel daran, daß die Beziehung zwischen ihnen bestehenbliebe. Und Bodeux solle doch bei ihrer Mutter anrufen und dieser sagen, ob er mit den Gegenständen in der schwarzen Tasche gut angekommen sei.

An einem der nächsten Abende rief Bodeux in Wolfsburg an und bekam Ilse Jandt auch gleich ans Telefon. Er sagte, er habe ihren Brief erhalten und die Sachen in Sicherheit gebracht. Von seiner Begegnung mit Tilgener im Zug nach Hannover erzählte er nichts. Als Ilse Jandt ihn nach den fehlenden Blanko-Führerscheinen fragte, antwortete er ausweichend. Zur Zeit seien keine zu beschaffen, es werde ziemlich lange dauern. Bis dahin könne er lediglich mit gestohlenen Papieren aushelfen. Sie beendeten das Gespräch, ohne eine konkrete Verabredung getroffen zu haben. Bodeux holte die schwarze Tasche mit der Pistole und den Fälschungsutensilien aus der Wohnung seiner Freunde ab.

Knapp zehn Tage nachdem er aus Wolfsburg zurückgekehrt war, bekam Jürgen Bodeux Krach mit seiner Freundin Gaby W. Er mußte ausziehen. Angeblich weil er nicht wußte, wo er unterkommen sollte, rief er wieder bei Ilse Jandt an. Er sagte ihr, er habe es sich überlegt und werde nach Wolfsburg kommen. Er nannte auch gleich den genauen Zeitpunkt seiner Ankunft.

Ilse Jandt schien erfreut und bat Bodeux, die schwarze Tasche samt Inhalt wieder mitzubringen. Weil bei der Reisetasche inzwischen der Reißverschluß kaputtgegangen war, lieh sich Bodeux von Reinhard G. einen hellgrauen Koffer und verstaute die Gegenstände darin.

Am selben Tag, an dem Schmückers Mutter in Berlin eintraf, reiste Bodeux nach Wolfsburg. Annette, Söre, Wölli und Farim waren in der Bäckergasse. Ilse Jandt kam später. Am nächsten Tag beschäftigte sich die Gruppe unter Bodeux' Anleitung wieder mit Fälschungsübungen. Dabei kam das Gespräch auf Schmücker. Ilse Jandt sagte: «Die Gruppe hat die Sache nicht gemacht, sonst hättest du ja in der Zeitung davon gelesen.»

Dann kam ein Telegramm aus Berlin von «Hartmut», Volker von Weingraber. Ilse Jandt solle ihn umgehend aufsuchen. Weil sie kein Geld hatte, bat sie «Hartmut», die Reisekosten zu übernehmen. Kurze Zeit später erhielt sie das Geld über eine telegrafische Postanweisung. Doch bevor Ilse Jandt nach Berlin fuhr, traf ein zweites Telegramm ein. Diesmal aus Frankfurt. «Bitte sofort kommen – Märchentante.» Ilse Jandt rief in Frankfurt an und ließ sich für diese Reise ebenfalls 100 Mark anweisen. In dem Telefongespräch hatte sie angekündigt, einen «guten Genossen» mitzubringen.

So fuhren Ilse Jandt und Jürgen Bodeux am 12. Mai mit der Bahn nach Frankfurt. Sie nahmen einen Nachtzug und hatten nur eine kleine Tasche dabei. Bodeux trug eine weiße Hose von Ilse Jandt, weil seine eigene bei deren Mutter gerade gewaschen wurde. Frühmorgens wurden sie am Frankfurter Hauptbahnhof von der «Märchentante», Brigitte Heinrich, abgeholt, und in einem grünen VW fuhren sie gemeinsam zu ihrer Wohnung. (Brigitte Heinrich gehörte damals zum Umfeld terroristischer Gruppierungen, ohne jemals selbst bei illegalen Tätigkeiten ertappt worden zu sein. Später ging sie zu den Grünen – und noch später wurde sie als inoffizielle Mitarbeitern der Stasi entlarvt.) Nach Bodeux' Aussagen wollte sie mit Ilse Jandt über Ausbildungsplätze in nahöstlichen Guerillalagern sprechen.

Anschließend ließ sich Bodeux von der «Märchentante» zu einer Filiale der Dresdner Bank fahren und hob dort 240 Mark von seinem Sparbuch ab. Noch am selben Tag setzte er sich mit Ilse Jandt wieder in einen Zug Richtung Berlin. Sie hatten jedoch eine falsche Verbindung erwischt, mußten in Kassel umsteigen und dort einige Stunden warten. Sie lösten eine Umwegkarte, erkundigten sich nach der Ankunftszeit und schickten Weingraber ein Telegramm.

Über Helmstedt ging es nach Berlin, wo sie von Weingraber abgeholt wurden. Ilse Jandt stellte die beiden einander als «Harry» und «Volker» vor. Weingraber fuhr sie im VW-Bus zu seiner Wohnung. Hier, so Bodeux, habe Weingraber Ilse Jandt erzählt, daß Ralf Reinders und Inge Viett nicht nach Wolfsburg kommen würden. Der Grund dafür sei, daß Tilgener zuviel über «John» und «Maria» rumquatsche. Die beiden seien aber bereit, sich in Berlin mit ihr zu treffen. Ilse Jandt solle jedoch zunächst Waltraud S., Deckname «Christa», anrufen. Das tat Ilse Jandt dann angeblich von Weingrabers Wohnung aus. Sie sagte Bodeux, sie habe ein Treffen mit ihr vereinbart.

Am 15. Mai fuhren Bodeux und Ilse Jandt mit der U-Bahn zu einem Hochhaus, in dem die AOK untergebracht war. Vor dem Gebäude, auf einer Bank in einer kleinen Grünanlage, wartete Waltraud S. Bodeux wurde ihr als «Harry» vorgestellt. Während Ilse Jandt sich mit ihr unterhielt, ging Bodeux zur Bank für Handel und Industrie am Mehringdamm, um von seinem Sparbuch Geld abzuheben.

Als er die Bank wieder verließ, warteten die beiden Frauen draußen auf ihn. Waltraud S. schlug vor, gemeinsam in die nahegelegene Pizzeria «Trulli» zu gehen. Auf dem Weg dorthin rief sie von einer Telefonzelle aus jemanden an. Nachdem die drei eine Viertelstunde in der Pizzeria gesessen hatten, kam ein großer blonder junger Mann mit langen Haaren dazu und setzte sich mit an den Tisch. Er wurde Bodeux nicht vorgestellt, Ilse Jandt und Waltraud S. schienen ihn aber gut zu kennen. Vermutlich war es Ralf Reinders.

«Das Gespräch», so Bodeux, «ging um eine Aktion gegen einen Verräter. In dieser Sache sollte Öffentlichkeitsarbeit betrieben werden. Ohne daß Namen genannt wurden, war mir klar, daß es sich bei dem Verräter um Schmücker handelte. Es wurde gesagt, daß während der Durchführung dieser Aktion gegen den Verräter verschiedene Personen Berlin verlassen müßten, da sonst auf sie ein Verdacht hätte fallen können. Waltraud sagte noch, daß sie zu den ‹Schäfchen› fahren würde. Ich verstand darunter einen Bauernhof. Es fiel dann der Name Brockmann, der ebenfalls als Verräter bezeichnet wurde, und aus den Gesprächen gewann ich den Eindruck, daß auch gegen ihn Aktionen geplant waren. Weiter fielen noch die Namen ‹Maria› und ‹John›. Waltraud sagte noch, sie hätte den Billy getroffen. Nach weiteren allgemein gehaltenen politischen Gesprächen zahlte der Typ, und wir verließen das Lokal.»

Sie gingen gemeinsam zur U-Bahn und trennten sich. Ilse Jandt und Bodeux fuhren zu Weingrabers Wohnung. Auf dem Weg dorthin will Bodeux sie gefragt haben, ob denn die Schmücker-Aktion immer noch laufe. «Sie bejahte dies, und ich fragte sie, ob es denn zweifelsfrei feststünde, daß Schmücker ein Verräter sei. Ich gab ihr noch zu bedenken, daß man in Köln und Bonn den Namen Schmücker kaum kannte und es den dortigen Genossen sicherlich nicht verborgen geblieben wäre, wenn Schmücker ein Verräter und ein Mann des Verfassungsschutzes gewesen wäre. Ilse sagte mir, daß gegen Schmücker ein Volkstribunal durchgeführt worden sei. Man habe seine Antworten überprüft. Bei einem Vergleich mit den polizeilichen Protokollen habe man feststellen müssen, daß Schmücker belastend gegen andere ausgesagt hat. Die Entscheidung zur Liquidierung Schmückers sei nicht nur die ihrige, sondern auch andere hätten ihn verurteilt. Mir schien, daß der Ilse meine Fragen unangenehm waren. Als ihre Antworten aggressiv ausfielen, stellte ich meine Fragerei ein.

Wir haben dann gegessen, und dabei sagte mir Ilse, daß wir noch am Abend einen guten Genossen aufsuchen würden. Bei diesem Genossen sollte ich mich als ‹Horst› aus Hamburg vorstellen.»

Dieser «gute Genosse», den Ilse Jandt nach Bodeux' Aussagen besuchen wollte, war Ulrich Schmücker.

Am Spätnachmittag fuhren sie mit der U-Bahn nach Neukölln und gingen in die Lahnstraße. Zielstrebig steuerte Ilse Jandt eine Wohnungstür im Vorderhaus mit dem Namensschild «Laurisch» an. Sie klingelte, aber niemand machte auf. Ratlos warteten sie noch einen Augenblick. Dann entdeckten sie einen Zettel, auf dem stand, daß «Laurisch» später zurückkommen werde.

Sie gingen in eine Eckkneipe auf der gegenüberliegenden Straßenseite und versuchten, einen Fensterplatz zu bekommen,

228

um den Hauseingang beobachten zu können. Aber die Tische am Fenster waren besetzt. Sie bestellten sich etwas zu trinken, und nach einer knappen Stunde gingen sie wieder hinüber in das Wohnhaus. Diesmal war Schmücker da. Ilse Jandt stellte Bodeux und Schmücker einander als «Horst» und «Bernd» vor. Sie ging mit Schmücker in die Küche und bedeutete Bodeux, sich solange ins Wohnzimmer zu setzen.

Bodeux schaute sich in dem Zimmer um. Es war spärlich möbliert, am Fenster ein Schreibtisch und daneben ein Matratzenlager. Er nahm auf einer danebenstehenden Sitzgelegenheit Platz. Von hier aus konnte er nicht hören, was die beiden in der Küche besprachen. Nach zehn Minuten kamen Ilse Jandt und «Bernd» ins Wohnzimmer.

Sie setzten sich auf die Matratzen und redeten über das Geld, das Schmücker noch für die Abtreibung zahlen sollte. Schmücker weigerte sich erneut, die Kosten des von ihm nicht gewollten Schwangerschaftsabbruchs mitzutragen. Nach einer Dreiviertelstunde verabschiedeten sich Ilse Jandt und Bodeux. An der Tür gab Schmücker ihr noch einen Zettel mit einer Anschrift. Bodeux konnte nicht erkennen, wessen Adresse es war.

Auf der Fahrt zurück in Weingrabers Wohnung fragte Ilse Jandt: «Welchen Eindruck hattest du von dem Genossen?»

«Ich fand ihn ganz nett.» (Bodeux will bis zu diesem Zeitpunkt nicht gewußt haben, daß es sich bei «Bernd Laurisch» um Ulrich Schmücker handelte. Das ist kaum glaubwürdig. Ganz offensichtlich wollte er sich in diesem Teil seiner Aussage als ahnungslosen Mitläufer darstellen.)

Kurz nach ihrer Rückkehr in die Wohnung Köpenicker Straße kam auch Volker von Weingraber nach Hause. Er begann, so Bodeux später, von der Möglichkeit eines Lohngeldraubes zu sprechen, den er «ausgecheckt» haben wollte. Es ging um die Kasse des Waldkrankenhauses, das dicht an der Grenze zur DDR lag. Im Augenblick, erläuterte Weingraber, sei der Überfall aber noch nicht durchzuführen, weil der Kassenraum gerade umgebaut werde.

Während er sprach, nahm er ein Kleinkaliber-Schnellfeuergewehr der Marke Landmann-Preez aus einer Schublade und zeigte es seinen Besuchern. Möglicherweise war es die Waffe, die Tilgener den Wolfsburgern als «Maschinenpistole» in Aussicht gestellt hatte. Im übrigen, so sagte Weingraber, sei er bei «Billy» gewesen. Der habe ihm gesagt, er wolle die Schmücker-Aktion mit seiner Gruppe durchziehen. «Billy» habe auch tatsächlich eine Gruppe, die auf ihn einen guten Eindruck mache. Für die Durchführung der Aktion seien die «entsprechenden ökonomischen Voraussetzungen» vorhanden. Und «Billy» sei wegen der «Sache mit Ilse» ziemlich sauer auf «Harry».

Ilse Jandt äußerte sich nicht dazu, und Weingraber sagte: «Schreib Billy doch mal. Er soll nicht so viel rumquatschen. Vor allem über John und Maria.» Tatsächlich bekam Tilgener in dieser Zeit eine Postkarte mit der Unterschrift «Belinda Juni», in der er aufgefordert wurde, endlich mit der «Quatscherei» aufzuhören. Am Abend machten Ilse Jandt, Bodeux und Weingraber in der Wohnung Schießübungen mit zwei Luftgewehren und einer Luftdruckpistole. Sie schossen auf Kronenkorken. «Diese Schießübungen», so Bodeux, «fanden nur zur Unterhaltung statt.»

Am 16. Mai fuhren Ilse Jandt und Jürgen Bodeux zurück nach Wolfsburg. Auf dem Weg durch die DDR mußte Bodeux für 10 Mark ein Transitvisum kaufen, weil er keinen Reisepaß hatte. «Dies», so Bodeux, «gilt für alle meine Reisen nach Berlin. Die Transitvisa habe ich nicht aufgehoben.»

Im Zug erzählte Ilse Jandt ihm, daß «Bernd Laurisch», den sie in der Lahnstraße besucht hatten, Ulrich Schmücker war. «Ich sollte ihn unvoreingenommen kennenlernen. Wie Ilse erklärte, stand es ihrer Meinung nach fest, daß Ulrich Schmücker für den Verfassungsschutz arbeitete. Weil ich mir zu diesem Zeitpunkt kein Urteil machen konnte, diskutierte ich mit Ilse nicht darüber.»

Am Nachmittag kamen sie in Wolfsburg an. Sie berichteten

230

der Gruppe über ihre Reisen nach Frankfurt und Berlin, über die Ausbildungsmöglichkeiten im Nahen Osten, über die «Geldkiste», über das Treffen in der Pizzeria «Trulli» und darüber, daß «Maria» und «John» nicht nach Wolfsburg kommen würden. Dann diskutierte man wieder über Schmücker. «Ilse», so Bodeux, «machte noch einmal klar, daß es sich bei Schmücker um einen Verräter handeln müsse. So habe er seine Festnahme damals in Neuenahr selbst veranlaßt. Die Gruppe, zu der ich nun ja auch gehörte, war der Meinung, daß die Schmücker-Aktion durchgeführt werden müsse.» Bodeux hatte sich nach eigenem Bekunden mit der Aktion einverstanden erklärt und war nun bereit mitzumachen.

Nach ein paar Tagen erhielt er einen Anruf aus Bonn. Reinhard G. sagte ihm, eine Genossin aus Hamburg wolle ihn sprechen. Bodeux setzte sich daraufhin am 21. oder 22. Mai in den Zug Richtung Bundeshauptstadt. Die Pistole nahm er mit, Patronen und Magazine jedoch ließ er in Wolfsburg.

REISEVORBEREITUNGEN

Nach der Abreise seiner Mutter nahm Ulrich Schmücker wieder Kontakt zu seinen Schulfreunden aus Neuenahr auf. Er schwankte zwischen Depression und Zuversicht.

Ein paar Tage half er seinem Freund Arno Johann, dessen Wohnung zu renovieren. Immer wieder ließ er in die Gespräche einfließen, daß er sich nach wie vor um Anschluß an politische Gruppen bemühte. Als ein alter Bekannter namens Friedhelm D. ihn im Mai besuchte und sie zusammen Schach spielten, sagte Schmücker: «In der letzten Zeit mußte ich oft allein Schach spielen.»

Mitte Mai besuchte er Arno Johann und Ulrike Hoffmann in der Sophie-Charlotte-Straße. Er war guter Stimmung und berichtete, daß ihn zwei Typen in seiner Wohnung aufgesucht hätten. Stolz fügte er hinzu: «Die sind extra meinetwegen aus Westdeutschland angereist.» Offenbar meinte er den Besuch von Ilse Jandt und Jürgen Bodeux am 15. Mai.

«Die Typen haben mir erklärt, man hat meinen Fall geprüft und ist zu dem Ergebnis gekommen, daß ich nicht für den Verfassungsschutz arbeite. Die haben mir angeboten, in einem anderen Land weiter politisch zu arbeiten. In zwei Wochen soll ich Bescheid kriegen, wohin ich fahren soll, wann es losgeht und wo ich abgeholt werde.»

Im übrigen, fügte Schmücker hinzu, benötige er die 50 Mark nicht mehr, die sich seine Freunde von ihm ausgeliehen hatten. «Ich brauche für die Reise nur 300 Mark und sonst nichts.» Anfang Juni wüßte er Näheres. Auf jeden Fall werde es erst einmal nach Westdeutschland gehen.

«Vielleicht könnt ihr mich in eurem Auto bis Helmstedt mitnehmen, wenn ihr Pfingsten nach Hause fahrt. Wenn ihr nicht fahrt, dann nehme ich mir einen Leihwagen und gebe ihn in Helmstedt wieder ab.» Schmücker war in Hochstimmung, sah sich schon wieder halb in der «Szene». «Man muß mit dem Auto über die Grenze fahren. Die anderen Reisewege werden zu scharf kontrolliert.»

Dann bat er die Freunde, nach der Abreise seine Wohnung aufzulösen. Sie könnten einiges behalten und sollten den Rest an seine Mutter schicken. Weitere Einzelheiten über seine Pläne verriet Schmücker nicht.

Zu Beginn der folgenden Woche erschien er wieder bei Arno Johann und Ulrike Hoffmann. Er war nicht mehr so euphorisch und erzählte, er habe «den Leuten» vorgeschlagen, seine Abreise zu verschieben. Er wolle noch bis zum August im Apartments-Hotel arbeiten, um mehr Geld zu haben.

«Aber neulich hast du doch noch etwas ganz anderes gesagt. Was ist denn los?»

«Darüber kann ich euch nichts sagen.»

Gegen Ende Mai tauchte Ulrich Schmücker fast jeden Tag bei seinen Freunden aus Neuenahr auf. Auch seinem Schulfreund Georg Pitzen erzählte er die Geschichte von den beiden Besuchern aus Westdeutschland. Er sagte: «Bald bin ich in einem Land, in dem es sehr heiß ist und in dem es Skorpione gibt.»

Pitzen fragte nicht weiter nach. Er nahm an, daß Schmücker wieder in den Nahen Osten reisen wollte. Für den 1. Juni, den Samstag vor Pfingsten, verabredeten sich Arno Johann, seine Freundin Ulrike Hoffmann, Georg Pitzen, dessen Freundin Monika Breuer und Ulrich Schmücker, um zusammen in das Lokal «Quartier Latin» zu gehen.

Schon am 3. Juni wollten sie sich alle wiedersehen.

«HAST DU DENN KEIN VERTRAUEN?»

Am 21. oder 22. Mai war Jürgen Bodeux von Wolfsburg nach Bonn gefahren. Er wollte sich hier mit der Genossin aus Hamburg treffen, die irgend etwas mit ihm zu besprechen hatte. Er ging in die Wohnung in der Breiten Straße 46, wo er Reinhard G. und ein Mädchen traf. Sie sprachen über allgemeine Dinge. Am nächsten Tag kam dann die erwartete Genossin, Concordia J. Sie berichtete, nach späteren Aussagen von Jürgen Bodeux, daß ihre Gruppe einen Lohngeldraub in Hamburg plane: «In mir entstand der Eindruck, daß sie wollte oder es erhoffte, daß ich an der Aktion teilnehmen würde. Sie bat mich bei einem eventuellen Besuch in Hamburg um Kontaktaufnahme.»

Vier bis fünf Tage blieb Bodeux in Köln und Bonn. Er traf eine Reihe alter Freunde, erzählte aber nach eigenen Angaben niemandem etwas von der geplanten Aktion gegen Schmücker. Am 26. Mai reiste er ab. Er bat einen Schulfreund aus Porz, der in der Nähe von Hannover seinen Wehrdienst ableistete, ihn in seinem Wagen bis Hannover mitzunehmen. Gegen Mitternacht kam er dort an. Um 2 Uhr morgens setzte er sich in den Zug nach Wolfsburg.

In der Bäckergasse klopfte er an das Fenster links von der Eingangstür. Ilse Jandt wachte auf und öffnete ihm. Bei sich trug Bodeux eine kleine blaue Reisetasche, die ihm Ilse Jandt vor einer Woche gegeben hatte. Darin war die Pistole und eine Flasche mit Entwicklerflüssigkeit. Gemeinsam legten Ilse Jandt und Bodeux sich schlafen.

Am nächsten Morgen berichtete Bodeux der Gruppe über seine Reise nach Bonn. Er zeigte die Entwicklerflüssigkeit und sagte: «Nun ist die Ausrüstung zum Fälschen vollständig.» Ilse Jandt fragte ihn, warum er denn die Pistole mit nach Bonn genommen habe. «Hast du denn kein Vertrauen?» Bodeux antwortete ausweichend.

Während seiner Abwesenheit hatten die anderen die noch teilweise von Tilgener geschriebene Presseerklärung vervielfältigt. Sie hatten dazu einen in der Bäckergasse stehenden Abzugsapparat der Wolfsburger «Gruppe Internationaler Marxisten» benutzt, den die Schwester Wolfgang M.s, die Vorsitzende der Wolfsburger Trotzkistengruppe war, dort vorübergehend untergestellt hatte. Etwa zwanzig Exemplare des «Kommuniqués über Verrat» waren gedruckt worden. Sie sollten nach der Tat an die Presse und an verschiedene linke Gruppen geschickt werden. In dieser Erklärung stand noch der in dem alten Plan vorgesehene und inzwischen verstrichene «Hinrichtungstermin», der 7. Mai 1974. In seinen ersten Aussagen behauptete Bodeux, er sei auch zu diesem Zeitpunkt nicht von Sinn und Zweck der Schmücker-Aktion überzeugt gewesen. Er habe noch einmal eine Aussprache darüber angeregt, sich aber nicht durchsetzen können. «Ich brach dann die Diskussion ab, weil ich ein Zerbrechen der Beziehung zwischen Ilse und mir befürchtete.»

Später gab Bodeux eine geänderte Version zu Protokoll: «Als ich in Wolfsburg eintraf, hörte ich, daß innerhalb dieser vierzehn Tage die Diskussion in der Gruppe über die Ausführung der Tat abgeschlossen war. In meiner Gegenwart wurde jedenfalls über die Art und Weise der Tatausführung bzw. ob sie überhaupt ausgeführt werden sollte, nicht mehr gestritten. Es wurde aber wohl über einzelne Fragen der Tatausführung noch gesprochen. Die Tat sollte im wesentlichen nach dem noch von Götz Tilgener überlegten Plan ausgeführt werden.»

Jürgen Bodeux half nun tatkräftig mit, den Plan in die Wirklichkeit umzusetzen.

Weil in der Bäckergasse häufig unangemeldet Leute auftauchten, beschlossen die Gruppenmitglieder, die von Bodeux gelieferten Gegenstände außer Haus zu schaffen. Sie packten sie in einen grauen Koffer und vergruben ihn im Garten. Nach kurzer Zeit fürchteten sie, der Inhalt könnte feucht werden. Deshalb zimmerten sie auf dem Dachboden eine große Kiste von etwa einem Kubikmeter Rauminhalt und strichen sie außen wie innen mit Farbe an. Als es dunkel war, gruben sie den Koffer wieder aus, hoben ein tieferes Loch aus und versenkten die Kiste mit den Gegenständen. Den Deckel bedeckten sie mit etwa zehn Zentimetern Erde, so daß er sich jederzeit öffnen ließ.

In einer regnerischen Nacht Ende Mai nahmen sich Bodeux und Wölli die Pistole und gingen in einen Wald am Stadtrand von Wolfsburg. Dort holten sie die Schießversuche mit der alten Parabellum 08, die sie schon vor einiger Zeit hatten machen wollen, nach. Das jedenfalls behauptete Bodeux in einer seiner späteren Aussagen. «Wir schossen jeder dreimal. Die Waffe machte einen furchtbaren Lärm, und aus dem Lauf kam ein etwa 5 cm langer Feuerstrahl heraus. Wir haben auf keinen Gegenstand, sondern einfach in die Gegend geschossen.»

Diese Schießübungen hatte Bodeux bei seiner ersten Aussage unterschlagen. Er hatte auch nicht gesagt, daß es dann zu einem Versuch kam, den alten Tilgener-Plan in die Tat umzusetzen. Das gab er erst Monate später zu. Danach spielte sich beim ersten Versuch, die «Aktion Schmücker» auszuführen, folgendes ab:

Ilse Jandt hatte bei ihrem Besuch bei Ulrich Schmücker am 15. Mai den Kontakt mit einem Abgesandten der Irisch-Republikanischen Armee angekündigt. Wenn der Termin für das Treffen klar sei, werde sie Schmücker einen Brief schreiben. Diesen Brief schrieb sie nach Bodeux' Aussagen Ende Mai, vermutlich am 28. Sie schrieb ihn auf Briefpapier mit aufgedruckten Blumen. Adressiert war er an Bernd Laurisch, und in ihm stand, daß Schmücker sich an einem bestimmten Tag, wahrscheinlich dem 1. Juni, in Köln einfinden und um eine bestimmte Zeit an einer bestimmten Telefonzelle einen Kontaktmann treffen solle. Als Erkennungszeichen solle er einen gelben Anorak und ein schwarzes Halstuch tragen.

236

Kurz vor dem geplanten Termin rief Jürgen Bodeux bei Concordia J. an und bat sie um ein Treffen am Kino-Center in Hamburg. Er wollte sich ihr Auto ausleihen. Sie willigte ein, und wahrscheinlich am 29. Mai fuhren Bodeux und Wölli nach Hamburg, um den grünen VW 1200 abzuholen. Der Wagen war schon alt, Kupplung und Bremsen funktionierten nicht mehr einwandfrei. Er gehörte eigentlich Concordias Schwester, und als sich Bodeux und Wölli bei ihr Schlüssel und Papiere holten, fragte sie:

«Habt ihr damit eine Aktion vor?»

«Nein, nein.»

Mit diesem Wagen fuhren dann – nach Bodeux' Aussagen – Wölli und Farim am vorgesehenen Tag nach Köln. Söre war schon vorher mit dem Zug zum Hauptbahnhof Köln gekommen. Bodeux reiste – wenn seine Aussage stimmt – wieder zurück nach Wolfsburg. Er ging mit Ilse Jandt in die Wohnung ihrer Mutter in der Schillerstraße. Die Jüngsten in der Gruppe sollten – laut Bodeux – die «Hinrichtung» erledigen, während er selbst und Ilse Jandt in Wolfsburg auf die «Vollzugsmeldung» warteten.

Gegen 23 Uhr klingelte das Telefon. Am Apparat war Söre. Er erklärte Ilse Jandt, daß Schmücker nicht zu dem verabredeten Termin am Hauptbahnhof erschienen sei. Ilse Jandt sagte ihm, sie sollten sofort zurückkommen. Dann führte sie ein paar Telefongespräche nach Berlin, unter anderem sprach sie mit Volker von Weingraber.

Ulrich Schmücker hatte den Brief, der ihn nach Köln locken sollte, nicht erhalten. Die Wolfsburger hatten die Einladung zum Treffen mit dem angeblichen Kontaktmann der IRA offenbar an den echten Bernd Laurisch adressiert. Schmücker hatte noch einmal Glück gehabt.

Doch inzwischen hatte sich seine Hoffnung auf eine Wiedereingliederung in die militante linke Szene mit Angst gemischt. Er, der einerseits V-Mann werden wollte, andererseits echter Terrorist, der sich mal als Verräter fühlte, mal als Aufklärer von Verbrechen, spürte anscheinend, daß er sich heillos verstrickt hatte.

In seiner Not rief er wieder einmal beim Verfassungsschutz an, um mit «Peter Rühl» seine Lage zu besprechen. Er geriet an eine Mitarbeiterin, die ihn nach mehrmaligen Anläufen mit Michael Grünhagen verband. Das Gespräch wurde auf Tonband aufgezeichnet.

«Hallo», sagte Grünhagen.

«Ja?» antwortete Ulrich Schmücker, der sich unter dem Namen «Peter Mink» gemeldet hatte.

«Ja, sagen Sie, ich meine, wir müssen uns jetzt mal irgendwas – Sie sagen, Sie können also nicht in die Innenstadt kommen?»

«Doch, das geht schon», sagte Schmücker, «aber da sind wahrscheinlich Leute hinter mir her. Ich kann versuchen, die abzuschütteln, das geht schon. Aber ich möchte auf keinen Fall, daß wir zusammen gesehen werden, denn das wäre ganz schlimm für mich ...»

«Na ja», erwiderte Grünhagen.

«Also wenn, dann müssen Sie es so ...»

«Es ist nie hundertprozentig sicher», meinte Grünhagen, «man kann sich noch so geschickt anstellen, daß man nicht doch miteinander gesehen wird ...»

Schmücker schwieg.

«Ich würde doch meinen, daß es eine Möglichkeit gibt ... Es gibt einen Haufen Restaurants, die beispielsweise eine Telefonzelle innen drin haben.»

«Ja.»

«Und daß Sie sich dorthin begeben und wir dann erst mal stichwortartig besprechen, was Sie mir zu sagen haben und wir uns dann etwas einfallen lassen, wie wir uns vielleicht später mal sehen können.»

«Hm.»

«Ich meine, jedes irgendwie geartete Treffen ... und Ihre Sicherheitsbedenken ...», stotterte Grünhagen, «äh, da ... obwohl ich Ihnen ja gesagt habe, auch ich habe eins, nicht?»

«Ja, ja», pflichtete ihm Schmücker bei.

238

«Wo sind Sie jetzt?»

«In einer Telefonzelle.»

«Stehen da Leute draußen?»

«Ja, eine Frau steht draußen.»

Grünhagen schlug Schmücker vor, doch zu einem Postamt zu gehen, dort gebe es mehrere Telefonzellen. Ihr Gespräch würde ja sicher fünf Minuten lang sein.

Schmücker willigte ein.

«Wenn Leute hinter Ihnen her sind», meinte Grünhagen, «dann stellen die ohnehin fest, daß Sie schon das zweite oder dritte Mal telefoniert haben.»

«Ja.»

«Und sagen Sie jetzt mal ein Stichwort, vielleicht fällt bei mir dann auch ein Groschen ...»

«IRA», sagte Schmücker.

«IRA? Ja?»

«Ja, ja, ja» sagte Schmücker. «Also, ich möchte es nicht so telefonisch machen, weil ich ja nicht weiß, ob die Gespräche bei Ihnen auf Band aufgezeichnet werden.»

«Na ja, ich meine, es ist doch so, Sie müssen ... Weiß ich nicht ...», stammelte Grünhagen.

«Das möchte ich nicht», beharrte Schmücker.

«Die Tatsache, daß wir Kontakt haben, ist doch ohnehin bekannt ...», entgegnete Grünhagen. «Schon unsere jetzige Kontaktaufnahme könnte theoretisch aufgezeichnet werden.»

«Ja, ja.»

«Wenn wir uns treffen, kann ich doch auch was in der Tasche haben. Ich sage, ich hab nichts. Aber Sie wissen genau, da ist man sich nie sicher, zumal ich Ihnen ja meinen Treffort aus Sicherheitsgründen eh sagen muß, nicht wahr?»

«Hm.»

«Ich weiß ja auch nicht, in welchem Zustand Sie jetzt im Augenblick sind oder in welcher Verfassung. Wir haben uns nun ein bißchen aus den Augen verloren.»

Schmücker kam kaum zu Wort: «Ja, ja, also …»

«Ich weiß es nicht, bitte, ich weiß es nicht.»

Schmücker versuchte zu scherzen: «Kleiner Trick von meiner Seite …»

«Wir haben beide schon einiges miteinander erlebt.»

«Ja, ja, ist klar.»

«Also, paß auf», sagte Grünhagen, «ich würde vorschlagen … wenn Sie meinen, Leute sind hinter Ihnen her.»

«Hm.»

«Wir müssen uns ja irgendwo treffen, da gibt's immer eine Ansatzmöglichkeit …»

«Hm.»

«… daß man beobachtet wird, Sie wissen ja, was ich meine. Ich laß mir sicherlich schon was einfallen.»

«Ja.»

«Welcher Personenkreis, dies können Sie mir ja sagen, welcher Perso… wer, wer hinter Ihnen her ist?»

«Das sind so Anarchotypen, und das kann auch die RAF sein.»

«Aus welcher Richtung Anarchotypen?» fragte Grünhagen.

«So etwa Knastarbeit, ehemalige Schwarze Hilfe, solche Leute …»

«Kennen Sie da welche von?»

«Na ja.»

«Sagen Sie mal irgendwelche Namen.»

Schmücker nannte einen Arno und eine Jutta, und Grünhagen ergänzte die Nachnamen.

«So aus der Richtung», sagte Schmücker. «Ich weiß nicht, ob die was damit zu tun haben, aber so aus der Richtung kommt es.»

Plötzlich klopfte es bei Grünhagen an der Tür. Er versuchte, das Gespräch zu beenden. Er brauche ein paar Minuten Zeit, um die Sicherheitsfragen zu klären.

«In welchem Bezirk sind Sie jetzt?»

«In Neukölln.»

240

«Gehen Sie doch freundlicherweise in ein Postamt. Und dann suchen Sie sich da eine Zelle ... Da sind ja immer mehrere Zellen. Vielleicht fahren Sie schnell zum Hauptpostamt, daß wir wenigstens noch ein paar Minuten ungestört telefonieren können, damit wir uns noch abchecken können ...»

Nach einigem Hin und Her über die Telefonzellenfrage war man sich endlich einig. Grünhagen sagte Schmücker, er werde auf seinen nächsten Anruf warten.

«Hallo.»

«Ja?»

«Sind Sie es noch mal, ja?» erkundigte sich der Verfassungsschützer.

«Ja, jetzt in einer Telefonzelle, wo so schnell keiner anklopft.»

«In welcher Gegend von Neukölln sind Sie jetzt?»

«Karl-Marx-Straße.»

Grünhagen schlug ihm vor, noch einmal anzurufen, um das Treffen auszumachen.

Schmücker war einverstanden: «Ja, okay, aber die Bullen haben nichts damit zu tun, das ist klar, was?»

«Na ja, Sie werden ja nun wieder gesucht, nicht?»

«Ja, ja, das weiß ich auch.»

«Der Haftbefehl ist ausgestellt.»

«Aber das ist mein Bier, nicht? Ich verlaß mich drauf, daß Sie die nicht einschalten, nicht?»

«Hm, ja, ja, ist richtig», bestätigte Grünhagen und erklärte ihm den Treffpunkt.

«Wenn Sie jetzt von der Karl-Marx-Straße in die Kienitzer Straße reinkommen, dann ist linker Hand so ein Altwarenhändler, der hat ein Schaufenster, so Trödel, alte Eisenbahnen hauptsächlich, so ein richtiger Trödler ... Das fünfte oder sechste Haus muß das sein.»

«Ich werd das schon finden ...»

Schmücker solle vor dem Geschäft warten.

«Ich kann da aber nicht lange warten ...»

Das mit der Zeit, so Grünhagen, werde man schon entsprechend festlegen. «Sie kennen ja das Spielchen, da wird also eine Taxe kommen, nicht?»

«Ja, okay.»

Schmücker solle noch einmal anrufen.

«Wie spät haben wir es jetzt?»

«Wir haben jetzt sechs Minuten nach zwei», sagte Grünhagen. Wenn Schmücker ihn noch einmal um fünf Minuten nach halb drei anrufen würde, dann könne er ihm die Einzelheiten für das Treffen sagen. Dann könne er zu einer bestimmten Zeit dort sein, und das Taxi würde vorfahren. «Ich sage Ihnen das Kennzeichen noch durch, dann können Sie also da einsteigen, und dann können wir uns also sehen.»

«Ja, noch eines», fügte Schmücker hinzu, «also bitte kein so vornehmes Restaurant, ich bin ziemlich salopp gekleidet, habe keine Lust, mich noch umzuziehen.»

«Ja, ist in Ordnung.»

«Hm.»

«Machen wir so, ist gut, also bis nachher. Gut. Wiederhören.»

So war nach mehreren umständlichen Telefonaten endlich ein Treffen zwischen dem Verfassungsschutzbeamten Peter Rühl alias Michael Grünhagen und dem zwischen den Fronten von Geheimdienst und Terrorismus umherirrenden Ulrich Schmücker ausgemacht.

Grünhagen sicherte sich in seiner Behörde ab. Er konsultierte die Abteilungen IV (2) E und IV (2) A und führte «unter größten Sicherheitsvorkehrungen ein Treff mit Schmücker» durch. Auch die Abteilung I des Polizeipräsidenten wurde eingeschaltet. Sie stellte ein Taxi mit Fahrer zur Verfügung, um Schmücker von dem vereinbarten Treffpunkt vor dem Trödelladen zum Lokal zu bringen. «Bei dieser Fahrt und bei der Treffabsicherung durch die O-Gruppe ergaben sich keinerlei Hinweise auf eine ‹Gegenobservation», schrieb Grünhagen ein paar Tage später, am 4. Juni 1974, in seinem Vermerk.

Zu Beginn des Gesprächs erklärte Grünhagen, daß er sich doch sehr wundern würde, daß Schmücker ihn sprechen wolle. Er habe eigentlich keine große Lust gehabt, sich mit ihm zu treffen, zumal ja die Vergangenheit gezeigt habe, daß Schmücker ihm gegenüber nicht ehrlich sein könne. Er nannte den Namen eines Mithäftlings, dem Schmücker nicht nur sein Gedächtnisprotokoll zu lesen gegeben, sondern sogar zwei Exemplare ausgehändigt hatte. «Sie können davon ausgehen, daß ich von Anfang an über Ihre Gesinnungsfreunde Bescheid gewußt habe und ich mir von Ihnen nichts vormachen lasse.» Das Verfassen dieses Schriftstükkes sei Schmückers größte Dummheit gewesen: «Sie glauben doch wohl nicht ernsthaft, daß Ihnen Ihre Genossen diese Schutzbehauptungen abnehmen.» Die genaue Überprüfung des Schreibens und der Vergleich mit den Prozeßakten würden seine Anbiederungsversuche ans Licht bringen.

Schmücker räumte ein, daß er inzwischen selbst festgestellt habe, daß ihm diese Schriftstücke mehr geschadet als genützt hätten.

Grünhagen fragte, ob Schmückers dreißigseitiges Gedächtnisprotokoll, mit dem er versucht hatte, sein Verhalten Rühl gegenüber zu rechtfertigen, im Besitz von Rechtsanwälten sei. Schmücker nickte. Dann sah er sich ein paarmal um.

«Sie brauchen keine Angst haben, festgenommen zu werden», beruhigte ihn Grünhagen.

«Daran glaube ich auch nicht», sagte Schmücker. «Sie wollen ja von mir Informationen erhalten.»

«Sie können mir überhaupt keine Informationen liefern. Sie haben ja gar keine Zugangsmöglichkeiten», sagte Grünhagen. «Außerdem können Sie davon ausgehen, daß ich in keiner Weise rachsüchtig bin und vielleicht aufgrund Ihres bisherigen Fehlverhaltens mir gegenüber eine Festnahme veranlassen könnte.»

Dann berichtete Schmücker dem Verfassungsschutzbeamten,

daß er glaube, von Linken observiert zu werden, und daß er von diesem Personenkreis auch bedroht würde. Dabei nannte er den Namen Waltraud S. «Entgegen Ihrer Annahme habe ich doch ein paar interessante Informationen, die ich Ihnen unter bestimmten Voraussetzungen erzählen könnte.»

«Für mich gibt es überhaupt keine Voraussetzungen. Sie können mir gegenüber in keiner Weise Bedingungen stellen.»

Dann fragte er Schmücker, was er denn überhaupt wolle. «Vielleicht kann ich Ihnen doch die eine oder andere Information verkaufen.» Und er fügte hinzu, er hoffe, Rühl könne ihm vielleicht zu seinem eigenen Schutz eine Schußwaffe beschaffen.

Grünhagen wehrte ab: «Sie können sich ja wohl denken, daß wir über das Thema Schußwaffe gar nicht erst reden müssen. Jedes darüber gesprochene Wort ist reine Zeitverschwendung.» Über Geld könne man durchaus sprechen. «Aber erst muß ich die Information kennen und mich vom Wahrheitsgehalt überzeugen können.»

«Na gut», sagte Schmücker, «dann werde ich erst mal erzählen.»

In allen Einzelheiten schilderte er dem Verfassungsschutzbeamten Rühl alias Grünhagen seine Lage. Im Herbst 1973 habe er in Kreuzberg eine Wohngemeinschaft «gegründet», um eine neue «Gruppe» aufzubauen. Die Leute hätten gewußt, wer er war und welche Rolle er in der «Bewegung 2. Juni» gespielt habe. Da sie keine anderen Informationsmöglichkeiten gehabt hätten, sei ihm seine Geschichte geglaubt worden. Über diese Wohngemeinschaft habe er dann um die Jahreswende 1973/74 Ilse Jandt kennengelernt, die ihn seiner Meinung nach sogar «mochte». Durch sie habe er zu dieser Zeit auch «einiges mitbekommen».

Das Verhältnis zu Ilse Jandt habe sich aber schlagartig geändert, als sie, über Waltraud S. vermittelt, ein Gespräch mit Inge Viett und Ralf Reinders geführt habe. Die Folge dieses Gespräches sei sein «Ausschluß» aus der Wohngemeinschaft gewesen.

Das sei so weit gegangen, daß seine damalige Freundin, die ein Kind von ihm erwartete, das sie beide haben wollten, in England abtreiben ließ.

«Ich habe dann von heute auf morgen eine andere Wohnung suchen müssen», sagte Schmücker. «Ich habe aber nach wie vor den Eindruck gehabt, daß Ilse sich für mich interessierte.» Es habe danach auch eine Reihe von Gesprächen mit ihr gegeben. Vor einigen Wochen habe Ilse Jandt ihm dann einen Fragebogen vorgelegt, und er habe diese Fragen schriftlich beantwortet.

«Ilse hat mir erklärt, daß es für mich doch noch die Möglichkeit einer politischen Arbeit gibt. Man hat Kontakte zur IRA aufgenommen. Dort könnte ich mich vielleicht in einer Arbeit, bei der ich auf keinen Fall jemanden gefährden kann, rehabilitieren. Ich erwarte nun täglich die Antwort von Ilse.» Er habe sich so schnell mit dem Verfassungsschutzbeamten treffen wollen, um ihm noch vorher die gewonnenen Erkenntnisse mitteilen zu können.

Grünhagen versuchte Schmücker klarzumachen, daß er doch nicht im Ernst annehmen könne, daß bei seiner Vergangenheit irgendeine relevante politische Organisation seine Mitarbeit wolle. Er solle aufpassen, denn es könne sich hier um eine Falle handeln, um ihn aus Berlin wegzulocken. Schmücker hielt dies für ausgeschlossen. Er kenne, so sagte er, die Ilse zu gut, als daß er ihr so etwas zutrauen könne.

So jedenfalls schilderte Michael Grünhagen das Gespräch mit Schmücker in seiner Aktennotiz, die auf den 4. Juni 1974, den Todestag Schmückers, datiert ist. Handschriftlich ist darauf von seinem Vorgesetzten Natusch vermerkt: «Am 7. 6. morgens auf Anforderung erhalten.» Und auch sonst kommentierte Natusch am Rande die Ausführungen seines «besten Mannes». Neben die Zeilen mit der Warnung an Schmücker schrieb er: «Wie richtig, leider hat er sich nicht warnen lassen!»

Später, im Schlußurteil des Schmücker-Verfahrens, meldete die Kammer einige Zweifel an der Glaubwürdigkeit und Vollständigkeit der Verfassungsschutzakten an: «Die Feststellungen ... zu den Kontakten zwischen Michael Grünhagen ... sowie Ulrich Schmücker und dessen Umfeld ... beruhen ebenso wie die Feststellungen zu dem Erkenntnisstand des LfV über die Gefährdung Schmückers vor seinem Tode und das unmittelbar anschließende Geschehen nahezu ausschließlich auf Vermerken des zwischenzeitlich verstorbenen Michael Grünhagen in den Akten des LfV.» Die verfügbaren Zeugen aus dem Landesamt hätten diese Berichte zwar bestätigt, soweit sie dazu überhaupt Aussagen machen könnten. Doch «erscheint es denkbar, daß Michael Grünhagen seine Methoden bei der Vernehmung inhaftierter Terroristen ebenso wie seine Kenntnis über die Tatsachen, die auf eine Gefährdung Schmückers schließen ließen, nicht erschöpfend geschildert hat, um etwaigen Vorwürfen seiner Vorgesetzten vorzubeugen. Auch kann nicht mit letzter Sicherheit ausgeschlossen werden, daß nachträglich Manipulationen an den Akten vorgenommen wurden, um Mißgriffe von Amtsangehörigen zu verschleiern.»

Insbesondere die Bände I bis III des Landesamtes für Verfassungsschutz, die die wichtigsten Erkenntnisse zum Mordfall Schmücker enthielten, sowie die für Ulrich Schmücker angelegte «Informantenakte Kette» seien nicht durchgängig mit Seitenzahlen versehen worden, noch seien sie nachvollziehbar geordnet. Insofern sei eine Kontrolle unmöglich. Andererseits hätten sich aber auch keine konkreten Anhaltspunkte für unrichtige Darstellungen Grünhagens oder für gezielte Aktenmanipulationen ergeben. Das Gericht: «Es besteht allenfalls die Möglichkeit, daß solche Berichte fehlen, die das Vorgehen des Amtes im Fall Schmücker als noch bedenklicher erscheinen lassen können, als dies nach der gegenwärtigen Aktenlage der Fall ist.»

Nach Grünhagens Vermerk vom 4. Juni habe ihm Schmücker weiter erzählt, daß ihn etwa vierzehn Tage zuvor Ilse Jandt mit einem unbekannten Mann in seiner Wohnung besucht habe, um den besagten Fragebogen abzuholen. Ilse habe gesagt, daß sie aus

Frankfurt nach Berlin gekommen sei. Schmücker habe dem Gespräch entnommen, daß die männliche Person aus Hamburg stamme. Näheres habe er nicht in Erfahrung bringen können.

Grünhagen sagte, er müsse die Informationen erst überprüfen. Schmücker solle ihn am 4. oder 5. Juni im Amt anrufen. Auf seine Unzuverlässigkeit angesprochen, erklärte Schmücker: «Sie müssen eben immer damit rechnen, daß ich Sie linken könnte.»

In seiner «Beurteilung» des Gespräches schrieb Grünhagen: «Die von Schmücker geschilderten Sachverhalte stimmen im wesentlichen mit den durch ‹Wien› gewonnenen Erkenntnissen überein. Ich halte es für durchaus möglich, daß es Schmücker gelungen sein könnte, über eine gewisse Zeit Personen, die keine Informationsmöglichkeiten über ihn hatten, zu täuschen. Ich beabsichtige daher, noch einen Treff mit Schmücker durchzuführen, um ihn noch genauer zu befragen. Ich habe auch die Frage des Stellens bei der Polizei angesprochen. [Kommentar am Seitenrand: ‹gut!›] Er erklärte mir, daß er dies auf keinen Fall tun werde. Sollte er von der Polizei einmal festgenommen werden, so würde er nicht aussagen, und er würde mich auch bitten, ihn dann nicht zu besuchen. [Ausrufungszeichen am Rande]»

Beim nächsten Treffen, so notierte Grünhagen, werde er Schmücker zwischen 50 und 100 Mark aushändigen und ihm gleichzeitig sagen, daß er weitere Verabredungen für wenig sinnvoll halte. Bei jedem Zusammentreffen mit Schmücker seien umfangreiche Sicherheitsvorkehrungen notwendig. Dieser Aufwand stehe in keinem Verhältnis zu den möglichen Gesprächsergebnissen. Er fügte hinzu: «Schmücker hatte mir noch erzählt, daß er im vorigen Sommer im Nahen Osten gewesen sei und dort auch mit Vertretern verschiedener palästinensischer Organisationen gesprochen habe. Die Tatsache, daß ihm nichts passiert sei, zeige doch, daß man ihn nicht als Verräter ansehe. Ob er diese Reise tatsächlich durchgeführt hat, kann zur Zeit nicht überprüft werden. Schmücker hatte jedenfalls zur damaligen Zeit noch seinen Reisepaß und war noch nicht zur Fahndung ausgeschrieben.»

Grünhagen kam zu dem Schluß, daß Schmücker immer noch versuche, in linken Kreisen wieder Fuß zu fassen. Er, so vermutete Grünhagen, würde wohl alles tun, um dort seine Glaubwürdigkeit zurückzugewinnen. Der erfahrene Verfassungsschutzbeamte wagte eine Prognose: «Nach dem bisherigen Erkenntnisstand wird es ihm aber nicht gelingen, daß ihn relevante Gruppierungen akzeptieren.» Grünhagens Vorgesetzter schrieb an den Rand: «Wie wahr!»

Das Fazit des Verfassungsschützers: «Die Einleitung exekutiver Maßnahmen gegen Schmücker halte ich zur Zeit nicht für notwendig; da einige Personen der Ansicht sind, daß Schmücker nach wie vor als ‹Spitzel› tätig ist, würde eine Festnahme dies widerlegen.» Im Klartext: Trotz des bestehenden Haftbefehls sollte Schmücker nicht festgenommen werden, denn sonst wäre der (tödliche) Verdacht gegen ihn, ein Spitzel zu sein, plötzlich haltlos geworden. Das kann nur bedeuten, daß Grünhagen Ulrich Schmücker ganz bewußt als Lockvogel benutzen wollte.

Nur in einer wirklich bedrohlichen Situation sollte eingegriffen werden. Grünhagen in seinem Vermerk: «Effektive Maßnahmen sollten allerdings dann eingeleitet werden, wenn ernsthaft zu befürchten ist, daß ihn linke Gruppierungen als ‹Verräter› umbringen wollen, oder wenn Tatsachen vorliegen, daß er erhebliche Straftaten begeht, um gegenüber den Linken wieder glaubwürdiger zu werden.»

Neben den Satz «Wenn ernsthaft zu befürchten ist, daß ihn linke Gruppierungen als ‹Verräter› umbringen wollen» schrieb der Vorgesetzte Natusch nachträglich per Hand: «Alles zu spät!»

KENNWORT «HUNDERT BLUMEN»

Ulrich Schmücker war nicht nach Köln gefahren und hatte sich statt dessen mit dem Verfassungsschutzbeamten «Rühl» getroffen. Söre, Wölli und Farim, die – nach Bodeux' Aussagen – am Hauptbahnhof Köln auf Schmücker gewartet hatten, fuhren zurück nach Wolfsburg. Dort kamen sie am späten Nachmittag des folgenden Tages an. Sie hatten sich Zeit gelassen. «Deshalb gab es», so Bodeux, «einigen Ärger.» Dann diskutierte die Gruppe darüber, was nun geschehen solle. Jürgen Bodeux schilderte das später in seiner Aussage so: «Frau Jandt machte allen klar, daß eine Aktion dieses Stils wegen der Gefährlichkeit nicht noch einmal durchgeführt werden könne. Es sollte deshalb die Tat nunmehr in Berlin ausgeführt werden.»

Im Auto seines Vaters brachte Wölli Ilse Jandt und Jürgen Bodeux nach Braunschweig. Mit der Bahn fuhren sie nach Berlin weiter und trafen dort in den späten Abendstunden ein.

«Die Pistole», so Bodeux in seinen ersten Aussagen, «hatten wir nicht mitgebracht.»

Das korrigierte er später: «Im Unterschied zu der Erklärung, die ich in den vorigen Vernehmungen abgegeben hatte, muß ich erklären, daß Frau Jandt und ich auf der Fahrt von Wolfsburg nach Berlin am 2. Juni 1974 die vorgesehene Tatwaffe in einem kleinen blauen Täschchen zugedeckt mit uns führten.»

Vom Bahnhof Zoo fuhren Ilse Jandt und Bodeux mit der U-Bahn zu Schmückers Wohnung in der Lahnstraße in Neukölln. Die Haustür war verschlossen, und die zur Straße hinausgehenden Fenster waren dunkel. Einen Augenblick lang standen sie ratlos vor der Tür, suchten nach einer Klingel, konnten aber keine entdecken. Daraufhin fuhren sie nach Kreuzberg in die «Tarantel».

249

Weingraber ahnte wohl, welch mörderisches Spiel hier gespielt wurde. Präzise hatte er seinem V-Mann-Führer Michael Grünhagen in den vergangenen Wochen berichtet, was sich gegen Ulrich Schmücker zusammenbraute. Im letzten, rechtskräftigen Urteil des Schmücker-Prozesses, das am 28. Januar 1991 erging, listete die Kammer haarklein auf, welche Informationen Weingraber über das Komplott gegen Schmücker an den Verfassungsschutz weitergegeben hatte:

«Meldung Weingrabers vom 18. April 1974: Nach Angaben Tilgeners wollen er und seine Genossen Schmücker endgültig als Verräter entlarven.

22. April: Nach Angaben Tilgeners soll Schmückers Gedächtnisprotokoll den von seinem Verrat betroffenen Personen, beispielsweise dem Ehepaar M., zur Kenntnis gebracht werden. Man will mit Schmücker ‹ein ernstes Wort› reden. Sollte sich der Spitzelverdacht bestätigen, will man Schmücker evtl. im Grunewald an einen Baum binden, ihm ein Schild mit der Aufschrift ‹Spitzel› umhängen und später Polizei und Presse auf ihn hinweisen.

17. Mai: Ilse Schwipper (vormals Bongartz), die sich mit Waltraud S. in Berlin getroffen hat, befindet sich im Besitz einer Waffe, die sie abwechselnd mit ihrem Begleiter ‹Harry› (Jürgen Bodeux) bei sich führt. Tilgener ist nach Angaben der Ilse Schwipper aus der Wolfsburger Gruppe ‹rausgeflogen›, weil er sich geweigert hat, in der Heide Schießübungen zu machen.»

Auch am 2. Juni, als Ilse Jandt und «Harry» ihn in der «Tarantel» besuchten und anschließend in seiner Wohnung übernachteten, berichtete Weingraber noch in der Nacht an seinen V-Mann-Führer Grünhagen. Zunächst schilderte er, was er von Götz Tilgener erfahren hatte: Ilse Jandt habe ihn vor einigen Wochen aufgefordert, Schmücker «umzulegen». Er habe sich geweigert, weil er dies für eine «Wahnsinnstat» hielt. Dann verriet der V-Mann dem Verfassungsschützer, daß er Ilse Jandt am Abend auf das Thema angesprochen habe. Darauf habe sie erklärt, ohne die Darstellung Tilgeners zu dementieren, daß Verräter eben bestraft werden müßten. Zudem wußte Weingraber zu berichten, daß «Harry» eine Waffe (Pistole FN HP) unter seinem Kopfkissen versteckt habe. Am nächsten Tag, so hatten Ilse Jandt und «Harry» gegenüber Weingraber angedeutet, würden sie sich mit Inge Viett und Ralf Reinders treffen. Das ließ bei Verfassungsschützer Grünhagen die Alarmglokken läuten. Viett und Reinders, die meistgesuchten Terroristen Berlins, die Kernfiguren der «Bewegung 2. Juni», endlich schienen sie im Visier des Amtes zu sein. Der Verfassungsschutz setzte für den nächsten Tag eine Observation an. Die akute Gefährdung Schmückers hatte für Grünhagen offenbar keinen besonderen Stellenwert. Der Verfassungsschutzbeamte begnügte sich damit, wie es später im Urteil hieß, «trotz der Informationen, aus denen sich eine zunehmende massive Gefährdung Schmückers ergab, Weingraber am 3. und 4. Juni darauf hinzuweisen, daß er, Weingraber, sich nicht an einer Aktion gegen Schmücker beteiligen dürfe; vielmehr solle er versuchen, den betreffenden Personen diesen Plan [gemeint ist die beabsichtigte Tötung Schmückers] mit einer politischen Begründung auszureden.»

Das Observationsteam des Berliner Landesamtes für Verfassungsschutz machte sich also am 3. Juni, es war der Pfingstmontag, daran, Ilse Jandt und ihren Begleiter «Harry» zu beobachten. Die beiden merkten nicht, daß sie auf Schritt und Tritt verfolgt wurden. Später schilderte Bodeux den Vernehmungsbeamten, was das Ziel des von Ilse Jandt und ihm unternommenen Ausflugs in den Grunewald war. Sie wollten dort einen «für die Hinrichtung» Ulrich Schmückers geeigneten Platz finden. Von der U-Bahn-Station gingen sie Richtung Grunewald. An einem Parkplatz am Waldrand stand ein Schild mit dem stilisierten Zeichen einer Tulpe. Daneben führte ein schmaler Waldweg hinunter zur Krummen Lanke.

Während sie die Gegend auskundschafteten, sprachen sie über die Ausführung des Plans. Das Tulpenschild schien ihnen als Treffpunkt von Schmücker und Wölli, der die «Hinrichtung» vollziehen sollte, geeignet. Sie machten ein Kennwort aus, das die beiden bei ihrem Treffen nennen sollten. Das Kennwort lautete «Hundert Blumen». Frei nach Mao Tse-tungs Ausspruch «Laßt hundert Blumen blühen!».

Das Observationsteam des Verfassungsschutzes ließ sie nicht aus den Augen. Es war der Auftrag Nr. 0105, eingesetzte Kräfte: «De., Bu., Cl., E., Ilm., Kö., La., Me., Pl., Zi.» Insgesamt zehn Mann, die Ilse Jandt und «Harry» bei ihrem Waldspaziergang beobachten sollten.

Sie notierten: «Ilse B. [Jandt]: ca. 1,60 m groß, untersetzt, verlebtes Gesicht, dunkelblonde lange Haare. (Alter bekannt.) Bekleidung: brauner 7/8 Mantel (abgetragen), graue Hose, helle Schuhe. Beigefarbene altmodische Handtasche (frühere Hebammentaschenform).

‹Harry›: ca. 20–25 Jahre, ca. 1,70 m groß, schlank. Lange glatte dunkle Haare, lange spitze Nase, fliehendes Kinn, schräge Stirn, blasses glattes Gesicht, Kinn- und Backenbart.

Bekleidung: schwarze Jacke, brauner Pullover, dunkelgrüne Hose, rote Socken, braune Schuhe.»

Um 7.20 Uhr hatten die Verfassungsschützer mit der Observation begonnen, vor dem Wohnhaus ihres Agenten «Wien». Sie mußten lange warten, bis sich etwas regte. Erst zwischen 10.30 Uhr und 11.45 Uhr konnten sie am Fenster eine «unbekannte männliche Person» beobachten, die sie später als «Harry» identifizierten. Zwischen 11.35 Uhr und 11.40 Uhr zeigte sich zweimal eine den Verfassungsschützern unbekannte Frau am Fenster: «Personenbeschreibung – mittel- bis dunkelblondes Haar, helle Bluse oder Jacke.» Damit gaben sich die Terroristenfahnder zufrieden. Ob es sich möglicherweise um die mit Hochdruck gesuchte «Maria», Inge Viett, handelte, untersuchten sie nicht.

Erst um 14.40 Uhr tat sich wieder etwas. Eng umschlungen verließen Ilse Jandt und «Harry» das Haus, schlenderten zur U-Bahn-Station, fuhren zum Wittenbergplatz und stiegen um in die U-Bahn Richtung Krumme Lanke. Dort stiegen sie aus und liefen durch die Fischerhüttenstraße und die Hermannstraße bis zur Krummen Lanke. Sie umwanderten den See in Uhrzeigerrichtung und verließen den Uferweg in der Höhe einer Schonung im Waldbezirk «Jagen 44». Die Beamten konnten beobachten, wie Ilse Jandt und «Harry» den Hang zwanzig bis dreißig Meter nach oben kletterten und sich auf den Waldboden setzten. «Hier tauschten sie Zärtlichkeiten aus und rauchten Zigaretten», protokollierten die Späher vom Landesamt. «Harry» beschäftigte sich mit der geöffneten Handtasche seiner Begleiterin. Ob er etwas entnahm, konnten die Beobachter nicht feststellen.

Nach einer Viertelstunde standen die beiden auf und liefen hangaufwärts zur Schonung, bis sie den nächsten Waldweg erreichten. Parallel zum Ufer gingen sie weiter, wechselten ab «Jagen 43» auf den Wanderweg oberhalb des Ufers und überquerten in Höhe des Wasserwerkes eine Brücke. Zurück am Ausgangspunkt ihres Rundganges gingen sie erneut zu ihrem Rastplatz im Wald, zogen Mantel und Jacke aus und setzten sich darauf. «Hier kam es wieder zum Austausch von Zärtlichkeiten», notierten die Verfassungsschützer. «Harry» rauchte eine Zigarette, erhob sich und faßte in Ilse Jandts Handtasche, die auf dem Boden lag. «Näheres konnte nicht beobachtet werden.»

Inzwischen war es fast 17 Uhr geworden. «Harry» stand wieder auf und zog seine Jacke an. Ilse Jandt stand ebenfalls auf. «Harry» lief in Richtung Schonung, kehrte aber gleich wieder zurück. «Ein Motiv hierfür war nicht erkennbar.»

Dann gingen die beiden zurück zum U-Bahnhof Krumme Lanke. Von hier aus fuhren sie unter den wachsamen Augen der Verfassungsschützer zum Bahnhof Zoo und studierten am Fahrkartenschalter die Abfahrtszeiten der Züge Richtung Westdeutschland. Ilse Jandt kaufte eine einfache Fahrkarte nach Braunschweig und erkundigte sich, ob das Ticket zwei Monate Gültigkeit habe. Sie verließen den Bahnhof, liefen außerhalb der Halle am Bahngelände entlang, kehrten um, überquerten den

Hardenbergplatz und steuerten das Lokal «Speisewagen» an. Dann wechselten sie die Straßenseite und sahen sich die ausgehängte Speisekarte des Lokals «Pschorr» an. Sie schlenderten durch die Hardenbergstraße zu den «Rheinischen Winzerstuben» und zum «Hofbräuhaus», betrachteten ebenfalls die Speisekarten und gingen schließlich beim Zoo-Palast in die U-Bahn-Station, um zurück zu Volker von Weingrabers Wohnung zu fahren. Um 18.38 Uhr waren sie wieder beim V-Mann «Wien» zu Hause. Zwölf Minuten darauf wurde die Observation «weisungsgemäß» beendet.

In einer später gehaltenen geheimen Rede vor den versammelten Leitern der übrigen Verfassungsschutzämter ging der Chef des Berliner Amtes auch auf die Beobachtungen seiner Leute an jenem Tag ein. Als er den Rastplatz der beiden Zielpersonen Ilse Jandt und «Harry» an der Krummen Lanke beschrieben hatte, sagte er: «Genau an dieser Stelle wurde keine sechsunddreißig Stunden später die Leiche Schmückers gefunden. Dieser gesamte – wie wir damals meinten – Spaziergang wurde von unserer Observationsgruppe in allen Einzelheiten beobachtet. Da sich die B. [Jandt] und Harry hierbei wie ein ausgesprochenes Liebespaar benommen hatten – was im übrigen ja auch den Tatsachen entsprach –, waren wir über dieses Observationsergebnis ausgesprochen ärgerlich. Statt zu den gesuchten Viett und Reinders geführt zu werden, hatten wir die Zeit unserer Observation an einem Feiertag mit der Beobachtung eines Spazierganges eines Liebespaares vertan! Bei dieser Sachlage brachen wir die Observation sofort ab.»

Am Abend tauchte Volker von Weingraber in seiner Wohnung auf. Seine Gäste fragten ihn, ob er ihnen für den nächsten Tag den VW-Bus der «Tarantel» leihen könne. Bodeux dazu später: «Dabei ist ihm auch gesagt worden, daß in dem Wagen eine Waffe liegen wird, die er beseitigen soll. Ich kann mich nicht daran erinnern, daß dabei oder zu einem früheren Zeitpunkt ein Gespräch geführt worden ist, aus dem klar hervorgeht, daß er über die geplante Tat in Kenntnis gesetzt worden ist. Erst nach der Tat habe ich mit ihm über die Ermordung Schmückers klar gesprochen. Allerdings wurde auch da nicht mehr eingehend über die Tat gesprochen, sondern wir schwiegen vielmehr darüber.»

An diesem 3. Juni, dem Pfingstmontag, besuchten Monika Breuer und Georg Pitzen gegen 18 Uhr ihren alten Schulfreund Ulrich Schmücker in der Lahnstraße. Sie sprachen über belanglose Dinge. Gegen 22 oder 23 Uhr klopfte es an der Wohnungstür. Schmücker öffnete. Seine Freunde konnten beobachten, wie er einen jungen Mann und eine Frau hereinließ. Als die Frau die beiden im Wohnzimmer sah, flüsterte sie: «Schick sie weg, wir wollen mit dir reden.»

Die Besucher gingen in die Küche. Der Mann stellte sich ans Fenster und blickte in den Hof hinunter, so daß Georg Pitzen und Monika Breuer ihn nur von hinten sehen konnten. Die Frau blieb im Türrahmen stehen. Sie warf einen kurzen Blick ins Wohnzimmer und sagte: «Guten Abend!» Im Kerzenlicht konnten Schmückers Freunde aus einer Entfernung von zwei bis drei Metern erkennen, daß die Frau klein und untersetzt war und lange dunkle Haare hatte, die bis über die Schultern fielen. Sie trug eine dunkle Hose und einen halblangen braunen Wildledermantel. In der Hand hielt sie eine altmodische dunkle Ledertasche mit zwei Henkelgriffen.

Die Frau schien den beiden etwa 160 cm groß und rund 25 Jahre alt zu sein. Den Mann hatten sie jünger in Erinnerung – und wesentlich größer. Später identifizierten Monika Breuer und Georg Pitzen die Frau als Ilse Jandt. Ähnlichkeiten des jungen Mannes mit Jürgen Bodeux konnten sie nicht feststellen. Sie schätzten den nächtlichen Besucher auf über 180 cm. Jürgen Bodeux ist einen Kopf kleiner.

Schmücker ging kurz mit den beiden in die Küche. Dann kam er ins Wohnzimmer zurück zu seinen Freunden und sagte: «Ihr

255

müßt euch jetzt verabschieden.» Monika Breuer und Georg Pitzen erhoben sich, verabredeten mit Schmücker ein Treffen für die kommende Woche und verließen die Wohnung.

Was dann geschah, berichtete Bodeux später den Vernehmungsbeamten: «Ich begab mich ins Wohnzimmer. Ilse blieb mit Schmücker in der Küche. Beide kamen kurz darauf ins Wohnzimmer. Schmücker hatte Tee für uns gemacht. Wir unterhielten uns dann alle drei über belanglose Dinge, so zum Beispiel über Kerzen und über die Wohnungsmiete und auch über die Zeughofstraße. Der eigentliche Grund unseres Besuches lag darin, mit Schmücker in Kontakt zu bleiben und festzustellen, ob er noch in der Lahnstraße wohnte. Nach ca. 15 bis 20 Minuten verließen wir dann die Wohnung. Schmücker gab uns beim Abschied noch ein paar Kerzen.»

Mit dieser Aussage wollte Bodeux den Eindruck erwecken, er sei zwar bei dem Besuch dabeigewesen, habe aber nicht genau gewußt, was sie dort eigentlich wollten. In Wahrheit wußte er genau über den Zweck des Besuches Bescheid und war auch an dem entscheidenden Gespräch mit Schmücker beteiligt. Das gab er später vor Gericht zu.

«Wir berichteten also, daß er sich mit einem Genossen an der Krummen Lanke treffen sollte. Wir beschrieben ihm den Weg, und daß er das Codewort ‹Hundert Blumen› benutzen sollte. Dieser Genosse sollte ihn in eine Gruppe einführen, die ihm Gelegenheit geben sollte, sich wieder zu rehabilitieren. Es wurde ganz konkret eine Zeit ausgemacht. Welche weiß ich nicht mehr ganz genau. Ich weiß nur, daß das gegen 9 oder 10 Uhr gewesen sein muß.» Der Besuch bei Schmücker, so Bodeux, habe nicht länger als eine Dreiviertelstunde gedauert.

Nach dem Gespräch gingen Ilse Jandt und Bodeux zurück zur U-Bahn-Station. Auf dem Weg dorthin aßen sie an einem Imbißstand ein paar Würstchen. Dann fuhren sie in die Köpenicker Straße.

EIN HILFERUF

Am 4. Juni 1974 rief gegen 9 Uhr morgens ein «Peter Mink» beim Landesamt für Verfassungsschutz an und wollte «Peter Rühl» sprechen. Grünhagens Mitarbeiterin Frau Herzog bat den Anrufer, sie wußte, es war Ulrich Schmücker, zwischen 11 Uhr und 11.30 Uhr noch einmal anzurufen.

Nicht viel später machte sich Volker von Weingraber von Charlottenburg aus, wo er bei einer Bekannten übernachtet hatte, mit dem VW-Bus auf den Weg zum Bahnhof Zoo. Pünktlich um 10 Uhr war er dort und übergab den Wagen an Wölli und «Harry». Sie verabredeten sich für 12.30 Uhr an derselben Stelle, dann sollte Weingraber den Wagen zurückbekommen.

Kurz nachdem die beiden abgefahren waren, rief Weingraber im Amt an. Grünhagen war noch nicht im Büro. Seine Mitarbeiterin Herzog nahm das Gespräch entgegen und notierte, was V-Mann «Wien» zu berichten hatte: «Betr.: Bongartz [Jandt], Ilse und Harry. VM Wien rief um 10.20 Uhr an und teilte folgendes mit: Die Obengenannten haben sich einen VW-Bus geliehen, den sie ihm heute, 12.30 Uhr, zurückgeben wollen. Ein Treff ist für 12.30 Uhr am Bahnhof Zoo verabredet.

Beide Personen benötigen den Wagen heute abend noch einmal (das sei sehr wichtig! sagt Wien). Anschließend wollen sie Wien nur kurz die Wagenschlüssel übergeben und dann sofort Berlin verlassen.

Treff Wien Eb 1 ist für heute am Zoo-Eingang vereinbart. Eb 1 ist um 10.45 Uhr unterrichtet.»

Grünhagen wird über den Anruf informiert. Auch Referatsleiter Willi Rumprecht erhält den Vermerk umgehend zur Kenntnis und zeichnet ihn ab. An den Rand schreibt er: «IV(2)A z.Kts.

M.E. sollte eine vorsichtige Obs. versucht werden!» IV(2)A ist das amtsinterne Kürzel für den Chef der Zentralen Auswertung, Franz Natusch. Als er, der auch stellvertretender Leiter des Landesamtes ist, den Vermerk auf den Tisch bekommt, schreibt er an den Rand: «Obs. durchführen.»

Das Observationskommando des Verfassungsschutzes sollte dem «Tarantel»-Bus unauffällig folgen. Doch trotz der Anordnung durch die Spitze des Hauses wurde die Observation – angeblich – nicht durchgeführt. Man habe um die Sicherheit des V-Mannes «Wien» gebangt. Merkwürdig aber, daß sich in den Akten keine Notiz darüber fand, daß der «Obs-Befehl» zurückgenommen wurde; es gab auch keinen Observationsbericht, und selbst das Arbeitsbuch der zuständigen Observationsgruppe mit dem Kürzel IV(2)2 blieb unauffindbar.

Das Gericht stellte später in seinem Schlußurteil im Schmükker-Verfahren fest: «Während die Meldung vom Tod Ulrich Schmückers dem LfV Veranlassung gab, umgehend nachträglich einen Bericht über die Observation vom 3. Juni 1974 zu erstellen, wurde über die Durchführung einer am 4. Juni 1974 von dem Zeugen Natusch für den Abend desselben Tages angeordneten weiteren Observation nichts aktenkundig gemacht. Die Anordnung dieser Observation war getroffen worden, nachdem Weingraber am 4. Juni in den Mittagsstunden Grünhagen hatte ausrichten lassen, daß Ilse S. [Jandt] und ‹Harry› sich für den Abend Weingrabers VW-Bus ausleihen, Weingraber bei Rückgabe des Busses ein ‹Paket› zur Aufbewahrung überlassen und anschließend sofort nach Wolfsburg zurückkehren wollten. Die Anordnung der Observation für den 4. Juni, bei deren Durchführung die Observanten, wie es in der ‹Zachmann-Rede› heißt, ‹aller Wahrscheinlichkeit nach Augen- oder zumindest Ohrenzeugen des Mordes geworden› wären, wurde nach Angaben des Zeugen Natusch mündlich rückgängig gemacht. Man habe durch eine Observation des von Weingraber zur Verfügung gestellten VW-Busses Weingraber nicht gefährden wollen.»

Das sei auch der Grund dafür gewesen, daß man die zuvor durchgeführten Observationen den ersten drei mit dem Fall befaßten Kammern verschwiegen habe. Am 4. Juni gegen 10.45 Uhr konnte die Verfassungsschutz-Mitarbeiterin Herzog ihren Kollegen Grünhagen erreichen. Sie sagte, daß sie für ihn eine Verabredung mit Weingraber getroffen habe, und erzählte auch von Schmückers Anruf. Als der sich eine halbe Stunde später wieder meldete, wimmelte sie ihn auftragsgemäß ab. Er solle am Freitag, den 7. Juni, um 11 Uhr anrufen, dann könne Herr «Rühl» ein Treffen mit ihm vereinbaren.

Später, in seiner Aussage, schilderte Jürgen Bodeux, wohin Wölli und er mit dem VW-Bus von Weingraber gefahren seien – zum Grunewald, dahin, wo er am Tag zuvor mit Ilse Jandt gewesen war, wo sie, beobachtet von zehn Verfassungsschützern, als Liebespaar um die Krumme Lanke gewandert waren: «Zuvor hatten Ilse und ich ihm [Wölli] den von uns in Aussicht genommenen Tatort beschrieben. Nunmehr zeigte ich ihm an der Krummen Lanke den genauen Ort. Ich zeigte ihm auch das Tulpenschild, an dem er sich mit Ulrich Schmücker treffen sollte.» Ilse Jandt war – nach Bodeux' Aussage – nicht mitgekommen, weil sie andere Dinge zu erledigen hatte.

Mit Hilfe von Wöllis Armbanduhr hätten sie die Zeit gestoppt, die er von dem Tulpenschild bis zum Tatort und zurück brauchen würde. «Auch das», so Bodeux, «war wichtig, weil Wolfgang W. noch am selben Tage nach der Tat mit dem Zug, der kurz vor Mitternacht fuhr, Berlin verlassen sollte.» Wie verabredet seien sie dann mit dem VW-Bus zum Bahnhof Zoo zurückgefahren.

Währenddessen hatten sich der Verfassungsschützer und sein V-Mann verpaßt. Grünhagen war sechs Minuten nach zwölf am Elefantenhaus im Zoologischen Garten erschienen und hatte dort bis zwanzig Minuten vor eins gewartet, ohne V-Mann «Wien» zu entdecken. Dann war er gegangen.

Auch Weingraber war offenbar am Treffpunkt gewesen, hatte Grünhagen aber nicht gesehen. Er hatte es eilig. Mit der fünfjährigen Tochter seiner Freundin ging er zum Parkplatz am Bahnhof Zoo, wo Wölli und «Harry» bereits im Wagen auf ihn warteten. Gemeinsam fuhren sie nach Kreuzberg zu Weingrabers Wohnung. Dort trafen sie Ilse Jandt. Nach einer kurzen Unterhaltung gab Weingraber das Kind bei Nachbarn im Haus ab und fuhr dann mit Ilse Jandt und «Harry» zurück zum Bahnhof Zoo. Wölli blieb allein in der Wohnung. Weingraber setzte die beiden am Bahnhofseingang ab. «Harry» wollte im Postamt ein Telegramm aufgeben, um ihre Rückkehr nach Wolfsburg anzukündigen. Für den Abend verabredeten sie, daß Weingraber um 21 Uhr den VW-Bus am Bahnhofsparkplatz noch einmal an Wölli übergeben sollte. Gegen 23.30 Uhr sollte er an derselben Stelle den Wagen zurückbekommen und dabei, wie erwähnt, ein Paket im Empfang nehmen.

Gegen 14.30 Uhr telefonierte Weingraber mit Verfassungsschützer Grünhagen und sagte, er sei pünktlich am Treffpunkt Elefantengehege gewesen. Er habe vergeblich nach ihm Ausschau gehalten. Als Grünhagen Zweifel anmeldete, meinte Weingraber, daß er einen jüngeren Zooangestellten beobachtet habe, der im Graben des Elefantengeheges Papier zusammengeharkt habe. «Ich kann mich an die Tätigkeit des Mannes entsinnen», heißt es in Grünhagens Aktenvermerk. Warum V-Mann und V-Mann-Führer sich vor dem Elefantenhaus verpaßten, blieb ungeklärt. Oder wollte Grünhagen an diesem Tag seinen V-Mann gar nicht treffen?

V-Mann «Wien» berichtete, daß er Ilse Jandt und «Harry» den Wagen geliehen und ihn bereits zurückbekommen habe. Er sagte, daß Wölli den VW-Bus gegen 21 Uhr noch einmal ausleihen und gegen 23.30 Uhr zum Bahnhof Zoo zurückbringen werde. Auch daß er dann ein Paket in Empfang nehmen und aufbewahren solle, teilte er dem Verfassungsschützer mit. Außerdem erwähnte Weingraber noch, daß er gemeinsam mit den Wolfsburgern den an Ulrich Schmückers Decknamen «Bernd Laurisch» adressierten Brief, der offenbar versehentlich an die Anschrift des echten Bernd Laurisch geschickt worden sei, gesucht habe. Bei diesem habe es aber keinen Hausbriefkasten gegeben. Sie seien dann zur Wohnung im 4. Stock des Hinterhauses gegangen. An der Tür hätten sie Radiomusik gehört, aber nicht geklopft. Weingraber habe Wölli gefragt, was denn in dem Brief gestanden habe. Darauf, so erklärte Weingraber dem Verfassungsschutzbeamten, habe Wölli gesagt, man habe Schmücker angeboten, wieder in der Gruppe mitzuarbeiten. Das sei aber nur zur Tarnung gewesen, da man ihn in Sicherheit wiegen wolle. Dann habe Wölli hinzugefügt, daß man Schmücker irgendwann umlegen werde.

Dazu Verfassungsschützer Grünhagen in seinem Aktenvermerk: «Ich hatte Wien bei dieser Gelegenheit noch einmal erklärt, daß er versuchen müsse, den betreffenden Personen diesen Plan mit einer politischen Begründung auszureden.» Sie vereinbarten ein Treffen für den 6. Juni um 14 Uhr.

In seinem «VS-vertraulich» gestempelten Aktenvermerk schrieb Grünhagen zum Besuch der Gruppe im Haus des echten Bernd Laurisch: «Ich hatte ebenfalls vor dieser Wohnungstür gestanden und Musik gehört. Diese kam offensichtlich aus einer Wohnung darunter. Auf Klopfen bei Laurisch hatte niemand geöffnet.» Demnach war Grünhagen also selbst vor Ort gewesen. Hatte man die Wolfsburger einschließlich V-Mann «Wien» also ständig im Visier? Und den gefährdeten Schmücker nicht?

Grünhagen und sein V-Mann verabredeten, daß letzterer sich sofort melden sollte, wenn er am späten Abend seinen Wagen von Wölli zurückbekommen habe.

Aus den Akten des Verfassungsschutzes rekonstruierte das Gericht später, wie genau das Amt über die bevorstehende Ermordung Ulrich Schmückers informiert gewesen sein mußte: «4. Juni 1974: Ilse S. [Jandt] und der inzwischen ebenfalls in der Wohnung Weingraber eingetroffene, zur Wolfsburger Wohngemeinschaft gehörende Wolfgang W. wollen unbedingt einen an Schmücker gerichteten Brief zurückerhalten, der unter dem Namen Bernd Laurisch versehentlich an die ‹echte Adresse› des Laurisch abgeschickt worden ist. Man fürchtet, daß Laurisch nach der Lektüre des Briefes möglicherweise ‹zu den Bullen› gehen wird. In dem an Schmücker gerichteten, möglicherweise fehlgeleiteten Brief wurde nach Angaben Weingrabers ‹zur Tarnung› eine Mitarbeit in der Gruppe angeboten, um ihn in Sicherheit zu wiegen. Man werde Schmücker irgendwann umlegen.»

In seiner denkwürdigen Geheimrede vor den Leitern der übrigen Verfassungsschutzämter spielte der Berliner Geheimdienstchef Zachmann das Wissen seiner Behörde um die Gefährdung Ulrich Schmückers so gut es ging herunter. Der V-Mann «Wien» habe am 4. Juni, dem Pfingstdienstag, mitgeteilt, daß Ilse Jandt sich den VW-Bus für den Vormittag ausleihen wolle. Außerdem habe man ihm gesagt, daß Wolfgang W. den Wagen am Abend nochmals brauchen werde. «Weiterhin», so Zachmann vor den Kollegen Verfassungsschützern, «war dem V-Mann mitgeteilt worden, daß W. ihm ein ‹Paket› übergeben würde, wenn er abends den Wagen zurückbringen würde. Dieses sollte der V-Mann sicher aufbewahren. Wir standen nun vor der Frage, ob wir die angekündigten Fahrten mit dem Wagen des V-Mannes observieren sollten. Mit Rücksicht auf den Schutz des V-Mannes sahen wir schließlich davon ab. Hätten wir uns anders entschieden – meine Herren! –, wären unsere Observanten aller Wahrscheinlichkeit nach Augenzeugen des Mordes geworden. Denn an diesem Abend fuhr W. mit dem Wagen unseres V-Mannes in den Grunewald, um Schmücker zu erschießen. Das steht heute unzweifelhaft fest!

Nun, meine Herren, als wir uns entschieden, die Fahrten am Vormittag und am Abend nicht zu observieren, konnten wir das nicht wissen. Aber es sollte keine vierundzwanzig Stunden mehr dauern, bis uns dies nahezu zur Gewißheit wurde.»

DER LETZTE TAG

Ulrich Schmücker arbeitete an diesem 4. Juni am Empfang des Apartements-Hotels in der Berliner Clayallee – unmittelbar neben dem damaligen Gebäudekomplex des Landesamtes für Verfassungsschutz. Zweimal hatte er vergeblich versucht, den Verfassungsschutzbeamten Grünhagen, den er unter dem Namen «Rühl» kannte, zu erreichen. Er war auf den 7. Juni vertröstet worden. Gegen 16 Uhr – kurz vor seinem Dienstschluß – wurde Schmücker dabei beobachtet, wie er noch einmal telefonierte. Angeblich duzte er dabei seinen Gesprächspartner und habe sich mit den Worten verabschiedet: «Na, wir sehen uns ja gleich.»

Am 6. Juni meldete sich jemand telefonisch bei der Polizei, der behauptete, er habe Schmücker zwei Tage zuvor gegen 20 Uhr in Begleitung zweier junger Männer, die er detailliert beschrieb, in der Kneipe «Anapam» in Berlin-Zehlendorf beobachtet. Schmücker sei zusammen mit den beiden Männern in einen blauen VW-Käfer gestiegen. Erneut seien ihm die Personen an jenem Abend aufgefallen, als sie gegen 22.15 Uhr in Berlin-Zehlendorf das Grundstück Limastraße 11, auf dem das leerstehende Hotel «Rheingold» stand, betreten hätten. Das Gelände ist knapp einen Kilometer von dem Fundort der Leiche Schmückers entfernt.

Diesen Hinweisen, wie auch anderen aus der Bevölkerung, «gingen die Beamten der Sonderkommission im Einvernehmen mit der Staatsanwaltschaft entweder gar nicht oder nur der Form halber ohne echtes Aufklärungsinteresse nach», urteilten die Richter des Abschlußprozesses.

Noch ein weiterer Zeuge hatte in der Nähe des Tatortes zur mutmaßlichen Tatzeit einen blauen VW-Käfer gesehen. Er hatte bruchstückhaft das Kennzeichen lesen können.

Aber auch die Ermittlungen nach dem Halter des Volkswagen ließ man offenbar bewußt im Sande verlaufen. Der Vermerk eines Polizisten über die ergebnislosen Nachforschungen wurde mit dem Zusatz «nur für Retent, als Unterlage» versehen; das Wort «nur» wurde dabei viermal unterstrichen. Als der Vermerk später doch auftauchte, ordnete das Gericht auf Antrag der Verteidigung an, den Halter des VW festzustellen. Die Anwälte wollten recherchieren, ob das gesuchte Fahrzeug im Jahre 1974 auf das Landesamt für Verfassungsschutz zugelassen war. Ein über die erneuten Nachforschungen erstellter Vermerk wurde auf Anweisung eines Staatsanwaltes umgeschrieben, ein Teil des ursprünglichen Vermerks weggelassen. Der ursprüngliche Vermerk wurde dann offenbar vernichtet, der geänderte gelangte zu den Gerichtsakten. Danach sei der Halter des Fahrzeuges nicht zu ermitteln. Dabei wurde – entgegen der Anordnung des Gerichts – gar keine Anfrage an die Sonderkartei gerichtet, in der die für behördliche Fahrzeuge ausgegebenen «Deckkennzeichen» gespeichert sind. Im letzten Schmücker-Verfahren konnten sich die an dem offensichtlichen Vertuschungsvorgang beteiligten Beamten, die als Zeugen vorgeladen waren, an Einzelheiten angeblich nicht mehr erinnern. Das Gericht zog in seinem Urteil daraus den Schluß, daß es «über die Möglichkeit weiterer, erfolgversprechender Ermittlungen nach dem Halter des blauen Volkswagens bewußt im Unklaren gelassen werden sollte».

Am 4. Juni übergab Weingraber pünktlich um 21 Uhr auf dem Parkplatz am Bahnhof Zoo den VW-Bus an Wölli. Der fragte ihn bei der Abfahrt: «Wie komme ich auf dem schnellsten Weg zur Hubertusallee?»

Weingraber wollte für die zweieinhalb Stunden bis zur Wagenrückgabe nicht nach Hause fahren und ging statt dessen ins Kino. Dort traf er zufällig einen Bekannten, mit dem er nach der Vorstellung in der Nähe des Bahnhofs Zoo etwas trinken ging. Durch das Fenster der Kneipe konnte er sehen, wie sein VW-Bus auf den Parkplatz fuhr. «Da kommt mein Wagen», sagte er dem Bekannten und stand auf. Die beiden verließen die Kneipe und verabschiedeten sich.

Weingraber ging zum Parkplatz. Wölli gab ihm eine Plastiktüte und rückte auf den Beifahrersitz. «Das Paket ist noch nicht da», sagte Wölli, «die Genossen aus Westdeutschland haben eine Autopanne gehabt. Das Paket kommt erst in den nächsten Tagen.» Weingraber fuhr vom Parkplatz aus zum Bahnhofseingang. Zum Abschied umarmte ihn Wölli und sagte: «Ich muß mich beeilen, um den Zug zu erreichen.» Dann verschwand er in der Bahnhofshalle.

Gegen 23.50 Uhr rief Weingraber beim Verfassungsschutz an und verabredete mit Grünhagen ein Treffen im Lokal «Drugstore» am Kurfürstendamm, wo sie schon öfter in den Nachtstunden zusammengesessen hatten.

Der V-Mann wartete vor dem Lokal, als Grünhagen erschien. «Ich habe wenig Zeit», sagte er. «Ich bin sehr müde, und es hat sich auch nichts besonderes ereignet.» Wölli habe ihm kein Paket übergeben, sondern nur eine in eine Plastiktüte eingewickelte Pistole. Grünhagen stieg in Weingrabers VW-Bus, und sie fuhren in Richtung Halensee den Kurfürstendamm hinunter. In Höhe Bleibtreustraße hielten sie. Weingraber nahm die Pistole aus der Plastiktüte und sagte: «Ich habe sie selbst noch nicht genau angesehen.» Es war eine Parabellum 08 mit neuen Griffschalen. Die Pistole war in einem sehr schlechten Zustand. Weingraber versuchte, sie durchzuladen. Der Schlitten ließ sich nur mühsam bewegen. «Die ist keine 50 Mark wert», sagte Weingraber. «Man muß Angst haben, daß einem der Griff um die Ohren fliegt, wenn man damit schießt.» Grünhagen langte zu Weingraber hinüber und nahm die Waffe in die Hand, um die Nummer zu entziffern. Sie begann mit 375. Der V-Mann sagte: «Ich nehme sie zu Hause auseinander, um zu sehen, was damit los ist.»

DIE NACHT IN WOLFSBURG

In der Zwischenzeit waren Ilse Jandt und Jürgen Bodeux mit der Bahn nach Westdeutschland gefahren. In Braunschweig stiegen sie aus und tranken etwas in der Bahnhofsgaststätte. Ilse Jandt rief ihre Mutter in Wolfsburg an und bat sie, den Warmwasserboiler anzustellen. Sie träfen zwischen 19.30 und 20 Uhr ein und würden gern ein heißes Bad nehmen.

Gegen 19 Uhr kamen sie in Wolfsburg an und gingen in die Bäckergasse. Söre, Annette, Farim und ein Mädchen namens Regine G. waren dort. Die Gruppenmitglieder deuteten an, daß sie die zwanzig Exemplare des «Kommuniqués über Verrat» in DIN-A4-Umschläge gepackt und beschriftet hätten. Vorsichtig, so daß Regine G. es nicht mitbekam, signalisierten Ilse Jandt und Bodeux, daß Wölli nach erfolgreicher Aktion bei Ilse Jandts Mutter anrufen würde. Sobald das geschehen sei, würden sie zurück in die Bäckergasse kommen. Dann müsse Söre wie geplant mit den Umschlägen nach Hamm fahren und sie dort aufgeben.

Ilse Jandt und Jürgen Bodeux verabschiedeten sich nun wieder von der Gruppe. Bei Ilses Mutter badeten sie. Danach sahen sie sich im Fernsehen den Film «Der längste Tag» über die Landung der Alliierten in der Normandie an.

Kurz nach Ende des Films klingelte das Telefon. Ilse Jandt ging an den Apparat und nahm ihn mit in ihr Zimmer. Bodeux folgte ihr. Sie sprach knapp eine Minute mit dem Anrufer. Bodeux konnte nicht mithören. Nachdem sie den Hörer aufgelegt hatte, sagte sie: «Es war Wölli. Er hat gesagt, daß es geklappt hat. Er nimmt den Zug gegen Mitternacht von Berlin nach Wolfsburg.»

Bodeux später in seiner Aussage: «Nach dem Anruf ging ich

mit Ilse zur Bäckergasse. Es waren noch alle auf. Man hatte uns erwartet, und nachdem Ilse allen Anwesenden mitgeteilt hatte, daß Wölli die erfolgreiche Aktion per Telefon gemeldet habe, machte sich Söre fertig. Soweit ich mich erinnere, steckte er die bereits adressierten Umschläge mit dem Kommuniqué in eine Plastiktüte. Etwa gegen 2 Uhr brachte ihn dann Annette von W. zum Bahnhof in Wolfsburg. Er sollte nach Hamm fahren, um dort die Kommuniqués per Post aufzugeben. Wir warteten noch so lange, bis Annette wieder zurückkam und die Abfahrt von Söre mitteilte. Darauf gingen wir alle schlafen.

Um ca. 6 Uhr erschien dann W. [Wölli] in der Wohnung. Er erzählte, daß er auf der Fahrt irgendwo im Zug einen Umsteige-bahnhof verschlafen habe, meiner Meinung nach war es Braun-schweig. Er mußte dann über Hannover nach Wolfsburg reisen. Zur Tatausführung berichtete er: Er habe sich das Auto, den ‹Ta-rantel›-Bus, von dem Volker Weingraber geliehen und dabei ir-gendeinen Vorwand benutzt. Mit diesem Bus sei er zum See Krumme Lanke gefahren und habe das Fahrzeug auf einem Park-platz in der Nähe des Sees abgestellt. An dem von Ilse beschrie-benen Tulpenschild habe er auf Schmücker gewartet, und kurz nach 22 Uhr soll Schmücker dort auch eingetroffen sein. Nach Nennung des Codewortes ‹Hundert Blumen› habe W. Schmücker erklärt, er sei nur ein Verbindungsmann und die eigentlichen Ge-sprächspartner würden erst kommen. Ohne nennenswerte Unter-haltung will er mit Schmücker in der Nähe des Sees spazierenge-gangen sein, und an einer ihm – W. – günstig erscheinenden Stelle habe er die Pistole 08 aus seinem Parka genommen und aus einer Entfernung von ca. 5 Metern auf Schmücker einen Schuß abge-geben. Schmücker soll umgefallen sein. W. will gesehen haben, daß er ihn im Gesicht getroffen hat und daß sich Schmücker nicht mehr bewegte. Vom Ort der Erschießung ging W. dann zum gel-ben Bus und fuhr zum Bahnhof Zoo.»

Am 5. Juni verließ Volker von Weingraber in der Mittagszeit sein Haus in der Köpenicker Straße. Vor der Tür wurde er von einem Mann angesprochen. Es war ein Mitarbeiter des Landesamtes für Verfassungsschutz. «Wien» solle sofort beim Amt anrufen, es bestehe Lebensgefahr.

Gegen 13.30 Uhr telefonierte er mit Grünhagen. Er war unwirsch: «Ich habe wenig Zeit. Meine Eltern sind in Berlin. Ich bin mit ihnen zum Essen verabredet. Was gibt es denn?» Grünhagen erklärte ihm, daß Schmücker erschossen aufgefunden worden sei. Weingraber war ungerührt: «Ich werde doch nicht meine Eltern versetzen, weil so ein Idiot umgelegt wurde. Ich hab Ihnen ja schon immer erklärt, daß da was im Busch ist.»

Die beiden vereinbarten ein kurzes Treffen, was aber aufgrund eines Mißverständnisses über den Treffpunkt nicht zustande kam. Weingraber hinterließ im Amt die Telefonnummer seines Bruders, und so verabredeten sie sich später noch einmal, für 17.30 Uhr.

Grünhagen fragte ihn, ob er bereit sei, im Mordfall Ulrich Schmücker als Zeuge auszusagen. «Wenn ich Sie nicht so gut kennen würde, würde ich mich jetzt echt verscheißert fühlen», erwiderte Weingraber. «Da wird einer umgelegt, weil Leute vermuten, daß er für einen Nachrichtendienst arbeitet, und Sie fragen mich, ob ich mich praktisch öffentlich als Verräter präsentiere.» Außerdem habe ihm Grünhagen doch zu Beginn der Zusammenarbeit erklärt, daß er gegen seinen Willen nicht als Zeuge auszusagen brauche. Lachend fügte er hinzu: «Jetzt wissen Sie ja, wie gefährlich meine Arbeit ist. Und ich kenne jetzt auch das Risiko. Da erwarte ich von Ihnen, daß Sie alles tun, damit diese Tätigkeit geheim bleibt.» Er schien von der Ermordung Ulrich Schmückers in keiner Weise beeindruckt: «Nun geht es endlich los. Ich glaube, nach diesem Vorfall werde ich ‹Maria› und ‹John› irgendwann einmal treffen.»

Die Jagd auf Inge Viett und Ralf Reinders hatte offenbar für alle Beteiligten oberste Priorität.

268

Gleich danach kam die Aufgabe, die Ermittlungen der Polizei in eine bestimmte Richtung zu lenken, ohne seine Arbeit für den Verfassungsschutz zu offenbaren. Nach Rücksprache mit seiner Dienststelle gab Grünhagen V-Mann «Wien» für den Fall Anweisungen, daß die polizeilichen Ermittlungen auch seine Person einbezögen. Grünhagen erklärte: «Es kommt darauf an, daß Sie im Zusammenhang mit der Aufklärung des Mordes an Schmücker Angaben machen, die auf der einen Seite der Polizei helfen, die aber nicht so sein dürfen, daß Ihnen bei Ihren Genossen Schwierigkeiten entstehen. Wenn Sie zum Beispiel gefragt werden, ob die beiden bei Ihnen gewohnt haben, dann bejahen Sie das, ohne nähere Einzelheiten zu erzählen.»

Wenn die Polizei in der «Tarantel» ermitteln sollte, müsse er sich zunächst ganz neutral verhalten. «Wenn eine Person umfangreiche Aussagen macht, die auch Ihre Person betreffen, dann müssen Sie zunächst die Aussage verweigern.» Er fragte Weingraber, ob er sich über die Konsequenzen einer solchen Aussageverweigerung klar sei.

«Das könnte unter Umständen bedeuten, daß Sie bei den Ermittlungen im Mordfall Schmücker zum Kreis der Verdächtigen gehören», sagte Grünhagen. «Dann würden Sie nach der Durchsuchung Ihrer Wohnung festgenommen und müßten womöglich ein paar Monate in Untersuchungshaft sitzen.»

«Dazu bin ich selbstverständlich bereit», erwiderte der V-Mann. «Jedenfalls wenn die U-Haft absehbar ist, und darunter verstehe ich drei bis vier Monate.» Es müsse aber vorher sicher sein, daß Grünhagens Amt in dieser Zeit seine monatlichen Unkosten tragen würde: «Das sind etwa 1000 Mark.» Darauf ging der Verfassungsschutzbeamte nicht weiter ein. Er wollte erst einmal nur herausfinden, ob sein V-Mann überhaupt bereit wäre, in Untersuchungshaft zu gehen. (An den Rand der entsprechenden Aktennotiz schrieb Grünhagens Vorgesetzter später: «Gut so!»)

Grünhagen forderte Weingraber auf, beim nächsten Treffen

die von Wölli übergebene Schußwaffe mitzubringen. Der V-Mann wich aus: «Die ist nicht in meiner Wohnung verbunkert.» Er müsse damit rechnen, daß Wölli die Waffe kurzfristig zurückverlangen könne. Das ließ Grünhagen nicht gelten: «Es ist ja wohl sehr natürlich, daß nach einem solchen Vorfall wie der Ermordung Schmückers die mögliche Tatwaffe – und im Zweifelsfall müssen Sie ja davon ausgehen, daß Wölli Ihnen die Tatwaffe übergeben hat – erst mal unauffindbar ist.»

Dann fragte er V-Mann «Wien» noch einmal nach den genauen Zeiträumen, in denen er am 4. Juni seinen VW-Bus an Ilse Jandt und Wölli verliehen habe. Weingraber dachte nach: «Gegen 9.45 Uhr vor dem Bahnhof Zoo an Ilse, zurückerhalten gegen 12.30 Uhr. Dann habe ich gegen 14.20 Uhr Ilse und Harry zum Bahnhof Zoo gefahren. Harry hat das Telegramm nach Wolfsburg aufgegeben, um ihre Ankunft anzukündigen.»

«Haben Sie das genau gesehen?»

«Ich habe nur gesehen, wie Harry die Post am Bahnhof betreten hat und in die Richtung gegangen ist, wo die Telegramme aufgegeben werden.» Danach seien sie zu dritt die Treppen zur Fernbahn hinaufgegangen und hätten sich verabschiedet. «Ich habe sie durch die Sperre gehen sehen und mich dann umgedreht und den Bahnhof verlassen.» Ob die beiden tatsächlich abgefahren seien, könne er nicht sagen.

Am Abend habe er dann den Wagen gegen 20.50 Uhr Wölli gegeben und gegen 23.20 Uhr am Bahnhof Zoo zurückbekommen. Wölli habe ihm noch erzählt, daß er gleich nach Braunschweig fahren wolle und dort zum Frühstück erwartet werde. «Ich habe nur gesehen, wie Wölli in Richtung der Bahnsperren ging. Wir hatten uns schon in der großen Bahnhofshalle verabschiedet.» Dann fiel Weingraber noch etwas ein: «Als ich den Wagen übernommen habe, hat mich Wölli mit einem Bruderkuß verabschiedet.»

«Haben Sie sonstige Auffälligkeiten bemerkt?»

«Nein», antwortete der V-Mann und fügte hinzu: «Wölli hätte ich von allen am wenigsten zugetraut, eine solche Tat zu begehen.»

«Was haben Sie am Abend des 4. Juni getan?» erkundigte sich Grünhagen.

«Nachdem ich Wölli den Wagen übergeben hatte, bin ich ins Kino gegangen. Das war gegen 23.10 Uhr zu Ende. Ich habe einen Bekannten, Steffen, getroffen und bin mit ihm in das Lokal ‹Speisewagen› gegenüber vom Bahnhof Zoo gegangen. Da habe ich eine Tasse Kaffee getrunken und gesehen, wie Wölli mit dem Wagen auf den Bahnhofsvorplatz gefahren ist.» Er habe zu seinem Bekannten gesagt: «Da wird mir mein Wagen gebracht.» Steffen habe den VW-Bus sicher auch gesehen.

«Haben Sie tatsächlich vorher nichts gewußt oder geahnt?» fragte Grünhagen und fügte hinzu: «Es hat schon Fälle gegeben, wo ein V-Mann aus Angst vor der möglichen Konsequenz einer Enttarnung erst einmal Informationen für sich behalten hat.»

«Ich habe konkret nichts gewußt und auch nicht geahnt, daß an diesem Abend etwas gegen Schmücker unternommen werden sollte», antwortete Weingraber. «Hätte ich dies gewußt, dann hätte ich es Ihnen berichtet.»

So jedenfalls hielt Grünhagen das Gespräch in seinem Aktenvermerk fest, wobei die Absicht unverkennbar ist, die eigene Ahnungslosigkeit wie auch die seines V-Mannes zu dokumentieren. In Wirklichkeit dürften beide sehr wohl seit einiger Zeit geahnt oder gewußt haben, daß es für Schmücker tödlich ernst geworden war.

FEMEMORD IM GRUNEWALD

Am 6. Juni 1974 berichteten die Zeitungen in großer Aufmachung über den «Fememord im Grunewald». Bodeux' Aussagen zufolge machte sich Annette von W. auf den Weg, um einen Packen Zeitungen mit den Mord-Meldungen zu kaufen. Bodeux ging zusammen mit Ilse Jandt in die Schillerstraße, um dort Wäsche zu waschen. Auf dem Rückweg in die Bäckergasse erledigte Ilse Jandt von der Post aus einige Telefonate. Laut Bodeux rief sie bei verschiedenen linken Buchhandlungen an, um festzustellen, ob dort die «großen braunen Umschläge» mit den Kommuniqués eingegangen waren.

Am 7. Juni erschien in der «Frankfurter Rundschau» der Text des Kommuniqués. Am Tag darauf standen plötzlich zwei Polizeibeamte vor dem Haus Bäckergasse 2. Sie wollten Ilse Jandt sprechen. Diese kam, wie es später im Polizeibericht hieß, «spärlich bekleidet (Schlüpfer und Pullover)» an die Tür. Die Beamten erklärten ihr, sie kämen aus Berlin und ermittelten in der Mordsache Schmücker. Ilse Jandt antwortete, sie habe aus der Presse von der Mordsache gehört, könne aber dazu keine Angaben machen. Daraufhin zeigte ihr einer der Beamten ein Foto des Ermordeten. Ilse Jandt schüttelte den Kopf. Nein, diese Person kenne sie nicht. Das Foto sei auch zu undeutlich.

«Wieso kommt man denn gerade auf mich?»

«Bei der Leiche ist ein Zettel mit Ihrer Telefonnummer gefunden worden.»

«Darauf kann ich mir keinen Reim machen.»

«Aber Sie kennen eine Person namens Bernd Laurisch?»

«Ja, den kenn ich aus der Kommunewohnung Zeughofstraße. Da hab ich mal geschlafen.»

Die Beamten sagten ihr, daß eine richterliche Vorladung für sie vorliege, sie möge bitte mit zum Amtsgericht kommen. Ilse Jandt ließ sich die Vorladung zeigen und sagte, sie müsse sich noch waschen und anziehen, bevor sie mitkomme. Einer der Beamten fragte, ob er ein Glas Wasser haben könne. Daraufhin wurden die Polizisten ins Haus gelassen, und Söre brachte das Glas Wasser.

Ilse Jandt war nicht lange im Amtsgericht. Wieder in der Bäkkergasse, berichtete sie den anderen: «Die Beamten haben mich nach einem Haus mit Butzenscheiben befragt. Das muß wohl irgendeine Bedeutung haben. Mir ist das völlig unerklärlich.» Im übrigen habe sie vom Gericht aus den Hamburger Anwalt Wolf-Dieter Reinhard angerufen, der so schnell wie möglich kommen wolle, sie und Jürgen Bodeux würden in der Schillerstraße auf ihn warten.

Schon am Nachmittag kam Reinhard in Wolfsburg an, in einem roten VW-Käfer mit Hamburger Kennzeichen. Ilse Jandt fuhr mit ihm zum Gericht. Dort machte sie ihre Aussage: Sie sei Ende Januar/Anfang Februar in Berlin gewesen, dann etwa vier Wochen vor Ostern, Ostern und vom 2. bis 4. Juni. Bei ihrem ersten Berlin-Aufenthalt habe sie in der Zeughofstraße übernachtet und dort auch Bernd Laurisch gesehen. Sie habe aber nicht gewußt, daß Bernd Laurisch in Wahrheit Ulrich Schmücker hieß. Am 4. Juni habe sie gegen Mittag oder am frühen Nachmittag Berlin mit der Bahn vom Bahnhof Zoo aus verlassen. Sie habe in Berlin Freunde besuchen wollen, diese aber nicht angetroffen.

Weiterhin sagte Ilse Jandt aus, daß jener Bernd Laurisch sie im Dezember des vergangenen Jahres zusammen mit einem Mädchen namens Usch in Wolfsburg besucht habe. Sie wisse nichts davon, daß Laurisch in die Lahnstraße gezogen sei. Sie sei zwar häufig in Kreuzberg gewesen, die Lahnstraße sei ihr aber nicht bekannt. Über die Vorgeschichte Ulrich Schmückers habe sie nur aus Zeitungen gewußt.

Am 3. Juni habe sie abends geschlafen, deshalb halte sie es

für ausgeschlossen, daß sie an diesem Tag einen Besuch gemacht habe.

«Sonstige Hinweise in dieser Sache kann ich nicht geben. Laut diktiert, selbst gelesen und unterschrieben.»

Am Nachmittag des 6. Juni hatte Weingraber ein Telegramm an die Adresse von Ilses Mutter geschickt, um mit Ilse Jandt einen «Telefontreff» auszumachen. Um 20 Uhr, so kündigte er an, werde er sie in einem bestimmten Wolfsburger Lokal anrufen. V-Mann «Wien» hatte ein Tonbandgerät mit in die Wohnung seiner Freundin in Charlottenburg genommen. Er rief Ilse Jandt verabredungsgemäß an und drückte auf den Aufnahmeknopf.

«Ja, hallo?», meldete sich Ilse Jandt.

«Ja, Hartmut», antwortete Weingraber.

«Grüß dich.»

«Wie geht's?» erkundigte sich der V-Mann.

«Danke, ausgezeichnet.»

«Na wundervoll», sagte Weingraber. «Kannst also gut schlafen.»

«Ausgezeichnet, ausgezeichnet.»

«Du, paß mal auf, du kannst reden, ja?»

«Ich kann singen?»

«Du kannst reden, ja?»

«Ja», antwortete Ilse Jandt.

«Du, paß mal auf, es ist folgendes, daß hier in Berlin einiges los ist, ist ja klar.»

«Ja, das ist klar», bestätigte sie.

«In der Zeughofstraße waren sie, haben die Leute da rausgeholt und zur Vernehmung gebracht. Und Billy, so schlau wie er ist, natürlich prompt wieder hin. Und wurde in der Zeughofstraße natürlich gleich wieder mitgenommen.» Tilgener habe von dort aus aber gleich seinen Anwalt angerufen. «Das war wiederum gut.»

«Hm», sagte Ilse Jandt.

«Billy kam abends zu mir in die ‹Tarantel›. Und ungefähr eineinhalb Stunden später der Anwalt. Mit dem habe ich mich auch unterhalten. Der hat recht gute Ratschläge gegeben, wie man sich verhalten soll. Billy, der brüstet sich schon wieder, er wurde verhaftet wegen Mordverdacht.»

«Ja, ach so», sagte Ilse Jandt.

«Ja, das kannst du auch laut sagen. Der hat aber Akten darüber gesehen. Und er wurde auch gefragt über deine Person.»

«Ach ja?»

«Ja, er selber hat also auch schon wieder Scheiße gebaut. Er hat gesagt, er hat unseren Freund Schmücker '73 das letzte Mal gesehen. Das ist natürlich wieder Blödsinn.»

«Ja», sagte Ilse Jandt.

«Paß auf», sagte der V-Mann, «notfalls müssen wir hier zugeben, daß du auch in Berlin warst. Notfalls werde ich auch sagen, daß du bei mir geschlafen hast.»

«Ja, logisch, paß auf.»

«Ja, paß auf, ich habe dich in der Kneipe kennengelernt, stand auf dich.»

«Ja, genau.»

«Wollte mit dir bumsen.»

«Ja.»

«Aber dann kam noch so 'n anderer Typ, und dann war die Sache passé.»

«Ja, genau.»

«Ja.»

Ilse Jandt sprach Weingraber auf Schmücker an: «Paß auf, ich kenne ihn unter dem Namen aber tatsächlich nicht, sondern nur unter dem anderen.»

«Und mich hast du also in der Kneipe kennengelernt», sagte Weingraber. «Und da ich ja sowieso woanders schlief, bei einer Bekannten, da konnte in meiner Wohnung ja geschlafen werden.»

«Ja, genau», sagte Ilse Jandt. «Ich bin in Berlin auch immer gewesen, um Kontakt zu haben für einen Buchladen und zu nichts anderem.»

«Na, das kann ich alles nicht wissen», antwortete Weingraber.

«Nein, das weißt du alles nicht», bestätigte sie.

Dann kam Weingraber zur Sache: «Paß mal auf, das Gerät, das macht mir natürlich Kopfschmerzen.»

«Ja, äh», antwortete Ilse Jandt.

«Das ist es hoffentlich nicht», sagte der V-Mann, «sonst dreh ich da morgen den Lauf raus und schmeiß den sonstwohin ...»

«Ja, isset aber, ne ...» sagte Ilse Jandt – laut Tonbandprotokoll.

«Ach du Scheiße», meinte Weingraber.

«Ich habe heute ...» begann Ilse Jandt.

Weingraber unterbrach sie: «Ich habe noch keine Nachrichten gehört.»

Sie hatte: «Du mußt also den Deutschlandfunk mal hören.»

«Ja.»

«Die haben also gesagt, daß da die ‹Bewegung 2. Juni› die Verantwortung übernommen hat.»

«Ja», sagte Weingraber.

«Und vom Konterrevolutionär, also Verräter und Konterrevolutionär war die Rede. Also sehr gut, ganz objektiv, sehr schön.»

«Na wundervoll», bestätigte der V-Mann. «Was die Berliner Presse so schreibt, ist dir ja auch klar.»

«Ja, ja.»

«Der ‹Abend› hatte das ja schon mittags. Als ich um zwölf den ‹Abend› kaufte, da wußte ich das schon.»

«Ja.»

«Da bin ich also nachmittags da vorsichtig bei unserem Freund Billy vorbeigefahren, weil der also meines Erachtens mit die größten Kopfschmerzen macht, und ich hab da Bescheid sagen lassen, daß der keine Scheiße bauen soll, daß er also sehr ruhig ist, ruhig bleibt.»

Ilse Jandt wurde jetzt selbst unruhig: «Ja, ja, ist klar. Du, wir müssen aufhören, ja?»

Weingraber bot an, sich am nächsten Abend um dieselbe Zeit

276

wieder zu melden. Sie tauschten ein paar verschlüsselte Telefonnummern aus und verabschiedeten sich.

«Also, Daumen hoch!», sagte Ilse Jandt.

«Ja, na sicher, also tschüß.»

Weingraber legte auf und lieferte das Tonband mit der Gesprächsaufzeichnung noch am selben Abend gegen 23.30 Uhr beim V-Mann-Führer Grünhagen ab. Er brachte Grünhagen auch die Parabellum mit, die vermutliche Tatwaffe, die Wölli ihm nachts am Bahnhof Zoo gegeben hatte. Sie verabredeten sich für den folgenden Tag um 18 Uhr, um die Einzelheiten für das nächste Telefonat mit Ilse Jandt zu besprechen.

Der V-Mann machte sich auf den Weg zur «Tarantel». Dort traf er Götz Tilgener, der ihm erzählte, was Weingraber wohl schon geahnt hatte: Das Protokoll der Schmücker-«Vernehmung» war von «Billy» auf seiner, Weingrabers, Schreibmaschine getippt worden. Keine Frage, V-Mann «Wien» hing in dem Mordkomplott gegen Ulrich Schmücker plötzlich tief drin. Bei ihm und auch bei seinem V-Mann-Führer Grünhagen kam Nervosität auf. Das geht aus sämtlichen Aktenvermerken hervor, die Grünhagen nach seinen Gesprächen mit Weingraber anlegte.

Am nächsten Abend erklärte Grünhagen seinem V-Mann, er werde die Parabellum von ihm nicht zurückbekommen. «Wien» wurde wütend. Wenn er die Waffe nicht zurückbekomme, wolle er auch nicht mehr weiter für den Verfassungsschutz arbeiten. («Hier bahnt sich ein Konflikt an!» notierte Grünhagens Vorgesetzter am Rande des entsprechenden Aktenvermerkes.)

«Für meine Sicherheit ist es am besten, wenn ich die Waffe verbunkert habe», sagte Weingraber trotzig.

«Ich finde Ihren Spruch recht albern», sagte Grünhagen. «Nun beruhigen Sie sich erst mal.»

«Ich weiß ja nicht, ob Sie mir nicht bei irgendeiner Gelegenheit die Waffe präsentieren.» Weingraber hatte offenbar Angst, daß man ihm die Tat anhängen könne. «Dann haben Sie doch immer was in der Hand.»

«Ich behalte die Waffe allein zu Ihrem Schutz», versuchte Grünhagen seinen V-Mann zu beruhigen. «In diesem Fall gibt es außerdem eine ganz plausible Erklärung gegenüber den Genossen, daß Sie die Waffe nicht mehr haben. Jeder normale Mensch würde nach einer solchen Straftat alle möglichen Beweismittel sofort vernichten.»

(«Richtig!» notierte Grünhagens Vorgesetzter am Rand des Vermerks.)

So sei die RAF auch verfahren, erklärte Grünhagen: «Sie müssen bei Ihrem Gespräch mit Ilse darauf hinweisen, daß Sie die Waffe nicht mehr zur Verfügung haben.»

«Dann frage ich Ilse erst mal, ob ich die Waffe wirklich vernichten soll.»

Grünhagen blieb hart: «In dieser Frage gibt es für mich keine Diskussion mehr. Sie bekommen die Waffe nicht mehr zurück.»

Er schilderte seinem V-Mann die Risiken: «Im Zuge weiterer Operationen ist es durchaus möglich, daß Sie mal auffliegen, weil es Situationen geben kann, wo man sofort handeln muß. Dann kann es für die Gegenseite klar sein, woher eine bestimmte Information gestammt hat.»

Weingraber winkte ab: «Ja, ja, das haben Sie mir ja gestern abend auch schon gesagt.» Er wurde wieder versöhnlicher: «Ihnen wird schon was einfallen, wie ich aus der Sache herausgehalten werden kann.»

«Das versuchen wir selbstverständlich», sagte Grünhagen. «Aber bei Personen, für die Menschenleben keine Rolle spielen, kann man eine solche Entwicklung nie ausschließen.» Dann fragte er, wie sehr Weingraber denn an Berlin hänge?

«Ich fühle mich hier ganz wohl, aber ich bin durchaus bereit, für einige Zeit aus Berlin zu verschwinden, wenn es nötig sein sollte.»

Sie verabschiedeten sich, und Weingraber fuhr zu der Wohnung eines Kollegen aus der «Tarantel». Von hier aus rief er Ilse Jandt in Wolfsburg an. Das Tonband lief wieder mit.

Nach kurzer Begrüßung fragte Ilse Jandt ihn, ob er für Wölli

278

einen Job als Kellner in der «Tarantel» habe. Wölli brauche eine Arbeitsbescheinigung. «Er ist vom Bund eingezogen», erklärte sie. «Die mach ich ihm fertig, die Arbeitsbescheinigung», sagte «Hartmut».

«Das wäre wirklich dufte.»

«Du, paß mal auf, also hier nichts Neues, das übliche Blabla, was hier so die Zeitungen geschrieben haben, außer natürlich der ‹Frankfurter Rundschau›.»

«Ja, genau», stimmte Ilse Jandt zu.

«Die hat das unheimlich gut gebracht.»

«Ja, nicht?»

«Weißt du, was schon wieder los ist? Der Billy wird kopflos. Der Billy, der spinnt.»

«Du, paß mal auf», erwiderte Ilse Jandt, «wenn er von sich aus prahlt, das bekommt ihm schlecht.»

Weingraber schlug ihr vor, «Billy» alias Tilgener doch einen Brief zu schreiben und ihn zurückzudatieren: «Daß Ihr ihn aus was ausschließt.»

«Daß was?» fragte Ilse Jandt nach.

«Daß Ihr ihn aus was ausschließt. Der ist nämlich am Schwitzen. Der vermutet, daß er übermorgen einfährt. Der will sich irgendwie absichern.»

«Das haben wir ihm ja geschrieben», sagte sie.

«Das reicht glaube ich nicht so», entgegnete Weingraber. «Sagt mal, daß er ein Großmaul ist.»

«In dem Brief?»

«Ja, schreib man.»

«Hm», sagte Ilse Jandt.

Weingraber war endlich da angekommen, wo er hinwollte: «Du, paß mal auf, was ich noch sagen wollte. Hältst du es nicht für besser, wenn ich das ganze Gerät irgendwie vernichte?»

«Das was?»

«Daß ich das Gerät vernichte.»

«Du, das ist nicht notwendig.»

279

«Du meinst, daß das nicht notwendig ist?»

«Ja, du, das Kaffeesieb ist in Ordnung», sagte Ilse Jandt.

«Ja, das verstehe ich also nicht ganz. Ich meine, da ist mir persönlich sowieso etwas unklar, ja? Hast du die Berliner Zeitungen auch drüben gelesen?»

«Ja, ja.»

«Also, der Schuß fiel um 23.40 Uhr, nach den Berliner Zeitungen.»

«Ja, ja.»

Weingraber setzte nach: «Ja, ich meine, ich weiß nicht, was es soll ...»

Ilse Jandt wehrte ab: «Eh, geschenkt, Hartmut.»

«Na ja, das ist gut und schön», sagte Weingraber. «Bloß, paß mal auf, die Munition, die würde ich am liebsten natürlich wegschmeißen.»

«Ja, das ist ja ...»

«Da bist du also dafür?»

«Das ist klar, das ist klar, hm, das ist klar.»

Weingraber fragte, wann die Gruppe wieder nach Berlin komme.

«Also, sobald ich Geld habe. Ich würde sagen, so in vierzehn Tagen, drei Wochen.»

«War bei dir schon was los?»

«Ach wo.»

«Noch gar nichts?»

«Nö.»

Wieder versuchte Weingraber, etwas aus Ilse Jandt herauszulocken: «Ich weiß nicht, inwieweit ich den Reden von Billy Glauben schenken kann ... Da müßten sie bei dir ganz schön aufkreuzen.»

«Ach wo.» Ilse Jandt lachte. «Du, ich bin also für die 99 Prozent, das eine kannst du nie ausscheiden, das weißt du ja.» Sie fühlte sich offenbar sehr sicher.

Die beiden verabredeten, am kommenden Montag wieder miteinander zu telefonieren.

«EIN WUNDERBARER SOHN»

Am späten Nachmittag des 8. Juni kam ein Bekannter von Götz Tilgener nach Wolfsburg und brachte der Gruppe ein Gedächtnisprotokoll über Tilgeners erste Vernehmung, bei der dieser behauptet hatte, zum Fall Schmücker nichts sagen zu können.

Zwei Tage später ging ein zweites Schreiben der «Bewegung 2. Juni» beim «Extra-Dienst» – einem linken Newsletter – in Berlin ein. Darin hieß es: «Schmücker war nicht nur ein Verräter und Konterrevolutionär, sondern nach eigenen Angaben ein Agent des Verfassungsschutzes.» Es folgten Einzelheiten aus Schmückers Gedächtnisprotokoll über die angeblichen Absprachen mit dem Verfassungsschutzbeamten «Peter Rühl». «Schmücker wollte schlauer sein als alle und machte seine eigene Rechnung als Doppelagent. Schmücker stand seit seiner Haftentlassung unter der Kontrolle der Bewegung, die ihm die Version vom ‹Schein-V-Mann› nicht glaubte. Sie deckte Verbindungen zum israelischen Geheimdienst auf, in dessen Auftrag er ebenfalls arbeitete. Schmücker hinterließ detaillierte handschriftliche Aufzeichnungen über Praktiken des Verfassungsschutzes zur Beeinflussung von politischen Prozessen. Ganz in Gemeinschaft mit der ‹unabhängigen Justiz›. Der Preis, den der Verfassungsschutz für Schmückers Spitzeltätigkeit zahlen wollte, ist beachtlich: ein Stipendium, eine kleine Summe, ‹die für ein Häuschen reicht› (Rühl), eine Lebensversicherung.»

Kurze Zeit darauf druckte der «Extra-Dienst» einen Brief von Frau Schmücker ab:

«Als Mutter des am 5. Juni im Grunewald ermordeten Ulrich Schmücker habe ich Ihnen folgendes mitzuteilen: Mein Sohn ist kein ‹Verräter›, als den man ihn heute hinstellen will. Die Aussagen und Namensnennungen, die zu der Verhaftungswelle in Berlin im Sommer 1972 führten, wurden nachweislich von Harald Sommerfeld gemacht. Der Prozeß meines Sohnes wurde nicht auf Veranlassung des Verfassungsschutzes vorgezogen, sondern weil er der ‹am wenigsten Belastete› war, außerdem hatten wir für ihn einen eigenen Rechtsanwalt genommen. Der schwerwiegendste Punkt war die angegriffene Gesundheit meines Sohnes. Er hatte als Kind eine Tbc durchgemacht, und durch die außerordentlich schlechte Verpflegung drohte diese Krankheit wieder auszubrechen. Ich habe sämtliche Dienststellen aufgesucht und angeschrieben, um ihn so bald als möglich herauszubekommen ...

Nachdem Ulrich seinen Prozeß hinter sich hatte und sich hier zu Hause bei uns aufhielt, rief beinahe täglich Peter Rühl an; ich nahm die Gespräche an und stand neben meinem Sohn, während er mit Rühl sprach. Immer wieder machte er große Versprechungen, Ulrich könne in Oxford oder sonstwo studieren, auch ein Fach mit Numerus clausus, vor allem aber wollte er sich immer mit unserem Sohn an einem dritten Ort treffen, worauf Ulli aber nicht einging, da ich ihm sehr abriet und er wohl auch merkte, daß Rühl unlautere Absichten hatte. Auf alle Fälle kann ich bezeugen, daß mein Sohn dem Peter Rühl klar sagte, er möge sich seine Telefongespräche sparen, bei ihm sei nichts drin. Die Gespräche dauerten stets lange, einmal sogar Eineinviertelstunde. Meine Vermutung geht dahin, daß Herr Rühl als Staatsbeamter glaubte, sein ‹Image› verloren zu haben, vielleicht lag auch eine Beförderung drin. Es war dem Mann nicht gelungen, einen einundzwanzigjährigen jungen Mann zu seinem Werkzeug zu machen ...

Es hat sich für meinen Sohn ein anderer als ‹Spitzel› gefunden. Deshalb wurden auch in allen Zeitungsberichten die Taten des Sommerfeld und seine Aussagen meinem Sohn zur Last gelegt. Automatisch wurde der ‹Bewegung 2. Juni› suggeriert, daß Ulrich Schmücker ein VS-Agent und Verräter sei. Der Drahtzieher dürfte wohl feststehen, es mußten sich nur noch die Täter finden.

Bei einigermaßen vorhandener Intelligenz hätten sich doch die Leute sagen müssen, daß Ulrich niemals mehr in Berlin aufgekreuzt wäre, wenn er Verrat geübt hätte. Sein Gnadengesuch wäre nicht abgelehnt worden, wenn er VS-Spitzel gewesen wäre. Oft warnte ich ihn und wies ihn auf Gefahren hin, dann sagte er immer: ‹Das schlimmste, was mir passieren kann, ist, daß sie mich noch für den Rest der Strafe einsperren.› Er war von Kind an ein Mensch, der sich für sozial schwache Menschen einsetzte und hatte es sich zur Lebensaufgabe gemacht, für andere Menschen zu sorgen. Er hätte mit seiner Intelligenz, seinem Vorleben und seiner Überzeugungskraft seiner Bewegung noch viele, viele Menschen zuführen können!

Sie waren zu dumm, um es einzusehen. Sie meinten, einen VS-Agenten zu treffen, und sie haben sich selbst zum Werkzeug des VS gemacht.

Die ‹Bewegung 2. Juni› wird an diesem Mord zerbrechen, auch Harald Sommerfeld wird sich seines ‹kostenlosen Studiums› nicht mehr lange freuen können.

Ich habe einen wunderbaren Sohn verloren, und die Jugend, die für die Freiheit der Unterdrückten kämpft, sah tatenlos zu, wie einer ihrer Besten ermordet wurde.»

In der linken Szene Berlins und Westdeutschlands wurde der Fall Ulrich Schmücker zum Signal für eine Diskussion über Verrat, Gewalt und Solidarität. Die Empörung über einen hinterhältigen Mord, einen Fememord nach dem Modell rechtsextremer Kampfgruppen, hielt sich jedoch in Grenzen.

Die Redaktion der linken Zeitschrift «Langer Marsch» schrieb: «Die Aktion stößt auf Unverständnis und, gelinde gesagt, Ekel bei vielen Genossen. Dabei ist doch die Abscheu gegen Verräter allgemein, und niemand wird einer revolutionären Gruppe bestreiten, sich gegen Verräter schützen zu müssen. Dennoch bleibt einiges zu bedenken. Das Problem des Verrates ist so alt wie die revolutionäre Bewegung. Immer wieder haben Leute in den Händen der Polizei nicht dichthalten können, war ihnen (abgesehen von der Folter) ihre eigene Haut näher als die der Genossen.»

Wenn Leute bei der Polizei auspacken, dann werfe das zugleich ein Licht auf die Rekrutierungsmethoden der Gruppe. Es sei auch ein Problem eines Teils der Linken, von dem Leute auf einen «falschen Trip» befördert würden. «Nun liegt also einer an der Krummen Lanke, der hat augenscheinlich was gemacht, das zu groß für ihn war. Der hat den Widerspruch zwischen revolutionärem Anspruch und bürgerlichem Individuum nicht klar abgemacht, hat geschwankt, hat Guerilla gespielt, hat gegen Guerilla ausgesagt, hat sich überlegt, wie er die Aussage zurückziehen kann ... Die Lücke zwischen Anspruch und Möglichkeit hat er mit seinem Leben stopfen müssen.»

Eine solche «Bestrafungsaktion» möge bei «Individuen, die als besondere Kristallisationspunkte der reaktionären Kräfte erscheinen, von deren Verschwinden also eine desorganisierende Wirkung zu erwarten ist (Hitler usw.)», berechtigt sein. «Was aber mit den kleinen Schweinen?» fragte der «Lange Marsch». Da hätte es doch mildere Mittel, «phantasievolle, lehrreiche, menschliche Aktionen» gegeben. «Warum also wurde er umgelegt? In ihrer tragischen Einsamkeit scheint innerhalb dieser Gruppen immer mehr ein Prozeß abzulaufen, der als letztlich pathologisch angesehen werden muß.»

Die Redaktion kommt zu dem Schluß: «Diese Aktion schützt niemanden vor Verrat und bewahrt niemanden davor, Verräter zu werden. Die militärische Lösung ist undialektisch ...»

In einem «Offenen Brief an die Bewegung 2. Juni» schrieben «Westberliner Genossen»: «Wie man Verräter auslöscht, das habt Ihr gezeigt, aber wißt Ihr auch, wie aus Genossen Verräter werden? (...) Die Tötung Ulrich Schmückers ist der Versuch, das Problem des Verrats einfach nur technisch zu lösen. Wir können auch nicht an die abschreckende Wirkung einer solchen Hinrichtung glauben. Liegen die Ursachen für Verrat nicht vielleicht in der Illusion, bewaffneter Kampf sei, wenn man sich bewaffnet? In dem Glauben, es brauchen nur ein paar anzufangen, der Funken wird dann schon überspringen? Sprengstoff und Knarre sind zwei Mittel unter Hunderten. Raus aus der Sackgasse ... Eure speziellen Kenntnisse sind wichtig und notwendig auch für uns. Unsere Erfahrungen sind wichtig und notwendig auch für Euch ...»

Der milden Kritik von «ein paar zaudernden, labilen und frustrierten linken Intellektuellen» am Schmücker-Mord begegnete die «Bewegung 2. Juni» mit einem Flugblatt – und identifizierte sich dadurch mit einer Tat, mit deren Ausführung die Kerntruppe um Inge Viett, Ralf Reinders und Till Meyer ursprünglich nicht direkt zu tun hatte.

«wir haben den brief einiger altavantgardisten zur hinrichtung des agenten SCHMÜCKER gelesen und sagen: er ist weinerlich, moralisch, pazifistisch und spalterisch! und wir sagen weiter: das sind merkmale der bourgeoisie und in diesem fall einer linken bourgeoisie ...

die schulmeistereien in dem papier sind so unqualifiziert und überheblich, daß wir verdammtnochmal an die sprüche unserer meister, vorgesetzten und erzieher erinnert sind ... jeder klassenbewußte proletarier sagt: ein verräter, ein spitzel, agent wird gerichtet.

euer verhältnis zum illegalen kampf und euer wissen darüber ist niveaulos, dazu noch persönlich, also schlicht unpolitisch. solidarität ist nicht karitas ...»

Der «harte Kern» der «Bewegung 2. Juni» hatte vor dem Mord das «Verhörprotokoll» Schmückers in die Hand bekommen. Empört hatte Inge Viett ihrem Mitkämpfer Till Meyer den Schnellhefter mit den handschriftlichen Antworten Schmückers gezeigt. Der hatte nur mit den Schultern gezuckt und gesagt: «Ja, ein Schwein, aber ein kleines. Und was jetzt?»

«Man kann doch einen Verräter nicht so einfach in der Szene

rumlaufen lassen, da muß was passieren!» hatte Inge Viett geantwortet und angedeutet, daß schon einige Genossen überlegt hätten, gegen Schmücker vorzugehen. «Das war nicht mein Problem», schrieb Till Meyer später in seinem Buch «Staatsfeind». Er sei in Italien gewesen, als er von der Ermordung Schmückers aus der Zeitung erfuhr – und las, daß er zu den ersten Verdächtigen gehörte. «Erschossen, dieses Würstchen? Und wer hatte es gemacht? Wir ganz offenbar nicht, das hätte ich gewußt. Wer waren also diese Leute, von denen Tuss [Inge Viett] neulich gesprochen hatte und die sich um Schmücker kümmern wollten? Hätte man mich gefragt, so hätte ich mich entschieden gegen eine Erschießung ausgesprochen. Jetzt war ich empört, daß es passiert war.»

Zurück in Berlin habe er von Inge Viett erfahren, daß auch sie und die übrigen vom «2. Juni» nichts mit der Erschießung zu tun gehabt hätten. Als er die Aktion aber scharf mißbilligt habe, sei er mit den anderen in Konflikt geraten. Es wurde ihm vorgeworfen, zu lasch zu sein. «Was spricht denn dagegen, einen Verräter und Verfassungsschutzagenten zu erschießen?» Till Meyer konterte: «Wenn wir alle Spitzel oder Verräter umlegen wollen, wo fangen wir an und wo hören wir auf?»

Es wurde ein «Plenum» einberufen, nachdem bekannt geworden war, daß Meyer seine Mißbilligung der «Femeaktion» auch gegenüber Sympathisanten der «Bewegung 2. Juni» deutlich gemacht hatte. «So geht das nicht!» eiferte sich Inge Viett, «damit verstößt du gegen die Gruppensolidarität. Wir waren es nicht, aber wir distanzieren uns auch nicht davon.»

Später schrieb Till Meyer: «Hätten wir damals schon gewußt, daß der Verfassungsschutz den ‹Schwarzen Juni› unterwandert hatte, wir wären bestimmt nicht auf die Idee gekommen, das unsägliche Flugblatt an die ‹Weinerliche Linke› zu verfassen und verteilen zu lassen. Wir rechtfertigten darin noch einmal die Erschießung des VS-Agenten und Verräters, obgleich wir es nicht gewesen waren.»

DIE ERMITTLUNG

Am 14. Juni 1974 wurde Ilse Jandt zum zweiten Mal zur Vernehmung geladen. Obwohl sie zu diesem Zeitpunkt längst als Beschuldigte galt und als solche die Aussage hätte verweigern dürfen, wurde sie als «Zeugin» befragt und wegen Aussageverweigerung in Beugehaft genommen.

Inzwischen hatte der Verfassungsschutz an das Bundeskriminalamt ein Foto weitergeleitet, auf dem Ilse Jandt mit einer «unbekannten Person» zu sehen war. Das BKA identifizierte Ilse Jandts männlichen Begleiter als einen gewissen «Dieter Hartmann». Am 12. Juli erhielt die Kriminalpolizei in Köln einen anonymen Brief, in dem der Begleiter Ilse Jandts auf dem Observationsfoto, das inzwischen von verschiedenen Zeitungen veröffentlicht worden war, dagegen als Jürgen Bodeux identifiziert wurde. Am 15. Juli schließlich ließ das Berliner Landesamt für Verfassungsschutz die Mordkommission der Kriminalpolizei wissen, daß der Mann auf dem Foto tatsächlich Bodeux sei.

Drei Tage später besuchte Jürgen Bodeux Ilse Jandt in der Haftanstalt Hildesheim. Er legte seinen echten Ausweis vor, gab seinen richtigen Namen an, wurde aber weder verhaftet noch zum Verhör gebeten. Erst am nächsten Tag erhielt er eine Vorladung zur polizeilichen Vernehmung und fuhr nach Hamburg, um sich mit Rechtsanwalt Reinhard zu besprechen.

Am 19. Juli rief Bodeux den V-Mann «Wien» an.

«Wie geht es dir?» fragte Weingraber.

«Ja, geht so.»

«Na, das ist erfreulich.»

«Also, das Bild ist auch in den ‹Wolfsburger Nachrichten› erschienen», sagte Bodeux.

«Tatsächlich?»

«In der ‹Bild›-Zeitung auch.»

Weingraber sagte, er habe das gar nicht mitbekommen.

Bodeux stotterte etwas und meinte dann: «Paß mal auf, du, es gibt so etliches zu bereden, äh, hättest du mal Zeit, rüberzukommen?»

Weingraber war einverstanden: «Ja, wenn das sehr wichtig ist, dann muß ich rüberkommen.»

«Ja, das ist doch wichtig.»

Weingraber erklärte ihm, daß er weder heute noch morgen könne, da der Wirt der «Tarantel» in Urlaub sei. «Höchstens Montag.»

Bodeux antwortete: «Bring viel Zeit mit, ist sehr wichtig.»

«Was gibt's denn sonst noch Neues bei euch?» erkundigte sich der V-Mann.

Bodeux sagte, er habe Ilse im Gefängnis besucht, dreimal: «Gut, nicht?»

«Du, paß mal auf, weißt du, was ich beschissen finde?»

«Was?»

«Die schreibt doch dem Billy, ja, und der Billy hat ihr doch irgendwelche beschissenen Briefe geschrieben.»

«Ja, ja», antwortete Bodeux, «das hat sie aber auch geschrieben.»

«Jetzt hat sie aber genauso darauf geantwortet, ich sag dir, du, ich hab die gelesen, also mir ist Hören und Sehen vergangen.»

Jetzt würde Tilgener auch schon anfangen, mit der Presse «rumzufummeln».

«Das habe ich auch schon vernommen», sagte Bodeux. «Geh mal hin zu ihm und richte ihm einen schönen Gruß von mir aus, schön in Anführungsstrichen, ja, und wenn er die Scheiße nicht sein läßt, dann sehe ich mich gezwungen, doch noch vorbeizukommen, ja.»

Weingraber kam langsam zur Sache, schließlich nahm er das Gespräch auf Band auf. Tilgener habe ihn auf Schmücker angesprochen: «Auf einmal sagt er: ‹Ich sage dir jetzt was auf den Kopf zu.› Und ich denke mir, wirst mal sehen, was jetzt kommt. ‹Die Sache Schmücker haben sowieso nur die Wolfsburger gemacht.›» Bodeux räusperte sich, und Weingraber fuhr fort. Tilgener habe gesagt, nur Bodeux oder er selbst könne überhaupt schießen. «Jetzt habe ich also unheimlich befürchtet, der behauptet tatsächlich felsenfest, er sei davon überzeugt, daß entweder du oder ich geschossen haben.»

«Hm», sagte Bodeux.

«Verstehst du?»

«Hm.»

Tilgener, ergänzte V-Mann «Wien», müsse «irgendwie echt kaputt sein».

«Ja, ja», pflichtete ihm Bodeux bei.

Weingraber schlug vor, ein «Info» mit Tilgeners Lichtbild herauszubringen. Bodeux war einverstanden, meinte aber, Weingraber solle noch am selben Abend bei «Billy» vorbeigehen und ihm ernsthaft drohen.

«Soll ich ihm mal eindringlich sagen, wenn er nicht langsam damit aufhört, kriegt er ein paar aufs Maul?»

«Ja!» bekräftigte Bodeux.

«Okay», sagte V-Mann «Wien».

Sie verabredeten sich für den kommenden Montag.

«Tschüs Harry, Hals- und Beinbruch.»

«Tschüs.»

In der Nacht vom 21. auf den 22. Juli fuhr Volker von Weingraber mit seinem Motorrad nach Wolfsburg, wo er gegen halb sechs Uhr morgens ankam. Farim wartete vor dem Kommunehaus in der Bäckergasse auf ihn. Gemeinsam fuhren sie in die Saarstraße zu Söre, dessen Eltern gerade verreist waren. Bodeux, Wölli, Annette und ein Freund aus Köln waren dort versammelt. Sie sprachen über Bodeux' Vorladung. Der V-Mann riet dazu, keine Aussagen bei der Polizei, sondern nur vor dem Vernehmungsrichter

zu machen. Er solle sich dabei auf den Paragraphen 55 der Strafprozeßordnung berufen, wonach niemand sich selbst belasten
muß. Dann könne er nicht in Haft genommen werden. Bodeux
wollte sich noch mit seinem Rechtsanwalt in Hamburg beraten.
Nebenbei erwähnte er, daß die Gruppe ihren Lebensunterhalt
gegenwärtig mit Autoeinbrüchen finanzieren würde. Den geplanten Lohngeldraub beim «Stern» in Hamburg hätten sie erst einmal zurückgestellt, da die Lage zur Zeit zu heiß sei. Eine befreun-
dete Kölner Gruppe würde jedoch gerade einen Überfall auf
Duisburger Bankboten abchecken. Weingraber wurde beauftragt,
in Berlin eine Wohnung zu mieten, als Unterschlupf für Ilse Jandt,
Bodeux und Wölli. Die offenbar aus Einbrüchen stammenden
Personalausweise, Pässe und Fahrzeugpapiere sowie die Schloßauszieher sollte er mitnehmen und verstecken. Und er sollte je
einen Paß oder Ausweis für die Wolfsburger fälschen lassen. Die
Sachen wurden in einer großen blauen Reisetasche verstaut, die
Wölli an sich nahm. Beim Umpacken entdeckte Weingraber noch
zwei Pistolen, deren Marke und Kaliber er aber nicht erkennen
konnte.

Gegen 9 Uhr verließ Weingraber gemeinsam mit Bodeux die
Wohnung. Er brachte «Harry» mit dem Motorrad zum Bahnhof
Wolfsburg, denn dieser wollte nach Hildesheim, um Ilse Jandt im
Gefängnis zu besuchen. Weingraber sollte ihn dort später wieder
abholen. Der V-Mann fuhr in der Zwischenzeit nach Braunschweig zu seinen Eltern, von denen aus er den Verfassungsschutz in Berlin anrief, um Bericht zu erstatten. Kurz vor Mittag
traf er verabredungsgemäß Bodeux in Hildesheim, der ihm be-
trübt berichtete, daß er keine Besuchserlaubnis bekommen habe.
Sie gingen in eine Kneipe in der Nähe des Bahnhofs und aßen zu
Mittag. Danach setzte Weingraber Bodeux vor dem Gefängnis ab,
wo dieser erneut um eine Besuchserlaubnis bitten wollte. Nach
vierzig Minuten holte Weingraber ihn ab.

Bodeux hatte Ilse Jandt sehen dürfen. Sie fuhren zu Weingrabers Eltern nach Braunschweig und anschließend zurück in die

Saarstraße nach Wolfsburg. Um 19.30 Uhr brach V-Mann «Wien» dann nach Berlin auf. Auf dem Soziussitz seiner Maschine saß «Wölli», der nach Berlin wollte, da er sich dort sicherer fühlte als in Wolfsburg.

In einer Autobahn-Raststätte aßen V-Mann «Wien» und Wölli Abendbrot. Weingraber lenkte das Gespräch auf den Abend des 4. Juni, an dem Schmücker erschossen worden war und Wölli ihm die Pistole übergeben hatte.

«Was hast du dir eigentlich dabei gedacht?» fragte Weingraber.

Wölli fragte zurück: «Was meinst du eigentlich, das Abdrükken oder das andere?»

«Das Abdrücken interessiert mich jetzt nicht», sagte Weingraber, «sondern das andere.» Er spielte damit auf die Plastiktüte an, die Wölli ihm übergeben hatte, ohne ihm vorher zu sagen, was sich darin befand.

«Ich habe dich doch indirekt gewarnt, indem ich gesagt habe, wenn uns jetzt die Bullen erwischen, gehe ich für ein paar Jahre nach Moabit.»

Weingraber fiel plötzlich ein, daß Wölli das tatsächlich gesagt hatte. Dann kam der V-Mann auf die Tat selbst zu sprechen: «Wie hast du es denn gemacht?»

«Na, rausgeholt und abgedrückt», antwortete Wölli.

«Wenn du mit der alten Wehrmachtsmunition geschossen hast, kommt das wegen der speziellen Legierung bei der Untersuchung heraus», erklärte ihm der Waffenspezialist Weingraber.

«Ich habe das neue Magazin mit der neuen Munition genommen», sagte Wölli. Er habe auch ein komisches Gefühl wegen des Zustandes der Waffe gehabt. «Nach dem Abdrücken habe ich nachgesehen und festgestellt, daß der Schuß durchgegangen ist.»

So jedenfalls gab V-Mann «Wien» das Gespräch kurz darauf bei seinem V-Mann-Führer Grünhagen zu Protokoll.

Weingraber setzte Wölli am Kontrollpunkt Helmstedt ab.

Von dort aus wollte dieser per Anhalter nach Berlin weiterfahren. Noch in der Nacht wollten sie sich in der «Tarantel» treffen. Wölli sollte wieder bei Weingraber in der Köpenicker Straße schlafen. Zum Abschied erhielt Weingraber noch einmal den Auftrag, Reisepässe für Ilse Jandt, Wölli und Bodeux zu beschaffen. Er nahm den Auftrag an – hatte er doch beim Berliner Landesamt für Verfassungsschutz Spezialisten zur Verfügung, die für ihn die Arbeit professionell erledigen konnten. Die erste Nacht in Berlin verbrachte Wölli bei Tilgener. Dann zog er zu Volker von Weingraber. Er ging kaum aus dem Haus, die meiste Zeit las er. Tilgener war inzwischen nach Westdeutschland zu seiner Mutter gefahren.

Immer wieder versuchte V-Mann «Wien» das Gespräch auf die Mordnacht zu bringen. Wölli erzählte ihm, daß er allein mit Schmücker an der Krummen Lanke gewesen sei. Er habe ihm gesagt, daß sie noch auf jemanden warten müßten. An einer bestimmten Stelle seien sie auf und ab gegangen. Dabei habe Wölli den Schuß aus etwa sechs Meter Entfernung abgefeuert. «Es war ein Combat-Schuß», sagte Wölli, und er fügte hinzu, daß er nur zufällig so gut getroffen habe. Es sei geplant gewesen, die Stellungnahme der «Bewegung 2. Juni» am Tatort zu hinterlassen. Das war jedoch nicht möglich, weil Ilse Jandt vergessen hatte, sie nach Berlin mitzubringen. Das Papier sei auf zwei verschiedenen Schreibmaschinen geschrieben worden. Eine davon gehöre der ältesten Tochter Ilse Jandts. Das jedenfalls berichtete Weingraber anschließend seinem V-Mann-Führer Grünhagen.

Am 24. Juli schrieb Annette von W. einen Brief an Wölli, der immer noch in Berlin war. Da er bei Weingraber wohnte, konnte der V-Mann den Brief abfangen und für den Verfassungsschutz ablichten:

«Wölli, mein lieber Wölli, nun bist Du nicht hier, und ich hab mich so darauf gefreut, Dich in die Arme zu nehmen, umarmt zu werden und Dir mein glückliches Lächeln zu zeigen. Es ist ein Lächeln, das Liebe beinhaltet, Liebe zu Dir und zu unserer Revolution. Das ist keine Spaltung der Libido, sondern die notwendige und richtige Dialektik. Aber das habe ich ja erst begreifen lernen müssen. Du, und ich habe keine Angst zu sagen, daß ich Dich brauche.

Hier in Wolfsburg in der Bäckergasse – tja, gestern abend bin ich in eine Pennmüllgrube gekommen, nach ein paar Tagen wieder alles dreckig und stinkig. Ein Bett mußte ich noch beziehen, im Dunkeln, Hände waschen, Zähne putzen, Augen zu, Ohren zu, Nase zu, das Bett klamm, keine warme Haut zum Streicheln war da, keine Nase zum Nasenreiben, keine Hände zum Drücken, keine Ohren, in die man ‹ganz heimlich› etwas sagen kann, ja Wölli, Du warst nicht neben mir.

Morgens bin ich aufgewacht, Harry war schon wach, er ging weg, ich ging einkaufen, dann, kein Geschirr war sauber, alles dreckig und schimmelig, und der Pit wird wohl in den nächsten Tagen sterben. Hat am Arsch 'ne schwarze Geschwulst mit Scheiße verschmiert, hat ja auch niemand saubermachen wollen. Zu Fressen hat er seit drei Tagen nichts mehr bekommen, Wasser oder so was auch nicht, jetzt ist er ganz dünn, quiekt nicht mehr und hat ganz stumpfe Augen, das Fell glänzt auch nicht mehr, ist ja auch nur ein Tier. Ines ist ja auch nur ein Kind, um so was braucht man sich ja auch nicht zu kümmern.

So was macht mich wütend. Da kann man wirklich von der Einheit von theoretischer und praktischer Praxis sprechen, wirklich. Der Anspruch, den wir stellen, Scheiße noch mal, der wird einfach nicht erfüllt. Da kann man nur sagen, was ist das für eine Einheit? Wir wollen uns Kommunisten nennen, eine Avantgarde?

Harry will Dich noch einmal daran erinnern, daß Du den Billy besuchen sollst, aber das hast Du sicher nicht vergessen.

Wölli, mein Schatz, hoffentlich kann ich Dich bald

besuchen, so wie ich mich kenne, werde ich mich sicher bald wieder bemerkbar machen.

Wölli, bis bald, bis ganz schnell, einen zärtlichen Kuß über Deine Lippen, Dein Schnäbelchen.»

Der V-Mann fing noch einen zweiten Brief ab. Annette von W. hatte Besuch von der Polizei bekommen:

«Mein allerliebster Wölli, siehst Du, nun schreibe ich Dir heute schon wieder, das hat auch seinen besonderen Grund. Heute kam die Kripo aus Berlin und wollte Jürgen abholen, aber der war ja nicht da, so mußten wir uns ausweisen. Tja, und mein Ausweis war komischerweise nicht da, so daß ich den Reisepaß zeigte. Der genügte ihnen aber nicht, sie wollten erst meine Identität feststellen und das im Bullengebäude. Die waren mal wieder SCHEISSFREUNDLICH, haben mich mit Schirm durch den Regen geführt, wollten mit mir quatschen über das Wetter und ein bißchen mehr und steckten mich in ein Büro zu einer Frau von der Kripo. Die fragte mich, scheinbar ganz belanglos, nach Ilse und nach meinem bisherigen Lebenslauf, aber was sollte ich ihr da schon sagen. Nach kurzer Zeit löste sie ein ‹Herr› vom Verfassungsschutz ab. Er kam mir wahnsinnig lächerlich vor: ‹Annette, ich will dir ja nur helfen.› Die Rolle des Vaters, die er spielen wollte, paßte überhaupt nicht zu seinem Äußeren. Er machte mich darauf aufmerksam, daß er mir ja nur helfen wolle, mich aus diesen gefährlichen Kreisen heraus-zuholen, das wäre seine Aufgabe. Er würde niemandem davon erzählen, was ich ihm beichten würde.

Wenn es gefährlich werden sollte, im Fall Schmücker, und das wollte er mir versichern, dann würde er mich da raushalten. So ein *Schwein*. Ich sagte ihm, daß ich ihm nicht helfen könne, außerdem hätte das mit Identität feststellen nicht das geringste zu tun. Er sagte, ich bräuchte nichts zu sagen, zeigte mir aber darauf gleich mehrere Fotos, die in den letzten Tagen bei

294

Observationen geschossen wurden. Du bist auf keinem drauf (aber in den Schubladen von denen kenn ich mich ja nicht aus). Von mir haben sie ein recht schönes, und das haben die Schweine. Ich sollte sagen, wer das alles ist, aber es tat mir herzlich leid. Dann kam die große Schweinerei. Zwei Farbfotos, so groß wie das Briefpapier, mit schön viel Blut zu sehen. ‹Kennst du den?› Ich verwies ihn nochmals darauf, daß ich wohl alt genug sei, um gesiezt zu werden, und außerdem nichts zu sagen hätte. – Seine Vaterrolle ließ er dann bald fallen. Seine Brille konnte seine wütenden Augen nicht verdecken. Er fragte mich noch mehrere Sachen, bis ich darum bat, wieder gehen zu können, da es mir zu lange dauerte. Er wurde wieder Vater, er fühle sich doch auch nicht so wohl in so einem Büro. Man könne sich doch mal in einem Restaurant treffen. Er gab mir seine Visitenkarte und versicherte mir, daß er doch nur hätte helfen wollen. Und ging.

Dann kam die Alte wieder, tat so, als wüßte sie von nichts, bis mich die Bullen holten, die erzählten mir, daß der Berliner Staatsanwalt im Urlaub sei, aber bald wiederkäme, und der könne von uns Aussagen mit Gewalt holen. Die waren echt sauer. Aber ich laß mich durch solche Typen nicht einschüchtern. Sorge habe ich nur davor, daß sie in ihrer Unwissenheit und Wut jeden einsperren, den sie in die Finger kriegen. Wölli, ich hab mich unheimlich gefreut, daß ich keine Angst vor denen hatte, daß ich innerlich nur gelacht habe über deren Unbeholfenheit. Ich freue mich und bin glücklich, daß ich Dich habe, ich durch Dich stark werde, stark werde mit Dir, das ist nicht Abhängigkeit, sondern unsere gemeinsame Basis, die sich doch immer mehr bemerkbar macht.

Bis bald mein lieber Wölli, ich vermisse Dich schon jetzt ganz schön, ich umarme Dich ganz fest, Wölli, denn zusammen sind wir stark. Dein Schnäbelchen.

Es grüßen Dich alle.

Farim kommt bald nach.»

Beide Briefe hatte Weingraber mit, als er sich am 26. Juli mit Grünhagen traf. «Wien» konnte berichten, daß ihm Wölli inzwischen weitere Einzelheiten des Tatherganges geschildert hatte. Am Vormittag des 4. Juni sei Wölli mit Bodeux zur Krummen Lanke gefahren, um sich die Örtlichkeiten anzusehen. Dabei seien sie beinahe gefilmt worden, habe er gesagt. Ein Spaziergänger habe Aufnahmen von der Umgebung gemacht. Um 22.10 Uhr sei er mit Schmücker in einer Sackgasse an der Krummen Lanke verabredet gewesen. Grünhagens Vorgesetzter schrieb an den Seitenrand der entsprechenden Aktennotiz: «Vermutlich Hermannstraße, dort waren am 3. 6. Ilse und Harry von der Observationsgruppe gesehen worden!»

Wölli habe Schmücker mit einem bestimmten Kennwort ansprechen sollen. Als er zum verabredeten Zeitpunkt an der Krummen Lanke eintraf, seien ihm einige Leute aufgefallen, die dort ihre Hunde ausführten. Zuerst habe er Schmücker nicht entdeckt, deshalb sei er um so überraschter gewesen, als dieser plötzlich aus einem Gebüsch hervortrat und ihn mit dem Codewort ansprach. Sie hätten Schmücker vorher gesagt, er solle um 22.30 Uhr an einer bestimmten Stelle an der Krummen Lanke mit Leuten von der IRA zusammentreffen. Gemeinsam mit Schmücker sei er pünktlich dort gewesen und noch einige Male wartend auf und ab gegangen, bevor der tödliche Schuß fiel. Grünhagen notierte, was sein V-Mann angeblich erfahren hatte: «Obwohl Wölli vom Mündungsfeuer geblendet wurde, konnte er sehen, daß Schmücker wie ein Brett umfiel.»

Wölli habe Schmücker vorher nur einmal, nämlich bei der Observation in der «Tarantel» gesehen. Er habe für die Ausführung der Tat Handschuhe bei sich gehabt, die er auch am Steuer des VW-Busses getragen habe. Zum Abdrücken habe er sie aber nicht angezogen, weil sie zu dick waren. Wölli habe die Waffe, bevor er sie an Weingraber übergab, nicht von möglichen Fingerspuren gereinigt. Grünhagen hielt in seinem Vermerk fest: «Selbstkritisch gibt Wien heute zu, daß die Pistole jedoch später von ihm und Rühl mehrfach angefaßt wurde.» («Schade!!!» schrieb der Vorgesetzte des Verfassungsschutzbeamten Grünhagen alias Rühl an den Rand.)

Über seine Rückkehr nach Wolfsburg habe Wölli noch berichtet, daß er im Zug nach Hannover eingeschlafen und in Braunschweig vom Schaffner geweckt worden sei. Das deckte sich laut Aktenvermerk mit den Erkenntnissen des Verfassungsschutzes. Bei der Observation hatte man festgestellt, daß Ilse Jandt und «Harry» am Bahnhof Zoo eine einzelne Fahrkarte nach Braunschweig gelöst hatten. Die Geheimdienstler schlußfolgerten: «Wenn Wölli diese Fahrkarte benutzt hat, mußte er evtl., weil er nach Hannover weiterfahren wollte und nur eine Fahrkarte nach Braunschweig besaß, beim Schaffner nachzahlen und ist deshalb geweckt worden.»

Wölli habe Volker von Weingraber nicht erzählt, ob er in Braunschweig ausgestiegen oder nach Hannover weitergefahren sei. Auf jeden Fall, wußte der Verfassungsschutz, sei er mit einem Triebwagenzug nach Wolfsburg gefahren: «Zu diesem Zeitpunkt hatte er jedoch nur noch 7 Mark bei sich, die für diese Fahrt nicht ausreichten.» Der Schaffner habe ihn aber nach einigem Zureden bis Wolfsburg reisen lassen. Pünktlich um 8 Uhr war Wölli jedenfalls bei Gericht, um in seiner Bundeswehrangelegenheit auszusagen. «Dies sei auch – so Wölli – sein einziges Alibi.»

Verfassungsschützer Grünhagen nahm auch noch zu Protokoll, was ihm V-Mann «Wien» über den Kenntnisstand der übrigen Gruppenmitglieder mitgeteilt hatte. «Nachfolgend aufgeführte Personen wissen – laut Wölli –, daß er der Mörder von Schmücker ist: Ilse, Harry, Farim, Annette, Söre, Rechtsanwalt R. (aus Hamburg) und V-Mann.»

Beim Landesamt für Verfassungsschutz wurde nun beratschlagt, wie man in der Sache weiter verfahren solle. Dazu brauchte man Rückendeckung von ganz oben.

DIE POLITIK WIRD EINGESCHALTET

Am 1. August fand sich eine Delegation des Verfassungsschutzes beim Berliner Innensenator und Stellvertretenden Bürgermeister Neubauer ein. Man wollte sich grünes Licht für die weitere Vorgehensweise bei der Führung des V-Mannes «Wien» geben lassen. Der Aktenvermerk über die «Rücksprache bei dem Herrn Bürgermeister» wurde als «Geheim» eingestuft:

«1. WIEN läßt durch seinen ‹Fachmann› die ihm von der Gruppe übergebenen Ausweise frisieren (Durchführung durch unsere Technik).

2. Staatsanwaltschaft wird die Kommunemitglieder Wolfsburg zuerst als Zeugen und danach als Beschuldigte befragen, dabei wird der Staatsanwaltschaft auffallen, daß einer, nämlich W. [Wölli], fehlt. Die Staatsanwaltschaft wird hieraus den Schluß ziehen, daß W. Grund zum Verschwinden hat, und gezielt nach ihm fahnden.

3. In dieser Phase kann WIEN, falls es dann tunlich ist, der Gruppe sagen, ihm würde bei dieser gezielten Fahndung der Boden zu heiß, er wolle für eine Zeitlang untertauchen und gebe deshalb vorsorglich die ‹Waffentasche› zurück.

4. Legende bei der Rückgabe: keine Zeit, Eltern nicht mit hineinziehen, Gefühl der Observation usw., deshalb in einem Bahnhofsschließfach deponiert und ‹Harry› (oder wem auch immer) den Schlüssel zugespielt. Bei Leeren des Schließfaches – Routinekontrolle – Festnahme des Abholers.

5. WIEN soll an der Reise zu den anderen Kontaktpersonen teilnehmen.

6. Anmietung der ‹eleganten Wohnung› kann vorbereitet werden.»

Grünhagen erhielt den Auftrag, seinem V-Mann die nächsten Schritte vorsichtig beizubringen. Noch am besagten Tag, dem 1. August, traf er sich um 13 Uhr mit Weingraber und ließ in die Unterhaltung einfließen, was er als Weisung seiner Vorgesetzten mit auf den Weg bekommen hatte. «Wien» dürfe die bei seinen Eltern versteckten Waffen unter keinen Umständen an seine Genossen herausgeben. Er solle auch in der nächsten Zeit die Kontakte zu den Wolfsburgern nicht weiter aktivieren. Grünhagen schlug dem V-Mann vor, gemeinsam mit ihm darüber nachzudenken, wie das erreicht werden könne.

Trotz der behutsamen Worte Grünhagens brauste Weingraber auf: «Ich möchte mal denjenigen sprechen, der eine so blödsinnige Entscheidung getroffen hat.» Obwohl er glaube, daß er nun dicht an dem Kreis sei, der weitaus interessanter und gleichzeitig gefährlicher sei, werde er nun von Grünhagen zum Stillhalten gezwungen. Diese Gruppen wollten schließlich Maschinenpistolen und Sprengstoff haben. Er werde sich nicht an die Anweisungen halten und auf eigene Faust weiter Erkenntnisse sammeln, diese bei einem Notar hinterlegen und sie zu gegebener Zeit dem Herrn Bürgermeister präsentieren.

Weingraber wurde immer wütender: «Ich kann auch zur BZ gehen oder einen saftigen Brief an Herrn Neubauer schreiben! Ich bin schließlich kein dummer Junge, der für alles seinen Kopf hinhält und der zu einer dem Verfassungsschutz beliebigen Zeit einfach trockengelegt wird.» Trotzig fügte Weingraber hinzu: «Es ist für mich auch ein psychologisches Problem, wenn ich kurz vor größeren Erfolgen einfach stillgelegt werde.»

Grünhagen versuchte noch einmal, sachliche Argumente für die neue Strategie vorzubringen. Aber sein V-Mann war so verärgert, daß er jede weitere Erörterung ablehnte. Grünhagen spürte, daß er so nicht weiterkam: «Wir sollten das Gespräch morgen fortsetzen.» («Gut!» schrieb sein Vorgesetzter an den Rand des Vermerks.) Weingraber blieb unzugänglich: «Für mich gibt es nichts mehr darüber zu reden. In Zukunft gibt es keine Informationen mehr von mir.» Abrupt stand er auf: «Ich fühle mich in jeder Hinsicht verschaukelt.» Dann verließ er gruß- und wortlos das Lokal.

Am Nachmittag um 16 Uhr meldete sich «Wien» telefonisch beim Verfassungsschutz, um mit seinem V-Mann-Führer doch noch einmal zu sprechen. Sie verabredeten sich für den Abend. Pünktlich um 20 Uhr erschien Weingraber. Er hatte sich wieder beruhigt und blieb nun sachlich. Bei dem Gespräch am Mittag sei er sehr aufbrausend gewesen. «Das entspricht manchmal meinem Temperament.» Die Vorwürfe hätten sich nicht gegen Grünhagen gerichtet, sondern gegen das Amt und diejenigen, die für ihn unverständliche Entscheidungen getroffen hätten. Er versprach auch, die von ihm gebunkerten Waffen nicht herauszugeben. Obwohl diese Anweisung seiner Ansicht nach nicht genügend durchdacht sei, werde er sie akzeptieren.

«Besser wäre es aber, eine Situation vorzubereiten, daß die Waffen bei der Übergabe an irgendeinen Genossen von der Polizei aus dem Verkehr gezogen werden.» (Grünhagens Vorgesetzter fand den Vorschlag offenbar überlegenswert. Er notierte am Rand des Vermerks: «Hierzu muß gesprochen werden.») Weingraber erklärte sich sogar bereit, für einige Zeit ins Gefängnis zu gehen, falls er bei der fingierten Übergabe wegen unerlaubten Waffenbesitzes festgenommen werden sollte.

Er konnte aber nicht einsehen, warum er den Kontakt zu den Wolfsburgern abbrechen sollte. «Harry wird in nächster Zeit ganz sicher auf mich zukommen, um mit mir einige Reisen zu machen. Dabei habe ich die Chance, die Märchentante, die Kölner Gruppe, die Araber oder Maria und John kennenzulernen.» Aus Gesprächen mit Wölli habe er nämlich erfahren, daß die Araber 65 Kilogramm knetbaren Sprengstoff an die deutschen Genossen übergeben wollten oder schon übergeben hätten. «Ich kann einfach nicht glauben, daß der Herr Bürgermeister – oder wer auch immer derartige Entscheidungen trifft – Hinweisen über weitere Terroristen oder die Lagerung großer Mengen Sprengstoff oder

Waffen nicht nachgehen möchte, obwohl die Möglichkeit dazu besteht.»

Grünhagen entgegnete: «Politiker müssen unter anderen Gesichtspunkten taktieren.» Doch das ließ Weingraber nicht gelten. Grünhagen solle unter Berücksichtigung seiner Vorstellungen im Amt neue Überlegungen zu dieser Frage anregen.

Der Verfassungsschützer kam wieder auf die Wolfsburger zu sprechen: «Sie müssen schon jetzt nach und nach Kritik an der Verhaltensweise der Gruppe üben.» Außerdem solle er die Genossen darauf hinweisen, daß er im Fall Schmücker von der Polizei selbst als Mittäter ermittelt werden könnte. In Zukunft müsse er deshalb vorsichtiger sein und ab und zu für mehrere Tage bei Freunden untertauchen. Weingraber war einverstanden: «So kann ich mich auf jeden Fall verhalten. Das wäre bei den Genossen auch glaubwürdig.» Dennoch wolle er die Fahrt mit «Harry» antreten: «Die bringt mit großer Sicherheit weitere Erkenntnisse.»

Ein paar Tage später fuhr Weingraber gemeinsam mit Wölli zu Götz Tilgener. Sie warnten ihn davor, weiterhin so viel zu «quatschen». Als Tilgener mißtrauisch fragte, wo denn Bodeux zur Tatzeit gewesen sei, antwortete Weingraber, «Harry» habe in Wolfsburg in der Schillerstraße bei Ilses Mutter ferngesehen.

DER TERROR UND DIE LIEBE

Am 5. August notierte V-Mann-Führer Grünhagen nach einem Treffen mit Weingraber, daß «Maria», die mit Hochdruck gesuchte Inge Viett, in einem Apartment nahe des Bahnhofs in Frankfurt am Main wohne. Wölli habe es ihm erzählt. «Maria» sei nicht wiederzuerkennen. Sie trage eine schwarze Langhaarperücke und sehe aus wie eine Prostituierte. Zur Zeit solle sie Urlaub in Südfrankreich machen. Die «Mörderbande», so Weingraber weiter, habe ständig Kontakt zu Arabern. Der erwähnte Sprengstoff sei wahrscheinlich bereits von diesen an deutsche Genossen übergeben worden. Außerdem habe Wölli am 1. August einen Brief aus Wolfsburg mit 190 Mark für seinen Lebensunterhalt erhalten. «Harry» habe als Nachsatz für Weingraber geschrieben: «Für Hartmut: Ich war nie in Berlin. Jürgen.» («Ach!», schrieb Grünhagens Vorgesetzter neben die Aktennotiz: «Erstmals nennt er sich mit richtigem Vornamen.») Auch die übrigen Wolfsburger hätten in dem Brief ihr Kommen angekündigt. Sie seien schon in Berlin eingetroffen.

Annette habe erzählt, daß Ilse Jandt vermutlich am .14. August aus der Haft entlassen werde. (Grünhagens Vorgesetzter am Rand: «Stimmt, der Staatsanwalt ist dagegen.») Nebenbei berichtete «Wien» noch, daß Gruppenmitglieder bei Söres Schwester in Hamburg eingebrochen waren und eine umfangreiche Münzsammlung, bestehend aus Sonderprägungen verschiedener Fünfmarkstücke, gestohlen hätten. Die Sammlung sei etwa 2850 Mark wert. Die Wohnung sei absichtlich durchwühlt worden, um bei der Polizei den Eindruck eines gewöhnlichen Einbruchs zu erwekken. («Bisher ist in Hamburg nichts bekannt geworden», schrieb Grünhagens Vorgesetzter an den Seitenrand.)

Am 6. August schrieb Jürgen Bodeux einen Brief an die inhaftierte Ilse Jandt:

«Hallo Spätzchen – geliebtes Wesen!

Bei meinem Besuch am Montag hattest Du das Thema Lod [blutiger Anschlag eines japanischen Terrorkommandos auf den Flughafen von Tel Aviv] angeschnitten und als eine faschistische Aktion bezeichnet. Um diese Aktion, die Du als klassisches Beispiel für individuellen Terror bezeichnest, zu erklären, ist es angebracht, an einige Tatsachen zu erinnern. Die Israelis sind entschlossen, die Palästinenser ins Meer zu werfen, wie Dajan einmal sagte. Es ist nur allzu berechtigt, sich gegen diesen Völkermord mit allen Mitteln zu wehren. Der Anschlag, Spätzchen, allerliebstes, war ein Kommandounternehmen wie jedes andere, wie das in München, Karthum etc. Daß bei dem Anschlag ‹Unschuldige› ums Leben kamen, stimmt insofern nicht, als daß es keine Unschuldigen gibt. Der Tod der drei japanischen Genossen ist gewichtiger als der Tai Berg!!!! Der Tod der Urlauber ist leichter als ein Schwanenflaum!

So für heute mach ich mal Schluß, Spätzchen, bleibt mir nur noch zu sagen, und das sag ich übrigens gerne – und noch lieber zeig ich's Dir –, daß ich Dich ganz doll, ganz wild und zärtlich liebe, über alles in der Welt, und ich möchte Dir noch danke sagen für das Glück, das Du mir durch Deine Liebe schenkst – das für mich Leben bedeutet. Du Spätzchen – liebes –, ich freu mich wahnsinnig auf Dienstag, wenn ich Dich abhole und wir nach Hause fahren und ich Dich – ganz real – körperlich spüre – tschüs, sage ich erst mal bis Donnerstag.

Dein Dich immer und überall liebender Spatz, der sich aber nicht eher für heute verabschiedet, als bis er sein Spätzchen ganz zärtlich in den Schlaf gestreichelt hat. Dein Spatz.»

Am 8. August gingen die Vorladungen zur richterlichen Vernehmung für Annette, Farim, Wölli und Söre ein. Jürgen Bodeux, der
sich immer noch in der Bäckergasse aufhielt, schrieb einen Brief
nach Berlin:

«Hallo
Brief ist da! Billy aufs Maul hauen, klar! Mit Vorwarnung!
Dann, was noch wichtig ist: reißt auf jeden Fall noch Kohle auf
– sehr dringend, brauchen ca. noch 500 Kohle, warum später –
jedenfalls sauwichtig ... Übrigens, Ihr habt alle eine richterliche
Vorladung gekriegt – alle!!!!
Umarmung an alle. Harry.»

UNTER BEOBACHTUNG

Zwei Tage vorher, am 6. August, hatte sich das Observationsteam II des Verfassungsschutzes wieder auf den Weg zu Weingrabers Wohnung in der Köpenicker Straße gemacht. Sechs Verfassungsschutz-Späher beobachteten, wie Annette von W. um 9.20 Uhr mit Weingrabers Dogge Otto das Haus verließ und für das Frühstück Milch, Käse, Brötchen und Erdbeermarmelade kaufte. Dann ging sie zurück.

Um 10.59 Uhr verließ sie gemeinsam mit Wölli das Haus und fuhr mit der U-Bahn zum Bahnhof Zoo. Akribisch verfolgten die Beamten, wie die beiden durch die Stadt bummelten und schließlich gegen 14 Uhr einen Zug in Richtung Krumme Lanke nahmen.

Um 14.20 Uhr stiegen sie in Dahlem-Dorf aus und gingen zum Grunewaldsee. Gegenüber dem «Bullenwinkel» ließen sie sich unter einem Baum nieder und blieben dort vierzig Minuten lang sitzen. Dann stand Annette von W. auf, kaufte an einer Imbißbude etwas zu essen und setzte sich wieder neben Wölli. Um 15.08 Uhr traten sie den Rückweg an. Gegen 16.35 Uhr waren sie wieder in der Wohnung des Agenten «Wien». Die Beamten notierten: «Auf dem gesamten Weg verhielten sie sich konspirativ.»

Auch am Abend hatte der Verfassungsschutz die Gruppe im Visier: «20.12 Uhr erschienen Annette, Wölli, S. und die Dogge auf der Straße und gingen zur gegenüberliegenden Telefonzelle.» Anschließend seien die drei zur «Tarantel» gegangen, hätten zwischendurch noch einmal telefoniert und seien um 22.13 Uhr wieder zu Hause gewesen. «22.16 Uhr schaltet man in der Wohnung das Fernsehgerät an.» Nach einer weiteren halben Stunde brachen die Beamten die Observation ab.

Am Morgen des 7. August waren beide Observationsteams mit insgesamt zwölf Beamten im Einsatz. Minutiös hielten sie alles fest, doch außer diversen Einkäufen, Spaziergängen und U-Bahn-Fahrten ließ sich nichts berichten. Nur eines, nämlich daß auch V-Mann «Wien» in der Wohnung auftauchte. Am 8. August gegen 17.30 Uhr beobachteten die Beamten, daß V-Mann «Wien» und sein Wolfsburger Gast S. [Farim] mit einem Luftdruckgewehr in der Wohnung schossen.

Am 9. August waren die Observationsteams erneut im Einsatz. Das einzig Bemerkenswerte an diesem Tag: Um 13.45 Uhr fand in der Wohnung ein Zielschießen statt. «Nach etwa 20 Minuten suchten sich Wölli und Annette ihre Ziele auf dem gegenüberliegenden Haus aus. Bis etwa 15.30 Uhr wurden ca. 120 Schüsse abgegeben.» Beide hätten das Schießen nur unterbrochen, wenn sich eine Person in der gegenüberliegenden Telefonzelle aufhielt.

«Im Verlauf der weiteren Observation gaben Wölli und S. um 16 Uhr ca. 50 bis 60 Schüsse aus einem Luftdruckgewehr in Richtung des gegenüberliegenden Grundstücks ab. 17.20 Uhr erschienen Polizeikräfte, die offensichtlich von Passanten benachrichtigt waren, und ermittelten im Haus.» Danach seien noch weitere Polizeibeamte eingetroffen, aber um 18.50 Uhr seien alle wieder abgerückt.

Während der Schießerei mit dem Luftdruckgewehr hatte die Observationsgruppe im Amt angerufen. Nach Rücksprache mit dem im Mordfall Ulrich Schmücker ermittelnden Staatsanwalt Przytarski wurde darauf verzichtet, «die Polizei dienstlich oder anonym darauf aufmerksam zu machen». Als diese dann doch kam, habe sie die Täter im Haus nicht feststellen können.

Später habe V-Mann «Wien» seine «Untermieter» zur Rede gestellt und ihr Verhalten kritisiert. «Sie gaben dies dann selbstkritisch zu und erzählten auch, daß die Polizei an der Wohnungstür klopfte, sie jedoch nicht öffneten.» Die drei hätten Weingraber zudem gesagt, daß sie mit Sicherheit observiert würden.

Offenbar waren die Teams des Verfassungsschutzes doch nicht so professionell, wie sie glaubten. Auch am Sonntag, dem 10. August, observierten zwölf Beamte die Wolfsburger Gruppe. Ohne Ergebnis. Um 23 Uhr meldete sich Bodeux verabredungsgemäß bei V-Mann «Wien». Der versuchte, das Gespräch aufzuzeichnen, aber es war von so schlechter Qualität, daß später nur einzelne Passagen zu verstehen waren. Weingraber beschwerte sich über das unmögliche Verhalten der Genossen und erwähnte die Schießerei aus der Wohnung. Bodeux war fassungslos und meinte entrüstet: «Das kann doch nicht wahr sein.» Weingraber erklärte ihm, daß er zur Zeit nicht mit den gewünschten 500 Mark aushelfen könne. Farim und Wölli hätten noch keine Arbeit, und er selbst sei zur Zeit nicht flüssig. «Sind denn die 2800 Mark aus Hamburg schon aufgebraucht?» Dieser Betrag, erwiderte Bodeux, sei schon für die Vorbereitung einer Aktion ausgegeben worden. «500 Mark werden dafür noch benötigt.» Weingraber erkundigte sich noch, ob Bodeux und Ilse Jandt abtauchen wollten. Sein Rechtsanwalt habe dies empfohlen, antwortete Bodeux. Aber Ilse wolle es nicht. Das Telefongespräch endete abrupt, weil Bodeux keine Münzen mehr zum Nachwerfen hatte.

Nachdem Weingraber Grünhagen über all das unterrichtet hatte, kam der noch einmal auf die von dem V-Mann gehorteten Waffen zu sprechen. Weingraber gab zu, zwei Luftgewehre mit Zielfernrohr zu besitzen, eine Luftdruckpistole, ein Päckchen Gun-Munition sowie eine nicht schießfähige, 1920 gebaute Schrotflinte 10/4. Die Worte «ein Päckchen Gun-Munition» sind in dem entsprechenden Aktenvermerk dick umrandet und mit einem Pfeil versehen. Hatte der Verfassungsschutz den Verdacht, Schmücker könne mit Munition aus dem Besitz des V-Mannes «Wien» erschossen worden sein?

Grünhagen ermahnte «Wien» noch, daß seine Wohnung wegen möglicher Hausdurchsuchungen unbedingt «sauber» sein müsse. Weingraber versprach: «Alle Sachen, bis auf die nicht waffenscheinpflichtigen Geräte, werden an einem sicheren Ort im Haus versteckt.» Sie vereinbarten, daß er sich unbedingt melden solle, wenn Annette von W. abreisen wolle.

Am 13. August wurde Ilse Jandt nach drei Wochen aus der Beugehaft entlassen. Jürgen Bodeux holte sie aus der Haftanstalt Hildesheim ab und fuhr mit ihr in die Bäckergasse nach Wolfsburg. Dort schrieben sie gemeinsam an die Gruppenmitglieder in Berlin:

«Liebe Kollegen und Genossen!
Wir laden Euch ein zu einer Diskussion über unsere Gruppe. Hervorgegangen aus dem Kleinbürgertum, haben wir uns auf das hohe Roß der Überheblichkeit geschwungen.
Subkultur gleich chaotischer Anarchismus. Nonkonformismus gleich Konformismus ... Ich poche auf mein Recht auf Faulheit und fordere die Abschaffung der Arbeit. Ilses wichtigste Erkenntnis nach 7 Wochen Knast: ‹Ich bin keine Anarchistin!›
ES LEBE DIE DIKTATUR DES PROLETARIATS!!!
DER KAMPF GEHT WEITER!!!
Auf die Jagd gehen, Tauben schießen, ABER NICHT ERWISCHEN LASSEN!!!
Weltgeist Söre, Jürgen und Ilse.»

Einen Tag später reisten Ilse Jandt und Bodeux ins Rhein-Main-Gebiet. Sie schrieb unterwegs einen Brief an die Gruppe, den sie am 20. August in Darmstadt aufgab:

«Hallo – Ihr!
Auf dem Weg in Urlaub, immer weiter mit Liberalismus/Klassenlage/Verhalten: Kritik: Egoismus und Rücksichtslosigkeit, um den Narziß zu befriedigen, war das Taubenschießen. Nicht kollektiv gedacht, und vor allem bedacht, daß Ihr das Geld verbraucht habt, falls es Euch interessiert, falls bis

zum 31. 8. nicht 540 DM Miete gezahlt (und nachbezahlt) ist, steht der Gerichtsvollzieher vor der Tür ... 7 Wochen Knast – Hurra, was hab ich mich erholt!!»

Im Anschluß daran kritisierte Ilse Jandt das Verhalten einzelner Gruppenmitglieder. Bodeux steckte ein eigenes Schreiben mit in den Umschlag:

«Hallo, ja ich bins.

nachdem Mama also Euch ausgeschimpft hat und Ihr Euch hoffentlich in die Ecke gestellt und geschämt habt, wie es sich für Kinder Eurer Klasse (Kleinbürgertum) gehört, und Ihr wahrscheinlich tüchtig Minderwertigkeitskomplexe produziert habt – nun ein paar aufmunternde Worte von mir:

Der Kampf geht weiter!

Venceremos!

Entschuldigt bitte den Zynismus von mir – aber Ihr wißt ja, daß ich meine Aggressionen nicht anders loswerde – ja sicher, ist natürlich Scheiße, klar!»

Wölli war über die beiden Briefe so erbost, daß er sie auf den Boden warf und darauf herumtrampelte. Das jedenfalls berichtete V-Mann «Wien» seinem Vertrauensbeamten vom Verfassungsschutz.

Am Mittwoch, dem 14. August, erhielt Volker von Weingraber in der «Tarantel» einen Anruf von Bodeux. Söre und er hätten eine Vorladung bekommen und auch ausgesagt. Die Beamten hätten sich dabei immer wieder hartnäckig nach Farim und Wölli erkundigt und deren Abwesenheit verdächtig gefunden. Weingraber solle Farim bitte ausrichten, er möge schnellstens nach Wolfsburg zurückkehren, um eine frühere Aussage in einer Bundeswehrangelegenheit zurückzunehmen. Farim hatte versucht, durch falsche Angaben ein höheres Zeugengeld zu kassieren. Für Weingraber überraschend fuhr Farim tatsächlich am Donnerstag nach Wolfsburg und tauchte Freitagmittag schon wieder in Berlin auf. Er brachte Weingraber und Wölli die protokollierte Aussage Bodeux' mit und kritisierte, daß sich Söre keine Kopie seiner Aussage habe aushändigen lassen. Gemeinsam kamen sie zu der Auffassung, daß Söre das schwächste Glied der Gruppe sei, man könne nicht wissen, wie er sich morgen verhalten werde. Farim berichtete weiter, daß in etwa vierzehn Tagen eine Aktion in Darmstadt geplant sei.

Ilse Jandt und Bodeux waren inzwischen nach Frankfurt gefahren, um die «Märchentante», Brigitte Heinrich, zu besuchen. Auch dort waren sie im Visier der Fahnder. In einem Aktenvermerk des Hessischen Landeskriminalamtes vom 19. August hieß es: «Am heutigen Tag wurde von einem befreundeten Dienst bekannt, daß in der letzten Zeit Angehörige der ‹Bewegung 2. Juni› an verschiedenen Orten der BRD observiert wurden. Dabei konnte festgestellt werden, daß sich Angehörige dieser Gruppe z. Zt. im Rhein-Main-Gebiet sammeln. Am 18. Aug. 1974 verließen die Ilse Jandt und Jürgen Bodeux den Raum Niedersachsen und begaben sich mit der Eisenbahn in das Rhein-Main-Gebiet [...] Sie deponierten ihr Reisegepäck im Schließfach des Darmstädter Hauptbahnhofes und begaben sich zu Fuß zum Restaurant ‹Wienerwald›. Dort trafen sie mit zwei männlichen Personen zusammen, die sie anschließend in das Haus Darmstadt, Frankfurter Straße 38, brachten.»

Am 22. August fuhren Jürgen Bodeux und Ilse Jandt von Darmstadt aus, wo sie bei einem Bekannten übernachtet hatten, wieder nach Frankfurt und suchten Brigitte Heinrich auf. Bodeux wurde von den anderen aufgefordert, seinen Vater anzurufen und ihn um Geld zu bitten. Bodeux verließ die Wohnung und berichtete später, er habe versucht, seinen Vater von einer Telefonzelle aus anzurufen, dieser sei aber nicht zu Hause gewesen. Abends fuhren Jürgen Bodeux, Ilse Jandt und der inzwischen zu ihnen gestoßene Reinhard G., ein Freund Jürgen Bodeux', zurück nach Darmstadt.

Die Stimmung unter den dreien war schlecht. Ilse Jandt und Reinhard G. begannen, ein gewisses Mißtrauen Jürgen Bodeux gegenüber zu entwickeln. Vor allem glaubten sie ihm nicht, daß sein Vater nicht zu Hause gewesen war. Reinhard G. rief Bodeux' Vater an und gab sich als «Buchholz» aus. Der Vater war erreichbar. Es kam zum Krach, die beiden warfen Bodeux vor, er habe den Anruf bei seinem Vater nur vorgetäuscht. Bodeux war völlig außer sich. Er tobte herum, weinte und schrie.

Am Freitag, dem 23. August, nahm die Observationsgruppe des Berliner Verfassungsschutzes die Beobachtung von Wölli wieder auf. Schicht I arbeitete von 15 bis 18 Uhr, Schicht II von 18 bis 21 Uhr, Schicht III von 21 bis 24 Uhr. Es waren jeweils drei Beamte im Einsatz. Sie hatten sich in der Nähe von Weingrabers Haus postiert. Um 16.16 Uhr kam Wölli von irgendwoher zurück. Die Verfassungsschützer notierten: «Schwarze Lederjacke, rosa Pulli, verwaschene blaue Jeans, schwarze Schuhe.» Es wurde ein langweiliger Einsatz. Sie konnten nur berichten, daß Wölli um 22.45 Uhr das Haus verließ und mit dem Hund des V-Mannes, der schwarzen Dogge Otto, zur «Tarantel» ging. Dort hockte Wölli allein am Tresen und kehrte um 23.40 Uhr nach Hause zurück.

Auch am nächsten Tag, dem Samstag, waren die Beamten auf Posten. Es fiel ihnen jedoch nichts Nennenswertes auf.

Am Abend des 25. August traf Farim, der zwischenzeitlich nach Wolfsburg gefahren war, in Berlin ein und nahm wieder bei V-Mann «Wien» Quartier. Er sagte, Bodeux habe ihn dazu in einem kurzen Brief aufgefordert und ihm auch geschrieben, daß die für einen Überfall ausgewählten Objekte nicht so gut wie erwartet seien. Bodeux werde sich am 27. August um 21 Uhr bei «Hartmut» melden. Doch zum verabredeten Zeitpunkt konnte er nicht mehr bei Weingraber anrufen.

OPERATION «BRÜCKE»

Die polizeiliche Vernehmung der Wolfsburger Gruppenmitglieder war erfolglos geblieben. Es zeichnete sich für die Ermittler ab, daß sie zusammenhalten würden und keines von ihnen ohne weiteres bereit sein würde, ein Geständnis abzulegen. An der Spitze des Landesamtes sann man darüber nach, wie man dieses Ziel auf anderem Wege erreichen könnte.

Der Chef des Berliner Verfassungsschutzes Zachmann skizzierte später seinen Amtskollegen die Überlegungen: «So erfolgreich diese Taktik (Vernehmung der Tatverdächtigen als Zeugen, Isolierung der Ilse durch Beugehaft) nun aber auch war, so reichte sie jedoch nicht aus, zwischen den Vernommenen und dem Mord einen unmittelbaren Zusammenhang nachzuweisen. Nicht einmal Haftbefehle hätten damit erreicht werden können. Und hierin sahen wir eigentlich noch unsere einzige Hoffnung, die Täter überführen zu können. Denn auch die intensivsten Ermittlungen der Polizei hatten zwischenzeitlich keinerlei Tatsachenbeweise erbracht.»

Schließlich beschloß man die Operation «Brücke»: Volker von Weingraber sollte im Auftrag und mit Hilfe des Verfassungsschutzes einen Verkehrsunfall inszenieren. Er mietete am 23. August gegen 13 Uhr bei «Interrent» in Helmstedt unter Vorlage falscher Papiere einen Volkswagen mit dem Kennzeichen STH-RP-33. Um 20 Uhr sollte er seinen V-Mann-Führer treffen.

«Zwischenzeitlich», so schrieb Grünhagen später in seinen Vermerk, «wurde an der Bundesstraße zwischen Braunschweig und Wolfsburg eine Stelle ausgesucht, an der ein fingierter Unfall möglich erschien und sich der Kofferraum danach nicht öffnen ließ.»

Weingraber zog Handschuhe an und wischte alle Stellen im Wagen, auf denen seine Fingerabdrücke sein konnten, sorgfältig ab. Dann, gegen 1 Uhr morgens, fuhr er den VW an der ihm vorher gezeigten Stelle eine Böschung von etwa drei Metern hinunter. Er ließ das Licht brennen und schaltete auch den Motor nicht aus. Weingraber kletterte aus dem Wrack und kroch zurück auf die Straße. Von dort aus konnte man den Wagen nicht sehen. Unter dem Namen «Marx» meldete Weingraber den Unfall deshalb telefonisch bei der Polizei. Anschließend fuhr er per Anhalter nach Wolfsburg und schilderte der Gruppe sein Mißgeschick. Niemand schien Verdacht zu schöpfen, obwohl im Kofferraum brisante Fracht lag: das abgesägte Kleinkalibergewehr, eine Mauser-Pistole mit Munition, nicht mehr aktuelle Überfallpläne auf das Lohnbüro des «Stern» in Hamburg, Einbruchwerkzeuge sowie ein auf Jürgen Bodeux ausgestelltes Sparbuch. Weingraber hatte all dies Anfang Juli von der Wolfsburger Gruppe zur Verwahrung bekommen und sollte es nun zurückgeben.

Gegen 2 Uhr morgens trafen zwei Streifenwagen der Polizei am Unfallort ein. Gegen 3 Uhr wurde der Wagen abgeschleppt und auf einem umzäunten Gelände abgestellt. Beim Verfassungsschutz war man sich plötzlich nicht mehr sicher, ob die so geschickt im Kofferraum drapierten Belastungsgegenstände auch gefunden würden. Deshalb schalteten die Berliner Verfassungsschützer die Kollegen aus Hannover ein. Die gaben den Hinweis an die Polizei weiter, und der Wagen wurde noch einmal durchsucht. Nun endlich wurde die Tasche im Kofferraum gefunden und beschlagnahmt.

Als einem der ermittelnden Beamten der Verdacht kam, der Unfall könne fingiert sein, wurde er vom Verfassungsschutz diskret darauf hingewiesen, daß es sich um einen «operativen Vorgang des LfV Berlin» handele. Die angelegten Akten wurden laut Vermerk Grünhagens vom 30. August «so aufgebaut, daß kein Verdacht über den Unfallhergang auftauchen konnte». Alles war derart zurechtgebogen, daß später im Prozeß lange nicht herauskam, wie der Verfassungsschutz von Anfang an die Ermittlungen gesteuert hatte. Erst im vierten und letzten Durchgang des Verfahrens durchschaute das Gericht die Strategie der Geheimdienstler:

«Ziel der ‹Aktion Brücke› war zum einen, aus Gründen der Verbrechensprävention den Exekutivbehörden die Waffen zuzuspielen, ohne daß Weingraber dadurch enttarnt würde. Zu verhindern, daß mit den Waffen Straftaten begangen würden, war für das LfV von um so größerer Bedeutung, als sich unter den Waffen auch das Kleinkalibergewehr ‹Landmann-Preetz› befand, das Volker Weingraber Ilse S. [Jandt] und Jürgen Bodeux freiwillig zum Gebrauch überlassen hatte. Freilich hätte nach den Ausführungen des Zeugen Natusch in der ‹Zachmann-Rede› auch die Möglichkeit bestanden, die Tasche mit den Waffen durch Weingraber ‹verlieren› zu lassen und hierfür eine ‹Legende› zu konstruieren. Diese Möglichkeit wurde von der Führung des LfV jedoch bewußt verworfen, weil dann – so der Zeuge Natusch – ‹für die Überführung der Angeklagten in der Mordsache Schmücker nichts herausgesprungen wäre›. Vielmehr sollte mit der ‹Aktion Brücke› gleichzeitig erreicht werden, daß gegen die Angeklagten in anderer Sache Haftgründe geschaffen wurden; denn in dem Ermittlungsverfahren zum Mordfall Schmücker war aufgrund des bis dahin vorliegenden gerichtsverwertbaren Beweismaterials mangels begründbaren dringenden Tatverdachts der Erlaß von Haftbefehlen nicht möglich. In der ‹Zachmann-Rede› wird die ‹Aktion Brücke› wie folgt bewertet:
‹Im Endergebnis aber war diese Unfallinszenierung ein voller Erfolg. Dieser ‹Unfall› und seine Folgen waren der eigentliche Schlüssel, mit dem es der Staatsanwaltschaft schließlich gelang, den Täterkreis aufzubrechen und das angestrebte Geständnis in der Mordsache Schmücker zu erlangen. Wir müssen zugeben, hier stand uns das Glück kräftig zur Seite.
Durch die bei dem Unfall aufgefundenen Materialien war es der Staatsanwaltschaft möglich, Ilse B. [Jandt], Jürgen Bodeux

314

und zwei weitere Personen in Darmstadt wegen Mitgliedschaft in einer kriminellen Vereinigung festzunehmen. Gegen W. [Wölli] und S. [Farim] wurden wegen anderer früherer, mehr oder weniger belangloser Straftaten Haftbefehle erwirkt, und Götz Tilgener wurde aufgrund eines Haftbefehls wegen Nichtanzeige eines geplanten Verbrechens inhaftiert. Damit waren vom Täterkreis nur noch Annette W., Sönke L. [Söre] und – für den Außenstehenden – der VM auf freiem Fuß. Dies war schon allein zur Abdeckung des VM unbedingt erforderlich.

Nun, meine Herren, mußte es sich zeigen, ob die gemeinsam von Staatsanwaltschaft, Polizei und uns verfolgte Taktik aufging. Wenigstens einer der Täter mußte zum Geständnis gebracht werden. Und wir hatten Glück, unsere Rechnung ging auf. Götz Tilgener, den wir von Anfang an für das schwächste Glied in der Kette gehalten hatten und der in die Tatausführung selbst auch nicht verwickelt war, machte die ersten Aussagen über die Planung des Mordes. Dies allein schon hätte der Staatsanwaltschaft erstmals die Möglichkeit gegeben, die ergangenen Haftbefehle in Haftbefehle wegen Mordverdachts umzuwandeln und diese sicher auch einige Zeit aufrechtzuerhalten.»

DIE FESTNAHME

Ilse Jandt schrieb am 23. August einen dreizeiligen Brief an Söre. Es sei alles anders gekommen als erwartet. Aus diesem Grund solle er nicht nach Frankfurt/Darmstadt kommen. Sie beendete den Brief mit dem Wort «auweia».

Am Nachmittag des 26. August machten Bodeux, Reinhard G. und Ilse Jandt in der Nähe von Darmstadt einen Spaziergang. Ilse Jandt wollte eine alte Kirche besichtigen. Gegen 15.30 Uhr betrat Bodeux eine Telefonzelle. Nachdem er etwa fünf Minuten telefoniert hatte, sagte er den anderen, er habe nun seinen Vater wegen des Geldes angerufen. (Während der Vernehmungen erklärte der Vater allerdings, das letzte Gespräch mit seinem Sohn habe bereits zwei Tage vorher, am 24. August, stattgefunden.) Dann setzten sie sich gemeinsam auf eine Parkbank.

Um 15.30 Uhr brach ein Polizeitrupp in Richtung auf das Waldstück auf, in dem sich die drei aufhielten. Eine Viertelstunde später, um 15.45 Uhr, wurden sie verhaftet. Im Einsatzbericht der Kripo heißt es: «Gemäß Anweisung fuhren am 26.8.74, gegen 15.30 Uhr, Beamte der Kriminalabteilung Darmstadt mit Beamten des MEK LKA [Mobiles Einsatzkommando Landeskriminalamt] in das Waldgebiet zwischen Böllenfalltor und Traisa und nahmen dort, ca. 1 km vor der Ortschaft Traisa, drei Personen vorläufig fest. Uns war bekannt, daß diese drei Personen zur Zeit aufhältlich sind in Darmstadt, Frankfurter Str. 38, 3. Stock, bei Buchholz.

Der Auftrag lautete, die drei nachstehend aufgeführten Personen vorläufig festzunehmen. Die Personen stehen im dringenden Verdacht, einer kriminellen Vereinigung anzugehören. Die Beschreibung, die wir von den Personen hatten, stimmte genau. Die vorl. Festnahme verlief ohne jede Anstände.»

Am 27. August durchsuchte die Polizei das Kommunehaus in der Wolfsburger Bäckergasse. Am selben Tag erhielten Ilse Jandt und Jürgen Bodeux ihren Haftbefehl wegen des Verdachtes der Beteiligung an einer kriminellen Vereinigung. Reinhard G. dagegen kam nach kurzer Zeit wieder auf freien Fuß.

Bei ihrer Vernehmung gab sich Ilse Jandt wortkarg. Sie wohne in Wolfsburg, Bäckergasse 2. «Wir haben als Gruppe dieses Haus von der Stadt Wolfsburg gemietet. Die Gruppe hat keinen Namen.» In Darmstadt sei sie auf Urlaub. Nach kurzer Rücksprache mit Rechtsanwalt Jacobi gab Ilse Jandt zu Protokoll: «Ich war länger als zweieinhalb Jahre in Haft gewesen, in Vechta. Kürzlich war ich als Zeugin in Beugehaft ... Ich bin nicht bereit, noch ‹A› zu sagen. Ich habe von dem Terror die Nase voll.»

Operation «Brücke» war erfolgreich verlaufen. Jetzt mußten Verfassungsschutz und Staatsanwaltschaft für die Festnahme der übrigen mutmaßlichen Täter sorgen. Dabei halfen zwei Säcke Kalk. Die hatten Wölli und Farim zuvor «unter Benutzung einer fremden Schubkarre als Transportmittel» in Wolfsburg gestohlen. Für dieses Delikt wurden die beiden mit einer Verwarnung und einer Geldstrafe von 50 Mark belegt – und in Haft genommen. Die Staatsanwaltschaft hatte auf Fluchtgefahr hingewiesen, da Wölli und Farim sich nach Berlin abgesetzt hätten und eine ladungsfähige Anschrift dort nicht zu ermitteln sei. Das war auf Wölli bezogen eindeutig falsch, was den ermittelnden Staatsanwalt jedoch nicht weiter störte.

Im Amt machte man sich derweil Sorgen. Irgendwie steckte man in einer Sackgasse. Man wußte zwar viel über den Fall, der V-Mann war tief verstrickt – aber wie sollte man die Ermittlungen lenken, ohne dabei das eigene Wissen und damit die eigenen Quellen zu offenbaren? Das ging nur mit Hilfe einer Staatsanwaltschaft, die es mit rechtsstaatlichen Prinzipien nicht allzu genau nahm. Da kam der junge, forsche Staatsanwalt Przytarski gerade recht. Er war mit dem Verfassungsschutz ständig in Verbindung und leitete in enger Abstimmung mit dem Amt die Ermittlungen.

Im Laufe der vier Schmücker-Verfahren stellte sich nach und nach heraus, wie weit sich der Staatsanwalt auf das Spiel des Geheimdienstes eingelassen hatte. Doch erst im vierten und letzten Prozeß wurde das staatsanwaltschaftliche Vorgehen zum Thema. Die Kammer hielt zum Beispiel die Festnahme Wöllis «im Hinblick auf das Verhältnismäßigkeitsprinzip für bedenklich». Der Haftbefehl habe auf «unrichtigen Behauptungen» beruht. Es sei in Wirklichkeit nicht um das Diebstahlsverfahren gegangen, sondern um den Mordfall Ulrich Schmücker. Für eine Verstrickung Wöllis in diesen Fall habe es aber – da man ja das von V-Mann «Wien» erworbene Wissen nicht preisgeben wollte – keine hieb- und stichfesten Beweise gegeben.

Die Festnahme ohne direkten Bezug zum Schmücker-Mord hatte für die Staatsanwaltschaft noch einen weiteren Vorteil. Wölli und Farim konnten – wie zuvor schon bei Ilse Jandt erprobt – als Zeugen behandelt werden. Als Beschuldigte hätten sie nämlich die Aussage verweigern können, als Zeugen nicht. Als sie schwiegen, verhängte der Staatsanwalt Beugehaft. Doch außer daß er das Recht beugte, erreichte er nichts. Wölli und Farim sagten kein Wort. Dem Staatsanwalt gelang es, die Entlassung Wöllis so lange hinauszuschieben, bis er einen neuen Haftbefehl erwirkt hatte: wegen Mordes an Ulrich Schmücker.

Erst am 8. Oktober, als der Richter ihm diesen Haftbefehl wegen Mordes verlas, wurde der des Amtsgerichts Wolfsburg «wegen Unverhältnismäßigkeit» aufgehoben. Da war er auch nicht mehr nötig.

Gegen Götz Tilgener beantragte Staatsanwalt Przytarski am 30. August ebenfalls einen Haftbefehl. Der Tatvorwurf lautete: Nichtanzeige eines geplanten Verbrechens. Ein ehemaliger Mitgefangener Tilgeners vom November 1973 hatte ausgesagt, daß dieser ihm erzählt habe, eine Person, die verräterische Aussagen über linksextreme Gruppen gemacht habe, solle bald umgebracht werden. Der Haftbefehl unterstellte, daß es sich bei dem geplanten Racheakt um den Mord an Ulrich Schmücker handelte. Da Tilgener über seine Vernehmung in der Sache Schmücker ein Gedächtnisprotokoll angefertigt und an die Wolfsburger Gruppe geschickt habe, bestehe der Haftgrund der Verdunkelungsgefahr.

Auch bei Tilgener hatten sich Verfassungsschutz und Staatsanwaltschaft abgestimmt. Das geht aus einem Rede-Entwurf des Berliner Verfassungsschutzchefs hervor, der seinen Kollegen die Sachlage erläutern wollte: «Bei den Überlegungen mit Polizei und Staatsanwaltschaft wurde von vornherein versucht zu klären, wo bei dem in Frage kommenden Täterkreis die ‹weichste Stelle› sein könne. Übereinstimmend wurde festgestellt, daß dies bei Götz Tilgener der Fall war, und die Ermittlungen wurden teilweise darauf abgestimmt, im geeigneten Zeitpunkt Tilgener festzunehmen, um ihn mit einem möglichen Ermittlungsergebnis zu konfrontieren. Ein Haftgrund gegen Tilgener lag in einer anderen Sache vor. Es konnte also je nach Auslegung verfahren werden.»

Und so spielte die Staatsanwaltschaft mit den Zeugen, den Beschuldigten – und dem Rechtsstaat.

Am 2. September wurde Tilgener richterlich vernommen. Er bestritt jede Beteiligung am Schmücker-Mord. Daraufhin ließ man ihn unter Meldeauflagen frei.

Am 8. September berichtete er, wiederum als Zeuge befragt, den ermittelnden Kriminalbeamten Ribbeck und Warias über seine Kontakte zu Schmücker und zu der Wolfsburger Gruppe. Danach wollte er keine weiteren Aussagen machen, erzählte aber überall in der Szene, was er über die Vorgeschichte des Mordkomplotts gegen Schmücker wußte. Er schrieb zahlreiche Briefe an Bekannte, in denen er seine Rolle bei der Planung der Tat ins rechte Licht zu rücken versuchte. In einem dieser langen Briefe heißt es:

«Bin ich nun schuldig an Schmückers Tod? Juristisch nicht: Ich mußte annehmen, daß Schmücker am Leben bleibt. Dafür gab es sehr wesentliche Anzeichen. Die Gruppe hatte beschlossen, ihm nichts zu tun, und ich hatte keinen Grund, an der Aufrichtigkeit dieses Beschlusses zu zweifeln. Es war keine Knarre mehr da; Harry [Jürgen Bodeux] hatte seine wieder mitgenommen, und ich wußte, wie schwer es der WOB-Gruppe gefallen ist, diese eine Knarre überhaupt aufzutreiben. Außer mir gab es keinen, der schießen konnte. Harry vielleicht, der hatte aber mit der Gruppe meines Wissens nichts zu tun. Und das Wesentlichste: Ich als Außenstehender wußte von der Aktion. Und es gibt ein Gesetz innerhalb illegaler Gruppen, daß über eine Aktion die Beteiligten überhaupt nur das für sie Wichtigste wissen dürfen; aus Sicherheitsgründen. Ich aber wußte von der kompletten Aktion – war nicht mal Mitglied der Gruppe.

Ich hätte die Aktion verhindern können. Daß ich es nicht getan habe, lag an der unrichtigen Einschätzung der Situation. Es sprach allerdings kein für mich sichtbares Zeichen dafür, daß Schmücker nun doch hingerichtet werden sollte. Man kann es vielleicht so nennen: Ich habe mich geirrt in der Beurteilung der Wolfsburger Gruppe. Dieser Irrtum war für Schmücker tödlich. Ist schon ein komisches Gefühl! Und es dreht sich ja nicht nur um Schmücker. Die ganze Gruppe ist in Haft und wird da auch noch sehr lange bleiben.»

In seinen Berichten ging Tilgener immer davon aus, daß Jürgen Bodeux auf Ulrich Schmücker geschossen haben mußte. Bodeux nämlich, so Tilgener, sei außer ihm selbst der einzige in der Wolfsburger Gruppe gewesen, der mit einer Waffe umgehen konnte. «Harry konnte auf zehn Meter Entfernung einen Kronenkorken treffen.»

GESTÄNDNISSE

Am 1. Oktober erging auch gegen Tilgener ein Haftbefehl wegen Mordes an Ulrich Schmücker. Der dringende Tatverdacht stützte sich auf Angaben nicht benannter Zeugen, die bei ihm gefundenen Schriftstücke sowie auf den Bekennerbrief des «Kommando Schwarzer Juni». Als Haftgrund führte man – unter Hinweis auf Tilgeners Gedächtnisprotokoll – Flucht- und Verdunkelungsgefahr an.

Die Inhaftierung brachte das gewünschte Ergebnis. Tilgener begann sofort, umfangreiche Aussagen zu machen. Zwischen dem 4. und dem 14. Oktober schilderte er den Vernehmungsbeamten alles, was er über die Mordvorbereitungen gegen Schmücker wußte. Das wurde belohnt: Obwohl Beschuldigter in einem Mordverfahren, wurde Tilgener im Dezember 1974 aus der Untersuchungshaft entlassen. Die weitere Geschichte des Haftbefehls gegen ihn ließ sich später im letzten Schmücker-Verfahren nicht mehr aufklären. Die Haftbände waren bereits im August 1976 vernichtet worden.

Nicht nur Götz Tilgener war durch die Einsamkeit in seiner Gefängniszelle weich geworden. Auch Jürgen Bodeux, den man am 29. August von Butzbach nach Gießen verlegt hatte, wurde bald mürbe. Am 3. September teilte er in einem Antrag auf Aufhebung oder Außervollzugsetzung des Haftbefehls mit, daß er bereit sei, für eine Entlassung «jede Bedingung» zu erfüllen.

Beim Berliner Verfassungsschutz konnte man nun hoffen, daß – wie es Amtschef Zachmann in seiner Rede formulierte – «die Rechnung aufging, daß einer der Tatverdächtigen infolge der Haftsituation zu einem Geständnis bereit sein würde». Immer noch stolz auf die durchgeführte Operation, erläuterte er den

Kollegen der übrigen Ämter die Vorgehensweise seiner Leute: «Dann aber kam aus Darmstadt die Mitteilung, daß Bodeux, von dem wir dies übrigens am wenigsten erwartet hätten, erste Aussagen gemacht hatte.» Dabei sei es allerdings zunächst nur um einen geplanten Überfall in Darmstadt gegangen. «Nun kam es darauf an, schnellstens zu handeln», erklärte der Geheimdienstchef. «Aufgrund unserer Erfahrung auf diesem Gebiet wußten wir, daß es vor allem darauf ankam, Bodeux schnell aus den Händen der linksradikalen Anwälte herauszubekommen.» Anderenfalls hätte man mit entscheidenden Aussagen nicht mehr rechnen können.

Entgegen starker Bedenken «örtlich zuständiger Stellen», so Zachmann weiter, hätten sich die Berliner Verfassungsschützer auf Bitten der Staatsanwaltschaft mit Hilfe des Bundesamtes mit dem Vater Bodeux' in Verbindung gesetzt. Es sei gelungen, diesen davon zu überzeugen, daß ein Geständnis das beste für seinen Sohn sei. Der Familienanwalt aber habe Bedenken bekommen, «vermutlich aus Angst um die Reputation seiner Anwaltspraxis».

Wieder habe die Staatsanwaltschaft den Verfassungsschutz um Hilfe gebeten. Die Geheimdienstler besorgten einen Berliner Verteidiger für Jürgen Bodeux, einen Anwalt, der sich schon in ähnlichen Fällen bewährt hatte. «Damit», so Amtschef Zachmann stolz, «war die Sache auch in diesem Fall gelaufen.» Am 3. September unterzeichnete Jürgen Bodeux nämlich eine «Erklärung», in der er seinem ersten Verteidiger Wolf-Dieter Reinhard das Mandat entzog. Er datierte sie auf den 3. Oktober vor, vermutlich, weil er Reinhard erst einmal verschweigen wollte, daß er einen anderen Anwalt genommen hatte. Noch am 19. September besuchte Reinhard in Unkenntnis von Bodeux' «Seitenwechsel» seinen «Mandanten» in der Haftanstalt Gießen.

Am selben Tag sprach Jürgen Bodeux mit zwei Herren vom Hessischen Landeskriminalamt, Kriminalhauptkommissar Geisser und Kriminalhauptmeister Simoneit. Einen Tag darauf, am

20. September 1974, begann er plötzlich, nachdem er sich Vertraulichkeit hatte zusichern lassen, umfangreiche Aussagen zu machen, die zahlreiche ehemalige Genossen schwer belasteten. Diese Aussagen vom 20., 23., 27. September und 2. Oktober wurden über acht Stunden auf Tonband aufgenommen, abgeschrieben ergeben sie fast zweihundert Schreibmaschinenseiten. Bodeux berichtete angeblich alles, was er wußte. Beim ersten Verhör waren Staatsanwalt Winkel sowie die Kriminalhauptkommissare Wertz und Geisser anwesend. Winkel eröffnete das Gespräch mit einem Bandwurmsatz:

«Herr Bodeux, Sie wissen ja, wer bei Ihnen ist. Mein Name ist Winkel, ich bin der Staatsanwalt aus Frankfurt, der mit der Sache befaßt ist. Ich habe Ihnen vorhin schon gesagt, daß Ihrem Wunsch, daß die Mitteilungen, die Sie uns heute schon gemacht haben, übrigens am 20. 9. 1974, daß die Mitteilungen, die Sie uns gemacht haben, die inzwischen auf vier Schreibmaschinenseiten festgehalten worden sind, jetzt, nachdem Sie sich einverstanden erklärt haben damit, weiter auf das Tonband zu erzählen, daß diese Mitteilungen vertraulich behandelt werden können, da sie Anhaltspunkte enthalten, die mit Mitteln der Kriminalpolizei in tatsächlicher Hinsicht nachgeprüft werden können, so daß in dieser Art und Weise Beweismittel beschafft werden, und, so möchte ich sagen, wir Sie nicht als denjenigen auftreten lassen, der uns das hier gesagt hat.»

Aus den Akten, so kritisierte später das Gericht im letzten Schmücker-Verfahren, ging nicht einmal hervor, ob Bodeux als Zeuge oder als Beschuldigter vernommen wurde. Die Protokolle und Tonbänder wurden zunächst in der Akte DF 2066 des Hessischen Landeskriminalamtes unter Verschluß gehalten. «Inzwischen», stellte das Gericht fest, «sind sie auch dort verschwunden. Statt dessen wurde in die offizielle Ermittlungsakte ein bewußt irreführender Vermerk des Hessischen Kriminalbeamten Simoneit vom 20. September 1974 aufgenommen, in dem es heißt, Jürgen Bodeux habe sich am 19. September 1974 auf ausdrückliches Befragen nicht zu Aussagen bereit erklärt.» Dabei hatte der Beamte Jürgen Bodeux selbst vertraulich vernommen. Auch Bodeux tat alles, um seinen Frontenwechsel zu verschleiern. Am 30. September erklärte er bei einer Vernehmung, er werde auch weiterhin Briefe «revolutionär-kämpferischen Inhalts» an seine ehemaligen Gesinnungsgenossen schreiben, damit nicht der Verdacht aufkomme, er arbeite mit den Strafverfolgungsbehörden zusammen.

Staatsanwalt Przytarski hatte in Berlin vom Landesamt die gute Nachricht von der Aussagebereitschaft Bodeux' erhalten. Vom Verfassungsschutz wußte er auch, daß Bodeux in den Mord an Ulrich Schmücker verstrickt war. Am 23. und 24. September suchte der Staatsanwalt gemeinsam mit zwei ermittelnden Beamten Bodeux in seiner Zelle auf. Przytarski sicherte ihm zu, daß seine Aussagen vertraulich behandelt würden. Im letzten Schmücker-Verfahren bekannte der Staatsanwalt, diesmal als Zeuge der Wahrheit verpflichtet, er habe sich weder zum Zeitpunkt der Vernehmung Bodeux' noch danach Gedanken darüber gemacht, ob die Vertraulichkeitszusage gegenüber einem Tatverdächtigen gegen das Legalitätsprinzip verstoße.

In einem von ihm am 26. September geschriebenen Vermerk stand das Gegenteil: «In der Unterredung mit Bodeux wurde ihm von mir erklärt, daß die Behandlung seiner Angaben als vertraulich bedeuten würde, daß alle notwendigen prozessualen Handlungen, die gegen die Gemeinschaft Wolfsburg möglicherweise in der Zukunft ergriffen werden müssen, auch gegen ihn durchgeführt werden würden. Eine andere mögliche Betrachtungsweise könne nur dann der Fall sein, wenn er die Angaben offen geben würde. Eine Fortführung der Vernehmungen würde erschwert werden, wenn er sich weiter durch Rechtsanwalt Reinhard, der nach seinen Angaben sich zumindest einer Begünstigung schuldig gemacht haben würde, vertreten lassen würde. Er müsse sich selber entscheiden, ob er sich eines anderen Anwalts seines Vertrauens bedienen würde.

Die Angaben des Bodeux sind sicherlich auch trotz ihres weitgehenden Wahrheitsgehaltes nur unvollkommen. Obgleich Bodeux mit seinen Angaben die Ilse Jandt, die er als eine intime Freundin bezeichnet, zu der er ein Liebesverhältnis besonderer Art hätte, durch seine Angaben sicherlich schon belastet hat, hat er doch wesentlich andere Dinge unterlassen zu schildern. Er hat andere Handlungen von sich verschwiegen, die ihn weiter an der Ermordung Schmückers belasten würden. Ich habe davon Abstand genommen, ihm dies alles in der Vernehmung vorzuhalten, da ihm dann von mir hätte vorgehalten werden müssen, daß eine Vertraulichkeit dieser Angaben nicht zugesichert werden könnte.»

Das Gericht im vierten Schmücker-Verfahren dazu: «Aufgrund dieses Vermerkes ist die Kammer davon überzeugt, daß Staatsanwalt Przytarski die rechtliche Problematik seiner Vorgehensweise seinerzeit sehr wohl bekannt war.»

In einem weiteren Vermerk für seine Handakte faßte Przytarski Bodeux' Aussagen zum Fall Schmücker auf dreizehn Seiten zusammen. Beide Vermerke sowie die Tonbänder wurden dem Gericht im ersten Schmücker-Verfahren nicht vorgelegt. Erst als parallel zum zweiten Prozeß aufgrund von Bodeux' Aussagen in Hamburg gegen Rechtsanwalt Reinhard verhandelt wurde, stellte sich eher zufällig heraus, daß die Vermerke und die Tonbänder existierten. Der Staatsanwalt hatte seinen Aktennotizen die Geheimhaltungsstufe «VS-Vertraulich» gegeben. Die Tonbandaufnahmen waren schlicht verschwiegen worden.

Am 4. Oktober überreichte der Berliner Rechtsanwalt Roos der Staatsanwaltschaft eine Prozeßvollmacht von Jürgen Bodeux. Am 9. Oktober legte Bodeux vor dem Richter ein Geständnis ab. An insgesamt sieben Tagen im Oktober schilderte er die Ereignisse, die zum Mord an Ulrich Schmücker geführt hatten. Bei all diesen Vernehmungen versuchte er, seine eigene Rolle in dem Mordplan nach Kräften herunterzuspielen.

Ilse Jandt fiel es schwer, den «Frontenwechsel» ihres Genos-

325

sen und Liebhabers zu begreifen. Am 31. Oktober, als Bodeux schon den Hauptteil seines Geständnisses abgelegt hatte, notierte sie ihre Empfindungen:

«Es traf mich schwer, daß ausgerechnet derjenige, den ich liebte, sich dem dreckigen Deal hingab. Jedes Streicheln wurde nachträglich zur Backpfeife, jede Berührung nachträglich zum Feuermal! Jedes gesprochene Wort von ihm erwies sich als Lüge, jedes Lächeln ein Betrug. Meine Gefühle, mein Denken war ihm nichts – die sexuelle Befriedigung alles. Er hat mich schamlos ausgebeutet in jeder Beziehung, und als ich wertlos war für dieses Befriedigungsgefühl, in die Müllverarbeitungsmaschine der herrschenden Klasse befördert. Ich war für Jürgen nur eine Ware, die für ihn im gegebenen Moment einen Tauschwert hatte.

Emotional ist es mir wahnsinnig schwer gefallen, das Intellektuelle rational nachzuvollziehen. Aber ich habe gemerkt, daß die Suche nach Entschuldigungen nur zu Schizophrenie führt. Mit instrumentellem Denken habe ich versucht zu rationalisieren, was ich emotional nicht wahrhaben wollte, daß meine große Liebe zerbrochen ist. Aber Liebe kann nicht sein, wo Genossen – auch wenn man sie nicht persönlich kennt – an das System des Kapitals verkauft werden.

Jürgen mußte bewußt sein, daß ich eine Partnerschaft nicht trennen kann von meinem politischen Selbstverständnis. Er hat weder an die Genossen noch an unsere Liebe gedacht, als er sich mit denen an einen Tisch setzte, die unsere Vernichtung befehlen. Es wäre ein Widerspruch, sagte ich Ja zu Jürgen, nur weil ich ihn liebe, aber Nein zu seinem Handeln ... Jeder Mensch ist für sein Verhalten und Handeln verantwortlich. Ein sehr schmerzlicher Prozeß war es für mich, all die Zärtlichkeit und Harmonie aus meinem Bewußtsein zu reißen, mir eingestehen zu müssen, daß der Jürgen ein Faschist ist.»

Am 1. November 1974 schrieb Ilse Jandt:

«Wogegen ich mich am meisten wehrte, einfach nur Objekt zu sein, das hat Jürgen mit mir gemacht, indem er die Rolle des Liebenden spielte und seine Lügen so gut zu kaschieren wußte, daß sie wie Wahrheit erschienen. Jürgens gesamtes Verhalten wirft wieder die philosophischen Fragen des Scheins und der Wirklichkeit auf. So wie die Verpackung der Ware der Schein ist, der das Wesentliche verbirgt, so war sein Verhalten der Schein, der sein wahres Wesen verbarg. Er beherrschte die Rolle des ‹Liebenden› perfekt! Und er hat mein Bedürfnis nach Zärtlichkeit und Verständnis wirklich auszunutzen gewußt.»

In diesem Herbst 1974 versuchte auch Ulrichs Mutter Genaueres über die Hintergründe der Ermordung ihres Sohnes zu erfahren. Vor allem wollte sie Einblick in das Amt bekommen, das ihrem Sohn zum Verhängnis geworden war. Sie fuhr nach Berlin, ging zur Polizei und ließ sich den Weg zum Amtssitz des Verfassungsschutzes beschreiben. «Die haben mir eine Skizze gemacht bei der Polizei, wie ich zum Fehrbelliner Platz komme.» Dort war der Sitz des Berliner Innensenators, dem das Landesamt für Verfassungsschutz unterstand. Die eigentliche Zentrale des Amtes in der Clayallee wurde offiziell geheimgehalten.

«Es war Montag, der 14. Oktober», erzählte Irmgard Schmükker später. «Da bin ich dagewesen. Ich bin mit der U-Bahn hingefahren und in das Gebäude gegangen.»

Frau Schmücker meldete sich an der Pförtnerloge. Sie sagte: «Ich möchte zu Herrn Rühl.» Der Pförtner antwortete:»Hier gibt es keinen Herrn Rühl.«

«Ja, dann möchte ich den Mann sprechen, der sich bei meinem Sohn als Herr Rühl eingeführt hat. Ich bin die Mutter des ermordeten Ulrich Schmücker.»

Der Pförtner sagte ihr, sie solle in den zweiten Stock fahren und sich in irgendeinem Zimmer melden.

«Da bin ich mit dem Fahrstuhl raufgefahren, der war wie ein Käfig. Oben habe ich mir ein Zimmer gesucht und an die Tür geklopft. Da saß so jemand im Rang eines Inspektors oder so. Mehr war der nicht. Er saß ganz allein in seinem Zimmer und hat ziemlich dumm rumgeschwafelt. Er redete mit mir, als ob ich eine Stellung bei ihm suchte oder für meinen Sohn eine Stellung haben wollte.»

Frau Schmücker wurde ärgerlich: «Hören Sie mal, wir reden hier ganz aneinander vorbei. Ich möchte Herrn Rühl sprechen. Ich habe mit dem Herrn etwas zu bereden.»

«Ja, Herrn Rühl gibt es gar nicht.» Der Beamte machte eine Pause und dachte nach. Plötzlich sagte er: «Wie sind Sie überhaupt hier hereingekommen? Wir können Sie hier überhaupt nicht gebrauchen.»

«Wenn Sie hier Fisimatenten machen, dann gehe ich sofort zur BILD-Zeitung. Dann sage ich da aus, und Sie stehen morgen in der Presse. Glauben Sie bloß nicht, daß Sie mich jetzt hier wegkriegen. Ich möchte Herrn Rühl sprechen oder seinen Vertreter.»

Daraufhin schickte der Beamte sie auf den Flur, um zu telefonieren. Kurz darauf kam er aus dem Zimmer und sagte: «Warten Sie bitte hier draußen. In einer halben Stunde kommt jemand.»

Frau Schmücker setzte sich auf eine Holzbank. Nach einer Weile kam ein Mann im hellen Trenchcoat, er trug einen Hut und hatte eine kleine Tasche in der Hand. Er musterte Frau Schmücker.

«Der war so Anfang Vierzig, mittelgroß und unauffällig aussehend. Er war so ein nichtssagender Beamtentyp. So ein Blonder. Sah aus wie ein Milchbrötchen.»

Das «Milchbrötchen» sagte: «Sie wollen Herrn Rühl sprechen?»

Die Mutter nickte. «Herr Rühl ist aus Sicherheitsgründen beurlaubt. Kommen Sie bitte mal mit.»

Der Beamte führte Frau Schmücker über eine Wendeltreppe

in eine Art Turmstübchen. «Da machte er sich am Schreibtisch zu schaffen», erinnerte sich die Mutter, «da dachte ich, jetzt stellt er ein Tonbandgerät an. Und dann legte er mir den Berliner ‹Extra-Dienst› auf den Tisch.» Es war die Ausgabe, in der Frau Schmückers Brief veröffentlicht worden war.

Der Beamte sagte: «Haben Sie den Artikel verfaßt?»

«Ja, sicher.»

«Sind Sie sich darüber im klaren, welche Angriffe Sie da gegen uns vornehmen?»

«Letzten Endes haben Sie uns ja allerhand angetan, indem Sie unseren Sohn diesen Leuten ausgeliefert haben.»

«Wie können Sie das behaupten?»

«Alle Anzeichen sprechen ja dafür.»

Der Beamte wühlte in ein paar Akten, die er griffbereit auf dem Schreibtisch liegen hatte. Frau Schmücker hatte das Gefühl, es seien Akten über ihren Sohn. Sie sagte: «Ich möchte wissen, wie die Hintergründe sind, die zum Tod unseres Jungen geführt haben.»

Der Beamte antwortete ausweichend. Dann erwähnte er, daß Ulrich Schmücker am Freitag abend vor seinem Tode beim Amt angerufen habe. Sie hätten aber erst am Dienstag morgen von dem Anruf erfahren. Diese Information wurde dem Gericht im ersten Prozeß erst über ein Jahr später mitgeteilt.

Frau Schmücker fragte: «Wenn es zutrifft, daß mein Sohn sich noch einmal an Sie gewandt hat, warum haben Sie ihn dann nicht beschützt? Sie haben ja auch einen Ruhland und einen Sommerfeld beschützt.»

Darauf der Beamte: «Ja, über die halten wir ja auch die Hand, nur solange wir sie brauchen.»

«Und dann?»

«Dann müssen sie auf sich selber aufpassen.»

Der Beamte kam auf Frau Schmückers Artikel im «Extra-Dienst» zurück. «Nehmen Sie sich ein wenig zusammen in bezug auf Äußerungen vor der Presse. Das könnte unangenehme Folgen für Sie haben.»

«Wollen Sie mir drohen? Ich habe nichts zu verlieren. Ich habe meinen Jungen verloren und dadurch genug geopfert. Ich möchte wissen, was da gewesen ist.»

Der Beamte reagierte nicht. Er sagte nur: «Wir haben damit nichts zu tun.»

Frau Schmücker wollte wissen, warum denn gerade ihr Sohn und nicht Harald Sommerfeld umgebracht worden sei.

«Ihr Sohn hat nach seiner Aussage immer wieder den Versuch gemacht, Anschluß an linksextremistische Gruppen zu finden. Das war vermutlich der Grund.»

Noch einmal sprach der Beamte Frau Schmücker auf den Brief an den «Extra-Dienst» und die darin enthaltenen Vorwürfe gegen Rühl und den Verfassungsschutz an. Irmgard Schmücker antwortete: «Ich habe als Mutter den Eindruck, daß Herr Rühl die schlechte Situation meines Sohnes während der Haft ausgenutzt hat, um ihn mit Versprechungen zu Aussagen zu bewegen. Ich glaube, daß das entscheidend für den letzten Lebensabschnitt meines Sohnes gewesen ist. Ohne die Beeinflussung durch Herrn Rühl hätte er einen anderen Weg eingeschlagen.»

Der Beamte bat Frau Schmücker, das Gespräch vertraulich zu behandeln. Sie willigte ein. Nur ihren Mann werde sie davon unterrichten. Dann stand der Verfassungsschützer auf und führte Frau Schmücker aus dem Zimmer.

Inzwischen war Jürgen Bodeux von Gießen nach Berlin verlegt worden. Dort wurde er von den Polizeibeamten Ribbeck und Jaeger vernommen. Doch die beiden kamen mit dem Beschuldigten nicht recht voran. Bodeux belastete unter mehrfacher Abänderung seiner Aussagen die übrigen Gruppenmitglieder und schwächte seinen eigenen Tatbeitrag so ab, daß nach seiner eigenen Auffassung allenfalls noch eine Bestrafung wegen Beihilfe zum Mord in Betracht gekommen wäre.

Wieder einmal mußte der Verfassungsschutz aktiv werden. Am 4., 13. und 19. Dezember 1974 besuchte der Beamte mit dem Decknamen «Franke» beziehungsweise «Seifert» Jürgen Bodeux in der Jugendhaftanstalt Plötzensee. Der Stellvertreter von Michael Grünhagen in der Führung des V-Mannes Volker von Weingraber hatte sich bei Staatsanwalt Przytarski einen Dauersprechschein für den Gefangenen Bodeux ausstellen lassen.

Nebenbei wollte er in Erfahrung bringen, ob V-Mann «Wien» vor dem Mord an Ulrich Schmücker in den Tatplan eingeweiht worden war. Es interessierte ihn auch, ob ein Freund von Ilse Jandt, ein gewisser Christian Hain, etwas gewußt hatte. Das Amt hatte ihn nämlich als weiteren Kandidaten für eine V-Mann-Tätigkeit ins Auge gefaßt.

Es lief das übliche Programm. Wie schon Rühl alias Grünhagen Schmücker versprochen hatte, sagte auch der Beamte Seifert dem Häftling Bodeux zu, daß der Inhalt der mit ihm geführten Gespräche vertraulich behandelt und nicht gegen ihn verwendet würde. Dabei war dem Verfassungsschützer klar, daß er diese Zusage nicht würde einhalten können. Immerhin stand Jürgen Bodeux im dringenden Verdacht, einen Mord mitbegangen zu haben. Nach den später vom stellvertretenden Amtschef Natusch im Schmücker-Verfahren dargelegten Grundsätzen hätte er diese Zusage nicht einhalten können, wenn Jürgen Bodeux sich geweigert hätte, seine Tatbeteiligung gegenüber den Ermittlungsbehörden zu offenbaren.

So basierten die Gespräche zwischen dem Verfassungsschützer Seifert und Bodeux auf Lug und Trug – ganz wie bei Ulrich Schmücker, den man ebenfalls an der Nase herumgeführt hatte; bis in den Tod.

Den Köder, mit dem das Amt Bodeux lockte, sprach dieser später im Prozeß selbst an: Der Verfassungsschutzbeamte Seifert habe ihm zugesagt, daß er im Fall eines Geständnisses mit der Anwendung des Jugendstrafrechts rechnen könne. Das bedeutete immerhin, daß ihm nicht lebenslänglich beziehungsweise zehn bis fünfzehn Jahre Haft drohten, sondern nur vier bis sechs Jahre.

Wie bei Schmücker vorexerziert, ließ Seifert durch gezielte Fragen, Bemerkungen und Vorhaltungen durchblicken, daß der Verfassungsschutz über den Tatablauf bestens unterrichtet war. Selbst über die Tatwaffe wußte Seifert einiges anzumerken. Daraus schloß Bodeux, daß schon ein anderes Mitglied der Wolfsburger Gruppe Aussagen gemacht hatte. Auf ganz ähnliche Weise hatte Grünhagen Schmücker vorgegaukelt, daß der Genosse Sommerfeld bereits ein Geständnis abgelegt habe.

Wie die Gespräche genau abliefen, konnte in keinem der Schmücker-Verfahren rekonstruiert werden. Selbst im vierten und letzten Prozeß wurden die Vermerke Seiferts nur bruchstückhaft vorgelegt, und der Beamte selbst erhielt keine Aussagegenehmigung. Das Gericht später lakonisch im Urteil: «Eine Aussagegenehmigung ist unter Hinweis auf eine besondere, mit dem hiesigen Urteil in keinem Zusammenhang stehende Gefährdung des Zeugen bislang nur unter der Voraussetzung erteilt worden, daß der Beamte seinen bürgerlichen Namen in der Hauptverhandlung nicht zu nennen brauche.» Das aber sei mit der Strafprozeßordnung nicht vereinbar. Deshalb wertete das Gericht den Zeugen als «nicht erreichbar».

«Aus diesem Grunde», so das Gericht weiter, «konnte auch nicht geklärt werden, ob bei der Befragung Jürgen Bodeux' durch den Beamten Seifert nachrichtendienstliche Methoden, wie sie bei der Befragung von Schmücker und Sommerfeld durch Michael Grünhagen angewendet wurden, Verwendung gefunden haben.» Daß solche Methoden in den Vermerken Seiferts nicht erwähnt worden seien, hieße nicht, daß man sie nicht angewandt hätte. «Denn die knappen Vermerke des Beamten Seifert geben – im Gegensatz zu den außerordentlich ausführlichen Vermerken Grünhagens – Gang und Ergebnis der Befragungen nicht umfassend wieder.» Im Amt hatte man offenbar gelernt.

Am 13. und 19. Dezember legte Jürgen Bodeux vor dem Verfassungsschutz ein Geständnis ab, in dem er sich als Mittäter beim Mord an Ulrich Schmücker bezichtigte. Unmittelbar darauf nahm er auf Anraten seines neuen Anwalts Kontakt zur polizeilichen Abteilung Staatsschutz und zu Staatsanwalt Przytarski auf, um ergänzende Aussagen zu machen. Ohne sich noch einmal mit seinem Verteidiger zu beraten, legte er am 20. Dezember 1974 gegenüber Staatsanwalt Przytarski ebenfalls ein umfassendes Geständnis ab, in dem er zugab, die Tatwaffe, die alte, verrostete Parabellum 08, beschafft zu haben; außerdem habe er gemeinsam mit Ilse Jandt den Tatort ausgekundschaftet und diesen später allein auch Wölli gezeigt. An dieser, in den diversen Verfahren «Weihnachtsaussage» genannten Tatversion hielt Bodeux von nun an im wesentlichen fest.

Das Vernehmungsergebnis wurde von Staatsanwalt Przytarski im Beisein Bodeux' auf Band gesprochen. Das Gericht im letzten Schmücker-Verfahren merkte dazu im Urteil an: «Eine Begründung für die plötzliche Geständnisbereitschaft ist darin nicht angegeben; lediglich ist vermerkt, daß Bodeux die volle Wahrheit bisher zurückgehalten habe, um sich nicht mehr als notwendig zu belasten.» Doch die Kammer vermutete nicht ganz zu Unrecht, daß Bodeux' Aussage, man habe ihm die Anwendung des Jugendstrafrechts zugesagt, der Wahrheit entsprach. Tatsächlich beantragte Staatsanwalt Przytarski später in der Hauptverhandlung vor der 7. Strafkammer gegen den zur Tatzeit zwanzig Jahre und zehn Monate alten Angeklagten Jürgen Bodeux die Verurteilung zu einer Jugendstrafe von fünf Jahren. Auf ein von seinem Rechtsanwalt, den der Verfassungsschutz ihm «vermittelt» hatte, gestelltes Gnadengesuch hin wurde Bodeux nach zwei Jahren und sechs Monaten aus der Haft entlassen.

Auch nach seinen Aussagen schrieb Ilse Jandt Briefe an Jürgen Bodeux. Es scheint, als habe man ihre Sehnsucht nach ihm bei den staatsanwaltschaftlichen Ermittlungen ausnutzen wollen. Nur wenn sie auch ein Geständnis ablege, so hat man ihr offenbar gesagt, könne sie ihren «Harry» wiedersehen. Das geht aus einem Brief hervor, den Ilse Jandt am 8. Januar 1975 geschrieben hat:

«Hallo Jürgen – Spatz!

Ich sitze in der Lehrter Straße in einer Zugangszelle und versuche, damit fertigzuwerden, was seit heute morgen um mich herum und in mir vorgeht.

Nach dem Flug begrüßt werde ich von zwei bekannten Gesichtern, und aus dem Urlaub extra angereist ins Polizeipräsidium kam der Herr Staatsanwalt Przytarski. Klug aufgebaut war das, was auf mich einhämmerte. Ich hoffe, ja hoffe Jürgen, weil ich es wirklich nicht mehr einzuschätzen vermag, um sagen zu können, ich weiß, daß Du mir etwas verzeihst! Verzeih Spatz, daß ich es vorzog, nichts zu sagen, statt Dich zu sehen, verzeih mir!

Aber eine Besuchsgenehmigung für Dich, um Dich besuchen zu können, hätte ich nur bekommen, wenn ich ein ‹Geständnis› abgelegt hätte oder eben eine Aussage. Ich schwieg, und nur Du wirst wissen, was es für mich bedeutet, Dich nicht wiedersehen zu können. Nicht Deine Hände zu spüren, nicht das Grün Deiner Augen leuchten zu sehen, nicht meine Haarsträhne zwischen Deinen Lippen spielen zu lassen.

Und doch hatte ich den ganzen Flug über eine irre Angst davor, wenn ich aus dem Flugzeug steige, daß Du plötzlich und unvorbereitet vor mir stehen würdest. Erst langsam im Polizeipräsidium wurde ich ruhiger! Man hatte die Konfrontation also nicht gesucht. Während bei Besuchsgenehmigungen ja Zeit zur Vorbereitung vorhanden ist, ist eine Konfrontation etwas Schockartiges ...

Und, Spatz, bitte versuche zu begreifen, versuche es wenigstens, da ich Dich nicht besuchen kann, der Preis wäre falsch und zu hoch. Und das kommt eben dazu: Es wäre um einen Preis! Tauschwert. Nein, Spatz, bisher habe ich meine Liebe zu Dir sauberhalten können, und ich hoffe es bleibt so ...

334

Ich habe mich die letzten Wochen wohl tausendmal gefragt: Was geht in einem Menschen vor, der es fertigbringt, Liebe abzulegen wie ein benutztes Handtuch? Ich finde und finde keine Antwort darauf. Und dann muß ich aus fremdem Mund hören: ‹Nicht die Sache, um die es geht, ist Herrn Bodeux' Problem. Sein Problem sind ganz sicher Sie.› Still, Ilse, still. Kein Wort, und wenn es noch so schmerzt. Schizophrenie auf allen Wegen! Erinnerungen sind gut, wenn's faschistisch wird, schlecht. Ich weiß, ich weiß. Und ich bin um eine Hoffnung ärmer. Welche das ist, werde ich Dir später einmal erzählen. Und mir ist so kalt, innerlich kalt. Ich kann das Frieren nicht abstellen. Und nicht eine wärmende Hand!

‹Grüßen Sie Herrn Bodeux von mir› habe ich Herrn Schmidt nachgerufen, aber das wollte er nicht tun. Unschwer ist zu erraten wieso! Oh, was wissen sie alle von Liebe!

Ich würde Dir gern sagen, was ich noch alles zu hören bekam. Aber ich würde es kommentieren, und darum geht es nicht. Aber eine Einschätzung ist total falsch, aber besonders kraß, und mich ärgert daran, weil man mich da für dumm verkaufen will. Das betrifft Dein Schweigen mir gegenüber, warum Du nicht schreibst. Ach Spatz, Spatz, Spatz, Du selber hättest gelacht bei der Begründung. Mir zog's das Herz zusammen, weil ich ja weiß, warum Du nicht schreibst.

Und ich selbst bin da so antagonistisch wie sonst nie, weil ich schreibe und Dir sage: Ich liebe Dich. Lächel ruhig in Dich hinein, klopf Dir vor die Brust oder sonstiges, mir ist selbst das schon egal geworden. Ja, Du kannst eben sicher sein, von mir geliebt zu werden. Wie ich damit fertig werde ist meine Sache, ohne die Einheit, die Liebe ausmacht. Und hier schreit Elvis aus dem Lautsprecher: ‹Fever ...› Elvis forever ... Ja, Fieber, Fieber, Fieber nach Liebe! Oh ja, es wäre ein Schock gewesen, Dir plötzlich gegenüberzustehen. Und jetzt atmen wir die gleiche verpestete Luft. Aber ob unsere Sehnsüchte noch die gleichen

335

sind, ist fraglich. ‹Danach kommt nichts mehr – alles wäre Abklatsch›, sage ich.

Ach, Schluß jetzt – ich habe Kopfschmerzen. Es grüßt Dich, Spatz, mit zärtlichem Kuß: Dein Spätzchen.»

Am 16. April 1975, knapp ein Jahr nach dem Mord an Ulrich Schmücker, machte ich für das ARD-Politmagazin «Panorama» einen Beitrag über die Rolle des Verfassungsschutzes in dem Fall. Darin wurden die Briefe gezeigt, in denen das Berliner Landesamt die Polizei über Schmückers Kontakte zum Verfassungsschutz informiert hatte. Damit wurde öffentlich, was der Verfassungsschutz bislang immer bestritten hatte, daß nämlich Ulrich Schmücker noch fünf Tage vor seinem Tod einen Kontaktmann vom Verfassungsschutz getroffen und ihn über seine Beziehungen zur Wolfsburger Gruppe unterrichtet hatte.

Der Berliner Innensenator Neubauer versuchte, die Ausstrahlung des Beitrages in letzter Minute durch ein Fernschreiben an den NDR zu verhindern: «Ich bedaure es selbst außerordentlich, daß sich eine öffentliche Erörterung des Falles Schmücker zum gegenwärtigen Zeitpunkt im Interesse der Aufklärungs- und Ermittlungsarbeit des Verfassungsschutzes verbietet, denn aufgrund der gerade bei diesem Fall geleisteten hervorragenden Arbeit könnte ich eine derartige Möglichkeit der Darstellung der erfolgreichen Tätigkeit des Verfassungsschutzes nur begrüßen.»

Götz Tilgener, den ich für den «Panorama»-Beitrag über die Vorbereitungen zum Schmücker-Mord interviewt hatte, wurde am 18. Juli 1975 in seiner Wohnung in der Cuvrystraße tot aufgefunden. Tilgener hatte in den letzten Monaten sehr viel getrunken und dazu Medikamente eingenommen. Der Obduktionsbericht ergab, daß seine durch den Alkohol- und Medikamentenkonsum angegriffenen Organe versagt hatten. Ob sich Tilgener durch bewußt hohe Dosen an diesem Tag selbst das Leben nahm, ob sein Tod ein Drogenunfall war oder ob jemand anders die Hand im Spiel hatte, wurde nie eindeutig geklärt.

DER PROZESS

Am 6. Februar 1976 begann der erste Schmücker-Prozeß vor der Jugendkammer des Landgerichts Moabit, weil die Mehrzahl der Angeklagten zur Tatzeit noch als Jugendliche galten: Wolfgang W. (Wölli) war achtzehn, Wolfgang S. (Farim) achtzehn, Sönke L. (Söre) achtzehn, Annette von W. ebenfalls achtzehn, Jürgen Bodeux (Harry) zwanzig und Ilse Jandt sechsunddreißig Jahre alt.

Schon am ersten Verhandlungstag ließ Bodeux von seinem Verteidiger eine Erklärung verlesen, nach der er so lange nicht bereit sei, die Fragen der Anwälte der von ihm belasteten Mitangeklagten zu beantworten, wie die übrigen Angeklagten nicht bereit seien, Fragen seines Anwalts zu beantworten.

Das war zumindest ungewöhnlich. Eine totale Aussageverweigerung von Angeklagten darf in normalen Prozessen nicht gegen sie verwendet werden. Wenn aber ein Angeklagter, wie Bodeux, nur bei bestimmten Fragen gezielt schweigt, darf das Gericht – nach ständiger Rechtsprechung des Bundesgerichtshofes – daraus seine Schlüsse ziehen. Vor dieser Konsequenz bewahrte das Gericht den Kronzeugen Bodeux, indem es durch zwei Beschlüsse hundertachtundvierzig Fragen, die die Verteidiger der anderen Angeklagten stellen wollten, nicht zuließ. Begründung: «Fragen, von denen von vornherein feststeht, daß sie zulässigerweise unbeantwortet bleiben, sind unzulässig.»

Zeitweise fand im Gerichtssaal ein absurdes Blindekuh-Spiel statt. Um die Glaubwürdigkeit des Kronzeugen zu überprüfen, der sich keinem Kreuzverhör unterziehen wollte, mußten die Anwälte ihre Fragen dem Richter stellen, der sie dann – wenn ihm die Fragen gefielen – an den Angeklagten Bodeux richtete. Fragen, die der Vorsitzende für nicht relevant hielt – und das war sehr oft der Fall –, wurden auch nicht zugelassen.

Außerdem wurden Beweisanträge abgelehnt, die dazu hätten beitragen können, die Rolle des Berliner Landesamts für Verfassungsschutz im Mordfall Schmücker aufzuklären. Schon vor Prozeßbeginn hatte Richter Leschonski von Innensenator Neubauer die Mitteilung bekommen, daß der Verfassungsschutz keine Akten zur Verfügung stellen und seinen Beamten keine Aussagegenehmigung erteilen würde. Eine wesentliche, ja wohl die entscheidende Informationsquelle zur Aufdeckung der gesamten Wahrheit über den Schmücker-Mord wurde damit von Anfang an gezielt verstopft. Unklar blieb damit auch fürs erste, wieweit der Verfassungsschutz selbst an der Affäre beteiligt war.

So bekamen die Verteidiger nur einen Ausschnitt der Wirklichkeit präsentiert, nämlich den, den Verfassungsschutz, polizeilicher Staatsschutz, Staatsanwalt und Gericht auch präsentieren wollten.

«Das Urteil», so die Verteidigung in einem Antrag, «müßte letztlich auf folgender Basis gefunden werden: Der Angeklagte Bodeux, der Staatsanwalt und der Verfassungsschutz füttern das Gericht mit einer schalen, im juristischen Sinne gerade das notwendige enthaltende Geschichte an, tun aber alles, um Ursprung und Zustandekómmen, den Zusammenhang und die Widersprüche dieser Informationen vor dem Gericht und der Öffentlichkeit zu verbergen. Das Gericht hinge als Marionette an Fäden, die es selbst nicht auf ihre Haltbarkeit zu überprüfen vermöchte.»

Die Glaubwürdigkeit des Zeugen Bodeux war von Anfang an die Basis der Anklage. Mit ihrem Wanken wäre die Staatsanwaltschaft in arge Bedrängnis gekommen. Tilgener, der zweite Belastungszeuge, war tot. Zudem bezogen sich seine Aussagen nur auf den Mordplan, nicht aber auf dessen Durchführung.

Mit Bodeux' Aussagen ging das Gericht großzügig um. Offenkundige Widersprüche, von denen es genügend gab – vor allem hinsichtlich des Tatablaufs –, waren da kein Hindernis.

Welche von den verschiedenen Versionen des Tatherganges nun stimmte und welche nicht, darüber brachte der erste Prozeß kaum Klarheit. Bemerkenswerte Versuche, die Wahrheit zu finden, gab es jedenfalls nicht. So lehnte das Gericht sogar einen Antrag der Verteidigung ab, bei einem Lokaltermin zu prüfen, ob der von Bodeux beschriebene Tatablauf überhaupt stimmen konnte. Eine Ortsbegehung sei «zur Erforschung der Wahrheit nicht erforderlich».

Daß es aber offenbar auch sonst eine Menge zu verheimlichen gab, zeigte sich, als das anonyme Schreiben, in dem Bodeux auf dem Observationsfoto zusammen mit Ilse Jandt identifiziert wurde, im Gericht zur Sprache kam. Dieser Brief fehlte in den Akten. Am zwanzigsten Verhandlungstag beantragten die Verteidiger dann seine Vorlage. Fast eine Stunde lang wurde im Gerichtssaal über das Fehlen des Schreibens diskutiert. Der Staatsanwalt hüllte sich in Schweigen. Erst später erfuhr der Richter von der Staatsschutzabteilung der Polizei, wo das Dokument versteckt war: in der Handakte des Staatsanwalts Przytarski. Ein Begleitschreiben der Kölner Kriminalpolizei wurde dem Gericht nur teilweise zugänglich gemacht: Ganze Absätze hatte man vor dem Kopieren sorgsam abgedeckt. Ein Antrag der Verteidigung, das Original des Fernschreibens vorzulegen, wurde abgelehnt.

Durch Zufall wurde bei der Befragung eines Kriminalbeamten im Gerichtssaal bekannt, daß sich bei der Staatsschutzabteilung der Polizei noch ein ganzer Ordner mit Hinweisen zum Tatgeschehen befand. Als das Gericht schließlich gegen Ende der Beweisaufnahme in dessen Besitz gelangte, sah es sich von Amts wegen gezwungen, weitere Zeugen vorzuladen.

Einer von ihnen, ein gewisser Antonio Rücker, hatte der Polizei den bereits erwähnten Hinweis gegeben, daß Schmücker und zwei männliche Begleiter in der Mordnacht gegen 20 Uhr im Studentenlokal «Anapam» gewesen seien und gegen 22.15 Uhr – also etwa zu der von Bodeux geschilderten Tatzeit – das Gelände des Hotels «Rheingold» betreten hätten.

Rücker wurde nach seinem Anruf bei der Polizei nicht einmal verhört. Als das Gericht versuchte, ihn vorzuladen, war er angeblich unauffindbar. Tatsächlich saß er in Kassel im Gefängnis ein – aufgrund eines Haftbefehls des Berliner Amtsgerichts Tiergarten. Wo er steckte, das fand nicht die Polizei heraus, sondern ein Journalist. Bei seiner Vernehmung vor Gericht bestätigte Rücker im wesentlichen seine erste Aussage.

Seltsam verliefen auch die Ermittlungen in Schmückers ehemaliger Arbeitsstelle, dem Apartments-Hotel. Wie dessen Geschäftsführerin, Ursula Peters, der Polizei sagte, habe eine Angestellte namens Bartholomäus gehört, wie Schmücker sich in dem Telefonat, das er am 4. Juni kurz vor 16 Uhr noch führte, mit den Worten «Na, wir sehen uns ja gleich» verabschiedete. Frau Bartholomäus selbst wurde nie verhört.

Frau Peters, die als Zeugin geladen wurde, verschwand. Ermittlungen des Autors ergaben, daß sie im Herbst 1974 in die DDR ging, diese aber nach kurzer Zeit wieder «in Richtung BRD» verließ. Erst 1979 nahm die Staatsschutzabteilung der Berliner Polizei die Suche nach ihr auf. Vergeblich.

Vor ihrem Verschwinden hatte Ursula Peters bei der Polizei unter anderem folgendes zu Protokoll gegeben: «In der Zwischenzeit fielen mir hinter der Rezeption noch zwei Zettel in die Hände, auf denen sich handschriftliche Aufzeichnungen von Herrn Schmücker befinden. Ich übergebe beide Zettel der Kriminalpolizei.» Diese Zettel blieben spurlos verschwunden. Der ermittelnde Kriminalbeamte teilte dem Gericht im ersten Verfahren schriftlich mit, er könne sich nicht erinnern, wo die Zettel seien. Eine Vorladung des Beamten lehnte das Gericht ab – obwohl es selbst davon ausging, daß sich Schmücker auf den Zetteln eine Verabredung noch für denselben Tag und eine Rufnummer notiert hatte. Wen Schmücker wenige Stunden vor seinem Tod treffen wollte, schien das Gericht nicht zu interessieren.

340

Einen Hinweis darauf, daß sich Ulrich Schmücker vielleicht
mit dem Verfassungsschutzbeamten Peter Rühl verabredet haben
könnte, gab ausgerechnet der Leiter des Berliner Landesamtes für
Verfassungsschutz, Franz Natusch.

EIN VERFASSUNGSSCHÜTZER
SAGT AUS

Mehr als vier Monate nach Beginn des Prozesses wurde der damalige Berliner Verfassungsschutzchef dem Gericht als Zeuge präsentiert. Und das kam so: Die Verteidigung stellte den Beweisantrag, unter anderen den Leiter des Berliner Landesamtes für Verfassungsschutz vorzuladen. Er könne möglicherweise Auskunft darüber geben, ob die Herren am Hotel «Rheingold» Beamte des Verfassungsschutzes gewesen seien, die nächtens im Grunewald observiert hätten. Falls dies so sei, so könnten sie eventuell bei der Aufklärung der Frage helfen, ob der Angeklagte Wolfgang W. geschossen habe.

Das Gericht verwies auf die grundsätzliche Verweigerung der Aussagegenehmigung durch Innensenator Neubauer. Daraufhin zogen die Verteidiger vor das Verwaltungsgericht – das sich für nicht zuständig erklärte. Zuständig sei die Strafkammer selbst. Doch der Vorsitzende Richter Leschonski hatte eine andere Rechtsauffassung als das Verwaltungsgericht. Er sah sich nicht in der Lage, Innensenator Neubauer auf eine Aussagegenehmigung für die Verfassungsschützer zu verpflichten. So wurde der Schwarze Peter hin und her geschoben.

Die Verteidigung beschloß, per Sprung-Revision das Bundesverwaltungsgericht um eine Entscheidung anzurufen. Daraufhin setzte das Gericht den Prozeß für vier Monate aus. Das Verfahren gegen den geständigen Angeklagten Bodeux sollte abgekoppelt werden. Der Prozeß war damit geplatzt. Man hätte wieder von vorn anfangen müssen.

Vor diesen Konsequenzen bewahrte Innensenator Neubauer das Gericht. Plötzlich und unerwartet gewährte er eine – beschränkte – Aussagegenehmigung für Herrn Natusch, worauf man monatelang vergeblich gehofft hatte. Überstürzt und ohne Einhaltung der gesetzlich vorgeschriebenen Ladungsfristen wurden die Prozeßbeteiligten zusammengerufen, um das Verfahren doch noch fortzusetzen. Der Prozeß geriet vollends zur Farce.

Ein freundlicher älterer Herr im grauen Anzug, Franz Natusch, Leiter des Berliner Landesamtes für Verfassungsschutz, nahm auf dem Zeugenstuhl Platz:

Frage: «Waren Beamte des Berliner Verfassungsschutzes am Abend des 4. Juni 1974 mit Schmücker zusammen?»

Natusch: «Kein Mitarbeiter des Landesamtes traf zu irgendeinem Zeitpunkt des 4. Juni mit Schmücker zusammen.» Alles sei mit großer Sorgfalt geprüft worden, er persönlich habe mit allen zwanzig dafür in Frage kommenden Beamten gesprochen. Kein Mitarbeiter des Amtes habe Schmücker nach dem Treffen vom 31. Mai lebend gesehen. Zu diesem Treffen aber könne er keine Einzelheiten sagen – seine Aussagegenehmigung sei beschränkt. Über Personen, Arbeitsmethoden und operatives Vorgehen des Verfassungsschutzes dürfe er keine Auskunft geben.

Dafür, daß der Leiter des Verfassungsschutzes auf keinen Fall mehr preisgab, als nach seiner Aussagegenehmigung erlaubt war, sorgte der Staatsanwalt. Forsch sprang er dazwischen, wenn die Verteidiger Fragen an Natusch richteten, die dieser unter Umständen nicht beantworten durfte. Natusch selbst die Entscheidung über die Grenzen seiner Aussagegenehmigung zu überlassen, schien dem Staatsanwalt zu gefährlich zu sein.

Und in der Tat sorgte die Zeugenaussage des Verfassungsschützers Natusch für eine kleine Sensation:

Frage: «Gab es Versuche von seiten des Verfassungsschutzes, Schmücker zwischen dem 31. Mai und dem 4. Juni zu sehen?»

Natusch: «Nein.»

Frage: «Hat Schmücker von sich aus noch einmal Kontakt aufgenommen? Hat er vielleicht am 4. Juni bei Herrn Rühl angerufen?»

Natusch: «Ja, ein solches Telefongespräch hat stattgefunden.»

Bis dahin hatte man dieses wenige Stunden vor Schmückers Tod geführte Telefonat verschwiegen.

Frage: «Was war der Inhalt des Telefongesprächs?»

Natusch: «Schmücker nannte zwei Namen.» Diese könne er hier aber nicht wiedergeben, das sei durch seine Aussagegenehmigung nicht gedeckt. Es seien keine Namen von Angehörigen des Landesamtes gewesen. Es seien Namen von Leuten gewesen, von denen Schmücker sich bedroht gefühlt habe und die ihm bei dem Gespräch am 31. Mai nicht eingefallen seien. Den genauen Zusammenhang könne er aufgrund seiner beschränkten Aussagegenehmigung nicht weiter skizzieren. Schmücker habe aber bei dem Telefongespräch um ein erneutes Treffen mit Herrn Rühl am 7. Juni gebeten. Das sei alles.

Im übrigen, fügte er dann noch hinzu, habe es überhaupt kein «Mitarbeiterverhältnis» von Ulrich Schmücker zum Verfassungsschutz gegeben. Das Treffen am 31. Mai sei der erste Kontakt nach acht Monaten gewesen. Da der Verfassungsschutz gewußt habe, daß Schmücker sich wieder in terroristischen Kreisen bewegte, sei man ihm mit äußerster Vorsicht begegnet. Auf die Frage, woher man das wußte, durfte Natusch nicht antworten.

Frage: «Warum hat der Verfassungsschutz Schmücker, gegen den zu dieser Zeit ein Haftbefehl vorlag, nicht festnehmen lassen?»

Einspruch des Staatsanwalts. Natusch sei nicht bereit und befugt, über die Gründe Auskunft zu geben.

Frage: «Hat der Verfassungsschutz irgendwelche Schritte unternommen, um eine Verhaftung herbeizuführen?»

Natusch: «Zu diesem Zeitpunkt nicht.»

Frage: «Wann denn?»

Natusch: «Dazu gibt es keine Aussagegenehmigung.»

Frage: «War dem Verfassungsschutz bekannt, wo Schmücker wohnte und arbeitete?»

Natusch: «Wo er wohnte ja – wo er arbeitete nicht.»

Sollte dem Verfassungsschutz entgangen sein, daß Schmükker zwei Häuser neben seinem Amtssitz im Apartments-Hotel jobbte?

Frage: «Warum wurde die Observation von Ulrich Schmükker nach dem Gespräch vom 31. Mai abgebrochen?»

Rüge vom Staatsanwalt. Die Frage sei ungeeignet und werde nicht zugelassen. Beschluß des Gerichts: Die Frage wurde als «ungeeignet» nicht zugelassen.

Frage: «Wurden zwischen dem 31. Mai und dem 4. Juni im Fall Schmücker Kontakte zu anderen Behörden aufgenommen?»

Dazu durfte Natusch nichts sagen.

Frage: «Warum hat das Landesamt für Verfassungsschutz die Tatsache des Telefongespräches an Schmückers Todestag zwei Jahre lang geheimgehalten?»

Auch dieser Punkt war durch Natuschs Aussagegenehmigung nicht abgedeckt.

Frage: «Trifft es zu, daß der Verfassungsschutz Schmücker einen Studienplatz im Ausland angeboten hat?»

Natusch: «Das trifft zu.»

Frage: «Sind dem angeklagten Kronzeugen Jürgen Bodeux ähnliche Angebote gemacht worden?»

Auch darauf durfte Natusch wegen seiner beschränkten Aussagegenehmigung nicht antworten.

Die Verteidiger beantragten, beim Innensenator eine Aussagegenehmigung zu diesem Punkt einzuholen. Das Gericht lehnte das ab. Die weiteren Anträge der Verteidigung, auch den Verfassungsschützer Rühl vorzuladen und Einsicht in die Akten des Verfassungsschutzes zu erhalten, wurden ebenfalls abgelehnt. Das gilt auch für den Antrag, das Verfahren bis zur verwaltungsgerichtlichen Entscheidung darüber auszusetzen. Begründung: die Anhörung des Zeugen Natusch reiche aus.

DAS URTEIL

Am 22. Juni 1976 verkündete die 7. Große Strafkammer – Jugendkammer – das Urteil gegen die sechs Angeklagten wegen «gemeinschaftlichen Mordes».

Ilse Jandt wurde zu einer lebenslangen Freiheitsstrafe verurteilt, Wolfgang W. zu einer Jugendstrafe von acht Jahren, Jürgen Bodeux und Wolfgang S. zu einer Jugendstrafe von je fünf Jahren, Annette von W. und Sönke L. zu je vier Jahren. Die Untersuchungshaft wurde jeweils angerechnet. Ilse Jandt mußte die sie betreffenden Kosten des Verfahrens und ihre notwendigen Auslagen tragen. Den übrigen wurden die Gerichtskosten erlassen, sie mußten lediglich für ihre notwendigen Auslagen aufkommen.

In der Urteilsbegründung hieß es: «Jeder Angeklagte hat einen Tatbeitrag zur direkten Begehung oder zur Förderung der Tat geleistet. Der Angeklagte W. hat den tödlichen Schuß abgegeben, der Angeklagte Bodeux hat die Tatwaffe zur Verfügung gestellt, gemeinsam mit der Angeklagten Jandt hat er den Tatort ausgesucht, diese hat schließlich Ulrich Schmücker zum Tatort gelockt.»

Und weiter: «Die Angeklagte Jandt ist als Initiatorin und als Motor des gesamten Unternehmens anzusehen, wogegen die heranwachsenden Angeklagten rechtlich zwar als Mittäter, tatsächlich aber mehr als Mitläufer zu betrachten sind. Beim Angeklagten Bodeux ist außerdem mildernd berücksichtigt worden, daß er ein Geständnis abgelegt und sich dazu durchgerungen hat, sich von der Denk- und Verhaltensweise früherer Zeit zu distanzieren.»

An der Glaubwürdigkeit des Kronzeugen Bodeux hatte das Gericht keine Zweifel: «Was den Angeklagten Bodeux betrifft, so ist kein Grund ersichtlich, dessentwegen sich dieser zu Unrecht des schwersten Verbrechens bezichtigen sollte, was er mit seinen Angaben uneingeschränkt getan hat. Er mußte mit der Verhängung einer lebenslangen Freiheitsstrafe rechnen, zumal er der weitaus älteste der angeklagten Heranwachsenden war und bei der Begehung der Tat kurz vor Vollendung seines 21. Lebensjahres stand, so daß die Anwendung des allgemeinen Strafrechts für ihn nahelag. Unter diesen Umständen ist die Tatsache, daß er zunächst lediglich sein Wissen um die geplante Tötung Schmückers preisgab, den Umfang seiner eigenen Tatbeteiligung aber im unklaren ließ, durchaus verständlich. Umso mehr spricht es für seine Glaubwürdigkeit, daß er in Kenntnis der sich hieraus für ihn ergebenden und ihm drohenden strafrechtlichen Konsequenzen schließlich doch ein rückhaltloses Geständnis abgelegt hat …

Er hat seine bereits im Ermittlungsverfahren gemachten Angaben in der Hauptverhandlung in Gegenwart der von ihm mitbelasteten Mitangeklagten, zu denen er monatelang in einem engen Verhältnis stand, ruhig und sachlich wiederholt. Er hat dies getan, obwohl er weiß, daß er mit hartnäckiger Feindschaft seiner früheren Kreise rechnen und ein Leben voller Angst auf sich nehmen muß. Er selbst hatte den ehemaligen Genossen Ulrich Schmücker für ein gleiches Verhalten zum Verräter erklärt und sich deswegen an der beschlossenen Tötung beteiligt …

Die generell zu bejahende Glaubwürdigkeit des Angeklagten Bodeux … war lediglich insoweit einzuschränken, als es sich um präzise Angaben zu Daten, Zeitpunkten und Zeiträumen handelt.»

Das Urteil war hundertsiebenundzwanzig Schreibmaschinenseiten lang. Aufgehoben wurde es vom 5. Senat des Bundesgerichtshofes mit einer knapp drei Seiten langen Begründung. Revisionsgrund war die Ablehnung eines Antrages des Rechtsanwalts Elfferding durch das Gericht. Der Anwalt hatte beantragt, sämtliche früheren Vernehmungsprotokolle des Zeugen Bodeux verlesen zu lassen. Das Gericht hielt das nicht für nötig. Es ließ lediglich die Verlesung derjenigen Bodeux-Aussagen zu, die sich direkt auf den Mordfall Schmücker bezogen. Das Revisionsgericht kam zu der Auffassung, daß sämtliche Aussagen Bodeux' hätten verlesen werden müssen. Aus ihnen hätte man Rückschlüsse über die Glaubwürdigkeit dieses Zeugen ziehen können. Der Prozeß mußte noch einmal von vorn beginnen.

Weihnachten 1976 wurden Sönke L. und Annette von W. aus der Haft entlassen. Ostern 1977 kam Jürgen Bodeux frei. Seine Verteidiger hatten als einzige das Urteil angenommen. Damit war Bodeux rechtskräftig wegen Mordes verurteilt. Das aber hatte erhebliche Konsequenzen für die Neuauflage des Verfahrens: Nun mußte er als Zeuge aussagen und auch die Fragen der Verteidiger seiner ehemaligen Mitangeklagten beantworten.

VORGEFECHTE ZUM ZWEITEN PROZESS

Einer der Verteidiger war für Jürgen Bodeux besonders gefährlich. In der Arbeitsteilung der Anwälte war Rainer Elfferding die Rolle zugefallen, sich besonders mit Bodeux und dessen Glaubwürdigkeit zu beschäftigen.

Von allen Versuchen der Berliner Staatsanwaltschaft, Elfferding aus dem neuen Verfahren herauszuhalten, sei hier nur einer geschildert – und der hatte wiederum mit dem Kronzeugen Bodeux zu tun.

Im November 1975 war ein junger Mann namens Detlef Neumann in Elfferdings Kanzlei aufgetaucht und hatte um rechtliche Beratung gebeten. Im Verlauf des Gesprächs stellte sich heraus, daß Neumann in der Jugendstrafanstalt Plötzensee mit Jürgen Bodeux eingesessen hatte. Elfferding fragte Neumann, ob er als Zeuge im Prozeß irgendwelche Auskünfte über Bodeux' Umgang mit Beamten des Verfassungsschutzes machen könne. Man werde dann bei Gelegenheit wieder auf ihn zurückkommen. So die Darstellung Elfferdings.

Im Juni 1976 mußte Neumann wieder in die «Plötze», wo er erneut auf Bodeux stieß. Neumann erzählte ihm von seinem Besuch bei Elfferding. Am Ende der Begegnung stand eine «Eidesstattliche Versicherung», in der Neumann schrieb, Elfferding habe ihn beauftragt, einen Bericht über Bodeux anzufertigen. Darin sollte stehen, daß Bodeux Kontakt zum Verfassungsschutz habe und daß er ihm, Neumann, erzählt habe, sein Geständnis in der Mordsache Schmücker sei falsch. Als Belohnung habe Elfferding ihm kostenlose Rechtsberatung angeboten. Er habe aber das illegale Ansinnen empört von sich gewiesen.

Über Bodeux' Rechtsanwalt wanderte diese Erklärung an die

Staatsanwaltschaft – die umgehend tätig wurde. In einer Vernehmung bestätigte Neumann den Inhalt seiner Eidesstattlichen Versicherung. Als Beweis für die Richtigkeit seiner Aussage führte er noch «zwei oder drei» Briefe mit verfänglichem Inhalt an, die Anwalt Elfferding ihm geschrieben habe. Die Briefe selbst hatte er nicht mehr. Also mußten die beweiskräftigen Duplikate herangeschafft werden. Zu diesem Zweck wurden ausgerechnet Elfferdings Kontrahenten im Schmücker-Prozeß, die Staatsanwälte Przytarski und Müllenbrock, aktiv. Zusammen mit einem weiteren Staatsanwalt und acht Polizeibeamten tauchten sie in Elfferdings Kanzlei auf. Der Anwalt gab die gesuchten Kopien freiwillig heraus. Doch das nutzte ihm nichts. Die Staatsanwaltschaft: «Diese Briefe, die einen unverfänglichen Inhalt haben, hat der Zeuge Neumann nach seinen Angaben nie erhalten ... Diese Sachlage drängt zu der Annahme, daß Rechtsanwalt Elfferding die Durchschläge nachträglich gefertigt hat, um die Strafverfolgungsbehörden irrezuführen.»

Die Staatsanwälte zimmerten aus Neumanns Eidesstattlicher Versicherung eine Anklage. Diese Anklage führte zu einem Beschluß des Kammergerichts, mit dem Rechtsanwalt Elfferding wegen «dringenden Verdachts der versuchten Strafvereitelung» von der Verteidigung im Schmücker-Prozeß ausgeschlossen wurde. Das alles, bevor der ganze Sachverhalt vor einem Gericht erörtert worden war – von einer Verurteilung ganz zu schweigen.

Am Mittwoch, dem 26. November 1977, kam dann die Stunde der Wahrheit. Der Zeuge Neumann präsentierte sich dem Gericht. Er machte keine gute Figur. Sanft und beharrlich zog ihm die Vorsitzende Richterin Hackenberger die Tatsachen aus der Nase. An das Gespräch mit Elfferding konnte sich der Zeuge kaum noch erinnern. Ob der ihm Versprechungen gemacht hatte, wußte er nicht mehr. Ob Elfferding ihn zu einer Falschaussage habe überreden wollen? Nein, so direkt nicht. Wie denn? Ja, irgendwie «durch die Blume». Was denn in den Briefen gestanden habe? Irgend etwas Illegales wohl, so genau wisse er das nicht mehr. Wo denn die Briefe seien? Er habe sie weggeworfen. Ob das denn vielleicht doch die Briefe, deren Durchschläge Elfferding dem Staatsanwalt gegeben habe, gewesen sein könnten? Ja, möglicherweise.

Schließlich verhedderte sich der Zeuge derart in Widersprüchen, daß Elfferdings Anwalt und Mitverteidiger im Schmücker-Verfahren Panka beantragte, ihn über die Strafbarkeit falscher Aussagen vor Gericht zu belehren. Das geschah – und da war es ganz vorbei. Der Zeuge verweigerte die Aussage. Des Rätsels Lösung sollte sich aber, sozusagen als Schlußgag, doch noch finden: Die Eidesstattliche Versicherung habe er auf Bodeux' Wunsch auf dessen Schreibmaschine in dessen Beisein geschrieben. Bodeux hatte ihm «Formulierungshilfe» geleistet, offenbar bis zum letzten Komma. Neumann mochte nicht einmal ausschließen, daß Bodeux an der Schreibmaschine gesessen hatte; er selbst wäre auch gar nicht in der Lage gewesen, den komplizierten Text einigermaßen fehlerfrei zu tippen. Schon beim Buchstabieren des Namens Bodeux hatte er Schwierigkeiten.

Ein armes Würstchen saß da auf der Anklagebank, diesmal nun wirklich und ganz offensichtlich von anderen zu einer falschen «eidesstattlichen Aussage» veranlaßt. Ins Feuer geschickt, um einen bedrängten Kronzeugen zu retten. Die Rechnung ging nicht auf. Elfferding wurde freigesprochen. Das Kammergericht mußte die Ausschließung Elfferdings aus dem Schmücker-Verfahren aufheben, und an der Revisionsverhandlung konnte er als «Bodeux-Spezialist» teilnehmen.

Nicht teilnehmen dagegen konnte – ausgerechnet – der für das neue Verfahren vorgesehene Richter. Nachdem der Bundesgerichtshof das erste Urteil aufgehoben hatte, war nach dem Geschäftsverteilungsplan die 9. Strafkammer am Landgericht Berlin zuständig. Vorsitzender Richter war dort Bernd Poelchau. Nach dem rechtsstaatlichen Prinzip «Niemand darf seinem gesetzlichen Richter entzogen werden» hätte Poelchau den Fall übernehmen müssen.

Doch es kam anders. Schuld daran war ein Leserbrief des Richters Poelchau an den «Spiegel». Das Magazin hatte ein Gespräch mit dem später ermordeten Generalbundesanwalt Buback gedruckt. Darin war Buback auch nach der Rolle des Kronzeugen Hoff im Stammheimer Baader-Meinhof-Verfahren gefragt worden:

«*Spiegel*: Welche Hoffnungen oder Versprechungen hat man ihm für seine Aussage gemacht?

Buback: Keine, mit Ausnahme der allgemeinen Erklärung, daß ein geständiger Täter natürlich auf die Milde des Gerichtes hoffen kann.»

Das las auch Richter Poelchau und reagierte mit einem Leserbrief: «Die ‹allgemeine› Erklärung, daß ‹ein geständiger Täter natürlich auf die Gnade des Gerichtes bauen kann›, gerade nicht allgemein, sondern dem Beschuldigten Hoff in ganz bestimmter Situation gegeben und vom Generalbundesanwalt öffentlich bestätigt: Ich nenne so etwas: eine Zusage ... Darf der Generalbundesanwalt so präjudizieren? Er darf es nicht. Das ist eine Voraussetzung eines nicht unwichtigen Stückleins Rechtsstaat: die Unabhängigkeit der Gerichte.

Wer zerrt den Rechtsstaat auf den Hackklotz? Im übrigen geht es bei Hoff jetzt gar nicht darum, daß er gesteht (sich belastet), sondern darum, daß er ‹singt› (andere belastet) ...»

Das wiederum las die Staatsanwaltschaft nicht gern. Wie würde Richter Poelchau wohl mit ihrem Kronzeugen umgehen, der ja auch «gesungen» hatte? Mit einem solchen Richter wollten sich die Berliner Staatsanwälte offenbar im Schmücker-Verfahren nicht abplagen. Sie stellten – in der Justizgeschichte ein eher ungewöhnlicher Fall – einen Befangenheitsantrag gegen den zuständigen Richter. Und das Landgericht entschied: «Das Ablehnungsgesuch ist begründet.» Poelchau wurde aus dem Schmücker-Verfahren ausgeschlossen, weil «der Inhalt des Briefes geeignet» sei, bei der «Gesuchstellerin Mißtrauen gegen die Unparteilichkeit des Richters zu rechtfertigen».

Insgesamt gab es bis zum Abschluß des zweiten Schmücker-Prozesses mindestens fünf Strafverfahren und dreizehn Ehrengerichtsverfahren gegen die beteiligten Verteidiger. Jedes dieser Verfahren lief wegen Äußerungen, die sich auf den Kronzeugen Bodeux oder auf die Rolle des Verfassungsschutzes bezogen. Kein einziges von ihnen wurde wegen einer Formalbeleidigung eingeleitet.

EIN KRONZEUGE
WIRD DEMONTIERT

Aufgeschreckt durch die Aufhebung des ersten Urteils, gab sich das Gericht im zweiten Schmücker-Prozeß 1978/1979 erkennbar mehr Mühe, den komplizierten Sachverhalt aufzuklären. So wurden wesentlich weniger Beweisanträge der Verteidigung abgelehnt als im ersten Verfahren. Der entscheidende Unterschied aber bestand, wie schon erwähnt, darin, daß Bodeux nun als Zeuge galt, der auch die Fragen der Verteidiger seiner ehemaligen Mitangeklagten zu beantworten hatte. Im Verlauf des Prozesses stellte sich heraus, daß Bodeux' Gedächtnis merklich nachgelassen hatte. Ein Beispiel dafür waren seine Aussagen zum Motiv der Tat. Rechtsanwalt Elfferding fragte Bodeux, ob denn in den Gruppengesprächen nicht die Möglichkeit erörtert worden sei, daß observierende Beamten des Verfassungsschutzes die Erschießung Schmückers hätten verhindern können. Schließlich habe es nahegelegen, daß die Behörde, für die Schmücker ja nach Auffassung der Gruppe arbeitete, ihren Informanten in einer Gefahrensituation schützen würde. Darauf sagte Bodeux, die Gruppe sei gar nicht davon ausgegangen, daß Schmücker ein Agent gewesen sei. Er habe nur wegen seiner Aussagen bei der Polizei und vor Gericht erschossen werden sollen.

Merkwürdigerweise sagte Bodeux aber an genau sieben in den Prozeßakten belegten Stellen auch das genaue Gegenteil. So etwa in der ersten Hauptverhandlung am 22. Oktober 1976: «Wie Ilse erklärte, stand es ihrer Meinung nach fest, daß Ulrich Schmücker ein Verräter ist und für den Verfassungsschutz arbeitet.» Oder in der Hauptverhandlung am 9. September 1978: «Erst als es hieß, daß Schmücker ein Agent des Verfassungsschutzes sei, war ich damit [mit der Hinrichtung] einverstanden.»

354

In sämtlichen Vernehmungen gab sich Jürgen Bodeux wortkarg. Auf Details wollte er sich kaum noch festlegen lassen, verwies statt dessen immer wieder auf seine richterlichen Vernehmungen vom Oktober 1974.

Auch im zweiten Verfahren wurden die Akten des Verfassungsschutzes nicht herangezogen. Beamte des Dienstes erhielten – mit Ausnahme des Präsidenten Natusch – keine Aussagegenehmigung. Und doch kamen nach und nach neue Tatsachen ans Tageslicht. Tatsachen, die vor allem die Verbindung zwischen dem Kronzeugen Jürgen Bodeux und dem Verfassungsschutz betrafen.

Das elektrisierte die Verteidiger. Konnte es sein, daß Bodeux selbst V-Mann oder auch nur eine Kontaktperson des Verfassungsschutzes war? Jedenfalls deuteten alle Indizien darauf hin, daß das Berliner Landesamt irgend etwas zu verbergen hatte.

Auf den naheliegenden Gedanken, daß womöglich jemand anderes, der bei der Vorbereitung der Tat eine Rolle gespielt hatte, für den Geheimdienst arbeitete, kam keiner. Volker von Weingraber war untergetaucht, wurde von der Polizei gesucht und galt nach wie vor als «guter Genosse». Und hatte er nicht die angebliche Tatwaffe – jedenfalls nach Aussagen Bodeux' – entgegengenommen und beiseite geschafft? Nein, an Weingraber dachte man nicht.

Die Verteidiger konzentrierten sich auf Bodeux, und das Strafverfahren gegen einen gewissen Harry Schäfer, der wie Bodeux im Köln/Bonner Raum im politischen Untergrund aktiv gewesen war, lieferte ihnen erste Anknüpfungspunkte. In einem Fernschreiben, das die Kripo Bonn am 29. März 1974 unter der Nummer 4139 an mehrere Polizeidienststellen geschickt hatte, hieß es: «Es konnte Hinweis erlangt werden, daß die Tätergruppe Jarowoy und Reimers vor Dezember 1973 Überfälle auf Geschäftsgeldboten mit Geldbomben unter Verwendung einer abgesägten Schrotflinte ausführen wollte.» Aufgrund eines Hinweises vom Bundesamt für Verfassungsschutz waren Robert Jarowoy

und Wernfried Reimers seinerzeit verdächtigt worden, den Geldboten eines Supermarktes in Köln-Porz überfallen und erschossen zu haben. Den Anwälten fiel nun dabei dreierlei auf: Erstens
waren Jarowoy und Reimers alte Bekannte von Jürgen Bodeux,
zweitens ging es um einen Supermarkt in Köln, Bodeux' Heimat-
stadt, und drittens gab es einen sehr ähnlichen Vermerk in den
Aussageprotokollen des Kronzeugen. In den Vernehmungen vom
Oktober und November 1974 hatte Bodeux nämlich genau das
berichtet: Jarowoy und Reimers hätten geplant, mit einer abgesägten Schrotflinte Geldboten zu überfallen. War er es also auch
gewesen, so fragte man sich, der dem Verfassungsschutz im März
1974 – Bodeux befand sich damals noch in Freiheit – als Quelle
gedient hatte?

Die Anwälte versuchten, die Akten zu dem Raubmord in
Porz zu bekommen. Als erstes gelangten sie an einen Auszug aus
der Hauptakte. In einem der Vermerke ging es um Bodeux' Aussageprotokolle zu den geplanten Raubüberfällen beziehungsweise um ihre Übersendung. «Die angeführten Tathinweise auf Anarchisten waren hier schon bekannt und sind in der Spur Nr. 74
enthalten. Diesbezüglich wurden Kontakte unterhalten mit dem
Bundesamt für Verfassungsschutz.»

Daraufhin stellten die Verteidiger im Schmücker-Verfahren
einen umfangreichen Beweisantrag. Sie verlangten die Beiziehung
der Ermittlungsakten über den Raubmord in Porz – einschließlich der Spurenakten – und die Vernehmung des ehemaligen Präsidenten des Bundesamtes für Verfassungsschutz, Günter Nollau.
Auf diesem Weg wollten sie nachweisen, daß «der Zeuge Bodeux
bereits vor seinem Überwechseln von Köln/Bonn nach Wolfsburg
im Jahre 1974 als Informant für das Bundesamt für Verfassungsschutz gearbeitet hat.» Und im Schlußabschnitt ihres Antrages
hieß es: «Welche Bedeutung dieser Umstand für die hier aufzuklärende Tat – die Erschießung Ulrich Schmückers am 4. 6. 74 –
hat, bedarf keiner weiteren Erläuterung. Die Version, welche die
Anklagebehörde hier vom Tatgeschehen vermitteln will, würde

dann zugleich zwingend bedeuten, daß ein Mitarbeiter des Bundesamtes für Verfassungsschutz aktiv an der Erschießung des Ulrich Schmücker beteiligt gewesen wäre.» Das Gericht lehnte die Beiziehung der Akten über den Raubmord in Porz ab. Es erklärte sich jedoch bereit, den ehemaligen und den amtierenden Präsidenten des Verfassungsschutzes, Günter Nollau und Richard Meier, als Zeugen vorzuladen. Da aber machte das Bundesinnenministerium nicht mit. Am 3. November 1978 schrieb Staatssekretär Dr. Fröhlich an das Gericht: «Der Antrag der Verteidigung, die derzeitigen bzw. früheren Bediensteten des Bundesamts für Verfassungsschutz, Präsident Dr. Meier, Präsident a. D. Dr. Nollau, LRD a. D. Hoffmann, ORR Vogt, als Zeugen zu vernehmen, zielt darauf ab nachzuweisen, daß das Bundesamt für Verfassungsschutz mit Jürgen Bodeux zusammengearbeitet hat (letzter Satz des Beweisantrages). Dies trifft nicht zu. Das Bundesamt für Verfassungsschutz hat hierzu die als Anlage beigefügte Behördenerklärung abgegeben ...»

Die vom Vizepräsidenten des Bundesamtes, Bardenhewer, unterschriebene Erklärung lautete:

«Betr.: Strafsache gegen Jandt u. A.   Az.: 509-95/77
In der o. g. Strafsache gibt das Bundesamt für Verfassungsschutz folgende amtliche Erklärung ab: Jürgen Bodeux ist und war kein geheimer Mitarbeiter des Bundesamtes für Verfassungsschutz.»

Obwohl der Beweisantrag damit vom Tisch war, liefen die Ermittlungen weiter. Wenige Monate später gelang es Gaby W., der ehemaligen Freundin Jürgen Bodeux', die für den «Stern» Recherchen gegen ihren untreuen Ex-Liebhaber anstellte, die «Spurenakte 74» aus den Unterlagen zum Raubmord in Porz aufzutreiben. In dieser Akte fand sich ein ganzer «Vorgang» zu Bodeux.

Danach hatte der Leiter der Kripo-Sonderkommission, Rudolf Rübesamen, am 2. April 1974 unter der Registriernummer

73399 an Herrn Kühne von der Abteilung III (Linksradikalismus) des BfV geschrieben und ihm mitgeteilt, daß in Sachen Raubmord Porz Kriminalkommissar Eckhard Kondziela für Auskünfte zur Verfügung stehe. Eine Woche darauf, am 9. April, kam der Kontakt zwischen Kriminalpolizei und Verfassungsschutz zustande. Kommissar Kondziela hielt das Gespräch in einem Aktenvermerk fest. Weil Herr Kühne nicht zu erreichen gewesen sei, habe er mit dem Sachbearbeiter, Amtmann Koppermann, eine persönliche Aussprache gehabt. Koppermann habe erklärt, so der Vermerk, «über einen Informanten in Erfahrung bringen zu wollen, wer für den Porzer Raubmord in Frage komme. Er wolle diesbezügliche Kontakte knüpfen und an die Person herankommen, die Verbindung nach Porz hat.»

Am 24. April meldete sich Verfassungsschützer Koppermann wieder bei dem Kriminalbeamten Kondziela. Der verfaßte am nächsten Tag einen weiteren schriftlichen Vermerk. Koppermann habe ihm mitgeteilt, «daß der Porzer Kontaktmann ermittelt wurde. Hiernach soll es sich um den Jürgen Bodeux handeln.»

Damit die Polizei sich ein besseres Bild von dem Kontaktmann machen konnte, schickte das Kölner Amt ein Verfassungsschutzdossier über Jürgen Bodeux. Aktenzeichen: «III/A 47-086-S-161 276-2/73» vom 11. September 1973. Bodeux sei dem Verfassungsschutz damals aufgefallen, weil er im Januar 1973 das Blatt «Schwarze Hilfe Porz» herausgegeben habe.

Die Verteidiger stellten einen weiteren Beweisantrag in Sachen Bodeux – der erneut abgelehnt wurde. Obwohl inzwischen durch das Auftauchen der «Spur 74» aktenkundig war, daß Bodeux als Kontaktmann galt, ließ es das Gericht nicht zu, Beamte des Verfassungsschutzes als Zeugen vorzuladen. Das habe sowieso keine Aussicht auf Erfolg. «Die Ladung und Vernehmung der Zeugen Kühne, Koppermann und Frings, sämtlich Beamte des Bundesamtes für Verfassungsschutz, wird abgelehnt, da sie unerreichbar sind.»

Daraufhin zogen die Verteidiger vor das Verwaltungsgericht

und versuchten, die Aussagegenehmigung einzuklagen. Das Verwaltungsgericht entschied sich gegen die Wahrheitsfindung. Der Zeuge Koppermann mußte nicht aussagen. Statt dessen wurde dem Berliner Gericht auf Vorschlag des beklagten Innenministeriums ein anderer Verfassungsschutzbeamter als Zeuge präsentiert, der angeblich über dasselbe Wissen verfügte wie Herr Koppermann, dessen Identität aber nicht einer solchen Geheimhaltungsstufe unterlag.

Wie kaum anders zu erwarten, führte dieser neue Zeuge den Aktenvermerk und die Aussage von Kriminalkommissar Kondziela auf ein «Mißverständnis» zurück. Bodeux sei kein Kontaktmann des Verfassungsschutzes gewesen; das müsse Kondziela falsch verstanden haben. Damit war wieder ein Versuch abgeblockt worden, die merkwürdigen Verbindungen des Kronzeugen Jürgen Bodeux zum Verfassungsschutz aufzuklären.

Doch darauf kam es gar nicht an. Die «Spurenakte 74» konnte nämlich, wie sich allerdings erst Jahre später herausstellte, auch ganz anders interpretiert werden.

Beim Landeskriminalamt Nordrhein-Westfalen hatte es ebenfalls Hinweise auf mutmaßliche Täter im Mordfall Porz gegeben. Deshalb wurde die Spurenakte dorthin geschickt, zusammen mit der Ermittlungsakte der Staatsanwaltschaft Köln. Zu den Unterlagen gehörte auch ein Fingerabdruck, der im März bei einem Überfall auf eine andere Filiale der Supermarktkette Hovenbitzer gesichert worden war. Wegen der auffälligen Parallelen bei der Tatausführung schloß die Kripo nicht aus, daß die Überfälle möglicherweise von denselben Tätern begangen worden waren.

Der Polizeibeamte S. vom Landeskriminalamt NRW erstellte dann am 20. Januar 1975 eine Liste mit zehn Personen, die des Raubmords verdächtigt wurden. Ganz oben stand der Name von Jürgen Bodeux, und seine Freundin Gaby W. war ebenfalls aufgeführt. Die Verdächtigen sollten im Auftrag des LKA mit Hilfe von vorhandenem erkennungsdienstlichem Material überprüft werden. Das geschah auch bei acht von ihnen. Das Ergebnis war negativ. Nur bei Jürgen Bodeux und Gaby W. unterblieb die Überprüfung mit der Begründung, daß kein entsprechendes erkennungsdienstliches Material existiere. Dabei wußte man beim LKA, daß das Bundeskriminalamt über Fingerabdrücke von Bodeux und seiner Freundin verfügte.

Als die Verteidigung im Jahre 1984 beantragte, den Spurenvergleich nachzuholen, stellte sich heraus, daß die betreffenden Akten über den Raubmord in Porz mitsamt der Fingerspur im August 1980 aus unerklärlichen Gründen vernichtet worden waren. Nach den Aufbewahrungsbestimmungen hätten die Unterlagen bis 1993 verwahrt werden müssen – schließlich handelte es sich um einen unaufgeklärten Mord. Wer für die vorzeitige Vernichtung der Akten verantwortlich war, ließ sich nicht mehr herausfinden.

Weder aus den Ermittlungsakten der Staatsanwaltschaft Köln noch aus der «Spurenakte 74» ergab sich, wie es überhaupt zu dem Verdacht gegen Jürgen Bodeux gekommen war – und auch nicht, auf welche Weise er ausgeräumt wurde. Auf diverse Anfragen reagierte das LKA Nordrhein-Westfalen zurückhaltend. Bodeux sei nur «prophylaktisch» in den möglichen Täterkreis aufgenommen worden, man habe ihn nie wirklich verdächtigt, den Porzer Raubmord begangen zu haben.

Daß dies nicht stimmte, zeigte sich, als die Verteidiger im Schmücker-Verfahren nach einigem Hin und Her und diversen Verwaltungsgerichtsverfahren endlich durchgesetzt hatten, Einblick in einige Akten des Bundeskriminalamtes nehmen zu dürfen. Da fand sich plötzlich ein Fernschreiben, in dem das 1. Kommissariat Köln beim Hessischen Landeskriminalamt anfragte, ob Jürgen Bodeux und Reinhard G., die am 26. August 1974 festgenommen worden waren, als Tatverdächtige für den Porzer Mordfall in Frage kämen. Dieses Schreiben war – ebenso wie die Antwort darauf – nicht den Unterlagen beigefügt, die die Staatsanwaltschaft Köln auf Anforderung dem Gericht im Berliner

Schmücker-Prozeß zugesandt hatte. Kein Wunder, daß die Verteidiger vermuteten, die staatlichen Stellen würden Bodeux im Raubmordverfahren schonen, um ihn im Mordfall Schmücker als «Kronzeugen» heranziehen zu können.

Daß die «Spurenakte 74» systematisch «gesäubert» worden war, bevor sie das Berliner Gericht erhielt, stellte sich endgültig im vierten Verfahren heraus, als sie in vollem Umfang – zweihundert Seiten – auf dem Tisch lag. Das Gericht in seinem Urteil: «Desweilen befand sich in dieser umfangreichen Spur 74 ein von der Ehefrau des Ermordeten, Claire Wiegand, stammender Hinweis, wonach der Plan zu dem Überfall am 18. Dezember 1973 von dem Schwiegersohn des Inhabers der Firma Hovenbitzer stammen könnte, der ein Freund des Jürgen Bodeux sei.» Weiter hieß es: «Auf diesen Hinweis bezogene Ermittlungen sind der Spur 74 nicht zu entnehmen.»

Bei einem von den Verteidigern im Schmücker-Prozeß veranlaßten Ermittlungsverfahren gegen den für den Porzer Raubmord zuständigen Sachbearbeiter stellte sich heraus, daß man der «Spurenakte 74» im 1. Kommissariat offenbar besondere Aufmerksamkeit widmete. Bei jedem Wechsel der Kommissariatsleitung wurde sie – in verschlossenem Umschlag – persönlich an den Nachfolger weitergereicht. Alle im Amt wußten, daß es bei der Akte um Jürgen Bodeux ging, aber auf Befragen konnte keiner sagen, warum sie einer derartigen Geheimhaltung unterlag. Bei den Vernehmungen kam nur heraus, «daß das etwas mit dem Verfassungsschutz zu tun gehabt hätte».

Im letzten Schmücker-Verfahren, das von April 1990 bis Januar 1991 lief, sichtete das Gericht sämtliche Akten, die Hinweise auf eine Verbindung zwischen dem Mord in Porz und der Person Jürgen Bodeux hätten enthalten müssen. Als es nichts fand, schloß es daraus, daß die Akten – etwa die des Landeskriminalamts Hessen – dem Landgericht Berlin «nicht vollständig zur Verfügung gestellt wurden». Die Kammer weiter: «Bei den übrigen Behörden erstaunt das Fehlen jeglicher Hinweise auf Jürgen Bodeux im Zusammenhang mit dem Porzer Raubmord umso mehr, als bei allen Anfragen zu Bodeux ansonsten die unbedeutendsten Dinge berichtet worden waren.»

In puncto «Spurenakte 74» kam das Gericht in seinem Urteil letztlich zu folgendem Resultat: «Aufgrund der gesamten Umstände, insbesondere der Art der Aufbewahrung der Spur 74 beim 1. Kommissariat der Kriminalpolizei Köln, und der falschen Auskunft des Beamten Raabe auf eine gezielte Anfrage nach dem Fernschreiben Nr. 1156 ist die Kammer davon überzeugt, daß die Zurückhaltung der vollständigen Spur 74 bis Oktober 1986 nicht auf Versehen oder Nachlässigkeit beruht, sondern bewußt erfolgt ist. Welche Zielsetzung damit verfolgt wurde, gerade die Kontakte zwischen der Kriminalpolizei Köln und dem Landeskriminalamt Hessen nicht über die unmittelbar beteiligten Stellen hinaus bekannt werden zu lassen, und auf wessen Veranlassung dies geschah, kann ohne die Vernehmung einer Vielzahl von Beamten der beteiligten Dienststellen, u. a. des Bundesamts für Verfassungsschutz, nicht geklärt werden. Es liegt jedoch nahe, daß sowohl die gezielte Zurückhaltung von Teilen der Spur 74 als auch die Art und Weise, wie einem Tatverdacht gegen Jürgen Bodeux in der Mordsache Wiegand (nicht) nachgegangen wurde, im Zusammenhang mit dem Zustandekommen der Aussagebereitschaft Bodeux' im Mordfall Schmücker stehen. Die Aussage des Zeugen Bodeux in der Hauptverhandlung, der Mordfall Wiegand sei von keinem Ermittlungsbeamten ihm gegenüber jemals angesprochen worden, erscheint nach der Aktenlage wenig glaubhaft.»

EIN WEITERER V-MANN

Schon einen Monat nach dem Mord an Schmücker hatte der Verfassungsschutz versucht, einen weiteren V-Mann im Umfeld der Wolfsburger Gruppe anzuwerben. Volker von Weingraber hatte Grünhagen offenbar von einem jungen Mann erzählt, der im Kreis von Ilse Jandt aufgetaucht war und deren Vertrauen zu genießen schien. Wenige Tage nach der Tat hatte dieser Christian Hain im Auftrag der Wolfsburger Weingraber getroffen und versucht, die Tatwaffe von ihm zurückzubekommen. Als ihn dann ein Mitarbeiter des Landesamtes ansprach, zeigte er sich gegenüber dem Vorschlag, für den Verfassungsschutz zu arbeiten, durchaus aufgeschlossen. Zunächst hatte man vor, ihn als Zeugen im Schmücker-Verfahren zu präsentieren. Das wurde Anfang 1975 verworfen. Am 3. Februar hielt man in einem Vermerk fest, daß der «Schwerpunkt seiner künftigen Tätigkeit ein Einsatz als V-Mann auf dem anarchistisch-terroristischen Sektor» sein sollte.

Wieder war es Michael Grünhagen, der die Führung des Spitzels übernahm, später sein Kollege Siewert. Was Christian Hains tatsächlicher Auftrag war, wurde schnell klar. Er sollte die Verteidiger der Wolfsburger Gruppe in dem anstehenden Strafverfahren ausspionieren. Grünhagen gab ihm die Anweisung, seine Kontakte zu Ilse Jandt zu intensivieren und sich vor allem an deren Anwalt Heinisch heranzumachen. Ilse Jandt sollte «aus der Reserve gelockt werden». Jedes Detail, das Hain über die Pläne der Angeklagten und Verteidiger in dem Prozeß in Erfahrung bringen konnte, sollte er an das Landesamt für Verfassungsschutz weitergeben. «Informationen, die über seinen eigenen Aufgabenbereich nützlich sein könnten, so für die weitere Führung des V-Mannes Weingraber, für die Sicherheit Michael Grünhagens und für die

Beurteilung der zwischen den inhaftierten Terroristen und Sympathisanten bestehenden Kontakte», wie das Gericht später auflistete. «Hauptziel war es jedoch, die Staatsanwaltschaft durch Informationen über die Prozeßstrategie der Verteidigung dabei zu unterstützen, die von dem LfV angestrebte rechtskräftige Verurteilung der Angeklagten herbeizuführen.» Zu diesem Schluß kam das Gericht, weil die Vielzahl der von Christian Hain gelieferten Hinweise für amtsinterne Belange nicht von Nutzen waren.

Christian Hain berichtete dem Verfassungsschutz vom Frühjahr 1975 bis zum Sommer 1989, gut vierzehn Jahre lang, was er aus dem Umfeld der Angeklagten und der Verteidiger im Schmücker-Verfahren erfuhr. Das Gericht später: «Allein die der Kammer ausschnittweise zugänglich gemachte ‹Fallakte Wannsee› enthält über den Zeitraum von 1975 bis 1985 verteilt, insgesamt siebenundvierzig, teilweise mehrseitige Berichte Hains zur Prozeßstrategie. Sie befassen sich nicht nur mit dem Verteidigungskonzept in seiner Gesamtheit, sondern geben auch detailliert wieder, wie die Verteidiger die Aussagen einzelner Zeugen in der Hauptverhandlung oder das Verhalten von Richtern und Staatsanwälten einschätzen, welche Schlüsse sie daraus für ihr weiteres Vorgehen ziehen, welche Fragen noch zu vernehmenden Zeugen gestellt oder nicht gestellt werden, wie die Glaubwürdigkeit Jürgen Bodeux' erschüttert werden soll, welche Rechtsfehler und damit Revisionsgründe die Verteidigung im bisherigen Verfahrensverlauf entdeckt zu haben glaubt, welche Anträge wann und mit welchem Ziel gestellt werden sollen.»

Höhepunkt der Spitzeltätigkeit war ein dreimonatiges Praktikum, das Hain in der Kanzlei von Ilse Jandts Verteidiger Philipp Heinisch absolvierte. «Möglicherweise auf Anregung von Rechtsanwalt Heinisch», meinte das Gericht, «aber jedenfalls mit Wissen und Billigung des LfV.» Allein in diesem kurzen Zeitraum lieferte Hain drei Berichte an den Verfassungsschutz. Welche Informationen man jeweils an die Staatsanwaltschaft weiterreichte, konnte das Gericht nicht abschließend klären, da ihm «nicht sämtliche V-Mann-Berichte zur Verfügung gestellt wurden». Auch dürften nicht alle Gespräche, die Grünhagen mit dem Staatsanwalt geführt hat, aktenkundig gemacht worden sein. Die Kammer kam aber zu dem Ergebnis, daß «von 1975 bis 1984 der Staatsanwaltschaft über Pläne und Vorstellungen der Angeklagten und ihrer Verteidiger zum laufenden Strafverfahren berichtet wurde». Doch die Spitzeltätigkeit von zwei V-Leuten im Umfeld der Angeklagten reichte den Verfassungsschützern offenbar noch nicht aus. Aus zahlreichen Indizien schloß das Gericht, «daß die Ausspähung der Angeklagten und ihrer Verteidiger ergänzt wurde durch eine auf Initiative des LfV durch die Alliierten vorgenommene Telefon- und Postkontrolle».

Die Rechte der Angeklagten und ihrer Verteidiger waren fundamental verletzt worden.

DAS SCHLUSSKAPITEL
IM SCHMÜCKER-VERFAHREN

Am 28. Januar 1991 stellte die 18. Strafkammer – Jugendkammer – des Landgerichts Berlin das Verfahren «gegen 1. die Arbeiterin Ilse Ursula Marianne Schwipper, geborene Hennecke, geschiedene Bongartz, geschiedene Jandt; 2. den Studenten Sönke Rudolf L. (‹Söre›); 3. den Büroangestellten Wolfgang S. (‹Farim›); 4. den Studenten Wolfgang W. (‹Wölli›); 5. die Studentin Annette Margarethe v. W.» ein. Die Vorsitzende Richterin Dr. Tepperwien und ihre Beisitzer fällten damit im vierten und abschließenden Prozeß ein Urteil, das in die deutsche Rechtsgeschichte einging.

Das Urteil selbst wurde zu einer Abrechnung mit dem Verfassungsschutz und seinen Methoden, mit der Staatsanwaltschaft, die sich zum Handlanger eines Geheimdienstes gemacht hatte – und mit den drei Kammern der vorherigen Verfahren, die an der Wahrheit über den Mordfall Ulrich Schmücker offenbar nicht interessiert gewesen waren.

Das Gericht gab dem Verfassungsschutz – und vor allem seinem Beamten Michael Grünhagen – eine erhebliche Mitschuld an Schmückers Tod. Die Geheimdienstler hätten offenbar bewußt mit dessen Leben gespielt. In der schriftlichen Urteilsbegründung heißt es dazu: «In einem auf den 4. Juni 1974 datierten Bericht vermerkte Grünhagen, daß er Schmücker bei der Zusammenkunft am 31. Mai 1974 davor gewarnt habe, daß es sich bei dem Angebot einer Mitarbeit bei der IRA um eine Falle handeln könne, um ihn aus Berlin wegzulocken. Schmücker habe dem widersprochen und erklärt, daß er die [Ilse Jandt] zu gut kenne, als daß er ihr so etwas zutraue. Offenbar habe Schmücker sein Ziel nicht aufgegeben, wieder in linken Kreisen Fuß zu fassen, sondern werde vermutlich alles versuchen, um dort wieder glaubwürdig zu werden.

Trotz der damit für Schmücker offensichtlich verbundenen Gefahren verwarf Grünhagen im Einvernehmen mit seinem Vorgesetzten Rumprecht die Möglichkeit, zum Schutze Schmückers dessen Verhaftung aufgrund des gegen Schmücker vorliegenden, bei dem LfV bekannten Vollstreckungshaftbefehls herbeizuführen. Eine Verhaftung Schmückers erschien ihm, wie er in dem oben aufgeführten Bericht dargelegt hat, insbesondere deshalb untunlich, ‹da einige Personen der Ansicht sind, daß Schmücker nach wie vor als Spitzel tätig ist.› Eine Festnahme hätte dies widerlegt. Schmücker sollte somit – eine andere Auslegung des zitierten Vermerks von Michael Grünhagen scheidet nach Überzeugung der Kammer aus – als ‹Lockvogel› dienen.»

Strategie des Verfassungsschutzes sei es gewesen, durch Schmücker selbst, insbesondere aber durch Volker von Weingraber, Informationen über die Gruppe um Ilse Jandt und weitere Angehörige der «Bewegung 2. Juni» zu sammeln. Dieses sei nur möglich gewesen, «solange linke Kreise wegen seiner vermuteten Spitzeltätigkeit Aktionen gegen Ulrich Schmücker planten und deswegen mit ihm in Kontakt blieben».

Noch am 4. Juni 1974, dem Tag des Mordes, habe Grünhagen die Einschätzung vertreten, daß «effektive Maßnahmen» zum Schutze Schmückers nicht geboten seien. Dann listete das Gericht auf, bei welchen Gelegenheiten der Verfassungsschutz – jeweils über Weingraber – von Schmückers Gefährdung erfahren hatte:

Am 18. April 1974 hätten, so V-Mann «Wien», Götz Tilgener und seine Genossen Schmücker endgültig als Verräter entlarven wollen.

Am 22. April hätten von Schmückers Verrat betroffene Personen vorgehabt, «ein ernstes Wort» mit ihm zu reden. Würde sich der Verdacht bestätigen, berichtete Weingraber seinerzeit, wollte man Schmücker im Grunewald an einen Baum binden, ihm ein Schild mit der Aufschrift «Spitzel» umhängen und später die Polizei und Presse auf ihn hinweisen.

Am 17. Mai hatte der Verfassungsschutz erfahren, daß Ilse Jandt und Jürgen Bodeux eine Waffe besaßen und Götz Tilgener aus der Gruppe «rausgeflogen» war, weil er sich weigerte, in der Heide Schießübungen zu machen.

Am 3. Juni wußte V-Mann «Wien» mitzuteilen, daß Ilse Jandt Tilgener einige Wochen zuvor aufgefordert habe, Schmücker «umzulegen»; Tilgener habe sich aber geweigert und dies für eine «Wahnsinnstat» gehalten. Von Weingraber darauf angesprochen, habe Ilse Jandt gesagt, Verräter müßten eben bestraft werden. Bodeux, so berichtete Weingraber schließlich noch, habe unter dem Kopfkissen eine Waffe versteckt.

Am 4. Juni erfuhr Weingraber dann, daß die Wolfsburger Schmücker die Mitarbeit in einer anderen Gruppe angeboten hätten, um ihn in Sicherheit zu wiegen. Man werde, so habe es geheißen, Schmücker irgendwann umlegen.

Trotz dieser aus verschiedenen Quellen stammenden, von Weingraber weitergegebenen Informationen, aus denen sich eine massive Gefährdung Schmückers ergab, habe sich Grünhagen damit begnügt, Weingraber darauf hinzuweisen, daß er sich nicht an einer Aktion gegen Schmücker beteiligen dürfe.

Das Gericht räumte ein, daß es seine Erkenntnisse über die Beziehung zwischen Ulrich Schmücker und Michael Grünhagen fast ausschließlich aus Vermerken des Landesamtes selbst gewonnen hatte. Diese Unterlagen, die im wesentlichen erst für das letzte Schmücker-Verfahren herausgegeben worden waren, wiesen erkennbare Lücken auf.

Das Gericht kam zu dem Schluß, daß «Vorgehensweisen, Erkenntnisse etc. von Amtsangehörigen im Zusammenhang mit Ulrich Schmücker, dessen Tod und den sich anschließenden Maßnahmen zur Überführung der Angeklagten, soweit sie überhaupt in den Akten ihren Niederschlag gefunden haben, den Tatsachen entsprechen». Es bestehe allenfalls die Möglichkeit, «daß solche

Berichte fehlen, die das Vorgehen des Amtes im Fall Schmücker noch bedenklicher erscheinen lassen könnten, als dies nach der gegenwärtigen Aktenlage der Fall ist. Doch bereits das aktenkundige Verhalten von Mitarbeitern des LfV in Verbindung mit weiteren Umständen rechtfertigen eine Einstellung des Verfahrens.»

Gewisse Zweifel hatte das Gericht an der Darstellung des Verfassungsschutzes zur Observation am späteren Tatort. Am 3. Juni 1974 hatte ein Team des Landesamtes Ilse Jandt und Bodeux dort beim Auskundschaften beobachtet. Grund für die Observation sei der Hinweis Weingrabers gewesen, Ilse Jandt und Bodeux würden sich an diesem Tag mit «Maria» und «John», also den mit Hochdruck gesuchten Terroristen Inge Viett und Ralf Reinders, treffen wollen. Laut Observationsbericht kam es nicht zu dieser Begegnung – die Überwachung sei um 18.50 Uhr ergebnislos abgebrochen worden.

Das machte aus Sicht des Gerichtes keinen rechten Sinn: «Während die Meldung vom Tod Schmückers dem LfV Veranlassung gab, umgehend nachträglich einen Bericht über die Observation vom 3. Juni 1974 zu erstellen, wurde über die Durchführung einer am 4. Juni 1974 von dem Zeugen Natusch für den Abend desselben Tages angeordneten Observation nichts aktenkundig gemacht.» Das Gericht dazu: «Die Anordnung der Observation für den 4. Juni, bei deren Durchführung die Observanten, wie es in der ‹Zachmann-Rede› heißt, ‹aller Wahrscheinlichkeit nach Augen- oder mindestens Ohrenzeugen des Mordes geworden› wären, wurde nach Angaben des Zeugen Natusch mündlich rückgängig gemacht.»

Die Begründung des Landesamtes dafür war mehr als dürftig: Man habe Weingraber nicht durch eine Beschattungsaktion gefährden wollen. Der Schutz des V-Mannes sei auch der Grund dafür gewesen, daß man den Bericht zur Observation am 3. Juni trotz offensichtlicher Beweiserheblichkeit bis ins Jahr 1990, bis zur Offenlegung der Verfassungsschutzakten verschwiegen habe.

Hatte es vielleicht doch eine Observation in der Tatnacht gegeben? Und waren die observierenden Beamten des Verfassungsschutzes tatsächlich Zeugen des Mordes an Ulrich Schmücker geworden? Diese vielleicht schwierigste und heikelste Frage im Mordfall Ulrich Schmücker klärte auch die 18. Große Strafkammer nicht auf. Womöglich zum Glück für den Berliner Verfassungsschutz, der in dem Urteil sonst nicht geschont wurde.

Das Landesamt habe, so die Richter, eine direkte Tatbeteiligung Volker von Weingrabers anfangs zwar «aufgrund seines Charakterbildes und der mit ihm gemachten Erfahrungen» für möglich gehalten, aber keinerlei Nachforschungen darüber angestellt. Man habe nicht einmal sein Alibi für die Tatzeit überprüft, noch den Bekannten, mit dem er bis zur Rückgabe des VW-Busses in einem Lokal zusammengesessen haben wollte, vernommen. Oberstes Ziel sei es gewesen, eine Enttarnung Weingrabers zu verhindern und die Polizei gleichzeitig auf die «richtige» Fährte zu bringen.

Dazu übergab man ihr zunächst sieben Schreiben zur Vorgeschichte des Schmücker-Mordes. Ein Teil der darin enthaltenen Angaben war jedoch, wie es in einem Vermerk des Verfassungsschutzbeamten Rumprecht vom 2. August 1974 heißt, «bewußt ungenau und global gehalten, um uns spätere Schritte offenzuhalten». Doch etliche Angaben waren nicht nur ungenau, sondern schlicht falsch, wie das Gericht haarklein nachwies.

Neben den schriftlichen Unterlagen, die das Landesamt für Verfassungsschutz an den Polizeipräsidenten weiterreichte, gab es zwischen den beiden Behörden auch eine Reihe telefonischer Kontakte, die in den seltensten Fällen aktenkundig gemacht wurden. Nach Auskunft des Verfassungsschutzbeamten Natusch dienten sie dem «Zweck, der Polizei eine Richtschnur für ihr weiteres Vorgehen» zu geben.

Seitdem am 5. Juni 1974 bei der Abteilung Staatsschutz der Polizei eine siebenköpfige Sonderkommission unter Leitung des

370

Kriminalhauptkommissars Ribbeck gebildet worden war, bekamen die Beamten fast jeden Tag Besuch von Michael Grünhagen. So konnte er einerseits Einfluß auf die Ermittlungen nehmen und andererseits seine Behörde über jeden Schritt der Fahnder auf dem laufenden halten. Das Gericht: «Die auf diese Weise nahezu lückenlose Unterrichtung versetzte das LfV in die Lage, gegen Maßnahmen, die den operativen Interessen des Amtes zuwiderliefen, rechtzeitig Gegenvorstellung zu erheben. Da das Amt insbesondere bei der Staatsanwaltschaft auf wohlwollende Berücksichtigung seiner Interessen zählen konnte, bestand so die Möglichkeit, unliebsame Maßnahmen der Ermittlungsbehörden zu verhindern.»

Mit der Staatsanwaltschaft arbeitete der Verfassungsschutz direkt zusammen. Vor dem Untersuchungsausschuß, der die Praktiken des Berliner Verfassungsschutzes später prüfen sollte, räumte Staatsanwalt Przytarski ein, Grünhagen habe versucht, «ihm nicht von der Hacke zu weichen, um jeden Schritt mitzubekommen und auch über jeden Schritt zu diskutieren».

All dieses habe nach Ansicht des Gerichts dazu geführt, daß «sich die Ermittlungen der Sonderkommission und der Staatsanwaltschaft erwartungsgemäß von Beginn an ausschließlich auf die Angeklagten konzentrierten. Andere Personen, die aufgrund der offiziellen Mitteilungen des LfV oder anderer Erkenntnisse der Ermittlungsbehörden als Tatverdächtige durchaus in Betracht kamen, wurden entweder gar nicht vernommen, oder man beschränkte sich auf Auskünfte, die nicht überprüft wurden.»

Dahinter steckte offenkundig System: «Während das LfV auf die geschilderte Weise Polizei und Staatsanwaltschaft durch gezielte Ermittlungshilfen erfolgreich auf die Spur der Angeklagten lenkte, war es andererseits stets darauf bedacht, seine Verbindung zu dem Tatgeschehen soweit wie möglich zu verbergen.» So habe das Amt den Ermittlungsbehörden nicht mitgeteilt, daß Ulrich Schmücker noch am 4. Juni 1974, also am Tag seiner Ermordung

im Grunewald, in telefonischem Kontakt mit dem Verfassungsschutz gestanden hatte.

Zu dieser Taktik gehörte nach Meinung des Gerichts auch,
daß die mutmaßliche Tatwaffe – man ging davon aus, daß sie die
Fingerabdrücke Grünhagens und Weingrabers trug – den Behörden vorenthalten wurde. Dem Gericht war aufgefallen, daß es
wegen der Parabellum 08 einen Konflikt zwischen Grünhagen
und seinem V-Mann gegeben hatte. Weingraber habe offenbar befürchtet, «von Grünhagen eines Tages mit der Waffe in der Weise
unter Druck gesetzt zu werden, daß Grünhagen ihn des Mordes
an Schmücker bezichtigen und als Beweis hierfür die ihm von
Weingraber übergebene Waffe mit dessen Fingerabdrücken vorlegen werde.» – «Die Pistole», stellte das Gericht fest, «wurde bis
zum Jahre 1989 gemeinsam mit anderen von Weingraber übergebenen Waffen in einem Panzerschrank des LfV verwahrt.» Überlegungen der Geheimdienstler, sie beispielsweise bei Weingraber
in der Wohnung zu verstecken und aufgrund eines gezielten Hinweises bei der Polizei dort finden zu lassen, seien nicht aktenkundig gemacht worden.

Um den V-Mann nicht auffliegen zu lassen, habe der Verfassungsschutz «in schwierigen Beratungen» bei der Staatsanwaltschaft durchsetzen können, daß zunächst kein Haftbefehl gegen
Weingraber ausgestellt wurde. Erst nachdem er mit Hilfe des
Amtes untergetaucht war, erging ein Haftbefehl – wegen vorsätz-
licher uneidlicher Falschaussage und Begünstigung. 1978 erhielt
Weingraber – auf Veranlassung des LfV – eine neue Identität und
ging nach Italien.

Bei der Verschleierung von Weingrabers Agententätigkeit hatte, so das Gericht, sogar eine der zuvor mit dem Schmücker-Fall
befaßten Kammern mitgewirkt: 1978 war während der Hauptverhandlung der 9. Strafkammer die Existenz eines siebenseitigen
Geheimdossiers bekanntgeworden. Als der Vorsitzende Richter
die Herausgabe von der Staatsanwaltschaft verlangte, ließ diese
die Akte vom Justizsenator sperren. Um das Gericht jedoch davon

zu überzeugen, daß die sieben Blatt nicht – wie vom Strafkammervorsitzenden vermutet – in Zusammenhang mit dem Kronzeugen Bodeux stehen, wurde dem Ergänzungsrichter der Kammer Einblick in die Akte gewährt. Der Richter teilte dem Vorsitzenden mit, daß die Papiere einen Hinweis auf eine V-Mann-Tätigkeit Weingrabers enthielten. Der Vorsitzende schloß daraus, daß «sich unter diesen Umständen das LfV vermutlich im Besitz der Tatwaffe befinde». Dies habe ihn aber nicht veranlaßt, wie das zuletzt mit dem Schmücker-Fall befaßte Gericht feststellte, «hieraus Konsequenzen zu ziehen; weder teilte er sein Wissen den übrigen Prozeßbeteiligten mit, noch zog er eine Selbstanzeige nach § 30 STPO in Betracht. Auch sah er ebenso wenig wie die Staatsanwaltschaft Veranlassung, das LfV um Aufklärung über Weingraber und die Tatwaffe zu ersuchen».

Die 18. Große Strafkammer des Landgerichts Moabit unter der Vorsitzenden Richterin Dr. Tepperwien kam im Januar 1991, mehr als sechzehn Jahre nach dem Mord an Ulrich Schmücker, zu dem Urteil: «Das Verfahren ist ohne Entscheidung in der Sache einzustellen. Die Angeklagten sind in ihrem Recht auf ein faires, rechtsstaatliches Verfahren so schwerwiegend verletzt worden, daß das unmittelbar im Grundgesetz verankerte Rechtsstaatsprinzip einer Fortsetzung des Strafverfahrens entgegensteht.»

Daß «Extremfälle rechtsstaatswidrigen Verhaltens staatlicher Behörden denkbar» seien, auf die man nur mit einem «Abbruch des Verfahrens» angemessen reagieren könne, habe schon der Bundesgerichtshof in einem Urteil anerkannt. «Ein solcher Extremfall liegt hier vor», stellte die Strafkammer fest. Mit folgender Begründung:

«Nach den in der erneuten Hauptverhandlung gewonnenen Erkenntnissen hat das Landesamt für Verfassungsschutz Berlin unter Verlassen des ihm gesetzlich zugewiesenen Aufgabenbereichs so eng mit den Ermittlungsbehörden zusammengearbeitet und diese in ihren Entschließungen beeinflußt, daß von einer weitreichenden Steuerung des Strafverfahrens durch eine hierzu nicht berufene Behörde auszugehen ist. Dadurch erscheinen eine Reihe von Beeinträchtigungen der Angeklagten, die dem Bundesgerichtshof bereits bekannt waren, in neuem Licht, weitere sind erst jetzt zutage getreten. Zumindest aus ihrer Gesamtheit ergibt sich, daß fundamentale Garantien des Rechtsstaats nicht gewahrt worden sind, so daß trotz der Schwere des Tatvorwurfs ein Festhalten an dem Erfordernis einer Sachentscheidung nicht gerechtfertigt erscheint.

Zunächst sind die Angeklagten in ihrem aus Artikel 6 MRK (Menschenrechtskonvention) abzuleitenden Recht darauf, daß ihre Sache in angemessener Frist vor Gericht verhandelt und entschieden wird, in erheblichem Maße verletzt worden. Die ‹angemessene Frist› beginnt mit der Mitteilung der Beschuldigung, die im vorliegenden Fall mehr als sechzehn Jahre zurückliegt. Bereits die bisherige Verfahrensdauer ist somit ungewöhnlich lang (insoweit zustimmend auch der in dieser Sache ergangene Beschluß des BGH vom 21. März 1989).

Die überlange Verfahrensdauer ist ganz überwiegend von staatlichen Stellen zu vertreten. Zwar ist sie nicht, wie in der Mehrzahl der bisher zu diesem Thema ergangenen Entscheidungen, darauf zurückzuführen, daß das Verfahren von Ermittlungs- und Justizbehörden mehr oder weniger willkürlich nicht gefördert worden wäre. Sie beruht jedoch darauf, daß bislang drei Urteile ergangen sind, die wegen Rechtsfehlern der erkennenden Gerichte aufgehoben werden mußten. Obwohl dies angesichts der Kompliziertheit des Verfahrens nachvollziehbar ist, kann dieser Umstand für die Beurteilung der Angemessenheit der Verfahrensdauer nicht bedeutungslos sein. Entscheidend ist vielmehr, daß die Angeklagten die vom Gericht begangenen Rechtsfehler nicht zu vertreten haben.

Schwerer noch als die Belastung der Angeklagten durch eine ungewöhnlich lange Verfahrensdauer wiegt jedoch, daß sie durch das bis zum Jahre 1989 geheimgehaltene Zusammenwirken von

374

Verfassungsschutz- und Ermittlungsbehörden in ihrem Recht, aktiv auf Gang und Ergebnis des Strafverfahrens Einfluß zu nehmen, massiv beeinträchtigt worden sind.»

Von Nachteil für die Angeklagten sei, so das Gericht, nicht nur die Weitergabe zweifelhafter Informationen gewesen, sondern vor allem auch die gezielte, an der eigenen Interessenlage orientierte Auswahl der Mitteilungen durch das Landesamt: «Zwar mag es im Einzelfall statthaft sein, zum Schutz eines an Leib und Leben gefährdeten V-Mannes den Ermittlungsbehörden sachdienliche Hinweise nur unvollständig zu übermitteln, wenngleich auch insoweit darauf zu achten ist, daß bei den Ermittlungsbehörden kein verzerrtes Bild entsteht. Nicht gerechtfertigt ist eine solche selektive Weitergabe aber jedenfalls dann, wenn sie nicht nur zum Schutz einer gefährdeten ‹Quelle› erfolgt, sondern auch aus dem Motiv heraus, jeden Verdacht einer Mitverantwortung für die aufzuklärende Straftat von den eigenen Mitarbeitern wegzulenken. Daß letzterer Gesichtspunkt für die Auswahl der übermittelten Informationen zumindest mitbestimmend war, zeigt sich u. a. an der unterschiedlichen Behandlung der Kontakte zwischen Ulrich Schmücker und dem LfV am 31. Mai und 4. Juni 1974. Während das LfV dem Polizeipräsidenten die Kontaktaufnahme Schmückers mit Grünhagen am 31. Mai 1974 und den Inhalt der dabei geführten Gespräche offiziell mitteilte, um die Ermittlungsbehörden auf die Spur der Wolfsburger Gruppe zu lenken, verschwieg es, daß Schmücker noch am Tag vor seinem Tod zumindest telefonischen Kontakt mit dem Amt hatte. Da Quellenschutzgesichtspunkte insoweit ausscheiden, ist die unterschiedliche Handhabung nur damit zu erklären, daß das LfV dem Vorwurf vorbeugen wollte, wegen seiner bis unmittelbar vor seinem Tode andauernden Verbindung zu Ulrich Schmücker an seinem Tode in irgendeiner Weise mitschuldig zu sein.»

Noch weiter verschlechtert habe sich die Lage der Angeklagten dadurch, daß Polizei und Staatsanwaltschaft Hinweise auf in Betracht kommende Alternativtäter nicht in die vorliegenden Akten aufgenommen, sondern in geheimen Ordnern abgelegt hätten. Durch die Nichtvorlage dieser Akten habe «die Staatsanwaltschaft als Herrin des Vorverfahrens ihre unter der Maxime der Wahrheitserforschung und Objektivität stehende Verpflichtung zur vollständigen Zusammenstellung der dem Gericht mit der Anklageschrift vorzulegenden Strafakten und damit auch das Recht der Angeklagten auf ein faires Verfahren verletzt».

Insbesondere bemängelte das Gericht, daß die Befragung von Volker Weingraber durch den Verfassungsschutz im Einvernehmen mit der Staatsanwaltschaft in drei Verfahren gezielt verhindert worden sei:

«Angesichts des niemals ausgeräumten Verdachts, den das LfV selbst im Hinblick auf eine Mitwisserschaft oder gar Tatbeteiligung seines V-Mannes bei der Tötung Ulrich Schmückers hegte, erscheint es bereits zweifelhaft, ob von seiten der Innenverwaltung nicht ohnehin die Verpflichtung bestand, von sich aus seine Erkenntnisse über die Rolle Weingrabers im Mordfall Schmücker den Ermittlungsbehörden offenzulegen. Die Überlegung, einen wichtigen, im Rahmen der Terrorismusbekämpfung bereits erfolgreichen Mitarbeiter nicht verlieren zu wollen, die nach Aussage des Zeugen Natusch für die in der Innenverwaltung getroffene Entscheidung von wesentlicher Bedeutung war, vermochte die Geheimhaltung angesichts eines aufzuklärenden Kapitalverbrechens jedenfalls nicht zu rechtfertigen.»

Der Staatsanwaltschaft warf die Kammer nicht nur vor, daß sie «ihrer Pflicht zur vollständigen Herbeischaffung aller entscheidungsrelevanten Beweismittel in Bezug auf Volker Weingraber» nicht nachgekommen sei. Darüber hinaus habe sie «zu dessen ‹Abtarnung› auf Bitten des LfV über Jahre hinweg eine Scheinfahndung durchgeführt. Damit», so das Gericht, «sind Angeklagte, Verteidiger und zumindest die Richter des ersten und dritten Verfahrensdurchgangs über den Erkenntnisstand der Staatsanwaltschaft in bezug auf die Person Weingrabers bewußt getäuscht worden.»

Und weiter: «Die Staatsanwaltschaft durfte Weingraber als Auskunftsperson auch nicht deshalb zurückhalten, weil er – wie der Zeuge Przytarski bekundet hat – die Angeklagten nur hätte belasten können, Belastungsmaterial aber schon anderweitig genügend vorhanden gewesen sei. Eine derartige Einschätzung ist mit einer objektiven Ermittlungsführung nicht vereinbar, denn mit Ausnahme der ihm von Michael Grünhagen übermittelten, sicherlich nicht umfassenden Informationen wußte Staatsanwalt Przytarski nicht, welche Wahrnehmungen Volker Weingraber konkret im Zusammenhang mit dem Tode Schmückers gemacht hatte. Die Tatnähe Weingrabers ergab sich aber aus den Angaben Bodeux' und Tilgeners. Im vorliegenden Fall war der Verzicht auf ein so wichtiges Beweismittel wie Volker Weingraber um so fragwürdiger, als die Überführung der Angeklagten nahezu ausschließlich auf die Aussagen Bodeux' gestützt werden konnte. Jürgen Bodeux hat aber zu wesentlichen Teilen der Tatausführung – beispielsweise der unmittelbaren Tötung Schmückers, dem Verbleib der Tatwaffe – nur vom Hörensagen berichtet.»

Als gravierenden Verstoß gegen das Rechtsstaatsprinzip beurteilte das Gericht auch die jahrelange Bespitzelung der Verteidiger und das Informieren der Staatsanwaltschaft über deren Strategie. Besonders den Fall des V-Mannes «Flach» alias Christian Hain zog es als Beleg dafür heran: «Christian Hain hat durch das Vorspiegeln freundschaftlichen Interesses die Verteidiger der Angeklagten, insbesondere die Rechtsanwälte Heinisch und Elfferding, zur Preisgabe umfassender, detaillierter Verteidigungsüberlegungen veranlaßt, während er in Wirklichkeit im amtlichen Auftrag gehandelt hat. Dies stellt, dem Rechtsgedanken des § 136 a Abs. 1 STPO folgend, eine verbotene Täuschung dar. Als besonders schwerwiegend im Rahmen dieses Täuschungsmanövers ist dabei die Aufnahme eines dreimonatigen Praktikantenverhältnisses von Christian Hain bei Rechtsanwalt Heinisch zu werten.»

Am Ende kam das Gericht zu einem klaren Ergebnis: «Zusammenfassend ist festzustellen, daß im vorliegenden Fall durch die extrem lange, belastende Verfahrensdauer, die rechtswidrigen Maßnahmen zur Erzielung von Geständnissen der Beschuldigten, die Ausforschung detaillierter Verteidigungsschritte über einen Zeitraum von fünfzehn Jahren eine Reihe schwerwiegender Verstöße gegen das Gebot eines fairen Verfahrens vorliegt, von denen bereits jeder einzelne von der bisherigen Rechtsprechung und Lehre als möglicher Einstellungsgrund in Betracht gezogen worden ist. Ergänzt werden diese Verstöße durch eine in dieser Form in der Justizgeschichte der Bundesrepublik Deutschland erstmals bekanntgewordene, von den Ermittlungsbehörden teils bewußt, teils unbewußt hingenommene Steuerung des gesamten bisherigen Strafverfahrens durch eine hierzu nicht berufene Behörde.»

Im Fall Schmücker gehe es nicht um das Fehlverhalten einzelner Beamter, sondern um ein auf «breiter Ebene angelegtes, dem LfV Berlin bis zur Behördenspitze bekanntes, gebilligtes Konzept, eine Verurteilung der Angeklagten um jeden Preis zu erreichen, in das sich Beamte der Ermittlungsbehörden hatten einbinden lassen».

Eine Fortsetzung des Verfahrens würde eine jahrelange, «durch das wenig kooperative Verhalten von Verfassungsschutzbehörden bei der Aktenfreigabe auch weiterhin belastete Beweisaufnahme» erforderlich machen. Das würde noch mehr als bisher schon gegen das Verbot einer überlangen Verfahrensdauer verstoßen. Auch glaubte das Gericht nicht, in einem solchen Prozeß der Wahrheit entscheidend näherkommen zu können. Eine Verurteilung der Angeklagten hielt es «nach vorläufiger Würdigung aufgrund der inzwischen vorgelegten Akten von Verfassungsschutz- und Polizeibehörden sowie der Aussagen der in der Hauptverhandlung bislang gehörten Zeugen eher [für] unwahrscheinlich»:

«So vermochten Zeugen», fuhr das Gericht fort, «die, wie die

Zeugin Herzog, erstmals zu sechzehn Jahre zurückliegenden Vorgängen vernommen wurden, diese nur noch bruchstückhaft zu erinnern. Eine zeitliche Einordnung war ihnen überhaupt nicht mehr möglich. Andere Zeugen, die schon mehrfach zu den gleichen Fragen gehört worden waren, konnten nicht mehr zwischen real Erlebtem und dem unterscheiden, was ihnen bei späteren Zeugenvernehmungen, etwa im Wege des Vorhalts, bekanntgeworden war. Dies gilt insbesondere für den bisherigen Hauptbelastungszeugen Jürgen Bodeux. Bei ihm gingen echte oder vorgeschobene Erinnerungslücken sogar so weit, daß er nach seinen Angaben nicht mehr in der Lage war anzugeben, ob er die Tatwaffe vor der Tat in der Nähe des Tatorts vergraben oder ob er sie dem von ihm als Schützen bezeichneten Wolfgang W. übergeben hatte. Dies ist um so bemerkenswerter, als es sich insoweit nicht um mehr oder weniger belangloses Randgeschehen handelte, sondern um einen Kernpunkt seines Beitrags zu einer außergewöhnlich schwerwiegenden Straftat.

Aus den dem Gericht nunmehr vorliegenden Akten des LfV Berlin, insbesondere den darin von Michael Grünhagen schriftlich fixierten Berichten Volker Weingrabers, ergeben sich darüber hinaus Hinweise, die die Glaubwürdigkeit Jürgen Bodeux' in Bezug auf seine Schilderung des Tatgeschehens erschüttern können; so ist beispielsweise einem Vermerk Grünhagens vom 2. Juli 1974 zu entnehmen, daß Jürgen Bodeux den Angeklagten W., der aufgrund der Aussagen Bodeux' in den drei in dieser Sache ergangenen Urteilen stets als Todesschütze angesehen worden ist, am 1. Juli 1974 gegenüber Weingraber nur als Zwischenträger der Tatwaffe bezeichnet hat. W. sei mit dem VW-Bus Weingrabers in die Nähe des Tatortes gefahren, habe dort die von Bodeux zuvor versteckte Pistole geholt und ‹sie an jemand übergeben›. Anschließend habe W. auf jene dritte Person gewartet, die Waffe wieder in Empfang genommen, um sie an Weingraber weiterzugeben.»

Am Schluß begründete das Gericht noch einmal kurz und bündig seine Entscheidung: «Das vorliegende Strafverfahren weist somit die Besonderheit auf, daß die Angeklagten sechzehn Jahre lang einem Verfahren ausgesetzt waren, das nicht mit der gebotenen, im Grundgesetz garantierten Fairneß geführt wurde, daß ferner dieses Verfahren bei durchaus offenem Ausgang – Verurteilung oder Freispruch – auf unüberschaubare Zeit unter fortdauernden Behinderungen fortgeführt werden müßte, ohne daß sichergestellt ist, daß sämtliche durch die bisherigen Fairneßverstöße für die Angeklagten eingetretenen Nachteile ausgeglichen werden könnten. Dem kann auch unter Berücksichtigung des schwerwiegenden Schuldvorwurfs nur durch den Abbruch eines solchen nicht mehr rechtsstaatlichen Verfahrens angemessen Rechnung getragen werden.»

Damit war das längste Strafverfahren der deutschen Justizgeschichte beendet. Sechzehneinhalb Jahre nach dem Mord an Ulrich Schmücker in der Nacht zum 5. Juni 1974, nach insgesamt 591 Verhandlungstagen und drei jeweils vom Bundesgerichtshof aufgehobenen Urteilen, klappte die 18. Große Strafkammer des Landgerichts Berlin die Akten zu. Die Verfahrenskosten lagen in zweistelliger Millionenhöhe. Die Angeklagten wurden für die Untersuchungshaft – Ilse Jandt etwa war mehr als sieben Jahre im Gefängnis – entschädigt. Nur der Angeklagte und «Kronzeuge» Jürgen Bodeux war rechtskräftig wegen Mordes an Ulrich Schmücker verurteilt worden – er hatte, wie erwähnt, das Urteil im ersten Verfahren angenommen.

Es war ein Sieg der Verteidiger, die unermüdlich über viele Jahre für die Rechte ihrer Mandanten gestritten hatten, allen voran Philipp Heinisch, Rainer Elfferding und Wolfgang Panka. Doch der Fall war nicht gelöst worden. Von wem Ulrich Schmücker tatsächlich in jener Juninacht 1974 erschossen wurde, ist bis heute – jedenfalls juristisch – ungeklärt. Ungeklärt blieb auch, wie nahe der Verfassungsschutz am Geschehen war, als sich die Tat ereignete.

Überdeutlich aber war geworden, wie leichtfertig das Berliner Landesamt für Verfassungsschutz mit einem Menschenleben gespielt hatte. Wie bedenkenlos der Verfassungsschutzbeamte Michael Grünhagen, gedeckt von seinen Vorgesetzten, Ulrich Schmücker als Lockvogel benutzt hatte. Und wie Geheimdienst und Staatsanwaltschaft ein Ermittlungsverfahren und einen Prozeß manipuliert hatten.

Erst jetzt, nach mehr als eineinhalb Jahrzehnten, war der Spuk dank einer beherzten Richterin und ihren Beisitzern endlich vorbei.

DER «EDLE» UND DAS WEINGUT

Seit einiger Zeit lebt er zwischen Pinien und Zypressen in den Hügeln der Toskana und betreibt ein Weingut. Der Mann, der einmal den Decknamen «Wien» trug, hat seinen echten Namen Volker Weingraber Edler von Grodek abgelegt. Der neue Name ist weniger klangvoll. Und eigentlich hätte er auch den nochmals ändern und sein Weingut wieder verlassen müssen – wenn es nach seinem ehemaligen Dienstherrn, dem Landesamt für Verfassungsschutz Berlin, gegangen wäre.

Weingraber, der 1979 als Quelle «abgeschaltet» worden war und mit neuer Identität in der Toskana untertauchte, wurde 1986 vom «Spiegel» enttarnt. Das Landesamt erklärte ihn zu einem «Sicherheitsfall» und stattete ihn mit 450 000 Mark aus, die er dafür nutzen sollte, umzuziehen – zu seinem eigenen Schutz. Er unterschrieb, «daß die Abfindungssumme nur unter der Voraussetzung an mich gezahlt wird, daß ich das Gut aufgebe und mir an einem anderen sicheren Ort eine neue Existenz unter den mit mir abgesprochenen Sicherheitsvorkehrungen aufbauen werde». Man setzte ihm keine Frist für den Umzug. Und Weingraber blieb bei seinen Reben.

Niemand nahm daran Anstoß – bis sich 1990 ein Untersuchungsausschuß mit dem Berliner Verfassungsschutz und dem Fall Schmücker befaßte. Erst fiel auf, daß Weingraber, statt seinen Wohnsitz zu wechseln, lediglich einen Waffenschein für eine Pistole beantragt hatte. Die Behörden kamen zu der Erkenntnis, daß er «vorsätzlich das Land Berlin hintergangen» habe, und forderten im November 1994 das Geld zurück.

Weingraber verwahrte sich gegen diesen Vorwurf. Der Fehler liege «bei denen». Er, seine Lebensgefährtin und ihr gemeinsamer

Sohn hätten eine neue Identität erhalten sollen. «Diese Sicherheitsvorkehrungen», erzählte er im Frühsommer 2002 dem «Spiegel», «waren abgesprochen.» Tatsächlich habe aber nur er selbst neue Papiere bekommen.

Das Land Berlin klagte zu dieser Zeit vor dem Landgericht Florenz gegen Weingraber. Und verlor aus formalen Gründen. Die Klage, so befand das Gericht, sei nicht zulässig, weil nicht das Landesamt für Verfassungsschutz selbst sie eingereicht habe, sondern die Senatsverwaltung für Finanzen. Das wiederum brachte die Berliner in Bedrängnis. Schließlich, so ließ die Senatsverwaltung verlauten, verfüge der Verfassungsschutz über «keine eigenständige Rechtsfähigkeit».

Viel zu holen ist bei Weingraber ohnehin nicht. Seine Anteile an dem Weingut hat er seiner Lebensgefährtin überschrieben und sich selbst ein lebenslanges, nicht pfändbares Nießbrauchsrecht sichern lassen.

Und nun, achtundzwanzig Jahre nach dem Mord an Ulrich Schmücker, nach seinem Einsatz als V-Mann «Wien» im Dienste des Landesamtes für Verfassungsschutz Berlin, will er seinen alten Namen wiederhaben. Der neue, den man ihm verpaßte, als er untertauchen mußte, stört ihn schon lange. «Darauf werde ich das Land verklagen», erklärt er selbstbewußt.

So könnten die Auswirkungen des Mordfalls Ulrich Schmücker die Gerichte auch in Zukunft noch beschäftigen. Eine unendliche Geschichte, die als Tragödie begann und zur Farce geworden ist.